Bei der Arbeit mit Schaubildern
- Das Schaubild stellt ... dar.
- Die Kreise / Rechtecke stehen für ...
- Die Pfeile beschreiben die Beziehung zwischen ...
- Die Zeichnung stellt die Verbindungen zwischen ... dar.

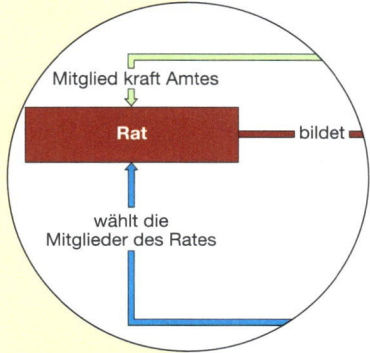

Bei der Arbeit mit Diagrammen und Grafiken
- Es handelt sich um ein ... (Säulendiagramm / Kreisdiagramm / ...).
- Die Überschrift lautet ...
- Die Stäbe zeigen ...
- Die Länge der Säulen stellen ... dar.
- Es ist Folgendes festzustellen: ...
- Die Entwicklung hat ... (zugenommen / abgenommen / ist etwa gleich geblieben /...).
- Das ... erläutert Zusammenhänge zwischen ...

Bei der Arbeit mit Tabellen
- Der Titel der Tabelle lautet: ...
- Die Tabelle stellt ... dar.
- Die Zeilen zeigen ...
- Die Spalten zeigen ...
- Es ist zu erkennen, dass im Jahr ...
- Insgesamt ist festzustellen, dass ...
- Die Angaben erklären/ verdeutlichen ...

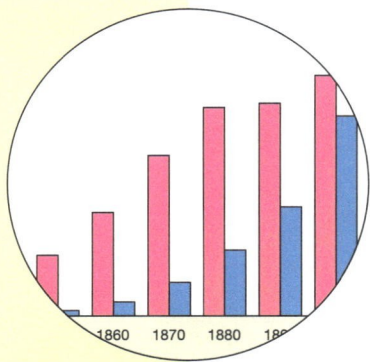

Durchblick

Geschichte | Politik 7|8

Differenzierende Ausgabe

Autoren:
Matthias Bahr
Melanie Eßer
Sonja Giersberg
Uwe Hofemeister
Klaus Langer †
Martin Lücke
Ulrike Lüthgen-Frieß
Jürgen Oltmanns-Seebeck
Carmen Weiß

westermann

**Durchblick
Geschichte/Politik 7/8**

Differenzierende Ausgabe

Mit Beiträgen von:
Ralf Tieke †
Wolfgang Pankratz
Hildegard Wacker

© 2013 Bildungshaus Schulbuchverlage
Westermann Schroedel Diesterweg Schöningh Winklers GmbH,
Braunschweig
www.westermann.de

Das Werk und seine Teile sind urheberrechtlich geschützt. Jede Nutzung in anderen als den gesetzlich zugelassenen Fällen bedarf der vorherigen schriftlichen Einwilligung des Verlages.
Hinweis zu § 52a UrhG: Weder das Werk noch seine Teile dürfen ohne eine solche Einwilligung gescannt und in ein Netzwerk gestellt werden. Dies gilt auch für Intranets von Schulen und sonstigen Bildungseinrichtungen.
Auf verschiedenen Seiten dieses Buches befinden sich Verweise (Links) auf Internet-Adressen. Haftungshinweis: Trotz sorgfältiger inhaltlicher Kontrolle wird die Haftung für die Inhalte der externen Seiten ausgeschlossen. Für den Inhalt dieser externen Seiten sind ausschließlich deren Betreiber verantwortlich. Sollten Sie bei dem angegebenen Inhalt des Anbieters dieser Seite auf kostenpflichtige, illegale oder anstößige Inhalte treffen, so bedauern wir dies ausdrücklich und bitten Sie, uns umgehend per E-Mail davon in Kenntnis zu setzen, damit beim Nachdruck der Verweis gelöscht wird.

Druck A[7] / Jahr 2018
Alle Drucke der Serie A sind im Unterricht parallel verwendbar.

Redaktion: form & inhalt verlagsservice Martin H. Bredol, Marburg
Herstellung: Andreas Losse
Layout und Umschlaggestaltung: Janssen Kahlert Design & Kommunikation, Hannover
Satz: UMP Utesch Media Processing GmbH, Hamburg
Druck und Bindung: westermann druck GmbH, Braunschweig

ISBN 978-3-14-**110466**-0

In diesem Buch findest du alles, was dir beim Lernen hilft und dir damit die Arbeit erleichtert ...

– auf Seiten mit der Überschrift „Methoden erlernen"

Ein Bild auswerten

– auf den Seiten 292–298 im Minilexikon

Minilexikon

– auf dem vorderen und dem hinteren Innendeckel des Buches

Vorsatz   Nachsatz

– auf den Seiten mit der Überschrift „Wissen und Können"

Die Weimarer Republik

Auf den Arbeitsseiten hilft es dir, wenn du die Farben und Zeichen beachtest.

Bei den Texten:
– Alle nicht besonders hervorgehobenen Texte haben wir, die Autorinnen und Autoren dieses Buches, geschrieben.

Die Spanier brachten nach der Eroberung des Aztekenreiches den Kakao und das Schokola-

– Die gelb hinterlegten Texte stammen aus früheren Zeiten.

Soll denn gar kein Friede werden, nimmt der Krieg denn gar kein End?

– Die blau hinterlegten Texte sind Berichte über vergangene oder gegenwärtige Ereignisse und Tatsachen. Sie stammen aus heutiger Zeit.

Die Beträge für die gesetzliche Krankenversicherung werden von

Bei den Aufgaben:
Die Aufgaben sind unterschiedlich schwer (differenziert).
– Diese Aufgaben sind relativ leicht zu lösen.   1 →

– Diese Aufgaben erfordern etwas Anstrengung.   2

– Diese Aufgaben sind ziemlich anspruchsvoll.   3 →

– Für diese Aufgaben brauchst du weitere Materialien, die du dir selbst beschaffen musst.

Auf dem Rand:
– Worterklärungen in blauer Schrift

Tand
altertümlich für:
wertloses Zeug

– Wenn du dieses Zeichen auf dem Rand siehst, findest du unter www.westermann.de/links/110466 weiterführende Informationen zum Thema.

www

– Verweise führen zu anderen Seiten im Buch, auf denen du noch einmal etwas nachlesen kannst.

→ *Seite 92–95*

Inhalt

Reformation und Glaubenskriege 10

Eine neue Lehre entsteht 12
Methoden erlernen: Eine Textquelle erschließen 15
↷ Schulen entstehen 19
Methoden erlernen: Flugblätter interpretieren 20
Der Bauernkrieg 22
Hexenwahn 26
↪ Rechtliche Bedenken gegen die Hexenverbrennungen . . . 27
Der Dreißigjährige Krieg 28
Religionen heute 32
↷ Katholisch, evangelisch, muslimisch … 32
↪ Gewalt im Namen der Religion? 33
Wissen und Können: Reformation und Glaubenskriege 34

Die Französische Revolution 36

Frankreich und der Absolutismus 38
Die Aufklärung 44
↪ Das neue Denken setzt sich durch 45
Methoden erlernen: Ein Rollenspiel durchführen 46
Die Revolution beginnt 48
Die Menschenrechte 52
Frauen greifen in die Revolution ein 53
Eine Verfassung für Frankreich 54
Methoden erlernen: Ein Schaubild auswerten 55
Die Revolution in Gefahr 56
Die Revolution verändert den Alltag 58
↷ Neue Regeln bestimmen das Leben 58
Methoden erlernen: Politische Lieder analysieren 59
Frankreich wird Republik 60
Die Herrschaft der Jakobiner 62
Das Ende der Revolution 64
Wissen und Können: Die Französische Revolution 66

Industrielle Revolution 68

Mit Volldampf in eine neue Zeit 70
Die Industrialisierung beginnt 72
Textilindustrie im Umbruch 74
Methoden erlernen: Ein Museum besuchen 75
Industrialisierung in Deutschland 76
Methoden erlernen: Ein Diagramm erstellen 81
Städte verändern ihr „Gesicht" 82

Leben der Arbeiterfamilien 84
Gegensätze in der Gesellschaft 88
Arbeiter fordern Rechte 90
Antworten auf die „soziale Frage" 92
Industrielle Revolution – was war revolutionär? 96
→ Industrielle Revolution: das Beispiel Landwirtschaft 96
↪ Die Technische Revolution 97
Wissen und Können: Industrielle Revolution 98

Einigkeit und Recht und Freiheit — 100

Deutschland im Absolutismus 102
Das Zeitalter Napoleons 108
Die Wiederherstellung der alten Ordnung 112
Methoden erlernen: Karikaturen auswerten 114
Vorboten der Revolution 116
Die Revolution von 1848/1849 118
Die Reichsgründung „von oben" 1871 120
Methoden erlernen: Eine Präsentation vorbereiten 123
Das Deutsche Kaiserreich nach 1871 124
„Wer will unter die Soldaten?" 126
→ Erziehung zum Krieg 126
↪ Schule im Kaiserreich – unterdrücken oder fördern? 127
Wissen und Können: Einigkeit und Recht und Freiheit 128

Imperialismus und Erster Weltkrieg — 130

Das Zeitalter des Imperialismus 132
Methoden erlernen: Arbeit mit Geschichtskarten 134
Kolonialmacht Deutschland 136
Der Imperialismus und seine Folgen 138
→ Was hat Schokolade mit Kinderarbeit zu tun? 138
↪ Kakaoproduktion heute 139
Deutsche Außenpolitik im Wandel 140
Der Weg in den Ersten Weltkrieg 142
Der Erste Weltkrieg 144
Methoden erlernen: Ein Schaubild zeichnen 144
Die Neuordnung Europas 148
Wissen und Können: Imperialismus und Erster Weltkrieg . . . 150

Die Weimarer Republik — 152

Die Novemberrevolution 1918 154
Die Weimarer Verfassung von 1919 156
Das Krisenjahr 1923 158
↪ **Ursachen von Inflation – Beispiel: Deutschland nach dem Ersten Weltkrieg** 160
→ **Hitlers Putschversuch** 161
Jahre des Aufschwungs 162
Methoden erlernen: Ein Bild auswerten 163
Die neue deutsche Außenpolitik 164
Die Weltwirtschaftskrise von 1929 166
Demokratie in der Krise 168
Wissen und Können: Die Weimarer Republik 172

Zusammenleben in der Demokratie — 174

Selbst- und Fremdbestimmung 176
Zusammenleben in der Familie 178
Demokratie im Alltag 180
Demokratie lebt von Mitwirkung 182
Mitbestimmung in der Gemeinde 184
Direkte Demokratie 188
Bürger haben Rechte und Pflichten 190
→ **Jeder Mensch hat Rechte – vom Kleinkind bis zum Erwachsenen** 192
Menschenrechte sind Grundrechte 194
↪ **Menschenrechte – das Beispiel Gleichberechtigung** 196
Methoden erlernen: Eine Fishbowl-Diskussion führen 197
Wissen und Können: Zusammenleben in der Demokratie . . . 198

Arbeit und soziale Sicherung — 200

Was braucht der Mensch? 202
Die Bedeutung von Arbeit 204
Die Marktwirtschaft 206
→ **Ursprünge der sozialen Sicherung** 208
Armut in Deutschland 210
Das soziale Sicherungssystem 212
Methoden erlernen: Eine Expertenbefragung durchführen . . . 219
↪ **Soziale Sicherung: das Beispiel USA** 224
Interessenverbände 226
Methoden erlernen: Im Internet recherchieren 227
Wissen und Können: Arbeit und soziale Sicherung 228

Politik in der Demokratie   230

Unsere Demokratie 232
Die Parteien 234
Bundestagswahlen 236
Der Bundestag 240
Die Bundesregierung 244
Die Arbeit der Verfassungsorgane 246
Methoden erlernen: Gruppenpuzzle 246
Interessenverbände nehmen Einfluss 250
↪ **Lobbyarbeit: alles demokratisch?** 251
Medien beeinflussen uns 254
➜ ZiSH – die Jugendseite in der
Hannoverschen Allgemeinen Zeitung 257
Gefahren für die Demokratie 260
Methoden erlernen: Ein Standbild bauen 263
Wissen und Können: Politik in der Demokratie 264

Umweltpolitik als Herausforderung   266

Umwelt in Gefahr 268
Klimawandel und Klimaschutz 270
➜ **Globale Erderwärmung – der Treibhauseffekt** 270
Nachhaltig handeln für die Zukunft 272
Energiepolitik in Deutschland 274
↪ **Der weltweite Energiehunger** 277
Spannungsfeld Umweltschutz und Wirtschaft 278
Methoden erlernen: Eine Pro- und Kontra-Diskussion führen . 280
Abfallpolitik in Deutschland 282
Umweltpolitik vor Ort 287
Methoden erlernen: Wir entwickeln eine Schulagenda 288
Wissen und Können: Umweltpolitik als Herausforderung . . . 290

Methoden erlernen auf einen Blick

Eine Textquelle erschließen	15
Flugblätter interpretieren	20
Ein Rollenspiel durchführen	46
Ein Schaubild auswerten	55
Politische Lieder analysieren	59
Ein Museum besuchen	75
Ein Diagramm erstellen	81
Karikaturen auswerten	114
Eine Präsentation vorbereiten	123
Arbeit mit Geschichtskarten	134
Ein Schaubild zeichnen	144
Ein Bild auswerten	163
Eine Fishbowl-Diskussion führen	197
Eine Expertenbefragung durchführen	219
Im Internet recherchieren	227
Gruppenpuzzle	246
Ein Standbild bauen	263
Eine Pro- und Kontra-Diskussion führen	280
Wir entwickeln eine Schulagenda	288

Differenzierende Seiten auf einen Blick

⇨ Schulen entstehen	19
⇨ Rechtliche Bedenken gegen die Hexenverbrennungen	27
⇨ Katholisch, evangelisch, muslimisch ...	32
⇨ Gewalt im Namen der Religion?	33
⇨ Das neue Denken setzt sich durch	45
⇨ Neue Regeln bestimmen das Leben	58
⇨ Industrielle Revolution: das Beispiel Landwirtschaft	96
⇨ Die Technische Revolution	97
⇨ Erziehung zum Krieg	126
⇨ Schule im Kaiserreich – unterdrücken oder fördern?	127
⇨ Was hat Schokolade mit Kinderarbeit zu tun?	138
⇨ Kakaoproduktion heute	139
⇨ Ursachen von Inflation – Beispiel: Deutschland nach dem Ersten Weltkrieg	160
⇨ Hitlers Putschversuch	161
⇨ Jeder Mensch hat Rechte – vom Kleinkind bis zum Erwachsenen	192
⇨ Menschenrechte – das Beispiel Gleichberechtigung	196
⇨ Ursprünge der sozialen Sicherung	208
⇨ Soziale Sicherung: das Beispiel USA	224
⇨ Lobbyarbeit: alles demokratisch?	251
⇨ ZiSH – die Jugendseite in der Hannoverschen Allgemeinen Zeitung	257

⇒ Globale Erderwärmung – der Treibhauseffekt 270
↪ Der weltweite Energiehunger 277

Hilfen auf einen Blick

Nützliche Satzanfänge beim Bearbeiten
von Aufgaben . . . . Vorderer Innendeckel
Minilexikon 292
Maße, Gewichte und Währungen . . . . Hinterer Innendeckel

Anhang

Textquellen 299
Bildquellen 303

Zeitfenster: 1500–1648

Reformation und Glaubenskriege

M2 Ein evangelischer Landesbischof, eine methodistische Bischöfin, ein alt-katholischer Bischof, ein katholischer Erzbischof und ein griechisch-orthodoxer Metropolit erteilen bei einem Gottesdienst gemeinsam den Segen.

M3 Hinweisschilder am Straßenrand

→ Was ist „katholisch"?
→ Was ist „evangelisch"?
→ Warum gab es gewaltsame Auseinandersetzungen zwischen katholischen und evangelischen Christen?
→ Wie gehen Religionen heute miteinander um?

M1 Bei der Schlacht von Sablat in Böhmen kämpfen am 10. Juni 1619 protestantische böhmische Truppen gegen kaiserlich-katholische Soldaten (Stich, um 1630).

M1 Das Jüngste Gericht, Gemälde von Stefan Lochner, 1435

Eine neue Lehre entsteht

Missstände in der Kirche

Im Mittelalter und zu Beginn der Neuzeit lebten die Menschen in ständiger Furcht vor dem Weltuntergang. Sie glaubten, dass Jesus Christus dann beim Jüngsten Gericht als Weltenrichter darüber entscheidet, welche Menschen in den Himmel oder in die Hölle kommen. Deshalb spielte die Kirche für die Menschen eine wichtige Rolle. Sie sollte ihnen den Weg ins Himmelreich zeigen.

Aber an der Kirche gab es viel zu kritisieren. Die einfachen Geistlichen waren oft schlecht ausgebildet und keine Vorbilder für ihre Gemeinden. Die Bischöfe, die als Kirchenmänner fromm und bescheiden sein sollten, lebten wie weltliche Fürsten. Sie verschwendeten mit großen Festen und aufwendiger Hofhaltung das Geld der Kirche. Besonders die aufwendige Lebensweise des Papstes, Oberhaupt aller Christen, führte zu Kritik.

Himmel
für die Christen die Wohnung Gottes und Ort ewiger Freude

Hölle
Wohnung des Teufels und Ort ewiger Qualen

> Andere (Priester) … ergeben sich dem Würfelspiel, nehmen in Kneipen und an anderen Orten öffentlich und privat an Tanzveranstaltungen teil, brechen aus in Lästerungen auf unseren erhabenen Erlöser …

M2 Der Bischof von Konstanz über seine Geistlichen

> (Leos) Hofstaat mit 638 Menschen, vom Erzbischof bis zum Elefantenwärter, vom Musiker bis zum Dichterling und zu den Hofnarren, erforderte Unsummen. Oft war Leo wochenlang auf Jagden, an denen bis zu 2000 Reiter teilnahmen, darunter Kardinäle, Spaßmacher und Hofschauspieler …

M3 Hofhaltung Papst Leos X. (1513 – 1521)

1. Beschreibe M1 und nenne darin Beispiele für die Hoffnungen und Ängste der Menschen.
2. ↪ Nenne die Verfehlungen, die der Bischof von Konstanz den Priestern vorwirft (M2).
3. Beschreibe die Prachtentfaltung von Papst Leo X. (M3).
4. ↪ Erkläre, wie sich alle Geistlichen deiner Meinung nach verhalten sollten.

Ablasshandel → www

M4 Ablasshandel (zeitgenössische Darstellung)

Aufgabe der Kirche war auch die Sündenvergebung. Wer gesündigt hatte, musste seine Taten bereuen, einem Priester beichten und für die Vergebung Buße tun. Der Priester vergab im Namen Gottes die Sünden.

Als der Papst Geld für den Bau der neuen Peterskirche in Rom benötigte, ließ er Ablassbriefe verkaufen und bescheinigte jedem Käufer, dass ihm durch den Kauf eines Briefes seine Sünden vergeben sind.

In Norddeutschland verkaufte der Mönch Johann Tetzel wie ein Marktschreier diese Ablassbriefe. Die Hälfte der Einnahmen aus dem Ablasshandel erhielt der Papst, den Rest bekam der Erzbischof von Mainz als Organisator des Handels im Deutschen Reich. Die Menschen aber verzichteten immer mehr auf echte Reue, Beichte und Buße.

> *O ihr deutschen mercket mich recht/*
> *Des heiligen Vaters Papstes Knecht/*
> *Bin ich/ und bring euch itzt allein/*
> *Zehn tausent und neun hundert carein/*
> *Gnad und Ablaß von einer Sünd/*
> *Vor euch/ ewer Eltern/ Weib und Kind/*
> *Sol ein jeder gewehret sein*
> *So viel ihr legt ins Kästelein/*
> *So bald der Gulden im Becken klingt/*
> *Im huy die Seel im Himel springt/*

M5 Umschrift des Textes in M4

M6 Papst Leo X.

M7 Albrecht von Brandenburg, Erzbischof von Mainz

5. → *Beschreibe M4 und übertrage den Bildtext mithilfe von M5 in heutiges Deutsch.*
6. *Gib die Versprechungen der Ablasshändler mit eigenen Worten wieder (Text, M5).*
7. *Stelle die Sündenvergebung nach kirchlicher Lehre dem Ablasshandel gegenüber (Text).*
8. → *Erläutere die Auswirkungen des Ablasshandels auf das Verhalten der Menschen (Text).*
9. → *Nimm Stellung zur Verwendung der Ablassgelder.*

Aufgabe 5 → www

M1 Luther predigt – Ausschnitt aus dem Flügelaltar der Stadtkirche zu Wittenberg von Lucas Cranach dem Älteren (1547)

Luther kritisiert die Missstände in der Kirche

Gegen die Missstände in der Kirche wandte sich der Mönch und Theologieprofessor Dr. Martin Luther aus Wittenberg. Er sah, wie die Menschen Ablassbriefe kauften, anstatt ihre Sünden zu bereuen. Am 31.10.1517 veröffentlichte er 95 Thesen (Streitsätze) gegen den Ablasshandel. Darin forderte er eine Reform der Kirche und konnte viele Anhänger gewinnen. Zu ihnen gehörten sogar Adlige und mächtige Fürsten.

Luther wurde zum wichtigsten Kritiker der kirchlichen Missstände. In weiteren Schriften erkannte er nur noch drei von den sieben Sakramenten (Taufe, Buße und Abendmahl) an. Sprache im Gottesdienst sollte statt Latein, das nur wenige verstanden, die deutsche Sprache sein. Ausschließlich die Bibel und nicht zusätzlich auch die Lehrsätze des Papstes sollten Quelle für den Glauben sein. Damit hatte Luther sich gegen die Kirche gestellt. Die Entwicklung, die wir heute Reformation nennen, hatte begonnen.

Im Januar 1521 verkündete der Papst den Kirchenbann, die schwerste Kirchenstrafe. Damit war Luther aus der Kirche ausgeschlossen und durfte seinen Beruf als Geistlicher und Universitätsprofessor nicht mehr ausüben.

Sakrament gottesdienstliche Handlungen als Zeichen der Gnade Gottes. In der katholischen Kirche gibt es sieben Sakramente: Taufe, Buße, Kommunion, Firmung, Ehe, Krankensalbung und Priesterweihe.

> 1483: in Eisleben geboren, Vater Bergmann und Minenbesitzer, 8 Geschwister
> ab 1490: Schulbesuch in Mansfeld, Magdeburg und Eisenach
> 1501 – 1505: Studium in Erfurt
> 1505: Abbruch des Jurastudiums und Eintritt in den Augustinerorden, Grund: Luther hatte bei einem Gewitter gelobt, Mönch zu werden, wenn er das Unwetter überleben sollte
> 1507: Weihe zum Priester
> 1510 – 1511: Reise nach Rom
> 1512: Doktor der Theologie an der Universität zu Wittenberg, dort bis zu seinem Tode 1546 Professor

M2 Tabellarischer Lebenslauf Luthers

1 Vergleiche die katholische Lehre mit Luthers Ideen, indem du die Tabelle in deine Mappe überträgst und ausfüllst.

	Lehre des Papstes	Lehre Luthers
Glaubensquelle		
Sakramente		
Sprache im Gottesdienst		
Ablasshandel		

2 ↪ Luther hat sich gegen Papst und Kirche gestellt. Das war mutig und gefährlich. – Erkläre.
3 Nenne die Forderungen Luthers und beschreibe die Reaktion des Papstes.

Eine Textquelle erschließen

Textquellen sind alte Texte wie Urkunden, Chroniken von Städten oder Klöstern, Flugblätter, Gerichtsakten, Briefe oder Lebenserinnerungen einzelner Personen. Sie geben schriftliche Informationen über die Vergangenheit. Aber Achtung: Nicht alles, was in solchen Texten steht, entspricht auch wirklich den Tatsachen. Um Textquellen richtig zu erschließen, sollte man den Text in drei Schritten untersuchen. So gehst du vor:

Schritt 1

Den Inhalt erfassen
→ Wann und wo hat sich der Vorgang ereignet?
→ Wer sind die handelnden Personen?
→ Was wird dargestellt?
→ Worüber wird berichtet?
→ Welche Begriffe sind unbekannt?

Schritt 2

Die Textsorte einordnen
→ Um welche Textsorte handelt es sich (Gesetz, Bericht, Brief, Urkunde, Aufruf o. Ä.)?
→ Ist der Text zur Zeit des Ereignisses oder später geschrieben?
→ Ist der Text ein Zufallszeugnis oder mit Blick auf spätere Leser verfasst?

Schritt 3

Informationen über den Verfasser sammeln
→ Ist der Verfasser Zeuge des Ereignisses, oder hat er nur davon gehört oder gelesen?
→ Wie steht der Verfasser zu den beschriebenen Ereignissen? War er Augenzeuge?
→ Berichtet der Verfasser rein sachlich?
→ Bringt er auch seine eigene Meinung ein?
→ Welche Stellung bezieht der Autor zu dem geschilderten Ereignis? Gibt er verschiedene Meinungen wieder? Ergreift er Partei? An welchen Textstellen erkennt man dies?

M3 Auszug aus einem Buch mit einem von Luther ins Deutsche übersetzten Text

21. Es irren die Ablassprediger, die sagen, dass durch des Papstes Ablässe der Mensch von allen Sündenstrafen losgesprochen und erlöst werde.
27. Die predigen Menschentand, die vorgeben, dass, sobald der Groschen im Kasten klingt, die Seele aus dem Fegefeuer fahre.
36. Jeder Christ ohne Ausnahme, der wahrhaft Reue empfindet, hat völlige Vergebung von Strafe und Schuld, die ihm auch ohne Ablass gebührt.

Tand altertümlich für: wertloses Zeug

M4 Auszug aus Luthers 95 Thesen

M5 Martin Luther, Radierung von Lucas Cranach dem Älteren

Methoden erlernen

M1 Das Reich der Habsburger im 16. Jahrhundert

Der Kaiser und die Reformation

Karl V. → www

Kurfürsten
Sie wählten den König. Es waren die Erzbischöfe von Köln, Mainz und Trier, der Pfalzgraf bei Rhein, der Herzog von Sachsen, der Markgraf von Brandenburg und der König von Böhmen.

Während sich Luthers Lehren verbreiteten, wurde Karl von Habsburg im Jahre 1519 von den sieben Kurfürsten als Karl V. zum deutschen König und Kaiser des Heiligen Römischen Reiches Deutscher Nation gewählt. Seit 1438 war er der vierte Habsburger, der in dieses Amt gewählt wurde. Bis 1806 blieb die Kaiserwürde in dieser Fürstenfamilie.

Die Habsburger waren Erzherzöge von Österreich und Steiermark. Durch Heiraten mit Frauen aus anderen Herrscherhäusern vergrößerten sie ihre eigene Macht und errichteten ein Weltreich in Europa und Übersee.

Trotzdem mussten sie um ihre Kaiserherrschaft kämpfen. Denn die Fürsten beanspruchten mehr Macht für sich im Reich und wollten die Stellung des Kaisers schwächen. Deshalb empfand Karl V. die Lehre Luthers als eine Gefahr für die Einheit des Reiches.

Er fürchtete, dass eine Spaltung der Kirche zu Religionskriegen führen, seine eigene Macht schwächen und die Fürsten stärken würde.

M2 Kaiser Karl V. (1500 – 1558)

1 → *Nenne die Aufgabe der sieben Kurfürsten (Text).*
2 *Stelle mithilfe der Karte M1 alle Länder des Habsburgerreiches zusammen.*
3 ↪ *Erkläre, warum Karl V. die Lehre Luthers für gefährlich hielt.*

M3 Luther auf dem Reichstag zu Worms 1521 (kolorierter Holzschnitt von 1557)

Ein Prozess in Worms – der Fall Luther

Im Frühjahr 1521 musste sich Luther vor Kaiser Karl V., den Fürsten und den Vertretern des Papstes auf dem Wormser Reichstag verantworten. Der päpstliche Gesandte Aleander verlas die Anklageschrift gegen Luther. Dieser blieb standhaft und verteidigte seinen Standpunkt. Im Wormser Edikt sprach der Kaiser sein Urteil und verhängte über Luther die Reichsacht.

Unter freiem Geleit konnte Luther Worms verlassen. Auf der Heimreise nach Wittenberg ließ Kurfürst Friedrich der Weise von Sachsen Luther zum Schein entführen. Er war ein Anhänger Luthers und wollte ihn schützen. Hätte er Luther öffentlich Beistand geleistet, so hätte er damit gegen das kaiserliche Urteil, das Wormser Edikt, verstoßen.

Luther lebte ein Jahr unter falschem Namen auf der Wartburg versteckt. Hier übersetzte er die Bibel ins Deutsche.

> *Wenn ich nicht mit anderen Bibelstellen oder Vernunftgründen überzeugt werde, so bleibe ich von den Bibelstellen überzeugt. Denn ich glaube weder dem Papst noch den Konzilien, weil sie öfters geirrt haben. Widerrufen kann und will ich nichts, weil man nichts gegen sein Gewissen tun darf. Gott helfe mir, Amen.*

M4 Aus Luthers Verteidigungsrede vom 18. April 1521 (bearbeitet)

> *Und befehlen ..., dass ihr Martin Luther nicht beherbergt, nährt und tränkt, sondern ihn gefangen nehmt und uns wohlbehalten zusendet. Desgleichen befehlen wir allen Richtern, dass sie die Schriften Luthers im ganzen Reich einsammeln, zerreißen und öffentlich verbrennen.*

M5 Aus dem Wormser Edikt, dem Urteil, vom 8. Mai 1521 (bearbeitet)

Reichstag
Versammlung der Fürsten, Adligen und Reichsstädte unter Vorsitz des Kaisers. Der Reichstag beriet und entschied über politische Fragen und Gesetze.

4 → Nenne die Maßnahmen, die gegen Luther befohlen wurden und erkläre deren Zweck (M5).
5 Erkläre, warum der Kaiser Martin Luther verurteilte (Text).
6 → Versetze dich in Luthers Rolle und begründe, warum du deine Lehre nicht widerrufst (M4).

M1 Ausbreitung der Reformation

Die Reformation breitet sich aus

Orthodoxe
Bereits im Jahre 1054 hatten sich die Christen Osteuropas von der katholischen Kirche getrennt; sie nennen sich orthodoxe (rechtgläubige) Christen.

Calvinismus →
www

Immer mehr Menschen bekannten sich zur Lehre Luthers. Dabei kam es in Deutschland oft auch zu gewalttätigen Auseinandersetzungen zwischen Katholiken und den Anhängern Luthers, den Protestanten.

In der Schweiz organisierte der Reformator Jean Calvin das Leben in der Stadt Genf streng nach den Zehn Geboten der Bibel. Harte Arbeit, gute Werke und Verzicht auf alle Vergnügungen sollten das Leben der Menschen prägen.

In England gründete König Heinrich VIII. die anglikanische Kirche. Er wollte sich vom Einfluss des Papstes befreien. Äußerer Anlass war der Streit Heinrichs VIII. mit dem Papst, der die Ehe des Königs nicht auflösen wollte. König Heinrich VIII. erkannte nun den Papst als Kirchenoberhaupt nicht mehr an.

M2 Calvinistischer Gottesdienst (Kupferstich, 16. Jahrhundert)

1. Übertrage die Tabelle in deine Mappe und ergänze in der Spalte „Land" die Länder Europas aus M1. Kreuze an, welche Konfessionen in den Ländern vertreten sind.

Land	Kath.	Protest.	Ref.	Angl.	Orth.	Musl.

2. a) Beschreibe den Kirchenraum der calvinistischen Kirche (M2).
   ↪ b) Erkläre, weshalb die Kirche so eingerichtet ist.
3. ↪ Luther – Calvin – Heinrich VIII. – Einer von diesen Dreien hatte keine religiösen Gründe für seine neue Lehre. Erläutere und begründe deine Einschätzung.

M3 Inneres einer Schule (Holzschnitt, 1524)

Schulen entstehen

Die Reformatoren um Luther und Calvin stellten strenge Regeln für das Alltagsleben der Menschen, auch für Kinder, auf.

> Gott hat nicht allein zu arbeiten geboten, sondern auch das Nichtstun hart verboten. Wer nicht arbeitet, der soll auch nicht essen. Auch sollen Kinder nicht allein deshalb arbeiten, damit sie etwas verdienen, sondern damit man mit der Arbeit viele schädlichen Laster vermeide. Solche Laster sind Lügen, Betrügen, Saufen, Spielen ...

M4 Ratschläge für die christliche Haushaltung (1529)

In dieser Zeit wurden viele katholische Lateinschulen geschlossen. Früher hatten hier Mönche unterrichtet.

Mithilfe des Buchdrucks konnten nun viele wichtige Bücher und Schriften preiswert und in großer Stückzahl hergestellt werden. Deshalb wollten viele Leute lesen lernen.

Luther forderte in einem Schreiben „an die Radherrn aller stedte deutsches Lands, dass sie Christliche schulen auffrichtenn und halten solen".

So übernahmen die Städte die alten Lateinschulen und gründeten neue Schulen, in denen Lesen und Schreiben in deutscher Sprache und auch Rechnen gelehrt wurden.

4 Beschreibe das Bild M3 und vergleiche es mit deinem Schulalltag.
5 Nenne zwei Gründe nach M4 dafür, dass bereits Kinder arbeiten sollen.
6 Luther fordert von den Stadträten die Gründung neuer Schulen. Erkläre Luthers Absicht. Berücksichtige, wer bis zur Zeit der Reformation Schulen unterhielt.
7 „Leben um zu arbeiten" oder „Arbeiten um zu leben!" – Begründe, welcher der beiden Aussagen die Reformatoren zugestimmt hätten.

Flugblätter interpretieren

Die Lehre Luthers hätte sich ohne den Buchdruck, der um 1450 erfunden worden war, nicht so schnell ausbreiten können. Flugblätter wurden damals preiswert verkauft, sie waren Vorläufer unserer heutigen Zeitungen. Gegner und Befürworter Luthers stritten damit für ihre Meinung. Kritik an Papst und Kirche, aber auch an der neuen reformatorischen Lehre wurde so in großer Auflage in Deutschland und über die Grenzen hinaus verbreitet. Eine besondere Rolle spielten dabei Bilder, denn viele Menschen waren Analphabeten. Die Druckvorlagen wurden als Holzschnitte oder Kupferstiche gefertigt und konnten dann schnell und in hoher Auflage vervielfältigt werden. Sie wurden an Kirchen und Rathäusern, aber auch in Wirtshäusern ausgehängt. Diese Bilder verstanden auch einfachen Menschen, die nicht lesen konnten.

Um ein Flugblatt zu interpretieren, gehst du so vor:

M1 Martinus Luther, ein Diener Jesu Christi und ein Wiederaufrichter christlicher Lehre – Holzschnitt von Hans Baldung, 1519

Schritt 1 ●

Die Entstehung des Bildes erforschen
→ Was sagt der Bildtitel über die Entstehungszeit und den Künstler aus?
→ Suche in Lexika oder Internet nach Informationen zur Entstehungszeit und zum Künstler.
→ Kläre, in welcher geschichtlichen Epoche das Bild entstanden ist.

Schritt 2 ●●

Das Bild beschreiben
→ Beschreibe das Flugblatt genau.
→ Gehe auch auf Einzelheiten ein.
→ Prüfe, ob die Darstellungsweise wirklichkeitsgetreu oder verändert ist.

Schritt 3 ●●●

Das Bild deuten
→ Erkläre die Bedeutung der einzelnen Bildelemente.
→ Stelle den Zusammenhang her zwischen dem Dargestellten und dem Bildtitel.
→ Erkläre, welche Absicht der Künstler mit seinem Flugblatt verfolgte.

M2 Luther, der Dudelsack des Teufels – Holzschnitt von Eduard Schoen, 1535

M3 Ignatius von Loyola kniet vor Papst Paul III. (zeitgenössisches Gemälde)

M4 Das Konzil von Trient (Kupferstich, 1565)

Die Gegenreformation

Der Papst wollte die Ausbreitung der Reformation stoppen und dazu die Kirche erneuern. Unterstützt wurde er von dem Spanier Ignatius von Loyola. Dieser gründete 1534 die „Gesellschaft Jesu", um Lutheraner und Reformierte für den katholischen Glauben zurückzugewinnen. 1540 erkannte der Papst die „Gesellschaft Jesu" (Jesuiten) als Ordensgemeinschaft an.

1545 berief der Papst ein Konzil (Kirchenversammlung) nach Trient ein. Diese Versammlung von hohen katholischen Bischöfen, Kardinälen und Äbten beriet 18 Jahre lang über Veränderungen. Die Beschlüsse zur Erneuerung der katholischen Kirche wurden schriftlich festgehalten, ein neues Glaubensbekenntnis verfasst. Damit begann die Zeit der Gegenreformation.

> Um 1600 waren vier Fünftel der Jesuiten Lehrer, und Hunderte von Schulen …. unterstanden ihrer Aufsicht. Um die Mitte des 17. Jahrhunderts wurde der katholische Teil von Europa praktisch von Jesuiten unterrichtet. Dieses erzieherische Wirken der Jesuiten trug viel zur Wiederbelebung und Verbreitung des katholischen Glaubens in zuvor gemischten Glaubensgebieten bei.

M5 Eine Historikerin über die Jesuiten

> Das Konzil von Trient beschließt:
> 1. Der Ablasshandel wird verboten.
> 2. Die Ausbildung der Geistlichen wird verbessert.
> 3. Sieben Sakramente sind die Gnadenquelle der Kirche.
> 4. Neben der Bibel ist auch die kirchliche Überlieferung Grundlage des Glaubens.
> 5. Latein ist Kirchensprache.

M6 Beschlüsse des Konzils von Trient (1563)

1. Beschreibe, auf welche Weise die Jesuiten arbeiteten (Text, M5).
2. Überprüfe, welche Beschlüsse des Konzils mit Luthers Lehre übereinstimmten, welche nicht (M6).
3. ↪ Die Beschlüsse des Konzils von Trient und die Arbeit der Jesuiten sollten dem gleichen Zweck dienen. – Erkläre.

M1 Abgaben und Dienste der Bauern

Der Bauernkrieg

Die Bauern lehnen sich auf

Bauernkrieg →
www

Zur Zeit der Reformation lebten die meisten Menschen als Bauern in den Dörfern. Seit Ende des Mittelalters hatten die Grundherren den Bauern viele Rechte genommen und ihnen immer mehr Pflichten aufgebürdet. Die Bauern waren Hörige ihres Grundherrn geworden. Dieser war meistens ein Gutsherr, ein Ritter, ein anderer Adliger, Bischof oder Abt. Ohne seine Erlaubnis durfte kein Bauer den Hof verlassen, um in die Stadt zu ziehen. Sogar der Heirat des Bauern musste der Grundherr zustimmen. Zusätzlich belasteten Abgaben und Frondienste die Bauern.

Luthers Schrift „Von der Freiheit eines Christenmenschen" trug mit dazu bei, dass Bauern aus Süddeutschland im März 1524 in der Stadt Memmingen zwölf Forderungen an die Grundherren verkündeten. Als diese die Forderungen zurückwiesen, schlossen sich vor allem die Bauern in Süddeutschland zu Kampftruppen, sogenannten Haufen, zusammen. In verschiedenen Gegenden kämpften sie für ihre Sache. Sie stürmten Burgen und Klöster, plünderten und verbrannten sie. Aus anfänglichen Unruhen war ein Aufstand gegen Fürsten und Adlige geworden.

Altes Recht
Die Bauern beriefen sich auf das seit alters her überlieferte Volksrecht. Die Fürsten dagegen führten nach und nach das römische Recht ein. Mit dessen Hilfe versuchten sie, ihre Macht auszuweiten, z. B. Steuern zu fordern.

1. Art. Jede Gemeinde soll ihren Pfarrer selbst wählen können; er soll das Evangelium klar und unverfälscht predigen.
2. Art. Der Kornzehnt soll dem Unterhalt des Pfarrers und der Armen dienen. Der Viehzehnt dagegen ist abzuschaffen.
3. Art. Weil Christus alle Menschen erlöst hat, sollen Leibeigenschaft und Hörigkeit beseitigt werden. Der von Gott eingesetzten Obrigkeit wollen wir Bauern aber gehorchen.
4. Art. Das Recht zu jagen und zu fischen soll nach dem Wort Gottes auch der „arme Mann" wieder besitzen.
5. Art. Die Gemeinden sollen ihre Wälder zurückerhalten, damit jeder frei Bau- und Brennholz bekommen kann.
6. Art. Die Frondienste sollen wieder auf das ehemalige Maß verringert werden.
7. Art. Die Herren sollen die früher mit den Bauern vereinbarten Dienste nicht ... erhöhen. Zusätzliche Dienste sind zu bezahlen ...
8. Art. Überhöhte Pachtzinsen sollen ... herabgesetzt werden.
9. Art. Strafen sollen nicht nach Gutdünken, sondern nach dem schriftlich überlieferten alten Recht festgesetzt werden.
10. Art. Unrechtmäßig von den Herren angeeignete Gemeindewiesen und -äcker sollen zurückgegeben werden.
11. Art. Die bisherigen Abgaben beim Tod des Bauern oder der Bäuerin sollen abgeschafft werden.
12. Art. Wenn einer dieser Artikel dem Worte Gottes nicht gemäß wäre, dann wollen wir davon Abstand nehmen, wenn man uns das aus der Bibel nachweist.

M2 Die zwölf Artikel der Memminger Bauern von 1524

Luther und die Bauern

Im Streit zwischen Bauern und Fürsten stand Luther zunächst aufseiten der Bauern. Er wollte vermitteln, ergriff dann aber nach Plünderungen der Bauern Partei für die Fürsten.

> *Ermahnung an die Obrigkeit und die Bauernschaft:*
> *Darum wäre es mein guter Rat, dass man aus dem Adel etliche Grafen und Herren, aus den Städten etliche Ratsherren wählte und die Sachen freundlich behandeln und beilegen ließe. Dass ihr Herren euren Starrsinn aufgäbet, von dem ihr doch zuletzt lassen müsst, ob ihr wollt oder nicht, und ein wenig von eurer Tyrannei und Unterdrückung abwichet, damit auch der arme Mann Luft und Raum gewänne zu leben.*

M3 Aus Luthers „Ermahnung zum Frieden" an die Adligen vom Mai 1525

> *An den Gewalttaten der Bauern sieht man, dass erlogen war, was sie im Namen der Bibel fordern. Sie richten Aufruhr an, rauben und plündern Klöster und Schlösser, womit sie, wie die öffentlichen Straßenräuber und Mörder, allein wohl zweifältig den Tod an Leib und Seele verschulden ... Es hilft auch den Bauern nicht, dass sie vorgeben, alle Dinge seien frei und gemein erschaffen und dass wir alle gleich getauft sind ... Denn die Taufe macht nicht Leib und Gut frei, sondern die Seelen.*

M4 Luther: „Wider die räuberischen und mörderischen Rotten der Bauern" (bearbeiteter Text), Juni 1525

M5 Bauern plündern das Kloster Weißenau bei Ravensburg (Ausschnitt aus einer Chronik).

1. → *Notiere a) die Frondienste und b) die Abgaben eines Hörigen für den Grundherrn (M1).*
2. *Beschreibe die Lage der Bauern zur Reformationszeit (Text).*
3. → *Nenne Beispiele für die Unfreiheit der Bauern (Text).*
4. *Gib die Artikel wieder, die alte Rechte zurückverlangen (M2).*
5. *Leite aus den Memminger Artikeln das Verhalten der Grundherren ab (M2).*
6. ↪ *Heftig lehnen die Grundherren den Art. 3 ab. Begründe.*
7. ↪ *Die Religion spielte in den Artikeln 1, 2, 3, 4 und 12 eine wichtige Rolle. – Erkläre.*
8. *Beschreibe die Veränderung in Luthers Haltung gegenüber Bauern und Adligen (M3 und M4).*

M1 Die Schlacht bei Frankenhausen am 15. Mai 1525 (aus einem Gemälde von W. Tübke, 1983–1987)

Die entscheidende Schlacht

Thomas Müntzer (~1490 – 1525) forderte als Pastor die gewaltsame Befreiung der Bauern von den Grundherren, eine gerechte Gesellschaftsordnung und führte die Thüringer Bauern an.

Anführer der Bauern in Thüringen war Pastor Thomas Müntzer, ein ehemaliger Anhänger Luthers. In der entscheidenden Schlacht am 15. Mai 1525 stand ein Bauernheer unter Müntzers Führung bei Frankenhausen dem Fürstenheer gegenüber. Die Bauern wurden eingekesselt, zwischen 5000 und 6000 von ihnen gnadenlos niedergemetzelt, ungefähr 600 gefangen genommen, darunter auch Thomas Müntzer. Im Fürstenheer sollen nur sechs Tote gezählt worden sein. Müntzer selbst wurde zum Tode verurteilt und enthauptet. Die Fürsten hielten ein grausames Strafgericht über die aufständischen Bauern.

M2 Pastor Thomas Müntzer (um 1490–1525)

M3 Nach der Schlacht: Gefangene Bauern werden abgeführt.

M4 Bauern vor Gericht (Holzschnitt um 1520) 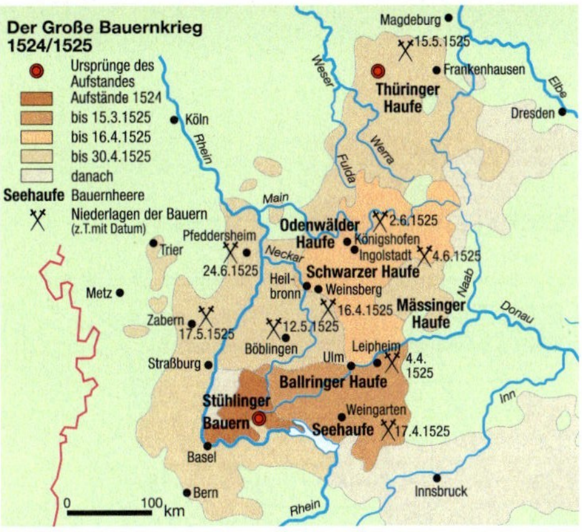   **M5** Der Verlauf des Bauernkrieges

Der Deutsche Bauernkrieg war die erste Rebellion der sozial Schwachen und Benachteiligten im Deutschland der Neuzeit. Die Bauern hatten ihre Ackerwerkzeuge, Mistgabeln, Hacken und Dreschflegel zu Waffen umfunktioniert. Die Heere der Fürsten waren mit Kanonen, Gewehren und Faustfeuerwaffen ausgerüstet. Gegen diese Übermacht konnten die Bauern nicht bestehen. Im Sommer 1525 endete der Aufstand der Bauern mit einer für sie verheerenden Niederlage. Zur Abschreckung hielten die siegreichen Fürsten ein hartes Strafgericht und ließen die Aufständischen foltern und hinrichten. Nie wieder haben sich danach die Bauern gegen ihre adligen Grundherren erhoben.

> 1   *Meister Augustin, des Markgrafen Nachrichter, beweist, dass er in diesem Zug 80 enthauptet hat, 7 zu Leutershausen die Finger abgeschlagen, 62 zu Kitzingen die Augen ausgestochen usw. Es ist ihm versprochen worden, für jeden, den er mit dem Schwert gerichtet, einen Gulden und für jeden, dem er die Finger abgeschlagen und die Augen ausgestochen, einen*
> 5   *halben Gulden. Das macht in der Summe:*
> *80 enthauptet, 69 denen die Augen ausgestochen und die Finger abgeschlagen*
> *worden*   *114 fl. 2 Ort*
> *Davon abzuziehen:*
> *von Rothenburgern*   *10 fl.*
> 10   *von Ludwig von Hutten empfangen*   *2 fl.*
> *Rest*   *102 fl. 2 Ort*
> *Dazugetan 2 Monate Sold, jeden Monat 8 fl. usw.*   *16 fl.*
> *Fazit*   *118 fl. 2 Ort*

M6 Aus der Rechnung des Henkers Meister Augustin, der an zwei Orten seiner Arbeit nachgegangen war

1. *Übertrage die Tabelle in dein Heft und stelle die Aufstände des Bauernkrieges in zeitlicher Reihenfolge zusammen (M5).*

Datum	Ort der Schlacht	Beteiligtes Bauernheer	Ausgang

2. ↪ *Nenne die Strafen, die der Henker vollstrecken musste (M6).*
3. *Erkläre, weshalb die Fürsten die Bauern so hart bestraften (Text, M4, M6).*
4. *„Die Bauern hatten in ihren Kampf gegen die Fürsten keinerlei Aussicht auf Erfolg!" – Erkläre diesen Satz (Text).*
5. ↪ *„Die Gewaltanwendung der Bauern war gerechtfertigt, um ihre Lage zu verbessern."* – *Finde Argumente für und gegen diese Aussage, die von Thomas Müntzer stammen könnte.*

Hexenwahn

Hexenverfolgungen in Europa

M1 Vorbereitung einer Folter (zeitgenössischer Holzschnitt)

Der Hexenwahn erfasste viele Teile Europas. Überall fanden Hexenprozesse statt, die in den meisten Fällen mit dem Todesurteil endeten. Wie viele unschuldige Menschen im 16. und 17. Jahrhundert gefoltert und hingerichtet wurden, weiß man nicht. Auf dem Gebiet der heutigen Bundesrepublik Deutschland schätzt man die Zahl der Opfer auf etwa 20 000. Es können aber auch viel mehr gewesen sein.

In der Mitte des 16. Jahrhunderts war die Einheit der Kirche zerbrochen. Die Reformatoren verkündeten neue Lehren. Die Menschen waren verunsichert. Teilweise wussten sie nicht, welche Lehre die richtige war. Umso empfänglicher waren sie für Aberglauben, für den Glauben an Geister und Hexen.
Deshalb wurden Menschen, die von der jeweils vorherrschenden Meinung abwichen, die anders lebten und eine andere Meinung vertraten, als Ketzer verfolgt.
So wurden auch häufig Frauen, die als Heilkundige wirkten, als Hexen beschuldigt und angeklagt. Die Menschen damals glaubten, dass Krankheiten eine Strafe Gottes seien. Heilkundige Frauen aber wussten um die Ursachen von Krankheiten und behandelten sie mit Heilkräutern. Dies war für die meisten Menschen damals Hexerei. Wer Krankheiten heilen konnte, der verstieß damit gegen Gottes Willen und stand mit dem Teufel im Bunde.

Hexenverfolgung → [www]

> Es kommt im Sommer 1591 vor den Rat der Altstadt Hildesheim, dass die dicke Anneke in ihrer Wohnung wegen Krankheiten an Menschen und Tieren viel besucht werde, dass sie Wahrsagerei und andere Teufelskunst treibe. Das Weib wird daraufhin am 13. Juli gefangen gesetzt. Da sie einer baldigen Niederkunft entgegensieht, wird sie zunächst im Hause des Marktvogtes verwahrt. Ihr am 6. August geborenes Kind wird ihr weggenommen; sie selbst wird in das Kellergefängnis des Rathauses gebracht. Im peinlichen Verhör (Folter) bekennt sie viel Böses, das sie mit dem Teufel begangen habe; sie bekennt, dass sie viel Vieh durch Gift umgebracht habe; in Marienburg und in der Dompropstei habe sie die Weide vergiftet. Am 18. September schickt man ihr Geständnis an die Universität Helmstedt und bittet um ein Rechtsgutachten. Am 1. Oktober wird die dicke Anneke auf der Steingrube im Beisein vieler Menschen aus Stadt und Land verbrannt.

M2 Bericht vom Prozess der Anneke in Hildesheim (1591)

---

1. → Beschreibe M1, indem du möglichst viele Einzelheiten nennst, die du erkennen kannst.
2. Berichte, welche Anklagepunkte Anneke zur Last gelegt wurden (M2).
3. Fertige eine Zeittafel zum Hexenprozess in Hildesheim an (M2).
4. → Erkläre, wie Misstrauen und Aggression der Öffentlichkeit gegenüber Minderheiten entstehen (Text).

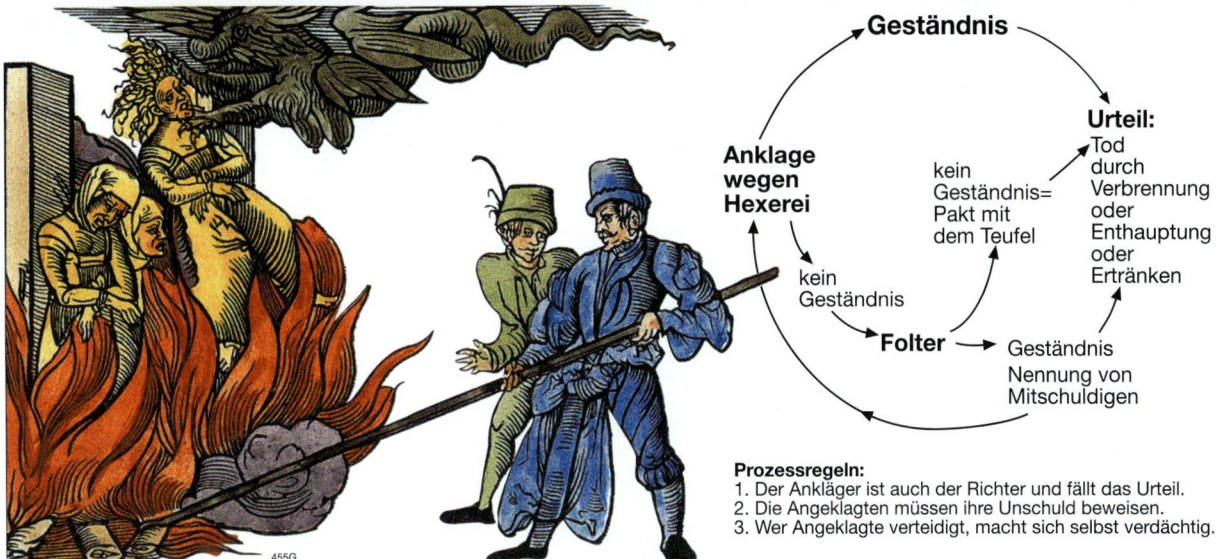

M3 Möglicher Ablauf eines Hexenprozesses

Rechtliche Bedenken gegen die Hexenverbrennungen

Bereits im 17. Jahrhundert äußerten vereinzelt katholische und protestantische Theologen schwere Bedenken gegen die Hexenprozesse, unter ihnen der Jesuitenpater Friedrich von Spee und der Coburger Gymnasialrektor J. M. Meyfahrt. Männer wie diese riskierten ihr Leben. Sie konnten der Hexerei beschuldigt werden, weil sie gegen die Hexenprozesse waren. Noch bis ins 18. Jahrhundert hinein wurden Hexenprozesse geführt.

> Ich habe gesehen, wie sie Menschen die Glieder strecken, die Augen aus dem Kopf zwingen, die Füße von den Schienbeinen reißen, die Gelenke ausrenken, wie der Henker mit Peitschen geschlagen, mit Schrauben gequetscht, mit Gewichten beschwert, mit Nägeln gestochen, mit Fackeln gesengt und gebrannt hat.

M5 J. M. Meyfahrt über die Folter (1635)

> Viele Richter ordnen schon nach haltlosen Anzeichen die Folter an. Die Folterqualen schaffen Hexen, die es gar nicht sind. Sie müssen ihre Komplizen angeben, die es nicht gibt. Da sie die Schmerzen nicht ertragen, nennen sie dann Personen, bei denen es glaubwürdig erscheint und wo sie so wenig Schaden wie möglich anrichten. So ist es überall.

M4 Friedrich von Spee über Hexenprozesse (1631 – bearbeitet)

> Artikel 2
> (1) Jeder hat das Recht auf die freie Entfaltung seiner Persönlichkeit, soweit er nicht die Rechte anderer verletzt und nicht gegen die verfassungsmäßige Ordnung oder das Sittengesetz verstößt.
> (2) Jeder hat das Recht auf Leben und körperliche Unversehrtheit. Die Freiheit der Person ist unverletzlich.

M6 Aus dem Grundgesetz der Bundesrepublik Deutschland – Abschnitt der Grundrechte

Amnesty International engagiert sich für die Durchsetzung der Menschenrechte weltweit.

5. Beschreibe mithilfe von M3 drei mögliche Verläufe von Hexenprozessen.
6. Der Hexenprozess war eine Einbahnstraße in den Tod. – Erkläre mithilfe von M3.
7. Nimm Stellung zu den Bedenken von F. von Spee und J. M. Meyfahrt zur Folter (M4, M5).
8. Begründe, warum die Folter heute in den meisten Staaten verboten ist (M6).
9. Recherchiere im Internet und berichte, in welchen Ländern heute noch gefoltert wird (www.amnesty.de).

M1 Plünderung eines Bauernhauses, Gemälde von Sebastian Vrancx (um 1630)

Der Dreißigjährige Krieg
Streit um den wahren Glauben und die Macht im Reich

1. Die Fürsten können zwischen den Bekenntnissen wählen.
2. Die Untertanen müssen das Bekenntnis des Fürsten annehmen.
3. Wer das Bekenntnis seines Fürsten nicht annehmen will, muss auswandern.
4. In den Reichsstädten sind beide Konfessionen zugelassen.
5. Tritt ein geistlicher Fürst zum Luthertum über, verliert er sein Amt, sein Land bleibt katholisch.

M2 Bestimmungen des Augsburger Religionsfriedens von 1555 (bearbeitet)

Der Augsburger Religionsfrieden sollte die Glaubenskonflikte im Jahre 1555 beenden. Aber bereits um 1600 brachen die alten Konfessionsstreitigkeiten wieder auf. Gleichzeitig forderten die Fürsten vom Kaiser mehr Macht in ihren Gebieten. 1607 beendete der katholische Kaiser in der Reichsstadt Donauwörth einen Kampf zwischen Katholiken und Protestanten zum Nachteil der Protestanten. Deshalb schlossen die protestantischen Fürsten 1608 ein Militärbündnis, die Union. Die katholischen Fürsten gründeten danach mit dem Kaiser als Gegenbündnis die Liga.

Anlass zum Krieg war ein Zwischenfall im Mai 1618. Der katholische Kaiser Ferdinand war auch König von Böhmen. Weil er protestantische Kirchen in Böhmen schloss, warfen böhmische Adlige drei kaiserliche Beamte aus dem Fenster der Prager Burg. Obwohl diese unverletzt blieben, war der „Prager Fenstersturz" der äußere Anlass für einen Krieg, der als Glaubenskrieg begann, zum Machtkampf in Deutschland und Europa wurde und 30 Jahre dauern sollte.

1 Berichte über Ursachen und Anlass des Dreißigjährigen Krieges (Text).
2 Notiere in einer Tabelle die Vor- und Nachteile des Augsburger Religionsfriedens a) für die weltlichen und geistlichen Fürsten, b) für die Untertanen und c) für die Reichsstädte (M2).
3 ↪ Beurteile anhand deiner Tabelle, ob jetzt Religionsfreiheit im Reich hergestellt war.

Der Dreißigjährige Krieg war für die Befehlshaber der Armeen, unter ihnen Albrecht von Wallenstein, ein einträgliches Geschäft. Sie ließen auf eigene Rechnung Söldner aus vielen Ländern Europas als Landsknechte anwerben. Diese zogen für einen geringen Sold, den der Befehlshaber zahlte, in den Krieg. Nach dem Motto „Der Krieg muss den Krieg ernähren!" mussten sie dann für Kleidung und Verpflegung selbst aufkommen.

Wie diese Söldner sich versorgten und sich bereicherten, wie sie mit Gewalttaten ihren Lebensunterhalt sicherten, muss man sich ungefähr so vorstellen:

Sold, Söldner
Soldaten, die gegen Bezahlung (Sold) in den Krieg ziehen, heißen „Söldner". Das Wort „Sold" leitet sich vom Namen einer römischen Münze, dem Solidus, ab.

M3 Albrecht von Wallenstein (zeitgenössisches Gemälde von A. van Dyck)

> Wenn Truppen in der Nähe lagerten, dann schwärmten Frauen und Kinder aus, die mit dem Tross zogen. In den Wäldern sammelten sie Beeren und Pilze. Auf den schon lange nicht mehr bestellten Äckern suchten sie nach Getreideresten und durchwühlten die Erde nach Rüben und wild gewachsenen Möhren. Später plünderten sie in den Häusern und nahmen das, was die Soldaten nicht schon weggeschleppt hatten. Ihre Kinder lernten stehlen und morden wie andere das Singen und Beten. In Eggebusch war nichts mehr aufzutreiben. Gereizt kehrte Trupp für Trupp zum Marktplatz zurück ... Wütend warfen einige Soldaten die herumliegenden Becher gegen den Brunnenrand. Und heute sollte es hier nichts als diese vier abgemagerten Ziegen, den knochigen Gaul, zwei Hühner und den Hund geben?! Wo habt ihr die Vorräte versteckt? Wo sind die Kühe? Die Schweine? Das Korn? Verzweifelt beteuerten die gefesselten Männer, dass sie nichts mehr hätten. Die Enttäuschung der Söldner schlug um in Raserei. Tollwütig hackten sie den Kindern die Hände ab. Wo sind die Vorräte? Ohnmächtig schluchzten die Väter. Mit Dolchen stachen die Bestien in die weinenden Augen. Wut und Lust stillten sie gierig an den hilflosen Menschen. Grölend packten die Söldner ihre Brandfackeln und rannten durch die leeren Gassen. Überall loderte das Feuer auf, weitete sich aus, und in kurzer Zeit brannte der ganze Ort. Als endlich die Flammen oben im Kirchturm aus der Glockenstube schlugen, jubelten sie über das Feuer wie im Siegestaumel. Pferde preschten durch die enge Gasse zum Fahrweg hin, laut ratterten die Räder des Beutewagens, johlend sangen die Landsknechte und marschierten ab. Es war Mittag. Vielleicht erreichten sie bis zum Abend ihre nächste Vorratskammer – denn der Krieg musste sie ernähren.

M4 Auszug aus dem Buch von Tilman Röhrig: „In 300 Jahren vielleicht"

4 → Nenne die Grausamkeiten, welche die Söldner in Eggebusch verüben (M4).
5 „Der Krieg muss den Krieg ernähren!", hieß es damals. Erkläre, was dies für die Heerführer, die Landsknechte und ihre Familien sowie für die Bevölkerung bedeutete (Text, M1, M4).
6 Informiere dich in Lexika oder im Internet
   a) über das Leben von Albrecht von Wallenstein und berichte.
   b) über moderne Warlords und begründe, ob Wallenstein ein Warlord war.
7 Erkundige dich im Museum oder Archiv, was damals in deinem Heimatort passierte.

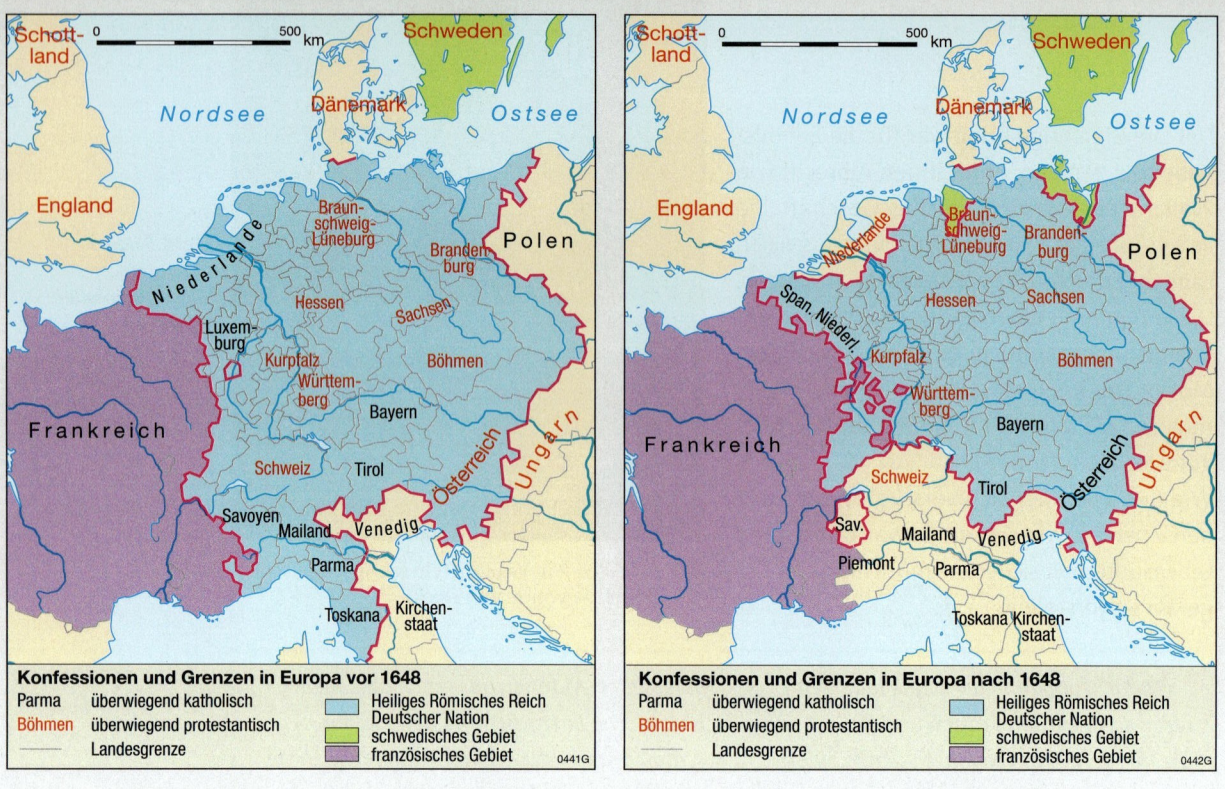

M1 Europa vor (links) und nach (rechts) dem Friedensschluss des Dreißigjährigen Krieges

Verlauf und Ende des Krieges

In diesen grausamen Krieg griffen nach und nach auch andere Länder ein. Die protestantischen Länder Dänemark und Schweden wollten ihre deutschen Glaubensbrüder in der Union unterstützen; es ging ihnen aber auch um Gebietsgewinne im Norden Deutschlands. Als das katholische Frankreich auf der Seite der Protestanten in den Krieg eintrat, war klar: Dies ist kein Konfessionskrieg mehr. Hier ging es um politische Macht. Frankreich wollte den Kaiser und damit die Fürstenfamilie der Habsburger schwächen. Diese regierten als Könige in Spanien und als Kaiser in Deutschland. Damit befand sich Frankreich in einer Umklammerung durch die Habsburger. Diese Umklammerung wollte Frankreich durch den Kriegseintritt aufbrechen.

Der Krieg der verfeindeten Heere aber fand nur auf dem Gebiet des Heiligen Römischen Reiches Deutscher Nation statt. Es gelang dabei keiner Seite, den Krieg für sich zu entscheiden oder als Sieger zu beenden.

Im Jahr 1641 einigten sich die verfeindeten Parteien schließlich auf den Beginn von Friedensverhandlungen. Da es nicht möglich war, alle Parteien um einen Tisch zu versammeln, verhandelte man in zwei benachbarten Städten: in Münster und in Osnabrück.

Zunächst waren noch protokollarische Fragen zu klären: Welcher Botschafter welchen Landes saß an welchem Platz und neben wem am Verhandlungstisch. Die Beantwortung dieser Fragen nahm lange Zeit in Anspruch. Doch sie zeigte auch, wer mehr oder weniger Einfluss bei den Verhandlungen geltend machen konnte.

Sieben Jahre benötigte man noch, bis ein umfassender Friedensvertrag von allen Seiten angenommen und unterzeichnet werden konnte.

1. Nenne und notiere die am Dreißigjährigen Krieg beteiligten Parteien (Text, M1).
2. Erläutere die Absichten der am Krieg beteiligten Parteien.
3. Überprüfe, wer seine Ziele erreichte und berichte.

Der Engel links oben hält eine Posaune mit der lateinischen Aufschrift „FAMA", („Ruf"). Rechts oben ist Merkur, der römische Gott des Handels, abgebildet. Auf dem Brief in seiner Hand steht „PAX" („Frieden"). Auf dem Original des Flugblatts steht unter dem Bild ein Text, der vom Friedensschluss berichtet. Das Blatt erschien in zahlreichen Varianten und hohen Auflagen und war für wenig Geld zu haben.

M2 Flugblatt von 1648 (Ausschnitt)

Dreißig Jahre mussten die Menschen in Deutschland unvorstellbares Leid ertragen. Soldaten waren im Krieg gefallen oder verwundet worden, Bewohner der Städte und Dörfer waren bei Belagerungen und Plünderungen ermordet worden oder an Seuchen gestorben. Am Ende war das Land verwüstet, Dörfer waren verödet, Städte zerstört.
Im Jahre 1648 wurde zu Osnabrück und Münster der Westfälische Friede mit folgenden Ergebnissen geschlossen:
– Die Konfession eines Landes wird auf dem Stand des Jahres 1624 festgeschrieben. Alle Religionskonflikte werden damit beigelegt.
– Die Landesherren, d. h. die Fürsten, erhalten mehr Eigenständigkeit gegenüber Kaiser und Reich. Sie dürfen jetzt selbst Gesetze erlassen, Steuern festsetzen, Kriege führen usw.
– Frankreich und Schweden erhalten mehr Macht und Einfluss. Sie gewinnen bisher deutsche Gebiete.

Einwohnerzahlen		
Stadt	vor 1618	um 1650
Einbeck	6 000	2 500
Stralsund	12 500	10 000
Naumburg	8 900	4 300
Marburg	6 000	3 000
Deutschland (gesamt)	18 Mio.	12 Mio.

M3 Opferbilanz des Dreißigjährigen Krieges

4 *Beschreibe das Flugblatt M2.*
   a) Notiere alle Einzelheiten und deren Bedeutung.
   b) Formuliere in wenigen Sätzen die Aussage des Flugblattes und stelle dar, welches Gefühl das Bild vermitteln soll.
5 *Entwickle aus der Tabelle M3 ein Säulendiagramm und stelle so die Anteile der Opfer an der Gesamtbevölkerung dar. Verwende für die Angaben zu den Städten den Maßstab 1000 Einwohner = 1 cm, für die Angaben zu Deutschland den Maßstab 1 Mio. Einwohner = 1 cm.*
6 *Veranschaulicht die hohen Verluste an Menschenleben, indem ihr einen Sitzkreis bildet und diejenigen Schüler aus dem Kreis entlasst, die den Anteil der Opfer darstellen.*
7 *a) Erläutere die Folgen des Krieges für a) den Kaiser, b) die Fürsten und c) das Hl. Römische Reich Deutscher Nation.*
   b) Beurteile die Aussage: „Der Dreißigjährige Krieg war ein Religionskrieg."

M1 Ein Gespräch auf dem Schulhof

Religionen heute

Katholisch, evangelisch, muslimisch …

Ähnliche Gespräche wie in M1 kann es am Schuljahresbeginn in vielen Klassen geben. Sven und Tim sind Christen. Innerhalb der christlichen Religion gehören sie aber verschiedenen Glaubensrichtungen an. Diese nennt man Konfessionen. Tim ist katholisch und Sven ist evangelisch bzw. protestantisch. Nesrin hingegen ist Muslima und gehört der islamischen Religion an. Auch bei den Muslimen gibt es verschiedene Glaubensrichtungen: z. B. Sunniten und Schiiten.

Weltreligionen → www

Manche Menschen gehören auch gar keiner Religionsgemeinschaft an.
Heute herrscht in Deutschland Religionsfreiheit. Dies war nicht immer so. Das Beispiel Martin Luthers hat gezeigt: Wer damals eine andere Meinung über Religion vertrat, musste mit harten Strafen rechnen.

> *Artikel 3*
> *(3) Niemand darf wegen seines Geschlechtes, seiner Abstammung, seiner Rasse, seiner Sprache, seiner Heimat und Herkunft, seines Glaubens, seiner religiösen oder politischen Anschauungen benachteiligt oder bevorzugt werden. Niemand darf wegen seiner Behinderung benachteiligt werden.*
>
> *Artikel 4*
> *(1) Die Freiheit des Glaubens, des Gewissens und die Freiheit des religiösen und weltanschaulichen Bekenntnisses sind unverletzlich.*
> *(2) Die ungestörte Religionsausübung wird gewährleistet.*

M2 Aus dem Grundgesetz der Bundesrepublik Deutschland vom 23. Mai 1949

1. *Ermittle, wie viele Schüler deiner Klasse katholisch, evangelisch, muslimisch oder konfessionslos sind und stelle dies in einem Säulendiagramm dar.*
2. *Berichte, was du über die Gemeinsamkeiten und Unterschiede zwischen Katholiken und Protestanten im Religionsunterricht erfahren hast.*
3. *Erkläre mithilfe von M2, was Religionsfreiheit bedeutet.*
4. *Ordne die nachfolgenden Begriffe der katholischen oder der protestantischen Konfession oder dem Islam zu: Konfirmation, Papst, Ramadan, Abendmahl, Kommunion, Pilgerreise nach Mekka, Weihwasser, Superintendent, fünfmaliges Gebet am Tag.*

Gewalt im Namen der Religion?

Die einen feiern, die anderen haben Angst. In Ägypten regieren jetzt die Muslimbrüder mit Präsident Mursi an der Spitze. Die Kopten fühlen sich von ihnen bedroht, viele verlassen das Land. Erstarrt und orientierungslos versucht die christliche Kirche, ihre Rechte zu sichern. Die Hoffnung ruht auf Männern wie Michael Girgis.

Hoffnung, Freiheit, Revolution – das war der Tahrir-Platz für Michael Girgis früher. Jetzt ist es für ihn ein Ort, „an dem nur noch die Islamisten sind". Er selbst steht ein paar Kilometer weiter im Kairoer Stadtteil Medinat Nasr auf der Straße, zusammen mit Tausenden anderer Ägyptern. Es sind die Anhänger von Ahmed Schafik, dem letzten Premierminister unter Mubarak (...), dem Wahlverlierer. In den Köpfen der Demonstranten von Medinat Nasr ist Schafik immer noch präsent. Für sie steht er für einen zivilen, weltlichen Rechtsstaat. Und für den Kampf gegen die Muslimbrüder. (...) Mursis Ankündigung, er wolle einen christlichen oder weiblichen Vizepräsidenten ernennen, traut Girgis nicht. Er befürchtet (...) einen islamischen Gottesstaat (...). Koptische Christen stellen zwischen zehn und zwölf Prozent der 83 Millionen Ägypter. Mindestens 93 000 haben der Organisation Egyptian Union for Human Rights zufolge seit den Protesten im vergangenen Jahr Ägypten verlassen. Naguib Gobrail, Präsident der Organisation und selbst Kopte, vermutet, dass diese Zahl noch weiter steigen wird. „Es ist schon eine fast unverständliche Angst vor Islamisierung, die viele Kopten aus dem Land treibt", sagt er. (...)

Seit das alte Regime weg ist, sei es nicht viel besser geworden, sagt Menschenrechtler Gobrail und berichtet von Plünderungen christlicher Läden, Zerstörungen von Alkohol-Shops, Behinderungen beim Bau oder bei der Renovierung von Kirchen, Aufforderungen einzelner islamistischer Männer an koptische Frauen, die Arme zu bedecken.

M3 Aus einem Artikel der Süddeutschen Zeitung vom 7. Juli 2012 (sprachlich vereinfacht)

M4 Kopten demonstrieren in Kairo für Gleichbehandlung, 16. Mai 2011.

5 ↪ Erläutere mit eigenen Worten den Konflikt zwischen koptischen Christen und Muslimen in Ägypten (M3, M4).

6 ↪ Recherchiere im Internet zur aktuellen Lage der Kopten in Ägypten und berichte der Klasse.

7 ↪ Menschen bekämpfen sich oder führen Krieg gegeneinander, weil sie verschiedenen Konfessionen oder Religionen angehören. – Nimm Stellung zu dem Widerspruch in dieser Aussage.

8 ↪ Berichte darüber, ob du mit deinen Freunden Probleme wegen der Religions- oder Konfessionszugehörigkeit hattest und welche Rolle die Religion unter deinen Freunden spielt.

Reformation und Glaubenskriege

1 Kreuzworträtsel
Fertige eine Kopie dieser Seite an und löse dann das Kreuzworträtsel.

waagerechte Zeilen von links nach rechts:
1. Versteck eines Reformators
2. Kaiser, der Luther angeklagt hat
3. Vorname eines Kirchenkritikers
4. katholisches Kriegsbündnis
5. Geld machen mit dem schlechten Gewissen
6. Konzil zu ...
7. verfolgt, verbrannt, die ...
8. bekannter Ablassprediger
9. Entstehung neuer Lehren
10. Arbeit für den Grundherren

senkrechte Spalten von oben nach unten:
1. höchste Kirchenstrafe
2. Kirchensprache
3. Mit ... wird ein Geständnis erzwungen.
4. Buch der Bücher
5. Fenstersturz zu ...
6. Pastor und Bauernführer
7. Verfasser der 95 Thesen
8. Abhängige des Grundherren
9. Oberhaupt der katholischen Kirche
10. protestantisches Kriegsbündnis

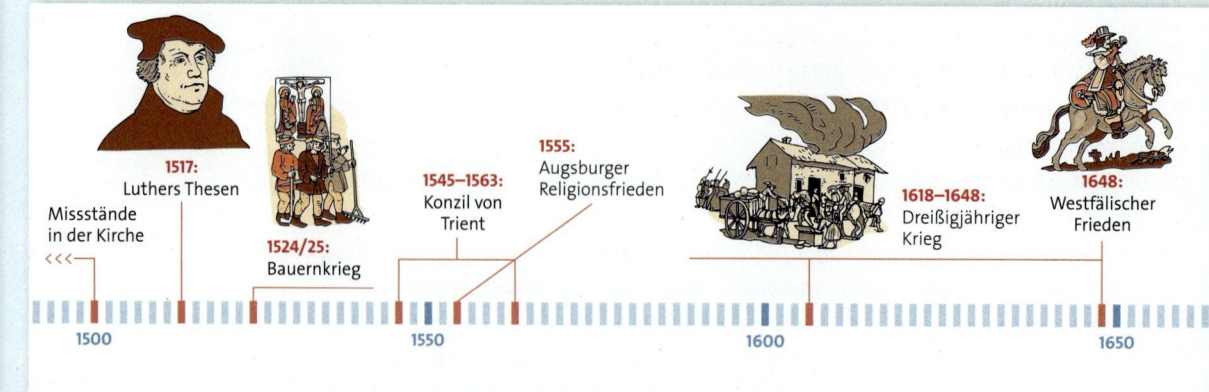

2 Zuordnungsaufgabe

Im Jahre 1648 trafen sich die Vertreter aller am Krieg beteiligten Parteien in Westfalen. Hier siehst du, was sie gesagt haben könnten. Ordne die richtige Aussage dem Kaiser (Habsburger), Dänemark, Schweden, Frankreich, den Fürsten, den Niederlanden oder der Schweiz zu.

(1) Wir wollten unseren protestantischen Freunden im Glaubenskrieg beistehen. Da wir nun Vorpommern erhalten haben, werden wir von dort aus darauf achten, dass der Friede bestehen bleibt.

(2) Meinem Land ging es um die Sicherung unserer Ostgrenzen. Auch sollte der Kaiser nicht mehr die alleinige Macht in Europa besitzen. Beide Ziele haben wir erreicht.

(3) Wir wollen unsere Politik selbstständig bestimmen. Das Reich ist für uns nun Ausland.

(4) Das Reich ist zerrissen. Ich habe mich bemüht, die Einheit aufrechtzuhalten. Nun muss ich aber eingestehen, dass ich gescheitert bin.

(5) Es ist nur recht und billig, wenn wir in unseren Ländern keine Rücksicht mehr auf die unbegrenzte Macht des Kaisers nehmen müssen. Wir sind die eigentlichen Herren in unseren Ländern. Diese Position werden wir weiter ausbauen.

(6) Wir haben schon vor 19 Jahren Frieden geschlossen. Damals war die Glaubensfrage für uns Anlass, einzugreifen. Jedoch wollten wir auch Schleswig-Holstein enger an uns binden. Dies ist uns nicht gelungen.

3 Knack den Safe! – Zahlenkombinationen gesucht

Ordne die Sätze dem Papst, dem Kaiser oder Luther zu; trage die Nummern ein.

1. Er will die Entstehung einer neuen Lehre verhindern.
2. Er erkennt nur drei Sakramente an.
3. Er fordert in Worms, dass Luther gefangen genommen wird.
4. Er benötigt Geld für den Bau der Peterskirche in Rom.
5. Er verfügt eine Pressezensur.
6. Er kritisiert den Ablasshandel.
7. Er spricht den Kirchenbann aus.
8. Er kümmert sich zunächst nicht um Luthers Kritik.
9. Er verkündet eine neue Lehre.
10. Er bleibt immer auf der Linie des Papstes.
11. Er übersetzt die Bibel ins Deutsche.
12. Er sorgt sich um die Einheit des Reiches.

Papst ☐ ☐ ☐ ☐   Kaiser ☐ ☐ ☐ ☐   Luther ☐ ☐ ☐ ☐

Grundbegriffe:

Augsburger Religionsfrieden
Bauernkrieg
Dreißigjähriger Krieg
Gegenreformation
Habsburger
Hexenwahn
Jesuiten
Kaiser Karl V.
Katholiken
Konzil von Trient
Martin Luther
Protestanten
Reformation
Westfälischer Friede

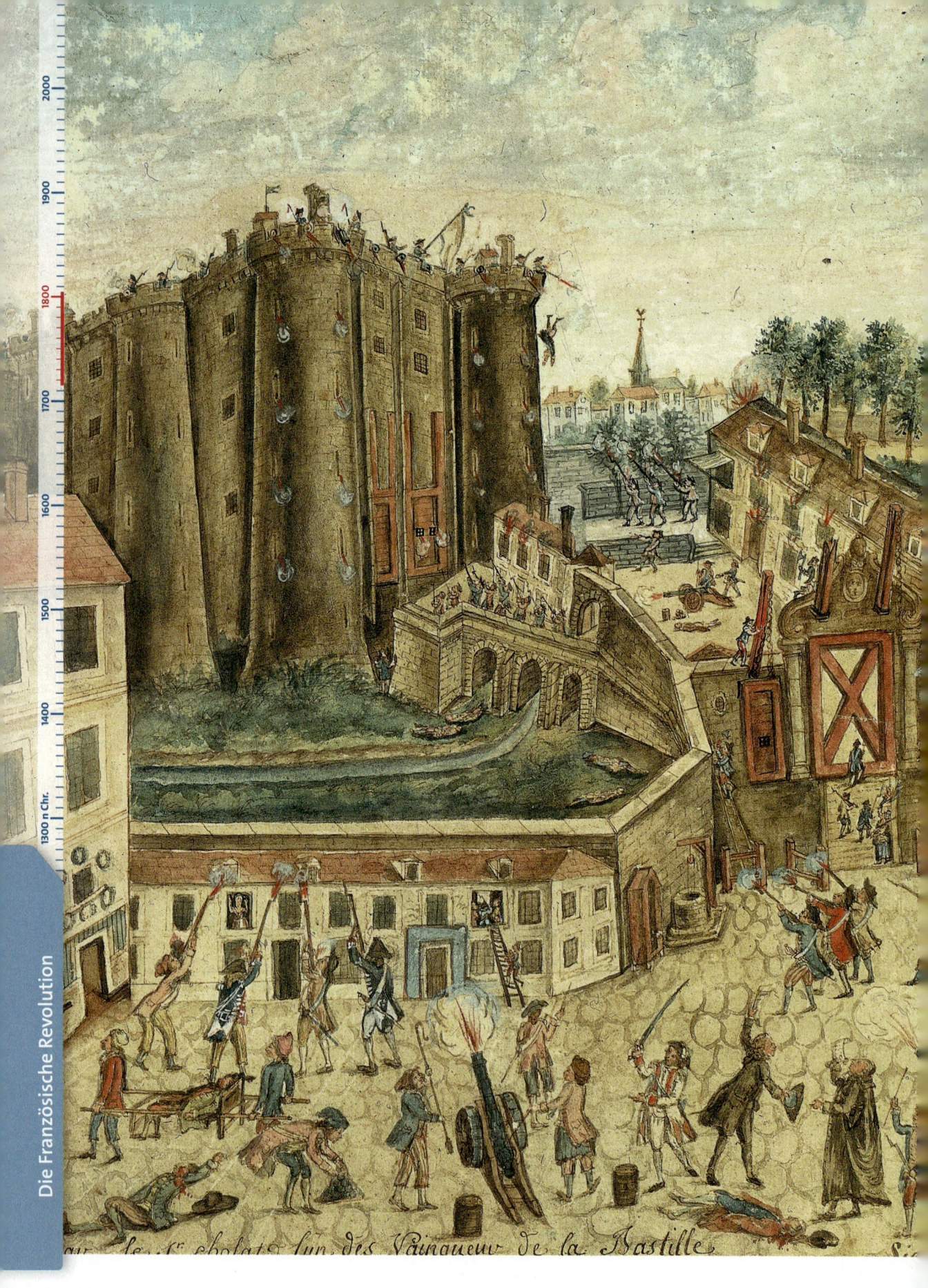

Die Französische Revolution

Zeitfenster: 1715–1804

Die Französische Revolution

M2 Colbert stellt König Ludwig XIV. die Mitglieder der Akademie der Wissenschaften vor (Ausschnitt aus einem Gemälde von Henri Testelin, 1667).

→ Wie lebten die Menschen in Frankreich zur Zeit des Absolutismus?
→ Welche Denker setzten sich mit dieser Regierungsform kritisch auseinander?
→ Welche Verhältnisse führten zum Ausbruch der Revolution?
→ Welche Veränderungen brachte die Revolution?
→ Warum verlief die Revolution gewaltsam?
→ Wer beendete die Revolution?

M1 Der Sturm auf die Bastille, das Gefängnis der Stadt Paris, am 14. Juli 1789 (zeitgenössisches Gemälde nach einem Augenzeugenbericht)

M1 Das Schloss von Versailles, erbaut unter Ludwig XIV. (Gemälde, 1722)

M2 Ludwig XIV. (Gemälde, 1701; das Original ist 2,77 m hoch und 1,94 m breit.)

Absolutismus
Regierungsform, in der ein Monarch (z. B. Kaiser, König, Fürst) die uneingeschränkte Herrschaftsgewalt besitzt. Er macht Gesetze, ist Leiter der Regierung und oberster Richter. Nur Gott gegenüber glaubt er verantwortlich zu sein. Stützen seiner Macht sind das Militär und die Beamtenschaft.
→ www

Frankreich und der Absolutismus

Der Sonnenkönig

Ludwig XIV. nannte sich selbst Sonnenkönig. Er regierte von 1661 bis 1715 in Frankreich. Er soll von sich gesagt haben: „Der Staat bin ich", das heißt, dass er allein alle wichtigen Entscheidungen treffen konnte. Nur wenige hohe Beamte und Politiker waren seine Berater. Die drei Stände in Frankreich, der Klerus (Geistliche), der Adel und die Bürger und Bauern, hatten kein Mitspracherecht.

Ludwig XIV. glaubte, dass ihm seine Macht direkt von Gott übertragen worden sei. Diese Herrschaftsform nennt man Absolutismus.

Um seine Macht zu zeigen, ließ Ludwig XIV. außerhalb von Paris das Schloss Versailles in einem Sumpfgebiet errichten. Damit wollte er zeigen, dass er auch Herrscher über die Natur war. 20 000 Menschen wohnten und arbeiteten dort, darunter die meisten Adligen Frankreichs.

> Als Sinnbild wählte ich die Sonne ... Sie ist ohne Zweifel das ... schönste Sinnbild eines großen Fürsten ..., weil sie einzig in ihrer Art ist als auch durch den Glanz, der sie umgibt, durch das Licht, das sie anderen Gestirnen spendet, die gleichsam ihren Hofstaat bilden, durch die Wohltaten, die sie überall spendet.
> Gott, der die Könige über die Menschen gesetzt hat, wollte, dass man sie als seine Stellvertreter achte. Es ist sein Wille, dass, wer als Untertan geboren ist, willenlos zu gehorchen hat.

M3 Ludwig XIV. über seine Herrschaft

1 Beschreibe das Regierungssystem Ludwigs XIV. (Text, M3).
2 Erläutere, wie Ludwig XIV. den Herrschaftsanspruch der Könige begründete (Text, M3).
3 ↪ Nenne Äußerlichkeiten, die die Macht Ludwigs demonstrieren sollten (M1, M2). Begründe.

Der Merkantilismus

Der Bau von Schlössern, das luxuriöse Leben am Königshof, die vielen Beamten und das Militär kosteten sehr viel Geld, viel mehr, als der Staat einnahm. Deshalb entwickelte Jean Baptiste Colbert, ein Minister Ludwigs XIV., ein System, um die Staatseinnahmen zu erhöhen, den Merkantilismus. So wurden z. B. mit eigenen Schiffen billig Rohstoffe aus den Kolonien nach Frankreich eingeführt. In Manufakturen wurden daraus Luxusgüter hergestellt. Diese verkaufte man dann teuer im Ausland. Damit die Franzosen mehr eigene Waren kauften, wurden ausländische Güter mit hohen Zöllen belegt.

① Zollmauer
② Aufbau neuer Industrien (Manufakturen)
③ Ausbau der Verkehrswege
④ einheitliche Maße und Gewichte
⑤ Erwerb von Kolonien
⑥ Einfuhr von Rohstoffen durch:
⑦ eigene Handelsflotte
⑧ Ausfuhrverbot für Rohstoffe
⑨ Einfuhrverbot für Fertigwaren
⑩ Ausfuhr von Fertigwaren

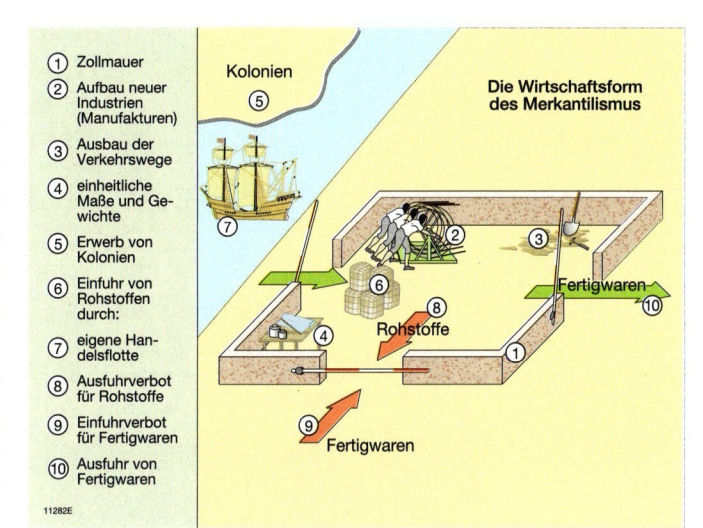

M5 Frankreichs Wirtschaft im 18. Jahrhundert

Jahr	Einnahmen	Ausgaben
1726	181	182
1751	259	256
1775	377	411
1788	472	633

M4 Französischer Staatshaushalt (in Millionen Livres) während der Regierungszeit Ludwigs XIV.

Ausgaben (in Mio. Livres)	633
davon:	
Hofhaltung	42
Armee	107
Marine	52
Zinsen	261
Sonstiges	171

M6 Ausgaben Frankreichs im Jahr 1788

Merkantilismus → www

> Ich glaube, dass es einzig und allein der Reichtum an Geld ist, der die Unterschiede an Größe und Macht zwischen den Staaten begründet. So ist es sicher, dass jährlich aus Frankreich Erzeugnisse für den Verbrauch im Ausland im Wert von 12 bis 18 Millionen Livres (französisches Geld) hinausgehen. Das sind die Goldminen unseres Königreiches. Je mehr wir den Verbrauch von eingeführten Waren verringern können, desto mehr vergrößern wir die Menge des hereinströmenden Bargeldes. So werden sicherlich durch die Manufakturen auch eine Million zurzeit arbeitsloser Menschen ihren Lebensunterhalt verdienen. Eine ebenso beträchtliche Anzahl wird in der Schifffahrt und in den Seehäfen Verdienst finden.
> Um dies zu erreichen, schlage ich vor: Die Ein- und Ausfuhrzölle sollten überprüft werden. Es sollte jährlich eine hohe Summe für die Wiederherstellung von Manufakturen zur Verfügung gestellt werden. Zahlung von Belohnungen an alle, die neue Schiffe kaufen oder bauen oder große Handelsreisen unternehmen. Man soll sich bemühen, die Flüsse in Frankreich schiffbar zu machen und die Zollstationen an den Flüssen aufzugeben.

Manufaktur
Eine Werkstatt, in der viele Handwerker nach dem Prinzip der Arbeitsteilung Dinge des täglichen Bedarfs oder Luxusgüter herstellten. Die Manufaktur war der Vorläufer der späteren Fabrik.

M7 Colbert über Teile seines Wirtschaftsprogramms (1664)

[4] *Nenne die Ziele des Merkantilismus (Text, M5, M7).*
[5] ↪ *Stelle dar, mit welchen Mitteln Colbert die französische Wirtschaft fördern wollte (M6, M7).*
[6] *Wandle die Informationen des Schaubilds M5 in einen zusammenhängenden Text um.*

M1 Die französische Gesellschaft vor der Revolution (heutige Zeichnung)

Erster und Zweiter Stand: etwa 2 % der Bevölkerung
König und königliche Familie

Erster Stand: Klerus

Zweiter Stand: Adel

Dritter Stand: etwa 98 % der Bevölkerung
Dritter Stand: Bürgerfamilien, Handwerker, Beamte, Soldaten, Bauern, Fischer, Seefahrer
ohne Stand: Knechte und Mägde, Landarbeiter, Tagelöhner

Ständegesellschaft in Frankreich

Ständegesellschaft →

Wie überall in Europa gehörten in Frankreich alle Menschen verschiedenen Ständen an. Die Geistlichen (der Klerus) bildeten den Ersten und die Adligen den Zweiten Stand. Den Dritten Stand bildeten die Bürger und Bauern. Seinen Stand konnte man nicht verlassen. Ein Adliger heiratete immer eine Adlige und eine Handwerkertochter immer einen Handwerker. Auch ein Neugeborener gehörte schon bei der Geburt dem Stand seiner Eltern an. Für die drei Stände gab es eigene Bekleidungs- und Schmuckvorschriften, und auch die Rechte und Pflichten waren genau geregelt. Dies war auch noch zur Regierungszeit von Ludwig XIV. so.

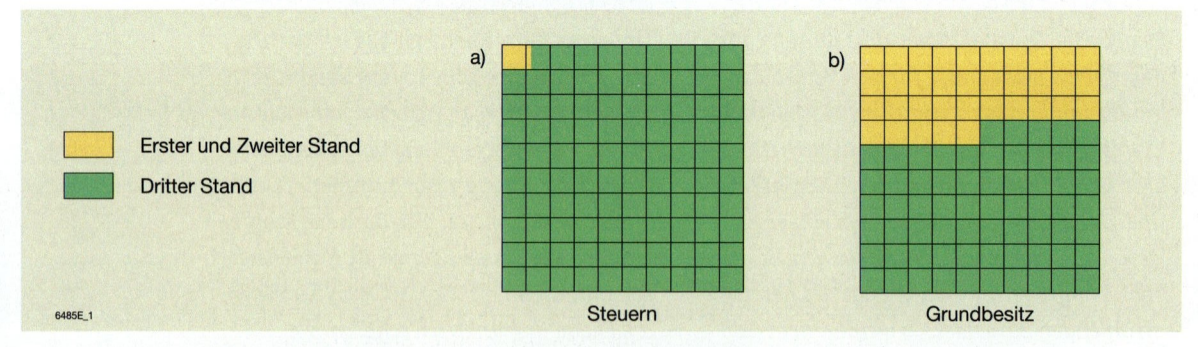

- 🟨 Erster und Zweiter Stand
- 🟩 Dritter Stand

a) Steuern
b) Grundbesitz

M2 Anteile der Stände an den Steuern und am Grundbesitz in Frankreich

1. → *Beschreibe die Ständegesellschaft in Frankreich und nenne die Bevölkerungsgruppen, die zum Ersten, Zweiten und Dritten Stand gehörten (Text, M1).*
2. → *Schildere das Aussehen und die Kleidung der Menschen in den verschiedenen Ständen (M1).*
3. *Berechne die Anteile des Ersten und Zweiten Standes*
   a) an den Steuerzahlungen (M2) und
   b) am Grundbesitz (M2) in Frankreich und bewerte die Ergebnisse.
   Beachte: Ein Kasten entspricht einem Prozent.

M3 Das Austernfrühstück (Gemälde von Jean François Troy, 1735)

Erster und Zweiter Stand

Der Klerus, also alle Geistlichen, wie Priester, Bischöfe, Äbte usw., bildete in Frankreich den Ersten Stand. Dabei war die Kirche nicht nur für Glaubensfragen zuständig, sondern sie verbreitete auch die Lehre, dass Gott selbst den König mit der Regierung beauftragt hat. Auflehnung gegen die Obrigkeit bedeutete also Widerstand gegen Gott.

Der Zweite Stand bestand aus den Adligen. Die meisten von ihnen waren nach Paris gezogen, damit sie am Hofe Ludwigs XIV. oder in seiner Nähe leben konnten. Um seine Aufmerksamkeit zu erlangen, veranstalteten sie große und kostspielige Feste und Bälle, wobei sie sich häufig hoch verschuldeten. Wer Ludwig gefiel, erhielt aber gut bezahlte Ämter. Sogar ihre Spielschulden bezahlte der König. Damit machte er den Adel finanziell von sich abhängig.

Klerus und Adel genossen erhebliche Privilegien (Vorrechte). So zahlten sie kaum Steuern, sie besaßen das alleinige Recht zu jagen, und nur sie konnten hohe und einträgliche Stellen besetzen.

M4 Karikatur von 1789: Der Bauer unter der Last der Abgaben, Steuern und Fronarbeit

4 *Beschreibe die Bilder (M3, M4).*
  ↪ *a) Berichte, was auf den Bildern jeweils dargestellt wird.*
  ↪ *b) Erläutere, welche Stände jeweils abgebildet sind. Begründe deine Einschätzung.*
5 *Begründe den Einfluss des Ersten Standes in Frankreich zur Zeit des Absolutismus.*
6 *Beschreibe das Leben des Zweiten Standes (Text, M3, M4).*
7 *Erläutere, wie der König den Adel von sich abhängig machte (Text).*

M1 Bewohner eines Pariser Elendsviertels (Zeichnung, 18. Jahrhundert)

M2 „Der Adlige ist die Spinne, der Bauer ist die Fliege"; ein Bauer zahlt seine Abgaben (Kupferstich, 17. Jh.).

Der Dritte Stand

Der Dritte Stand bestand vor allem aus Bauern. Um 1780 waren von 25 Millionen Franzosen 21 Millionen Bauern. Nur einigen gehörte der Grund und Boden, den sie bearbeiteten. Die meisten pachteten Land von einem Grundherrn. Dafür mussten sie Pacht zahlen und Frondienste verrichten. Sie arbeiteten von Sonnenaufgang bis -untergang sehr hart. Viele starben früh an Krankheiten oder Entkräftung. Wenn es zu Missernten kam, nahmen die Grundherren keine Rücksicht und forderten dennoch die Abgaben in voller Höhe.

Auch in den Städten ging es dem größten Teil der Bevölkerung schlecht. Handwerker, Arbeiter in den Manufakturen und Tagelöhner hatten einen geringen Verdienst. Deshalb mussten alle Mitglieder der Familie, Männer, Frauen und Kinder, zum Lebensunterhalt beitragen. Viele Frauen arbeiteten als Händlerinnen und im Textil- und Bekleidungsgewerbe.

Brot, Brennmaterial und Wasser kosteten viel Geld. Deshalb trafen Preiserhöhungen diese Teile der Bevölkerung besonders hart. Alle Angehörigen des Dritten Standes mussten nicht nur Verbrauchsteuern zum Beispiel beim Kauf von Salz zahlen, sondern auch direkte Steuern, die auf das Einkommen oder das Vermögen erhoben wurden. Gerade die wohlhabenderen Bürger (Kaufleute, Händler, Ärzte, Rechtsanwälte) waren sehr unzufrieden mit der ungerechten Verteilung der Steuerlasten, denn die Angehörigen des Ersten und Zweiten Standes waren von den direkten Steuern befreit. Aber einzelne Proteste und Aufstände gegen diese Ungerechtigkeiten wurden vom Militär niedergeschlagen.

M3 „Hoffentlich hat dieses Spiel bald ein Ende!" (Karikatur von 1789)

M4 In einer Manufaktur für Rasiermesser (zeitgenössische Radierung)

Als ich, um meine Stute zu schonen, einen Gutteil des Weges zu Fuß erklomm, gesellte sich eine arme Frau zu mir, die mir erzählte, dass ihr Mann nur einen kleinen Acker, eine Kuh und ein armes Pferd besäße und dass er trotz alledem dem Grundherrn eine Pacht von 42 Pfund Korn sowie drei Hühner schulde und einem anderen 168 Pfund Hafer, ein Huhn und einen Sou (französisches Geld), nicht eingerechnet die schweren Steuern. Sie hatten sieben Kinder, und die Kuhmilch diente allein dazu, Suppe zu machen. Selbst wenn man diese Frau von nahem sähe, hätte man sie auf 60 oder 70 Jahre geschätzt, so gebeugt ging sie und so zerfurcht und von der Arbeit gegerbt war ihr Gesicht. Sie sagte mir, sie sei nur 28 Jahre alt. Auf den ersten Blick kommt das von der schwereren Arbeit als derjenigen der Männer, verbunden mit noch größerem Schmerz, eine neue Generation von Sklaven zur Welt zu bringen.

M5 Bericht des englischen Ministers Arthur Young über eine Reise durch Frankreich (1789)

Nun ist es aber die unterste Schicht des Volkes, die durch ihre Arbeit, ihren Handel, ihre Abgaben den König und sein ganzes Reich bezahlt. Sie stellt Soldaten, Arbeiter, Weingärtner, Tagelöhner. Es ist nichts Ungewöhnliches, wenn man bei einer Steuereintreibung nach Verkauf der Hauseinrichtung auch noch die Türen aushängt und die Balken abmontiert. Deshalb lebt der Bauer mit seiner Familie in größter Armut und geht nackt umher. Er lässt aber auch sein bisschen Land verwahrlosen aus Angst, bei guten Erträgen werde seine Steuer verdoppelt.

M6 Minister Vauban 1689 über die Lage des Dritten Standes

Wir fordern, dass alle Steuern von allen drei Ständen ohne irgendwelche Ausnahmen gezahlt werden. Außerdem wünschen wir das gleiche Gesetz und Recht im ganzen Königreich. Ebenso ist es an der Zeit, alle Abgaben und Dienste der Bauern abzuschaffen.

M7 Forderungen von Bauern an den König (1789)

1. Beschreibe Arbeit und Verdienst des Dritten Standes in Frankreich (Text, M5, M7).
2. ↪ Berichte über die Arbeitsverhältnisse in einer Manufaktur (M4).
3. Erläutere die Folgen des Abgaben- und Fronsystems für die Angehörigen des Dritten Standes (Text, M3, M6).
4. ↪ Beschreibe die Karikaturen M2 und M3 und nimm Stellung zu den Aussagen.
5. Schildere und beurteile die Forderungen der Bauern (M7).

M1 Wichtige Denker der Aufklärung (von links nach rechts): Charles Montesquieu (1689–1755), Jean Jacques Rousseau (1712–1778), Immanuel Kant (1724–1804)

Die Aufklärung
Neues Denken in Europa

Aufklärung →
www

> *Kant (1784): „Aufklärung ist die Überwindung von selbst verschuldeter Unmündigkeit. Unmündigkeit entsteht, wenn man nicht selber denkt. Habe Mut, dich deines eigenen Verstandes zu bedienen!"*
> *Rousseau (1762): „Der Mensch ist frei, und überall ist er in Ketten."*
> *Montesquieu (1748): „Freiheit ist das Recht, alles zu tun, was die Gesetze erlauben. – Es ist aber eine ständige Erfahrung, dass jeder Mensch geneigt ist, die Gewalt, die er hat, zu missbrauchen. Er geht so weit, bis er Schranken findet ... Um den Missbrauch der Gewalt unmöglich zu machen, müssen die Dinge so geordnet werden, dass eine Gewalt die andere im Zaune hält ... dass niemand gezwungen wird, etwas zu tun, wozu ihn das Gesetz nicht verpflichtet"*

M2 Aus Schriften von Aufklärern (Auszüge)

Im 18. Jahrhundert lebten die Menschen in ganz Europa unter der absolutistischen Herrschaft der Könige und Fürsten. Vor allem gebildete Menschen, wie zum Beispiel Kaufleute, Wissenschaftler, Rechtsanwälte, Ärzte und Schriftsteller, kritisierten die unumschränkte Herrschaft der Monarchen und vertraten die Gedanken der Aufklärung. Mehrere Philosophen und Schriftsteller bezweifelten die Ansicht, dass die Herrscher von Gott eingesetzt seien und deshalb allein urteilen und befehlen könnten. Sie forderten, dass die Herrschaft auf das Wohl der Menschen ausgerichtet sein müsse. Dazu gehörten zum Beispiel die Aufteilung der Macht, die Beseitigung der ungleichen Verteilung des Privateigentums und politische Rechte für alle Menschen.

Die Aufklärer hatten erkannt, dass mangelhafte Bildung ein großes Hindernis für Veränderungen in der Gesellschaft und in den politischen Verhältnissen war. Damals konnten nur 10 % der Bevölkerung lesen und schreiben. Aberglaube war weitverbreitet: So deuteten aus Unkenntnis immer noch viele Menschen Naturerscheinungen wie Krankheiten, Gewitter oder Kometen als Zeichen Gottes.

Die Ideen der Aufklärung wurden in Deutschland sogar von einzelnen Fürsten unterstützt. Sie richteten Schulen ein, in denen alle Kinder lesen und schreiben lernten. In den Städten bildeten sich Lesegemeinschaften von Bürgern. Überall in Europa entstanden Akademien, in denen geforscht und gelehrt wurde, zum Beispiel über Naturerscheinungen. Der Franzose Diderot sammelte das damals bekannte Wissen und machte es in einer Enzyklopädie allen Menschen verfügbar.

1 *Schreibe einen Lexikonartikel zum Stichwort „Aufklärung".*

Das neue Denken setzt sich durch

Die Ideen der Aufklärer verbreiteten sich in Europa. Gebildete Bürger und Adlige waren begeistert, und einige versuchten selbst, den neuen Ideen zum Durchbruch zu verhelfen. Ein Beispiel ist der Adlige Friedrich Eberhard Freiherr von Rochow. Er zog sich nach mehreren Verletzungen als Offizier in preußischen Diensten auf sein Gut Reckahn in Brandenburg zurück. Er war ein sehr gebildeter Mann und hatte auch Schriften des Aufklärers Rousseau gelesen. Rochow wollte bei der Bewirtschaftung seiner Güter Reformen durchführen, um die Erträge zu steigern. Dabei waren die unzureichende Bildung und der Aberglaube der für ihn arbeitenden Bauern ein großes Hindernis. In den wenigen Schulen auf dem Land unterrichteten Handwerker oder ehemalige Soldaten, die selbst mangelhaft ausgebildet waren. Deshalb schrieb Rochow selbst ein Schulbuch für den Unterricht auf dem Lande unter dem Titel „Der Kinderfreund" und gründete 1773 auf seinem Gut eine eigene Schule. Von dem Buch wurden bis 1880 ungefähr eine Million Exemplare verkauft. Damit war es das erste deutsche Volkslesebuch.

M3 Friedrich Eberhard von Rochow

---

37. Vom Nutzen des Lesens und Schreibens. Ein verschuldeter, aber arglistiger Bürger erfuhr, dass Hans, der weder Schreiben noch Lesen konnte, Geld geerbt hätte, und es gern auf Zinsen ausleihen wollte. Er ging also zu Hans und versprach ihm sechs Taler je hundert Reichstaler jährlich an Zinsen zu zahlen, ihm sein Brauhaus zu verschreiben, auch das geliehene Geld in einem Jahre wieder zu bezahlen; das jedoch unter der Bedingung, dass Hans es nicht unter die Leute bringen sollte. Das gefiel Hans gut; er holte das Geld nebst Feder, Papier und Tinte. Der Bürger schrieb einen ganzen Bogen voll nichtssagender Sätze hin und statt seines Namens einen Namen, den keiner aussprechen konnte. Der Bauer verwahrte diesen Bogen sorgfältig, und der Bürger nahm das Geld. Kurz darauf ging der Bürger in die weite Welt. „Lasst ihn laufen", sprach Hans, „ist mir doch das Haus verschrieben, und das ist mehr wert als die Schuld." Da machte sich Hans auf den Weg und meldete sich bei dem Rat der Stadt. Aber als er den Bogen bei Gericht vorzeigte, wurde er abgewiesen, weil nicht ein Wort von einer Schuldverschreibung darauf stand. Des Bürgers anderweitige Schulden wurden bezahlt, denn die anderen Schuldner hatten sich besser als Hans vorgesehen. Nur Hans ging leer aus. Als er nun traurig nach Hause kam, sprach er: „Ach, hätte ich doch Schreiben und Lesen gelernt!" Und von der Zeit an schickte er alle Tage seine Kinder in die Schule, wo sie Schreiben und Lesen lernen konnten.

M4 Friedrich Eberhard von Rochow: Der Kinderfreund, Kap. 37

2. *Gib den Text M4 mit eigenen Worten wieder.*
3. *Erkläre, weshalb diese Geschichte in einem Schulbuch abgedruckt wurde.*
4. *Erläutere, aus welchen Gründen der Text den Gedanken der Aufklärung entspricht.*

Ein Rollenspiel durchführen

Thema: Menschen im Jahr 1789

In einem geschichtlichen Rollenspiel versetzt sich jeder Teilnehmer in eine andere Person, die in der Vergangenheit gelebt hat. Man spielt diese Person und versucht, deren mögliche Gedanken, Sorgen, Gefühle, Interessen oder Wünsche nachzuvollziehen und ihre Meinung zu vertreten.

So gehst du vor:

Schritt 1 ●
Die einzelne Rolle vorbereiten

Zuerst werden die Rollen verteilt. Deine Mitschüler und Mitschülerinnen sind das Publikum.
Lies im Buch auf den Seiten nach, auf denen etwas über „deine Person" steht. Überlege, ob deine Person eine Familie hat, für die sie sorgen muss, welchen Beruf sie ausübt, wie ihr Tagesablauf ist, ob sie mit ihrem Leben zufrieden ist und was sie eventuell an Zielen erreichen will.
Notiere alles Wesentliche auf deiner Rollenkarte.
Prüfe, wer von deinen Mitspielern gleiche oder ähnliche Interessen hat wie du bzw. „deine Person". Informiere dich, wie man deinen Rollennamen ausspricht.
Stecke dir vor Beginn des Spiels ein Namensschild an, damit die anderen wissen, mit wem sie es zu tun haben.

Schritt 2 ●●
Das Spiel durchführen

Räumt gemeinsam die Klasse um, damit ihr Platz zum Spielen habt. Nun kann es losgehen. Beim Spielen musst du gut auf das Thema achten. Um was geht es? Achte auf das, was du sagst, aber auch darauf, wie du es sagst und wie du dich bewegst. Sprich frei! Du musst deine Rolle so gut kennen, dass du nicht nur die Meinung deiner Figur vorträgst, sondern auch auf die Beiträge deiner Mitspieler eingehen kannst.

Schritt 3 ●●●
Das Spiel auswerten

Nachdem das Spiel beendet ist, erzählen alle, wie sie sich dabei gefühlt haben. Berichte, ob du nachempfinden konntest, wie eure Personen damals dachten.
Die Zuschauer geben ihren Eindruck wieder, loben die Mitspieler oder üben Kritik.

M1 Schüler beim Rollenspiel

1. *Auf Seite 47 lernt ihr Menschen der französischen Gesellschaft zu Beginn der Französischen Revolution kennen. Klebt eine Kopie dieser Seite auf Pappe. Schneidet die Karten aus und verteilt sie in der Klasse. Führt den 1. Schritt durch, informiert euch also zusätzlich im Buch über eure Rolle und ergänzt die Rollenkarten.*
2. *Bereitet ein Rollenspiel vor, das am 5. Mai 1789, also unmittelbar vor der Eröffnung der Generalstände, in Versailles stattfindet. Lest dazu die Seiten 48 und 49 durch. Alle Beteiligten haben sich vor dem Verhandlungsort der drei Stände versammelt. Sie sollen ihre Interessen und Erwartungen an das, was jetzt in Frankreich geschehen soll, den anderen Mitspielern gegenüber vertreten.*

Du bist der Anwalt Hugo Jure. Deine wirtschaftliche Situation ist in Ordnung. Deine Kundschaft besteht aus wohlhabenden Bürgern und entlohnt deine Dienste gut. Zufrieden bist du trotzdem nicht. Du meinst, dass Menschen, die viel für die Gesellschaft leisten, auch politisch mitentscheiden sollten. Das dürfen zurzeit aber nur die, die das Glück haben, aus einer adligen Familie zu kommen.

Du bist Jérôme Taxis, ein hoher Steuerbeamter des Königs. Du bist verantwortlich für die Steuereintreibung in einer französischen Provinz. Von den eingezogenen Steuern für den König darfst du einen bestimmten Prozentsatz für dich behalten. Daher hast du viel Geld. Du bist nicht von Adel. Dennoch akzeptierst du die bestehende Ordnung, da sie dir viele Vorteile bringt.

Du bist Luc Travailleur und Arbeiter in einer Pariser Fabrik. Dort machst du die Drecksarbeit. Du lebst allein in einem Elendsviertel und kannst von deinem Lohn gerade Miete und Brot bezahlen. Wenn der Brotpreis steigt, reicht das Geld nicht. Du findest, dass dringend etwas gegen die hohen Lebensmittelpreise getan werden muss.

Du bist die Marktfrau Suzanne Fleuris und verkaufst Obst und Gemüse auf den Pariser Märkten, um deine vier Kinder am Leben zu erhalten. Dein Mann ist tödlich verunglückt. Die hohen Brotpreise bringen euch an den Rand des Verhungerns. Ihr wohnt alle in einem Zimmer, und du hast sogar noch ein Bett vermietet, aber es reicht hinten und vorne nicht.

Du bist die Marquise de Maronne und gehörst zum Hofadel des Königs. Du bist auf seine Gunst und Zahlungen von ihm angewiesen und strebst danach, ihm immer positiv aufzufallen. Dein Leben ist bestimmt von Festen, Ballkleidern und Klatsch, kurz: dem „süßen Leben" in Versailles.

Du bist der Bischof Pierre Gourmet und gehörst zur hohen Geistlichkeit. Du besitzt ein Schloss und mehrere Klöster. Deine Bauern zahlen dir den Zehnten. Das meiste behältst du selbst, einen Teil gibst du (freiwillig!) an den Staat ab. Der Erhalt der Kirchen kümmert dich wenig. Du interessierst dich mehr für die Verschönerung deines Schlosses. Für die Armen hast du ein Hospital. Viel Geld steckst du nicht hinein.

Du bist der Graf von Alsace und lebst mit deiner Familie auf eurem Landsitz. Die Abgaben der Bauern sichern dir nicht den Lebensstil, den du gern hättest. Deine weitverzweigte adlige Verwandtschaft soll nicht merken, dass du gar nicht so reich bist, wie du tust. Deswegen hast du deine Tochter mit einem reichen Fabrikanten verheiratet und dir von ihm Geld geborgt. Eigentlich geht es deinem Schwiegersohn Charles Longue besser.

Du bist ein Bauer mit Landbesitz und heißt Jacques Bonhomme. Du bist der reichste Bauer des Dorfes und hast dort viel Einfluss. Kleinen Bauern hilfst du mit Pferd und Wagen aus – für Gegenleistungen, versteht sich. Den Kirchenzehnten findest du gut, aber die Steuern des Königs für Getränke, Salz und Schinken ärgern dich sehr. Auch dass dein Grundherr noch über das Markt- und Mühlrecht verfügt, empört dich – du willst dein Getreide selber und teurer verkaufen.

Du bist der wohlhabende Charles Longue und besitzt eine Tuchfabrik mit 100 Arbeitern und ein großes Wohnhaus in einem feinen Pariser Stadtviertel. Obwohl du Geld genug hast, ärgern dich die Steuern und die Wirtschaftspolitik des Königs: Er hat die Zölle für die Einfuhr englischer Tuche gesenkt, aber England lässt französische Stoffe nicht ins Land. Du bist sauer, dass der König alles alleine bestimmt.

Methoden erlernen

Die Revolution beginnt

Von den Generalständen zum Ballhausschwur

Revolution
Eine Revolution ist die grundlegende Veränderung einer Gesellschaft. Oft führt sie zu einem neuen Herrschaftssystem und einer neuen Verfassung. Die Revolution kann mit friedlichen Mitteln erfolgen (wie z. B. bei der Auflösung der DDR 1989), meist ist sie aber mit Gewalt verbunden.

→ www

Ludwig XVI. und seine Vorgänger hatten viele Schulden gemacht. Deshalb war die wirtschaftliche Lage in Frankreich 1789 schlecht. Viele Menschen des Dritten Standes waren so verarmt, dass sie hungerten. Daher war es unmöglich, die Steuern zu erhöhen. Weil die ersten beiden Stände bisher kaum Steuern zahlen mussten, schlug der Finanzminister vor, dieses Vorrecht aufzuheben. Aber Geistlichkeit und Adel weigerten sich, zu zahlen. Da beschloss der König, eine Versammlung aller Stände, die sogenannten Generalstände, einzuberufen. Sie sollte dem König einen Vorschlag machen, wie der drohende Bankrott des Staates verhindert werden könnte.

Diese Versammlung der Generalstände hatte zuletzt 1614, also vor 175 Jahren, getagt. Der König ließ im ganzen Land Männer für den jeweiligen Stand wählen. Der Erste und Zweite Stand durften je 300 Vertreter schicken, der Dritte Stand 600. Allerdings waren nicht alle Mitglieder des Dritten Standes wahlberechtigt. Nur Männer, die ein wichtiges Amt ausübten oder hohe Steuern bezahlten, durften wählen. Das waren weniger als die Hälfte der französischen Männer. Kein Bauer oder Handwerker wurde Vertreter des Dritten Standes. Als der König die Versammlung der Stände am 5. Mai 1789 in Versailles eröffnete, wollte er, dass die Stände getrennt tagten. Zudem wurde bei einer Abstimmung nicht die Stimme jedes einzelnen Abgeordneten gezählt, sondern jeder Stand sollte wie bisher nur eine Stimme haben. Damit war der Dritte Stand aber nicht einverstanden. Er forderte, dass jeder Abgeordnete eine Stimme haben sollte.

M1 Eröffnung der Generalstände durch König Ludwig XVI. am 5. Mai 1789 (Zeichnung von Ch. Monnet, 1789)

M2 Der Ballhausschwur (Zeichnung von Jacques-Louis David). Der Präsident der Versammlung liest den Schwur vor.

Als der König diese Forderung ablehnte, trennte sich der Dritte Stand von den beiden anderen und erklärte sich zur Nationalversammlung. Seine Abgeordneten seien die Vertreter von 24 Millionen Franzosen. Ab dem 17. Juni 1789 tagte der Dritte Stand allein in einem Ballhaus, einer Art Turnhalle, weiter. Dort leisteten die Abgeordneten am 20. Juni 1789 einen Schwur, den sogenannten Ballhausschwur.

> *Wir schwören, uns niemals von der Nationalversammlung zu trennen und uns überall zu versammeln, wo die Umstände es notwendig machen werden, so lange, bis die Verfassung des Königreiches geschaffen und auf feste Grundlagen gestellt ist.*

M3 Auszug aus dem Ballhausschwur vom 20. Juni 1789

> *Was ist Frankreich ohne uns? Nichts! Wir sind Frankreich, der Dritte Stand ist es. Die Bauern, Bürger und Handwerker, die Beamten und Soldaten sind der Volkskörper, der bislang diesen Staat durch unsere Steuern am Leben erhalten hat. Jetzt werden wir ihn beseitigen, und ein neuer Geist, der Geist von Freiheit, Gleichheit und Brüderlichkeit, wird diesen Volkskörper beseelen. Von ihm wird alle Herrschaft ausgehen.*

M4 Aus der Flugschrift des Geistlichen Sieyès (1789): Was ist der Dritte Stand?

1. Erstelle eine Tabelle, in die du zeitlich geordnet die Ereignisse dieser Doppelseite mit dem jeweiligen Datum einträgst.
2. Nenne den Grund, warum Ludwig XVI. die Generalstände einberief (Text).
3. Stelle die Zusammensetzung der Generalstände und die Rechte der einzelnen Stände in einer Zeichnung dar.
4. Beurteile, ob du diese Zusammensetzung und die Verteilung der Rechte auf die Stände für gerecht hältst.
5. Nenne die Begründung, mit der sich der Dritte Stand zur Nationalversammlung erklärte (Text und M3).
6. Stelle den Inhalt des Ballhausschwurs mit eigenen Worten dar (M3 und M4).

M1 Die Erstürmung der Bastille am 14. Juli 1789 (zeitgenössischer Kupferstich)

Symbol
Als Symbol wird ein Bild, ein Gegenstand oder ein Ereignis bezeichnet, das als Zeichen für etwas nicht direkt Wahrnehmbares steht.

M2 Eine Kokarde; sie diente als Symbol der Revolutionäre (Weiß = Farbe des Königs, Blau und Rot = Farben der Stadt Paris).

für Waffen) in Paris und erbeutete Gewehre und sogar Kanonen.

Am 14. Juli 1789 zogen die Nationalgarde und viele Bürger von Paris zur Bastille, einer mächtigen Festung in der Mitte von Paris mit etwa 30 Meter hohen Mauern, die auch als Gefängnis benutzt wurde. Sie galt als uneinnehmbar und war ein Symbol königlicher Herrschaft und Unterdrückung. Nationalgarde und Volk von Paris eroberten zwar die verhasste Festung, fanden jedoch nur wenige Waffen vor und befreien einige Häftlinge.

Ludwig XVI. erkannte die Bedeutung dieses Ereignisses nicht. Er schrieb am 14. Juli in sein Tagebuch: „Rien", das heißt „nichts".

Am 17. Juli wurde der König gezwungen, von Versailles nach Paris zu kommen und sich öffentlich das Symbol der Revolutionäre, die blau-weiß-rote Kokarde, anzustecken.

Der Sturm auf die Bastille

Der König wollte die Generalstände, die sich selbst zur Nationalversammlung erklärt hatten, zunächst nicht anerkennen. Als sich aber etliche Vertreter der ersten beiden Stände der Nationalversammlung anschlossen, lenkte der König notgedrungen ein.

Er forderte die ersten beiden Stände am 27. Juni 1789 auf, wieder gemeinsam mit dem Dritten Stand zu tagen. Gleichzeitig aber ließ er königliche Truppen vor der Stadt zusammenziehen. Die Vertreter des Dritten Standes empfanden dies als Bedrohung. Man wollte sich vor den Soldaten des Königs schützen und rief zur Volksbewaffnung auf. Die Menschen bildeten eine Bürgerwehr, die Nationalgarde. Da diese kaum Waffen in ihrem Besitz hatte, plünderte man die Zeughäuser (Lagerplätze

> *Ich erreichte die Bastille ... und half ... die beiden Geschütze zu transportieren. Während ich das tat, wurde beschlossen, mit Gewehrsalven anzugreifen. Jeder von uns gab ungefähr sechs Schüsse ab ... In dem Augenblick, als wir die Lunte (der Kanonenkugel) anzünden wollten, wurde die kleine Zugbrücke heruntergelassen. Wir fanden die Tür verschlossen, nach etwa zwei Minuten machte ein Invalide (verletzter Soldat) auf und fragte, was wir wollten. „Man soll die Bastille übergeben", antwortete ich mit den anderen zusammen, da ließ man uns herein.*

M3 Der Uhrmacher Humbert berichtet über den 14. Juli 1789.

1. *Vergleiche das Bild auf den Seiten 36/37 mit M1 und der Schilderung des Uhrmachers Humbert (M3).*
2. *↪ Nenne Gründe dafür, dass die Beschreibungen des Sturms auf die Bastille voneinander abweichen.*
3. *Erkläre, warum der 14. Juli Nationalfeiertag in Frankreich ist.*
4. *↪ Ludwig der XVI. musste sich eine Kokarde anstecken. Dies sollte eine symbolische Handlung sein. Erkläre, was dies bedeuten sollte.*
5. *↪ Ergänze die Tabelle, die du in Aufgabe 1, S. 49 begonnen hast.*

M4 Symbolische Darstellung der Abschaffung der Vorrechte der ersten beiden Stände (1790)

Die Lage auf dem Land

Als die Generalstände einberufen wurden, hatten die Bauern den Abgeordneten ihres Wahlbezirks Beschwerdebriefe mitgegeben. Darin hatten sie alles aufgeführt, was ihr tägliches Leben schwierig machte.

Die Nationalversammlung hatte sich bisher aber noch nicht mit der Lage auf dem Land beschäftigt. Nach dem Sturm auf die Bastille setzten die unzufriedenen Bäuerinnen und Bauern deshalb die Revolution auf dem Land fort: Sie zahlten keine Steuern und Abgaben mehr und griffen die Schlösser ihrer Herren an. Dabei stürmten sie die Häuser ihrer Grundherren und vernichteten die Urkunden über ihre Hörigkeit und die Verzeichnisse, in denen ihre Abgaben und Pflichten verzeichnet waren. Etliche Adlige wurden dabei auch umgebracht. Deshalb flohen viele mit ihren Familien ins Ausland. Um die Unruhen zu beenden, beschlossen die Abgeordneten der Nationalversammlung in der Nacht vom 4. auf den 5. August und am 11. August auf Antrag des Ersten und Zweiten Standes die Aufhebung aller Privilegien (Vorrechte) des Adels und der Geistlichen.

> Alle müssen in Zukunft Steuern zahlen.
> Die Bauern müssen nicht mehr den zehnten Teil ihrer Ernte an die Kirche abliefern.
> Die Leibeigenschaft wird abgeschafft.
> Die Grundherren sind nicht mehr länger die Richter über die Bauern.
> Auch Bauern dürfen nun jagen.

M5 Beschlüsse der Nationalversammlung vom 4./5. und 11. August 1789

6 *Erkläre, warum die Bauern die Urkunden verbrannten (Text).*
7 *Beurteile, welcher Beschluss der Nationalversammlung für die Bauern der wichtigste war (M5).*
8 *Begründe, warum der Erste und Zweite Stand selbst die Aufhebung ihrer Vorrechte beantragten (Text).*
9 *Beschreibe die Zeichnung (M4).*
10 *Erkläre, warum es sich bei der Zeichnung um eine symbolische Darstellung handelt.*

M1 Menschenrechtserklärung (Gemälde, 1790)

M2 Die Freiheit der Presse (Radierung, 1795)

Die Menschenrechte

Erklärung der Menschenrechte

Menschenrechte
Im Jahr 1776 erklärten sich die Nordamerikanischen Kolonien Englands für unabhängig. In ihrer neuen Verfassung wurden erstmals die Menschenrechte festgeschrieben.
→ www

Die Nationalversammlung beschloss am 26. August 1789 die Erklärung der Menschenrechte nach dem Vorbild der USA. Die sogenannten Grundrechte sollten die geplante neue Verfassung einleiten.

Später beschloss die Nationalversammlung noch die Einführung der Gewerbefreiheit, sodass jetzt jeder Bürger unabhängig von seinem Stand oder seiner Herkunft jeden Beruf ergreifen konnte.

Art. 1: Die Menschen sind von Geburt frei und gleich an Rechten.
Art. 2: Das Ziel einer jeden politischen Vereinigung besteht in der Erhaltung der natürlichen und unantastbaren Menschenrechte. Diese Rechte sind Freiheit, Eigentum, Sicherheit und Widerstand gegen Unterdrückung.
Art. 3: Der Ursprung jeder Herrschaft liegt beim Volk ...
Art. 4: Die Freiheit besteht darin, alles tun zu können, was dem anderen nicht schadet ...
Art. 6: Das Gesetz ist Ausdruck des allgemeinen Willens. Alle Bürger haben das Recht, persönlich oder durch ihre Vertreter an seiner Formung mitzuwirken.
Art. 10: Niemand darf wegen seiner Meinung, selbst religiöser Art, belangt werden.
Art. 11: Die freie Mitteilung der Gedanken und Meinungen ist eines der kostbarsten Menschenrechte.
Art. 13: Die Steuer muss auf alle Bürger nach ihrem Vermögen gleich verteilt werden.

M3 Auszug aus der „Erklärung der Menschenrechte" von 1789

1 → Gib die Artikel der „Erklärung der Menschenrechte" mit eigenen Worten wieder (M3).
2 Der Artikel 1 ist so formuliert, dass er für alle Menschen in Frankreich gilt. Nenne die Gruppe, die nicht gleich an Rechten ist. Helfen kann dir ein Blick auf S. 53.
3 → Erkläre, gegen welche Auffassung des Absolutismus sich der Artikel 3 richtet.
4 Versetze dich in die Rolle eines Bürgers/einer Bürgerin in M2 und berichte.
5 → Informiere dich im Internet über die Unabhängigkeitserklärung der USA und berichte.

Aufgabe 5 → www

Die Französische Revolution

M4 Aufbruch der Pariser Frauen nach Versailles am 5. Oktober 1789 (Kupferstich, um 1790)

Frauen greifen in die Revolution ein

Frauen holen den König nach Paris

Bürger und Bauern hatten im Verlauf der Revolution bis zum September 1789 viel erreicht. Nicht gebessert hatte sich aber die Versorgung von Paris. Viele Menschen hungerten. Es gab zu wenig Brot, und die Lebensmittelpreise waren gewaltig gestiegen. Die Hausfrauen, die ihre Familien versorgen mussten, waren verzweifelt. Am 5. Oktober 1789 zogen etwa 7000 von ihnen aus Paris in das etwa 20 Kilometer entfernte Versailles, wo die Nationalversammlung tagte und die Königsfamilie wohnte. Sie riefen: „Versailles schlemmt, Paris hungert." Nach einigem Zögern empfing die Nationalversammlung eine Abordnung der Frauen und einigte sich mit ihnen auf eine Reihe von Punkten.

Danach zogen die Frauen vor das Königsschloss und zwangen mit Unterstützung der Nationalgarde den König, die ausgehandelten Beschlüsse der Nationalversammlung zu unterzeichnen. Unter dem Druck von Demonstrantinnen und Nationalgarde musste die Königsfamilie in das Pariser Stadtschloss, die Tuilerien, umziehen und große Mengen Getreide aus den königlichen Beständen herausgeben. Kurz darauf zog auch die Nationalversammlung nach Paris um.

Frauen bestimmten auch den weiteren Verlauf der Revolution aktiv mit. Sie forderten politische Mitbestimmung. Das Wahlrecht jedoch erhielten die Frauen in Frankreich erst 1946.

> 1. auf das Verbot, Getreide auszuführen;
> 2. die Zusage, dass für Getreide ein angemessener Preis festgesetzt wird, damit das Brot billig und auch für die weniger wohlhabenden Bürger erschwinglich ist;
> 3. die Zusage, dass Fleisch nicht mehr als 8 Sous (kleinere Münzeinheit) das Pfund kostet ...

M5 Zusagen der Nationalversammlung an die Delegation der Frauen am 5. Oktober 1789

6 → *Beschreibe das Bild M4.*
7 *Erkläre, warum die Nationalversammlung die Frauen zunächst nicht empfangen wollte.*
8 *Erläutere den Sinn des 1. Punkts der Vereinbarung M5.*
9 → *Begründe, warum der König und seine Familie gezwungen wurden, nach Paris umzuziehen.*

Eine Verfassung für Frankreich

Frankreich erhält eine Verfassung

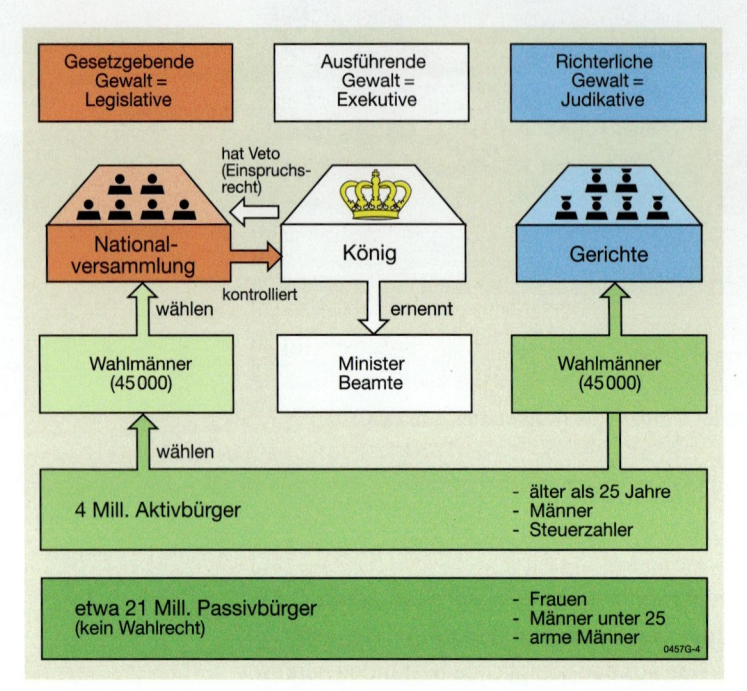

Diagramm (M1):
- Gesetzgebende Gewalt = Legislative
- Ausführende Gewalt = Exekutive
- Richterliche Gewalt = Judikative
- Nationalversammlung (hat Veto / Einspruchsrecht gegenüber König)
- König — kontrolliert Nationalversammlung; ernennt Minister/Beamte
- Gerichte
- Wahlmänner (45 000) wählen Nationalversammlung
- Wahlmänner (45 000) wählen Gerichte
- 4 Mill. Aktivbürger wählen Wahlmänner — älter als 25 Jahre, Männer, Steuerzahler
- etwa 21 Mill. Passivbürger (kein Wahlrecht) — Frauen, Männer unter 25, arme Männer

Fast zwei Jahre brauchten die Abgeordneten der Nationalversammlung, um eine Verfassung zu erstellen. Dabei hielten sie sich streng an die Gewaltenteilung. 1791 war die Verfassung fertig, und Frankreich wurde eine konstitutionelle Monarchie. Der König verlor die absolute Macht. Er stand zwar noch an der Spitze des Staates, seine Rechte waren aber durch das vom Volk gewählte Parlament, das die Gesetze macht, eingeschränkt.

Folgende Teilung der Gewalten sah die Verfassung vor:

– Die ausführende Gewalt (Exekutive) wurde dem König sowie den von ihm ernannten Ministern übertragen.
– Die gesetzgebende Gewalt (Legislative) lag allein bei dem Parlament, der Nationalversammlung. Es setzte sich aus Abgeordneten zusammen, die von Wahlmännern bestimmt wurden.
– Die richterliche Gewalt (Judikative) erhielten die Gerichtshöfe. Die dort tätigen Richter wurden ebenfalls durch Wahlmänner gewählt.

M1 Die französische Verfassung von 1791

> Es muss eine Ordnung sein, die die königliche Willkür beendet. ... Die Gesetze müssen vom Parlament ... beschlossen werden. Dann mögen von mir aus der König und seine Minister ... wie früher tätig werden und diese Gesetze ausführen. Aber sie müssen von unabhängigen Gerichten überwacht werden. Diese können sicherstellen, dass die Gesetze eingehalten werden. Das Parlament, der König und die Gerichte sind die drei Hauptorgane des Staates.

M2 Überlegungen von einem Mitglied der Nationalversammlung

ⓘ Gewaltenteilung

Montesquieu, ein französischer Aufklärer, unterteilte die Aufgaben im Staat in die drei sogenannten Staatsgewalten. Er forderte, dass diese Gewalten voneinander unabhängig sein müssen und sich nicht in einer Hand befinden dürfen. Dieses System nennt man Gewaltenteilung. Die gesetzgebende Gewalt (Legislative) ist das Parlament. Die ausführende Gewalt (Exekutive) ist die Regierung, die für die Durchführung der Gesetze sorgt. Die richterliche Gewalt (Judikative) sind die Gerichte, die die Gesetze anwenden und ihre Übereinstimmung mit der Verfassung prüfen.

---

1 Nenne die Rechte des Königs, die er laut Verfassung noch hat (M1, M2).
2 Nenne den Personenkreis, der von der Wahl ausgeschlossen war (M1).
3 Begründe, was du von dieser Einteilung in Wähler und Nichtwähler hältst.
4 ➔ Fertige dir eine Fotokopie von M1 an und markiere in der Kopie mit unterschiedlichen Farben die Stellen, die zur Legislative, zur Exekutive und zur Judikative gehören.

Ein Schaubild auswerten

Schaubilder dienen dazu, schnell und einfach Zusammenhänge darzustellen. In einem Schaubild werden oft unterschiedliche Formen, Farben, Symbole (Zeichen) und Schriften benutzt. Zusammenhänge zwischen den einzelnen Teilen des Schaubildes werden durch Linien oder Pfeile hergestellt, die meist beschriftet sind.
Wichtig ist auch die Anordnung der Elemente. Dinge, die auf einer waagerechten Linie liegen, sind gleich viel wert oder wichtig. Dinge, die untereinander stehen, deuten meist auf eine Rangfolge hin.

So gehst du vor:

Schritt 1 •

Den Inhalt erfassen
Beachte Überschrift oder Bildunterschrift. Wenn du einzelne Begriffe nicht kennst, schlage sie gleich in einem Lexikon nach oder informiere dich im Internet.

Schritt 2 ••

Aufbau und Gestaltung des Schaubilds untersuchen
→ Welche Teile stehen nebeneinander oder untereinander?
→ Welche Elemente sind mit Pfeilen oder Strichen verbunden?
Achte auf die Dinge, für die gleiche Farben verwendet wurden.
Stelle alle Informationen zusammen, die dir das Schaubild gibt. Stelle die Zusammenhänge zwischen allen Teilen her.

Schritt 3 •••

Das Schaubild beschreiben und auswerten
Fasse den Inhalt des Schaubilds in einem kurzen Text zusammen. Halte dich dabei an den Aufbau des Schaubilds. Oft ist es sinnvoll, von links nach rechts oder von oben nach unten (oder umgekehrt) zu beschreiben. Bewerte abschließend die Informationen.

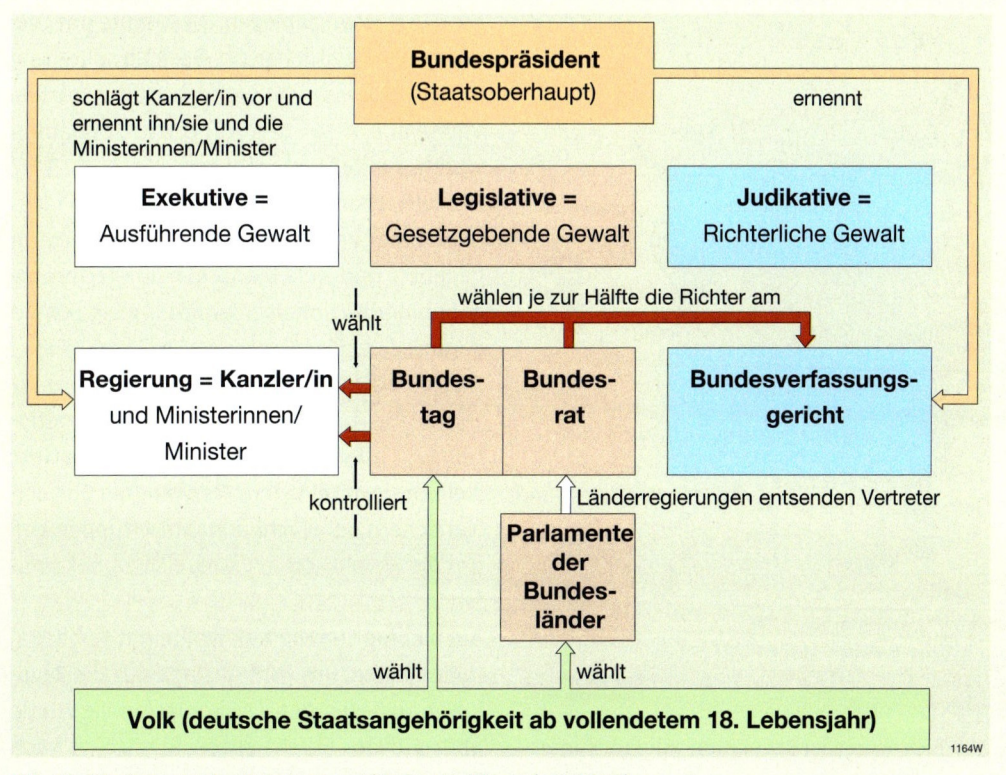

M3 Die Verfassung der Bundesrepublik Deutschland (seit 1949)

M1 Ludwig XVI. und seine Familie werden auf der Flucht in Varennes am 22. Juni 1791 verhaftet (zeitgenössische Zeichnung).

Die Revolution in Gefahr

Die Gegner der Revolution

Nicht alle Franzosen waren mit dem Ergebnis der Revolution zufrieden. Die Bauern waren jetzt persönlich frei. Sie konnten sich aber kein eigenes Land kaufen oder sich von ihren Abgaben befreien, da sie kein Geld hatten. Und viele Bürger waren damit unzufrieden, dass sie kein Wahlrecht besaßen, weil sie nicht genug Steuern bezahlten.

Das Eigentum der Kirche an Grund und Boden sowie Gebäuden war 1789 vom Staat eingezogen worden. Die Priester wurden nun vom Staat bezahlt und sollten einen Eid auf die neue Verfassung ablegen. Dies lehnte über die Hälfte der Geistlichen ab. Deshalb sollten sie ihr Priesteramt nicht weiter ausüben dürfen. Viele Bauern auf dem Land, die tiefgläubig waren, stellten sich dagegen.

Die wirtschaftliche Lage hatte sich in Frankreich nicht verbessert. Es hatte Missernten gegeben, und viele Menschen hungerten. Sie gaben der Nationalversammlung die Schuld daran.

Fast 40 000 Adlige waren aus Angst um ihr Leben und ihren Besitz aus Frankreich geflohen, vor allem ins deutsche Ausland. Dort stellten sie mithilfe ihrer Verwandten und den Herrschern der Nachbarstaaten Truppen auf, um die Revolution in Frankreich zu bekämpfen.

Auch König Ludwig XVI. wollte mit seiner Familie fliehen, um vom Ausland aus die Revolution zu beseitigen. Die Königsfamilie wurde aber auf der Flucht entdeckt, zurück nach Paris gebracht und dort streng bewacht.

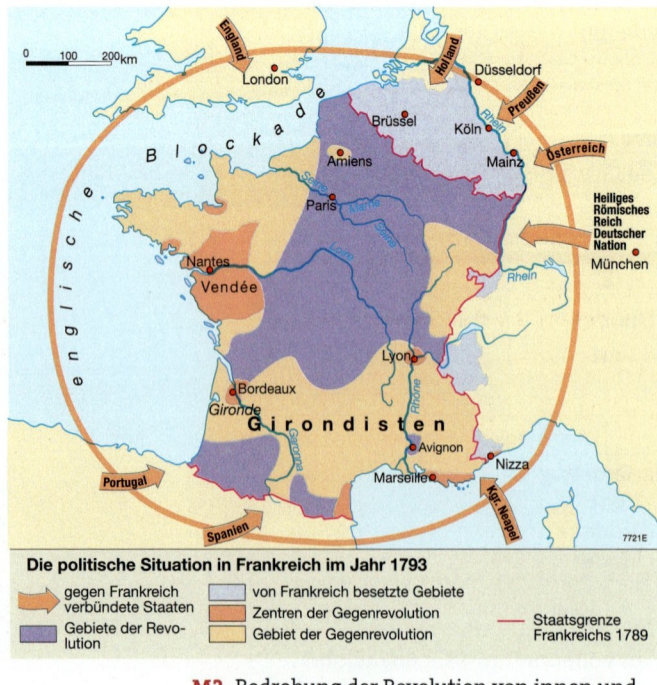

M2 Bedrohung der Revolution von innen und außen

Begeisterter Kampf für Frankreich

Die Fürsten Europas drohten nach der Verhaftung des Königs in Frankreich einzumarschieren. Im Sommer 1792 rückten die Heere Österreichs und Preußens in Frankreich ein.
In Frankreich meldeten sich daraufhin viele Männer freiwillig beim Heer, selbst Frauen wollten sich an den Kämpfen beteiligen. Allen war klar, dass die Errungenschaften, die die Revolution gebracht hatte, rückgängig gemacht würden, wenn Frankreich den Krieg verlieren sollte. Die schlecht ausgebildeten und ausgerüsteten Truppen mussten anfangs einige Niederlagen einstecken. Am 20. September 1792 gelang es aber den Franzosen, eine entscheidende Schlacht bei Valmy zu gewinnen. Im weiteren Verlauf des Krieges vertrieben die französischen Truppen nicht nur die Gegner aus ihrem Land, sondern sie eroberten selbst Belgien und Teile Deutschlands.

> *Wir kämpfen gegen diejenigen, welche sich die Regierung in Frankreich angemaßt haben, im Innern die gute Ordnung und die rechtmäßige Regierung gestört und gegen die geheiligte Person des Königs Gewalttätigkeiten begangen haben ... Wir haben die Absicht, den König und die königliche Familie aus der Gefangenschaft zu befreien. Die Stadt Paris und alle ihre Bewohner sind schuldig, sich sogleich ihrem König zu unterwerfen.*

M4 Der Oberbefehlshaber der Truppen von Österreich und Preußen über den Einmarsch in Frankreich (25. Juli 1792)

> *Die Sprache der Waffen ist die einzige, die uns bleibt. Unsere Gegner sind die Feinde der Verfassung; sie wollen ... den Adel in seine alten Rechte wiedereinsetzen, die Vorrangstellung des Königs verstärken. Sagen wir schließlich Europa, dass 10 Millionen Franzosen, vom Feuer der Freiheit entflammt ..., ganz alleine im Stande sind, alle Tyrannen auf ihren tönernen Thronen erzittern zu lassen.*

M3 Der französische Abgeordnete Isnard 1792

M5 Auszug der Freiwilligen, September 1792 (zeitgenössische Zeichnung)

---

1. *Nenne fünf Gruppen in Frankreich, die gegen die Revolution waren. Erläutere auch ihre Gründe (Text S. 56).*
2. *Nenne die Gebiete in Frankreich, in denen es Aufstände gegen die Revolution gegeben hat (M2).*
3. *→ Arbeite aus der Karte (M2) diejenigen Staaten heraus, die sich gegen Frankreich verbündet hatten.*
4. *Stelle mit eigenen Worten dar, was die Gegner Frankreichs mit ihrem Einmarsch erreichen wollten (M4).*
5. *→ Begründe, warum die Bürger Frankreichs sich freiwillig und begeistert zum Kriegsdienst meldeten (Text, M3).*
6. *→ Beschreibe die Soldaten (M5). Was fällt dir besonders auf?*

Die Revolution verändert den Alltag

Neue Regeln bestimmen das Leben

M1 Das nationale Niveau (Karikatur, 1789)

Auch Menschen, die nicht aus dem Adel stammten, konnten nun hohe öffentliche Staatsämter bekleiden. Es gab eine klare Trennung von Staat und Kirche. Statt in den Kirchenbüchern wurden Geburten und Todesfälle in staatlichen Büchern geführt. Eheschließungen nahm nicht mehr ein Pfarrer, sondern der Bürgermeister vor. Kirchliche Feste wurden abgeschafft. An ihre Stelle traten Feiertage zu Ehren der Vernunft oder des höchsten Wesens. Das Steuerprivileg war gefallen, und alle Franzosen waren nun steuerpflichtig. Ein neuer Kalender, der sich an der Natur orientierte, regelte den Jahreslauf. Die Menschen mussten sich an neue einheitliche Maße und Gewichte im metrischen System gewöhnen. In ganz Frankreich wurde nur noch Französisch als Sprache zugelassen; Dialekte zu sprechen, war verboten.

Der republikanische Kalender (gültig ab 1792)

Automne (Herbst)
- Vendémiaire (Weinmonat) — 22. September–21. Oktober
- Brumaire (Nebelmonat) — 22. Oktober–20. November
- Frimaire (Frostmonat) — 21. November–20. Dezember

Hiver (Winter)
- Nivôse (Schneemonat) — 21. Dezember–19. Januar
- Pluviôse (Regenmonat) — 20. Januar–18. Februar
- Ventôse (Windmonat) — 19. Februar–20. März

Printemps (Frühling)
- Germinal (Keimmonat) — 21. März–19. April
- Floréal (Blütemonat) — 20. April–19. Mai
- Prairial (Grasmonat) — 20. Mai–18. Juni

Été (Sommer)
- Messidor (Erntemonat) — 19. Juni–18. Juli
- Thermidor (Hitzemonat) — 19. Juli–17. August
- Fructidor (Obstmonat) — 18. August–16. September

Das Jahr begann am 1. Vendémiaire (22. September); es war eingeteilt in vier Jahreszeiten mit je drei Monaten, jeder Monat hatte 30 Tage, jeder zehnte Tag eines Monats war Ruhetag. Zwischen dem 30. Fructidor (16. September) und dem Beginn des neuen Jahres wurden fünf Ergänzungstage eingeschoben.

M2 Der Revolutionskalender (gültig ab 1792)

Die Ereignisse der Revolution wirkten sich auch auf das alltägliche Leben der Menschen aus. Alle Menschen waren persönlich frei, die Leibeigenschaft der Bauern war aufgehoben. Auf der Straße redete man sich mit „Bürger" und „Du" an. Frauen verstanden sich als gleichberechtigte Bürgerinnen und griffen aktiv in die revolutionären Geschehnisse ein.

> In der Folge anerkennt und erklärt das an Schönheit wie an Mut, die Beschwernisse der Mutterschaft betreffend überlegene Geschlecht … die folgenden Rechte der Frau und Bürgerin:
> Art. I: Die Frau wird frei geboren und bleibt dem Manne ebenbürtig (gleichrangig) in allen Rechten. Unterschiede im Bereich der Gesellschaft können nur im Gemeinwohl begründet sein.
> Art. X: Niemand darf wegen seiner Meinung … Nachteile erleiden. Die Frau hat das Recht, das Schafott (Stätte für Enthauptungen) zu besteigen, gleichermaßen muss ihr das Recht zugestanden werden, eine Rednerbühne zu besteigen …

M3 Olympe de Gouges: Erklärung der Rechte der Frau und Bürgerin (Auszug)

1. Erstelle mithilfe des Textes eine Liste wichtiger Veränderungen im revolutionären Frankreich.
2. Beschreibe M1 und erkläre die Einzelheiten, die du erkennen kannst.
3. Der republikanische Kalender richtet sich nach der Natur. – Erkläre (M2).
4. Gib die Forderungen aus M3 mit eigenen Worten wieder.

Politische Lieder analysieren

Menschen brachten zu allen Zeiten ihre Forderungen und Meinungen in Liedern zum Ausdruck. Das Kampflied der Französischen Revolution, die Marseillaise, ist heute französische Nationalhymne. Um politische Lieder zu interpretieren, gehst du so vor:

Schritt 1 ●

Den Text verstehen

Welche Aussage steckt im Namen des Liedes? Was erwartest du von diesem Lied? Fasse den Inhalt jeder Strophe zusammen.
→ Fallen dir Strophen besonders auf?
→ Werden einige Satzzeichen besonders häufig benutzt? Warum?
→ Welche Wirkung hat der Liedtext auf dich?
→ Ruft der Text zu Handlungen auf? Wenn ja, zu welchen?

Schritt 2 ● ●

Die Entstehung des Liedes untersuchen

→ Wer hat den Liedtext oder die Melodie geschrieben? Stelle die Person vor.
→ Wann ist das Lied entstanden? Was ist in dieser Zeit passiert? Informiere dich im Lexikon oder Internet.
→ Gibt es Berührungspunkte zwischen dem Lebenslauf des Lieddichters und den politischen Ereignissen der Entstehungszeit?

Schritt 3 ● ● ●

Die Funktion des Liedes untersuchen

Besorgt euch einen Tonträger mit der Aufnahme des Liedes und hört euch das Lied an. Berichtet, welche Gefühle ihr beim Anhören habt. Beschafft euch die Noten und versucht das Lied zu singen.
→ In welchen Situationen wird dieses Lied gesungen?
→ Welche Funktion könnte es für Menschen haben?
→ Welche Wirkung kann das Lied auf Sänger und Zuhörer in der Entstehungszeit gehabt haben? Sollte es unterhalten und erfreuen? Sollte es bestimmte Inhalte vermitteln, eine besondere Stimmung hervorrufen oder eine Gruppe auf gemeinsame Ziele einschwören?

> Auf, Kinder des Vaterlands!
> Der Tag des Ruhms ist da.
> Gegen uns wurde der Tyrannei
> blutiges Banner erhoben. (2 x)
> Hört Ihr im Land
> Das Brüllen der grausamen Krieger?
> Sie rücken uns auf den Leib,
> Eure Söhne, eure Frauen zu köpfen!
> Refrain: Zu den Waffen, Bürger!
> Schließt die Reihen,
> Vorwärts, marschieren wir!
> Das unreine Blut
> tränke unserer Äcker Furchen!
>
> Was will diese Horde von Sklaven,
> Von Verrätern, von verschwörerischen Königen?
> Für wen diese gemeinen Fesseln,
> diese seit langem vorbereiteten Eisen? (2 x)
> Franzosen, für uns, ach! welche Schmach,
> Welchen Zorn muss dies hervorrufen!
> Man wagt es, daran zu denken,
> Uns in die alte Knechtschaft zu führen!
> (Refrain)
> Was! Ausländisches Gesindel
> Würde über unsere Heime gebieten!
> Was! Diese Söldnerscharen würden
> Unsere stolzen Krieger niedermachen! (2 x)
> Großer Gott! Mit Ketten an den Händen
> Würden sich unsere Häupter dem Joch beugen.
> Niederträchtige Despoten würden
> Über unser Schicksal bestimmen!
> (Refrain)
> Zittert, Tyrannen und Ihr Niederträchtigen
> Schande aller Parteien,
> Zittert! Eure verruchten Pläne
> Werden Euch endlich heimgezahlt! (2 x)
> Jeder ist Soldat, um Euch zu bekämpfen,
> Wenn Sie fallen, unsere jungen Helden,
> Zeugt die Erde neue,
> Die bereit sind, gegen Euch zu kämpfen.

M4 Die Marseillaise (Strophen 1–4)

Frankreich wird Republik

Die Abschaffung der Monarchie

Im Kampf gegen den Absolutismus und für ihre Rechte waren sich die Franzosen 1789 einig gewesen. Auch gegen die Feinde von außen, die Österreicher und Preußen, hatten sie gemeinsam gekämpft.

Über die politische Zukunft jedoch gab es unterschiedliche Auffassungen. Viele Franzosen waren Anhänger des Königs und für eine konstitutionelle Monarchie, wie sie die Verfassung von 1791 vorsah. Sie wurden hauptsächlich von Abgeordneten vertreten, die sich Girondisten nannten. Unterstützt wurden sie von den reicheren Geschäftsleuten aus Paris. Ihre politischen Gegner waren die Jakobiner. Ihr Name stammt vom Kloster des Heiligen Jakob, wo sich diese Abgeordneten zunächst regelmäßig getroffen hatten. Ihr Ziel war es, Frankreich in eine Republik, einen Staat ohne König, umzuwandeln. Die Jakobiner wurden von den Sansculotten unterstützt, zu denen Handwerker, Arbeiter, Tagelöhner, also die einfachen Leute, zählten. Diese Menschen hatten ein eigenes Selbstbewusstsein entwickelt. Sie nannten sich „Sansculotten", das bedeutet „ohne Kniehosen". Schon von der Kleidung her wollten sie sich bewusst von den Adligen abgrenzen.

Zunächst hatten die Girondisten, die Anhänger der konstitutionellen Monarchie, in der Nationalversammlung die Mehrheit gehabt. Weil es aber überall im Land an Lebensmitteln mangelte und diese deshalb sehr teuer wurden, wuchs die Unzufriedenheit der Bevölkerung, und die Jakobiner gewannen die Vormachtstellung.

Nach dem Fluchtversuch des Königs und dem Krieg gegen Österreich und Preußen verlangten immer mehr Franzosen die Abschaffung der Monarchie.

Dies geschah einen Tag nach dem entscheidenden Sieg der Franzosen über die vereinten Feinde von außen bei Valmy. Am 21. September 1792 beschloss die Nationalversammlung, Ludwig XVI. abzusetzen. Frankreich war jetzt eine Republik.

Girondisten
Gruppe von Abgeordneten in der Nationalversammlung, die hauptsächlich aus dem Departement Gironde mit der Hauptstadt Bordeaux kamen

Sansculotte
Die Kniehose, französisch „culotte", wurde von vornehmen Adligen und Geistlichen getragen. Wer keine Kniehosen, sondern lange Hosen trug („sans culotte"), war ein einfacher Bürger.

M1 Sansculotten (zeitgenössische Zeichnung)

> Ein Sansculotte ist einer, der immer zu Fuß geht, der keine Millionen besitzt, der mit seiner Frau und seinen Kindern ganz schlicht im 4. oder 5. Stock wohnt. Er ist nützlich, denn er versteht zu schmieden, zu sägen, ein Dach zu decken, Schuhe zu machen und bis zum letzten Tropfen sein Blut für das Wohl der Republik zu vergießen. ... Am Abend tritt er vor (seine politischen Mitstreiter) ..., um die aufrichtigen Anträge zu unterstützen und jene zunichte zu machen, die von der erbärmlichen Clique der regierenden Politiker stammen. Ein Sansculotte hat immer seinen Säbel blank, um allen Feinden der Revolution die Ohren abzuschneiden ...

M2 Schrift eines unbekannten Autors (1793)

---

1. Stelle in einer Tabelle die politischen Ziele der Jakobiner und der Girondisten zusammen (Text).
2. Nenne die Gruppen, welche die Girondisten bzw. die Jakobiner unterstützten (Text).
3. ⇨ Beschreibe die Kleidung der Sansculotten und die Wirkung ihrer Kleidung (M1).
4. Vergleiche M1 mit M2 und nenne die Gemeinsamkeiten.

M3 Die Hinrichtung Ludwigs XVI. am 21. Januar 1793 (zeitgenössischer Bilderbogen)

Die Hinrichtung des Königs

Im November 1792 begann vor dem Konvent, so hieß die neu gewählte Nationalversammlung seit 1792, der Prozess gegen Ludwig XVI. wegen Verrats am Vaterland. Nach seinem gescheiterten Fluchtversuch hatte man in seinem Schloss in einem in der Wand eingearbeiteten geheimen Fach Beweise für geheime Verhandlungen Ludwigs mit den Feinden gefunden. Fast sechs Wochen verhandelten die Abgeordneten des Konvents. Ludwig XVI. wurde von ihnen mit knapper Mehrheit zum Tode verurteilt und am 21. Januar 1793 mit der Guillotine hingerichtet. Seine Frau Marie Antoinette, eine gebürtige Österreicherin, starb im Oktober 1793 ebenfalls unter der Guillotine.

Guillotine
Das ist ein Hinrichtungsgerät, mit dem der Verurteilte durch eine schnell herabfallende, messerscharfe Klinge geköpft wird. Sie wurde während der Französischen Revolution für Hinrichtungen eingeführt.

1 Als der König ausgestiegen war, umringten ihn drei Henkersknechte und wollten ihm den Rock ausziehen, aber er stieß sie stolz zurück und legte ihn selbst ab ... Die
5 Stufen, die zum Schafott führten, waren äußerst steil. Der König musste sich auf meinen Arm stützen. ... Aber wie erstaunt war ich, als ich oben sah, dass er ... mit einem einzigen Blick fünfzehn oder zwanzig Trommler, die ihm gegenüberstan- 10 den, zum Schweigen brachte und ... die für immer denkwürdigen Worte deutlich aussprach: „Ich sterbe unschuldig an den Verbrechen, die man mir vorwirft. Ich vergebe den Urhebern meines Todes und bitte Gott, das Blut, das sie vergießen werden, möge niemals über Frankreich kommen."

M4 Die Hinrichtung von Ludwig XVI., beschrieben vom Priester Abbé Edgeworth (1793)

5 a) Nenne die Menschen, die Ludwig XVI. zum Tode verurteilt haben, und die Staatsgewalt, zu der diese Menschen gehörten (Text).
↪ b) Beurteile, ob diese Gruppe nach der Verfassung von 1791 (S. 54) das Recht hatte, Ludwig XVI. zu verurteilen.
6 → Beschreibe das Bild M3. Beginne mit dem Geschehen im Vordergrund; schildere dann, was in der Mitte geschieht; berichte abschließend, was im Hintergrund zu sehen ist.

M1 Ein Revolutionsgericht (zeitgenössische Zeichnung)

Die Herrschaft der Jakobiner

Gerechtigkeit durch Terror?

Nach der Hinrichtung des Königs verschlechterte sich die Lage in Frankreich beträchtlich. Die Preise für Nahrungsmittel stiegen ständig, das Geld verlor an Wert, sodass viele Menschen in Not gerieten und hungerten.

Die Anhänger des Königtums sorgten auf dem Land für Aufstände und Unruhen, es kam zu Kämpfen zwischen ihnen und den Anhängern der Republik.

Viele absolute Herrscher der Nachbarstaaten wollten nach der Niederlage bei Valmy ein Übergreifen der Revolution auf ihre Länder verhindern. Ihre Heere fügten den Franzosen zunächst schwere Niederlagen zu. Nach Einführung der allgemeinen Wehrpflicht gelang es der Revolutionsarmee jedoch, die Feinde endgültig zu besiegen. Aber die hohen Kosten für den Krieg belasteten den Staat.

Für all diese Dinge machten die Franzosen die Girondisten verantwortlich, die in der Nationalversammlung die Mehrheit hatten. Mit Unterstützung der Sansculotten übernahmen jetzt die Jakobiner die Macht im Land.

Um das Volk von Paris hinter sich zu bringen, ordneten die Jakobiner zunächst Höchstpreise für Lebensmittel an. Die Bauern auf dem Land wurden 1793 Besitzer des Bodens, den sie bebauten. Einen Kaufpreis brauchten sie nicht dafür bezahlen. Sogar eine neue Zeitrechnung wurde eingeführt. Die Revolution sollte der Anfang einer neuen Zeit werden. 1792, das Jahr, in dem Frankreich Republik wurde, war jetzt das neue Jahr 0. Auch die Monate bekamen neue Namen, wie z. B. „Schneemonat" oder „Erntemonat". 30 Tage dauerte ein Monat, eingeteilt in dreimal 10 Tage. Nur jeder zehnte Tag war arbeitsfrei. Bis 1805 galt dieser Revolutionskalender.

> *Die Freiheit ist ein leerer Wahn, solange eine Menschenklasse die andere ungestraft aushungern kann. Die Gleichheit ist ein leerer Wahn, solange der Reiche mit seiner Macht das Recht über Leben und Tod seiner Mitmenschen ausübt. Die Republik ist ein leerer Wahn, solange Tag für Tag die Gegenrevolution am Werk ist, mit Warenpreisen, die drei Viertel der Bürger nur unter Tränen aufbringen können.*

M2 Stellungnahme des Revolutionärs Jacques Roux (1793)

Anführer der Jakobiner war der Rechtsanwalt Robespierre. Er wollte die Revolution mit allen Mitteln weiterführen. Wer nicht für die Jakobiner war, war ihr Feind. Die Jakobiner setzten überall Revolutionsgerichte ein, die Beschuldigte ohne Verteidiger oder Befragung von Zeugen häufig zum Tode verurteilten. Angebliche Feinde der Revolution wurden bespitzelt, vor Revolutionsgerichte gestellt und hingerichtet. Es begann eine Zeit des Terrors. Während der Schreckensherrschaft von September 1793 bis Juli 1794 gab es ca. 200 000 Verhaftungen und etwa 35 000 Hinrichtungen. Opfer waren Anhänger des Königtums, Girondisten und gemäßigte Anhänger der Jakobiner. Niemand war seines Lebens sicher. Keiner traute mehr dem anderen.

Schließlich beschloss der Konvent, Robespierre anzuklagen. Am 27. Juli 1794 wurde er mit seinen wichtigsten Mitstreitern verhaftet und am nächsten Tag hingerichtet. Damit endete die Zeit des Terrors in Frankreich.

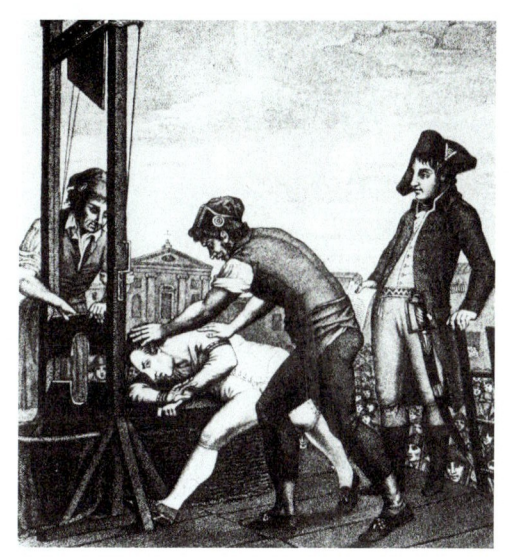

M3 Die Hinrichtung Robespierres (zeitgenössischer Stich)

> *Was ist das grundlegende Prinzip der Volksregierung, was ist die wichtigste Kraft, die sie unterstützen soll? Es ist nichts anderes als die Liebe zum Vaterland. Von außen werden wir von absoluten Herrschern umzingelt; im Innern verbünden sich alle Freunde der absoluten Herrscher gegen uns. Man muss die inneren und äußeren Feinde der Republik beseitigen oder mit ihr untergehen. Deshalb sei der erste Grundsatz eurer Politik, das Volk durch Vernunft und die Volksfeinde durch Terror zu lenken. Der Terror ist nichts anderes als die unmittelbare, strenge und unbeugsame Gerechtigkeit.*

M4 Maximilien de Robespierre am 5. Februar 1794

1. *Liste die Umstände auf, die dazu führten, dass die Jakobiner die Macht in Frankreich übernahmen (Text).*
2. ⮕ *Nenne die Maßnahmen, die die Jakobiner ergriffen, um die Menschen für sich zu gewinnen (Text).*
3. *Erläutere, weshalb Jacques Roux meinte, dass Freiheit, Gleichheit und die Republik in Frankreich noch nicht erreicht seien (M2).*
4. ⮕ a) *Beschreibe, wie die Revolutionsrichter in der Zeichnung (M1) dargestellt sind.*
   ↪ b) *Erläutere, welche Einstellung der Zeichner gegenüber den Richtern hatte. Begründe deine Einschätzung.*
5. ↪ a) *Vergleiche die Rede Robespierres (M4) mit dem Text auf Seite 62. Untersuche, ob Robespierre dem Konvent die tatsächlichen Gefahren für Frankreich korrekt dargestellt hat.*
   b) *Nenne die Gefahr, die Robespierre sah, wenn man die Feinde der Republik nicht beseitigte.*
   c) *Diskutiert darüber, ob es gerechtfertigt ist, zum Erreichen eines guten Zieles Gewalt einzusetzen.*

M1 Die Krönungsfeier Napoleons in Anwesenheit des Papstes (Gemälde von Jacques L. David, 1806/1807)

Das Ende der Revolution

Napoleon beendet die Revolution

Mit der Hinrichtung Robespierres endete die Terrorherrschaft der Jakobiner. Eine neue Verfassung wurde verkündet, nach der nur die Reichen wählen durften. Dies führte zu Unruhen im Land. Anhänger der Monarchie machten 1795 einen Aufstand, um das Königtum wieder einzuführen. Ein junger Offizier namens Napoleon Bonaparte, der schon mit 24 Jahren General war, schlug mit seinen Truppen diesen Aufstand nieder.

Napoleon war 1769 als Sohn verarmter Adliger auf Korsika geboren. Er besuchte eine Militärschule und wurde mit 16 Jahren Leutnant. Die Revolutionsereignisse erlebte er in Paris und war Anhänger der Jakobiner.

1796 erhielt Napoleon den Oberbefehl über die französischen Truppen in Italien. Dort besiegte er die österreichischen Truppen und zog mit seinem Heer nach Ägypten. Hier eroberte er Kairo. Er war jetzt in Frankreich ein bekannter Mann. 1799, als es in Frankreich erneut eine Wirtschaftskrise und Aufstände von Königsanhängern gab, stürzte Napoleon mit seinen Soldaten die Regierung. Er übernahm als „Erster Konsul" die Macht in Frankreich.

1802 ließ sich Napoleon in einer Volksabstimmung als „Erster Konsul" auf Lebenszeit bestätigen. Das reichte ihm aber nicht. Am 2. Dezember 1804 krönte er sich selbst zum Kaiser und machte Frankreich wieder zur Monarchie.

> *Glauben Sie, dass ich in Italien Siege erringe, um eine Republik zu gründen? Das Volk braucht ein durch Ruhm und Siege verherrlichtes Oberhaupt ... Ich möchte in Frankreich eine (führende) Rolle spielen.*

M2 Erklärung Napoleons von 1797 (bearbeitet)

> *Franzosen, die Verfassung beruht auf den wahren Prinzipien der repräsentativen Regierung und auf den geheiligten Rechten des Eigentums, der Gleichheit und der Freiheit. Die von ihr eingesetzten Gewalten werden stark und dauerhaft sein, wie es für die Garantie der Bürgerrechte und der Staatsinteressen unabdingbar ist. Bürger, die Revolution ist damit beendet.*

M3 Napoleon im Jahr 1799 (bearbeitet)

1 → Erstelle eine Zeitleiste von der Geburt Napoleons bis zum Jahr 1804 (Text).
2 Nenne das politische Ziel Napoleons (M2).
3 a) Beschreibe das Gemälde von David (M1). Nenne die Person, die die Krönung vornimmt.
   b) Informiere dich, wer sonst die Kaiserkrönung vornimmt.

Was blieb von der Revolution?

Die Revolution hatte in Frankreich vieles verändert. Doch Napoleon schaffte einige Ergebnisse der Revolution wieder ab. Frankreich war keine Republik mehr. Napoleon hob auch die Pressefreiheit wieder auf und beschränkte die Rechte der Frauen. Vieles ließ er aber doch bestehen:

- Alle Menschen waren persönlich frei. Es gab keine Hörigen mehr. Vor allem die Bauern hatten davon profitiert.
- Vor dem Gesetz waren alle Menschen gleich, egal, welchem Stand sie angehörten. Napoleon ließ in einem neuen Gesetzbuch, dem „Code civil", alle bürgerlichen Rechte festschreiben. Der „Code civil" ist das Vorbild für viele moderne Gesetzbücher wie das Bürgerliche Gesetzbuch in Deutschland.
- Öffentliche Gerichtsverfahren und unabhängige Richter wurden eingeführt.
- Jeder Franzose hatte jetzt das Recht auf Eigentum.
- Alle Franzosen mussten entsprechend ihrem Einkommen Steuern bezahlen.
- Frankreich wurde in 83 gleich große Verwaltungsbezirke (Departements) eingeteilt, die noch heute bestehen.
- Alle wichtigen politischen Entscheidungen wurden in Paris getroffen (Zentralismus).
- Alle Zölle innerhalb Frankreichs blieben abgeschafft.
- Die Trennung zwischen Staat und Kirche blieb bestehen. Ehen wurden nun vom Bürgermeister geschlossen und nicht mehr von einem Priester. Taufen und Sterbefälle wurden nicht mehr ausschließlich im Kirchenbuch, sondern in staatlichen Geburts- und Sterbeverzeichnissen erfasst.
- Während der Revolution waren regionale Sprachen verboten worden. So war eine einheitliche französische Sprache entstanden, die alle verstanden.
- Vereinheitlichte Maße und Gewichte (Meter, Kilo, Liter) galten für ganz Frankreich. Dieses metrische System galt bald in ganz Europa.
- Menschen, die nicht aus dem Adel kamen, konnten jetzt hohe Staatsämter erlangen.

> Art. 213: Die Frau (ist) ihrem Mann Gehorsam schuldig.
> Art. 215: Die Frau kann ohne Genehmigung ihres Mannes nicht vor Gericht auftreten.
> Art. 217: Die Ehefrau kann ... weder schenken ... noch erwerben ... sofern nicht ihr Ehemann ... eingewilligt hat.

M4 Ausschnitt aus dem Code civil (1804)

M5 Mit gleichem Maß gemessen: Liter, Kilogramm, Meter

[4] Nenne Vorteile von gleichen Maßen und Gewichten für den Handel.
[5] Recherchiere im Internet nach den Grundlagen des metrischen Systems. *Aufgabe 5 → www*
[6] Einige Ergebnisse der Revolution wurden später auch von anderen Ländern übernommen. Nenne die Punkte, die es heute auch in Deutschland gibt oder die in Deutschland gelten (Text).
[7] Nenne die Menschen, denen die Revolution Vorteile gebracht hat. Nenne die Gruppen, die Nachteile gegenüber früher hatten.
[8] a) Beschreibe die rechtliche Situation von Mann und Frau in Frankreich um 1804 (M4).
b) Vergleiche das Verhältnis von Mann und Frau früher und heute.

Die Französische Revolution

1 Schwarze Schafe
Jeweils zwei Begriffe pro Reihe passen nicht zu den Themen Absolutismus und Französische Revolution. Nenne sie.

Einigkeit – Freiheit – Gleichheit – Recht – Brüderlichkeit
Bastille – Wartburg – Versailles – Pyramide – Ballhaus
Guillotine – Beinschraube – Culotte – Bundschuh – Marseillaise
Robespierre – Ludwig XIV. – Karl V. – Luther – Montesquieu
Habsburger – Jakobiner – Girondisten – Kurfürsten – Dritter Stand
Generalstände – Konzil – Reichstag – Menschenrechte – Nationalversammlung
Reformation – Revolution – Hexenverfolgung – Merkantilismus – Absolutismus

2 Einen Text verfassen
Die Bilder zeigen Personen, die vor, während und nach der Französischen Revolution eine Rolle spielten. Wähle ein Bild aus, suche die passenden Seiten im Buch und schreibe einen Text zum ausgewählten Bild.

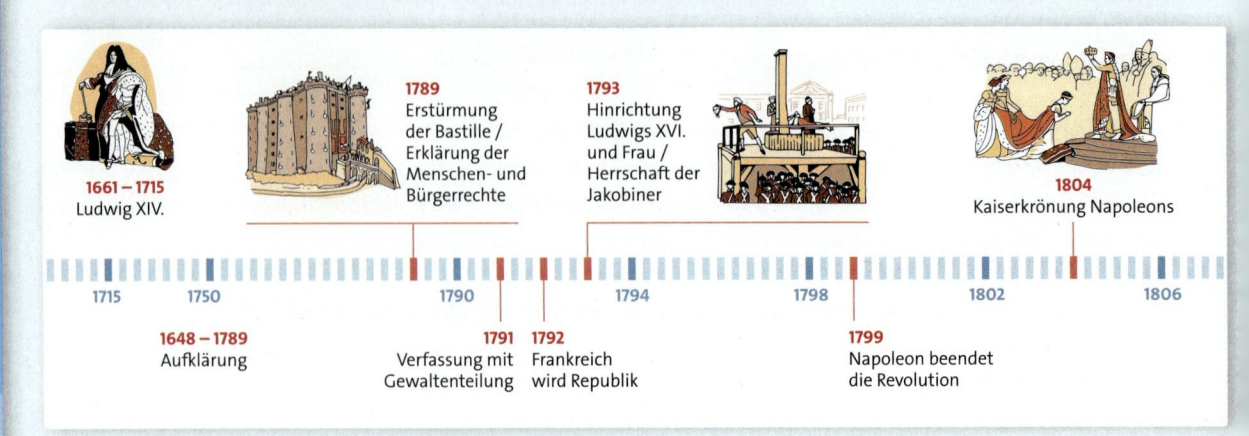

1661 – 1715 Ludwig XIV.
1648 – 1789 Aufklärung
1789 Erstürmung der Bastille / Erklärung der Menschen- und Bürgerrechte
1791 Verfassung mit Gewaltenteilung
1792 Frankreich wird Republik
1793 Hinrichtung Ludwigs XVI. und Frau / Herrschaft der Jakobiner
1799 Napoleon beendet die Revolution
1804 Kaiserkrönung Napoleons

3 Buchstabenrätsel

Finde die entsprechenden Begriffe oder Namen in den beiden Rätseln heraus. Die angegebenen Buchstaben ergeben von oben nach unten gelesen jeweils ein Lösungswort, das mit der Französischen Revolution zu tun hat. Erstelle Dir eine Kopie der Seite und trage die Lösungsworte darin ein.

auf – ball – bas – bes – bi – bo – cu – de – de – di – dis – exe – fa – ge – gi – guil – haus – ja – ju – ka – kar – klä – ko – ko – ku – la – le – lo – lot – na – ne – ne – ner – par – pier – preus – ral – re – ro – ron – rung – sans – schwur – sen – stän – te – te – ten – ten – ti – ti – ti – til – ve – ve – yet

1) Staatsgefängnis in Paris zur Zeit des Absolutismus (1. Buchstabe)
2) Europäischer Gegner der französischen Revolutionstruppen (2. Buchstabe)
3) Lehre, die die Selbstbestimmung für alle Menschen fordert (2. Buchstabe)
4) Beratendes Parlament im Absolutismus (2. Buchstabe)
5) Gruppe von Abgeordneten zur Zeit der Französischen Revolution, die dem wohlhabenden Bürgertum nahestand (6. Buchstabe)
6) Ausführende Gewalt (1. Buchstabe)
7) Anführer der Jakobiner (1. Buchstabe)
8) Befehlshaber der französischen Nationalgarde (1. Buchstabe)
9) Hinrichtungsgerät (3. Buchstabe)
10) Einfache Leute in Paris, die Unterstützer der Jakobiner waren (5. Buchstabe)
11) Erklärung der Abgeordneten des Dritten Standes (5. Buchstabe)
12) Richterliche Gewalt (5. Buchstabe)
13) Symbol der Revolutionäre (7. Buchstabe)
14) Gruppe von Abgeordneten, die 1793 bis 1794 herrscht (6. Buchstabe)
15) Zweiter Name Napoleons (8. Buchstabe)

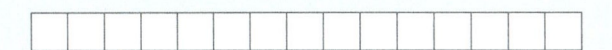

ab – blik – chie – ci – co – de – de – frank – ge – gis – grund – kon – la – le – le – lu – ment – mo – mus – nar – nel – par – pu – re – reich – setz – so – sti – te – ti – tio – tis – tu – ve – vil

1) Land, in dem 1789 eine Revolution stattfand (1. Buchstabe)
2) Verfassung der Bundesrepublik Deutschland (2. Buchstabe)
3) Gesetzgebende Gewalt (2. Buchstabe)
4) Epoche, in der Fürsten unumschränkt herrschten (8. Buchstabe)
5) Staatsform mit Parlament und einem Fürsten als Staatsoberhaupt (23. Buchstabe)
6) Staatsform mit Parlament und gewähltem Staatsoberhaupt (2. Buchstabe)
7) Gesetzeswerk Napoleons (6. Buchstabe)
8) Verwaltungsbezirk in Frankreich (6. Buchstabe)

Grundbegriffe:

Absolutismus
Aufklärung
Code civil
Freiheit – Gleichheit – Brüderlichkeit
Gewaltenteilung
Grundrechte
Jakobiner
Konstitutionelle Monarchie
Ludwig XIV.
Menschenrechte
Napoleon
Parlament
Republik
Revolution
Ständegesellschaft
Verfassung

Industrielle Revolution

Zeitfenster: 1750–1910

Industrielle Revolution

M2 Eine Arbeiterfamilie in der Küche ihrer Wohnung in Stuttgart (Foto, um 1900)

M3 Automobilproduktion heute (Foto, 2012)

→ Was verstehen wir unter der „industriellen Revolution"?
→ Warum begann die Industrialisierung in England?
→ Was ist die „soziale Frage"?
→ Wer gibt auf die „soziale Frage" eine Antwort?
→ Was hat die industrielle Revolution verändert?

M1 Die Hermannshütte in Dortmund-Hörde, Gemälde von Eugen Bracht (1907)

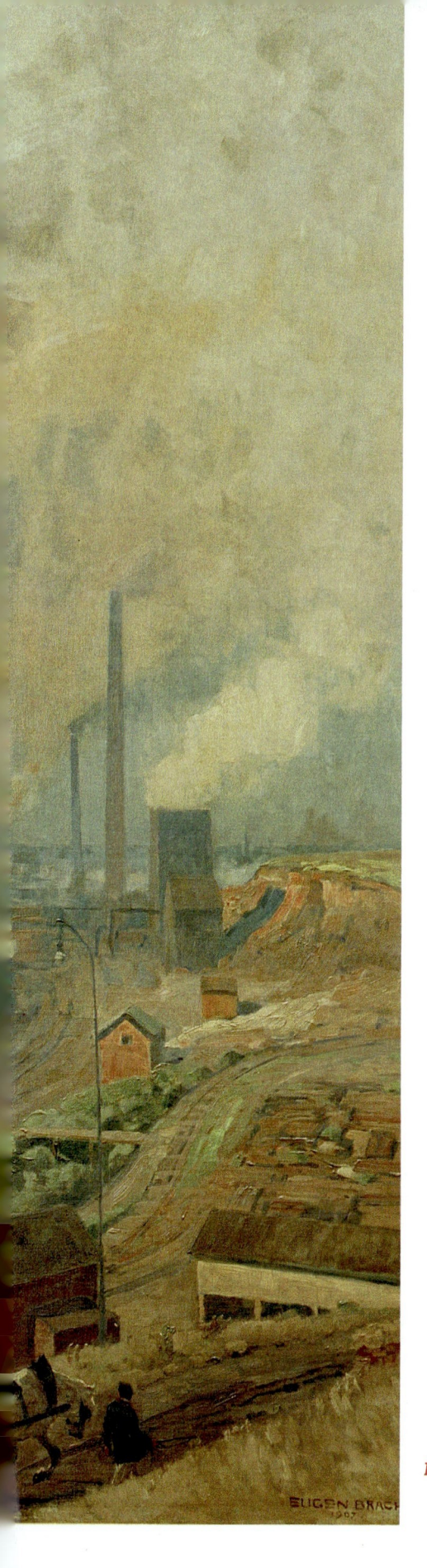

M1 Der Monat September (Gemälde von H. Wertinger, 1470–1533)

Mit Volldampf in eine neue Zeit

Jahreszeiten bestimmen Leben und Arbeiten

Bis zum 19. Jahrhundert lebten die meisten Menschen auf dem Land. Sie bebauten Äcker und hielten Vieh. Auch Handwerker hatten meistens einen kleinen landwirtschaftlichen Betrieb. Die meisten Menschen verließen die Gegend um ihren Geburtsort nie.

Zum Mähen von Getreide setzten die Menschen Sensen ein. Pferde und Ochsen halfen bei schweren Arbeiten wie Pflügen oder Eggen. Neben der Muskelkraft nutzte man als Naturkräfte Wind und Wasser, um zum Beispiel große Mühlsteine anzutreiben, die Korn zu Mehl mahlten.

Im 18. Jahrhundert änderte sich das Leben auf dem Lande. Durch die Züchtung von widerstandsfähigen Tieren und durch Düngung konnten mehr Menschen mit Nahrungsmitteln versorgt werden. Die Fruchtwechselwirtschaft löste die Dreifelderwirtschaft des Mittelalters ab. Weil jetzt keine Felder mehr brachliegen mussten, stand mehr Land zum Anbau zur Verfügung.

Neue landwirtschaftliche Maschinen wie zum Beispiel die Sämaschine, die Dreschmaschine oder der Dampfpflug ersetzten im 19. Jahrhundert viele Arbeitskräfte in der Landwirtschaft.

Fruchtwechselwirtschaft
Dies ist eine Form der Landwirtschaft, bei der auf einem Acker jedes Jahr im Wechsel Halmfrüchte (Getreide) und Blattfrüchte (Rüben) angebaut werden. Das erhält die Fruchtbarkeit des Bodens.

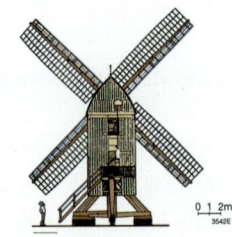

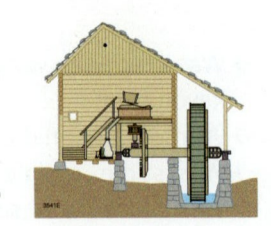

M2 Windkraft **M3** Wasserkraft

1. → Liste Arbeiten auf dem Lande auf (M1, Text). Erkläre sie.
2. → Beschreibe, welche Kräfte die Menschen für schwere Arbeit nutzten (M1–M3).
3. Erkläre, warum die Standorte für die Mühlen M2 und M3 nicht frei wählbar waren.
4. Nenne Änderungen im Leben auf dem Lande im 18. Jahrhundert.

Eine Maschine verändert die Welt

Der englische Erfinder James Watt baute 1769 die erste leistungsfähige Dampfmaschine. Damit konnte man andere Maschinen und Werkzeuge in den Bergwerken und Fabriken unermüdlich antreiben. Diese neue Kraftmaschine war unabhängig von Wetter und Standort. Die Dampfmaschine ließ sich einsetzen, um Wasser aus Bergwerken abzupumpen oder um Spinn- und Webmaschinen sowie andere Maschinen anzutreiben.

Für die Produktion in den Fabriken wurden viele Arbeitskräfte benötigt. Diese kamen vom Lande, denn dort gab es zu wenig Arbeit. Sie zogen in die Nähe der Fabriken. Dort entstanden neue Städte. Die Bedürfnisse der Fabriken bestimmten nun die Organisation der Arbeit und auch das Zusammenleben der Menschen in allen Bereichen. Diese Veränderungen in der Arbeitswelt werden „industrielle Revolution" genannt.

M5 Modell einer Dampfmaschine

So funktioniert eine Dampfmaschine

Ein Ofen (a) erhitzt Wasser im Kessel (b). Der entstehende Wasserdampf wird so in den Zylinder (c) geleitet, dass er dort den Kolben (d) auf und ab drückt. Diese Bewegung wird durch das Gestänge (e) auf zwei Zahnräder (f) übertragen, die das große Schwungrad (g) antreiben. Von dort wird die Energie über Treibriemen (h) an die Maschinen weitergeleitet.

M4 James Watt (1736–1819), der Erfinder der Dampfmaschine, Gemälde von Carl Fredrik von Breda (1792)

> *Schätzt man die Kraft eines Pferdes im Vergleich zu der eines Menschen wie 5,5 zu 1 und rechnet man, dass eine Dampfmaschine täglich volle 24 Stunden arbeitet, unterdessen Pferde nur acht Stunden und Menschen nur zehn Stunden am Tag arbeiten können, so leuchtet ein, dass diese Dampfmaschine (600 PS) täglich die Arbeit von 1800 Pferden und von 9000 Menschen verrichtet.*

M6 Ein Wissenschaftler über die Arbeitsleistung einer Dampfmaschine

5 ➔ Beschreibe, wie eine Dampfmaschine funktioniert (Info-Text und M5).
6 Die Erfindung der Dampfmaschine war eine Revolution im Bereich der Technik. Erkläre (M6, Text).
7 ➔ Erkläre, was man unter „industrielle Revolution" versteht.
8 ➔ Recherchiere über James Watt und seine Erfindung. Präsentiere deine Ergebnisse.

M1 Kohleförderung mithilfe einer Dampfmaschine in einer Kohlegrube in den Midlands (Gemälde, um 1800)

Die Industrialisierung beginnt

Großbritannien – die erste Industrienation

Industrialisierung
Übergang von der handwerklichen zur industriellen Produktion. Dabei werden Waren in großen Mengen mithilfe von Maschinen in Fabriken produziert.

Die Industrialisierung begann in England. Dort waren die Voraussetzungen dafür günstig.

Jahr	1788	1820	1860	1888
Großbritannien	177	290	577	820
Deutschland	50	85	310	583
USA	15	55	392	1443

M2 Industrielle Produktion (in Mio. engl. Pfund)

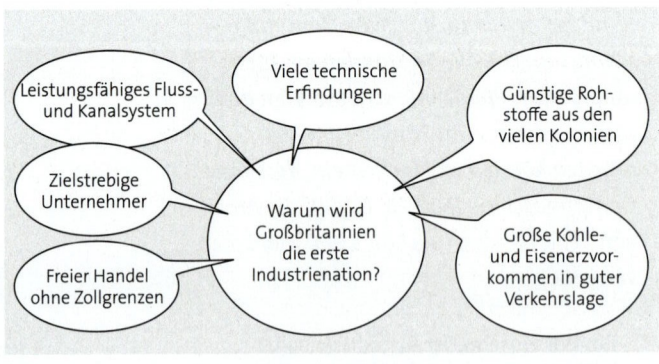

Die Industrialisierung Großbritanniens im 18. Jh.
- Baumwollindustrie
- Wollindustrie
- Kohlevorkommen
- Industriegebiet
- Metallindustrie
- gegen Ende des 18. Jh. gebaute Kanäle
- Bevölkerungsbewegungen

M3 Voraussetzungen der Industrialisierung in Großbritannien

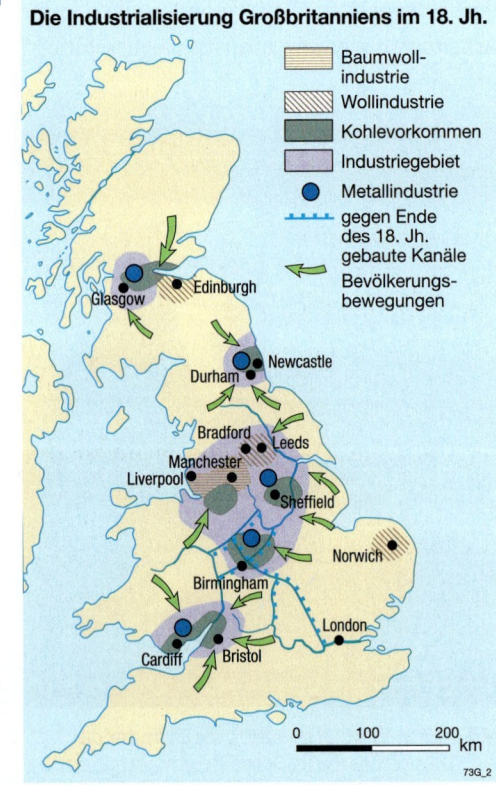

- Leistungsfähiges Fluss- und Kanalsystem
- Viele technische Erfindungen
- Günstige Rohstoffe aus den vielen Kolonien
- Zielstrebige Unternehmer
- Freier Handel ohne Zollgrenzen
- Große Kohle- und Eisenerzvorkommen in guter Verkehrslage

Warum wird Großbritannien die erste Industrienation?

M4 Großbritannien im 18. Jahrhundert

1. → *Beschreibe M1.*
2. *Erkläre, warum Großbritannien zur ersten Industrienation wurde (M3, M4).*
3. → *Zeichne für jeden Staat in M2 ein Kurvendiagramm. Vergleiche die Kurven und beschreibe die Entwicklung in den genannten Staaten.*

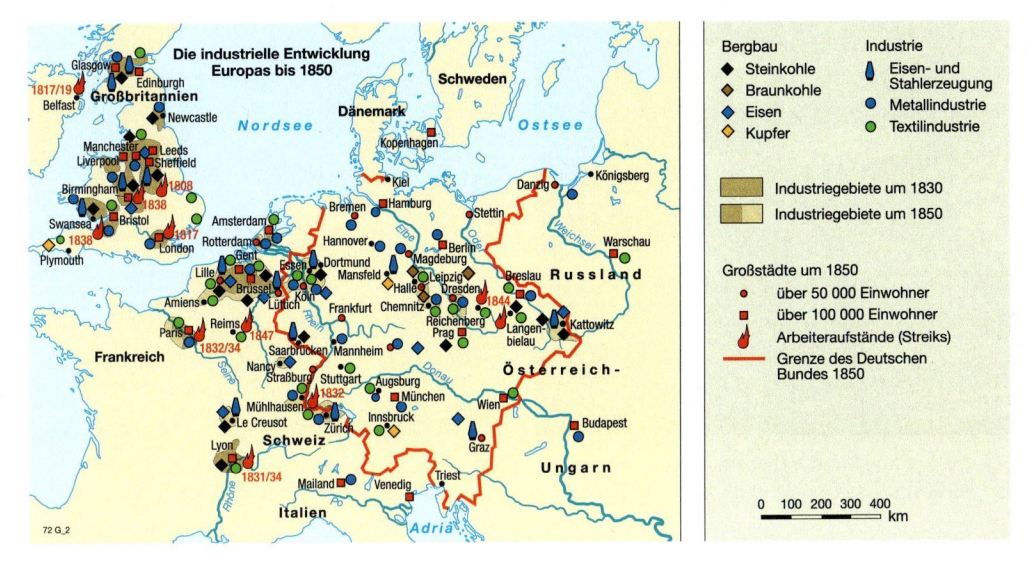

M5 Industrielle Entwicklung Europas bis 1850

Großbritannien – „Werkstatt" Europas

Technische Neuerungen hatten Großbritannien in den Augen anderer Europäer zur „ersten Industrienation" gemacht. Englische Waren wurden in ganz Europa verkauft. Sie galten als hochwertig und preiswert.

In England wurden viele Dampfmaschinen und andere neue Maschinen in Textilfabriken und der Eisen- und Stahlindustrie eingesetzt. So konnten die Waren in großen Mengen und in gleichmäßiger Qualität hergestellt werden. Deshalb schauten sich viele Fachleute aus dem Ausland in Großbritannien um, wie dort die Produktion organisiert ist. In ihren Heimatländern wurden die britischen Bedingungen und Erfindungen kopiert. Bald entstanden in vielen Teilen Europas Industriegebiete nach dem Vorbild Großbritanniens.

> *England ist seit ... die Maschinen eigentlich ihr Wesen treiben, um das Doppelte und vielen Orten 3- und 4-fache in sich vergrößert ... worden. In Manchester sind ... 400 neue große Fabriken für Baumwollspinnereien entstanden, unter denen mehrere Gebäudeanlagen in der Größe des königlichen Schlosses in Berlin stehen. Man sieht Gebäude, wo vor drei Jahren noch Wiesen waren, aber diese Gebäude sehen so schwarz geräuchert aus, als wären sie 100 Jahre in Gebrauch ...*
> *Alle diese Anlagen haben enorme Massen von Waren produziert, dass die Welt davon überfüllt ist.*

M6 Tagebuchaufzeichnungen Friedrich Schinkels über seinen Aufenthalt in England (1826)

---

4 Werte die Karte M5 aus. Nenne die Regionen, in denen sich zunächst bis 1830 und dann bis 1850 Industriegebiete in Europa entwickelten.

5 Erkläre, warum sich die Eisen- und Stahlindustrie in der Nähe von Bergwerken ansiedelte.

6 Fasse die Aussagen Schinkels in M6 zusammen und gib seinen Tagebuchaufzeichnungen eine Überschrift.

7 ↪ Erkläre, warum Großbritannien als „Werkstatt" Europas galt. Begründe, warum viele Entwicklungen aus Großbritannien in anderen europäischen Ländern nachgeahmt wurden.

8 ↪ Recherchiere über die britischen Erfindungen Spinnmaschine, mechanischer Webstuhl und Lokomotive. Präsentiere deine Ergebnisse.

Aufgabe 8 → www

M1 Weber am Handwebstuhl (Wandbild um 1900)

M2 Über Transmissionsriemen von einer Dampfmaschine angetriebene Webstühle (Foto, um 1900)

Textilindustrie im Umbruch

Fabrikarbeit statt Heimarbeit

Vor der industriellen Revolution wurden Stoffe in Heimarbeit hergestellt. Ein Unternehmer lieferte Spinnerinnen und Webern die dafür nötige Wolle. Die fertigen Stoffe holte er später ab und verkaufte sie weiter. Viele Familien lebten von diesem Gewerbe.

Die Erfindung von mechanischen Spinnmaschinen und Webstühlen änderte dieses System. Diese Maschinen wurden in Fabrikhallen aufgestellt. Sie erzeugten große Mengen Stoffe, die dann zu günstigen Preisen verkauft werden konnten. Die Heimarbeiterinnen und Heimarbeiter verloren ihre Aufträge und damit ihr Einkommen. Sie waren gezwungen, in den neuen Textilfabriken zu niedrigen Löhnen pro Tag bis zu 16 Stunden zu arbeiten.

> Man trete in die Hütten hinein! In kleinen elenden Gemächern von Rauch geschwärzt, ohne Hausrat und irgendwelche Zeichen eines Besitzes, der auf ein mehreres als das bloße nackte Leben hindeutet, erblickt man einen Kreis blasser Menschen, Männer, Frauen, Kinder am Spinn Rade sitzen und unverwandt die Fäden von dem Rocken durch die abgemagerten Hände ziehen. In einem schmutzigen Winkel entdeckt man den bescheidenen Napf, in dem Reste von Steckrüben und Wurzeln erkennbar sind.

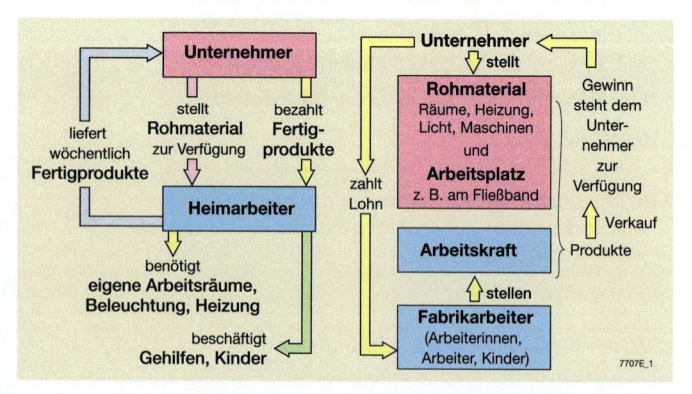

M3 Heimgewerbe und Fabrikarbeit

M4 Bericht eines Regierungsrates (um 1800)

1. ➲ Nenne Unterschiede zwischen der Arbeit im Heimgewerbe und der in einer Fabrik mit mechanischen Webstühlen (M1, M2).
2. Beschreibe die Lebensverhältnisse der Weber (M4).
3. Erläutere Unterschiede zwischen dem System des Heimgewerbes und der Fabrikarbeit (M3).

M5 Industriemuseen in Niedersachsen (Auswahl)

Ein Museum besuchen

In Niedersachsen gibt es viele ehemalige Fabriken, in denen nicht mehr produziert wird. Einige wurden vor dem Abriss bewahrt und zu Museen umgebaut. Beim Besuch eines solchen Museums kann man etwas über die Lebens- und Arbeitsbedingungen der Menschen in der Frühzeit der Industrialisierung erfahren.

So gehst du vor:

Schritt 1 •

Den Museumsbesuch planen

→ Informiert euch über Industriemuseen in eurer Nähe (M1, Internet) und entscheidet euch für ein Museum. Erkundigt euch, ob Führungen angeboten werden (frühzeitig anmelden).

→ Erstellt für den Besuch eine Liste mit Fragen und Beobachtungsaufträgen. Zum Beispiel:
– Wann wurde die Fabrik gebaut, was wurde hier hergestellt?
– Wie viele Menschen arbeiteten hier, und welche Berufe und Tätigkeiten wurden hier ausgeübt?
– Woher kamen die Rohstoffe? Wohin wurden die fertigen Produkte geliefert? Gab es einen Bahnanschluss?
– Wann und warum wurde der Betrieb eingestellt?

Schritt 2 ••

Den Museumsbesuch durchführen

→ Erledigt die Beobachtungsaufträge und stellt eure Fragen.

→ Fertigt Fotos, Videos oder Skizzen an (vorher um Erlaubnis fragen!).

→ Sammelt zusätzlich angebotene Informationen (z. B. Handzettel, Broschüren).

Schritt 3 •••

Den Museumsbesuch auswerten und nachbereiten

→ Überprüft eure Aufzeichnungen direkt im Anschluss eures Besuchs im Museum. Viele Museen haben hierfür spezielle Räume und Mitarbeiter.

→ Wertet die Ergebnisse in der Schule aus und präsentiert sie mithilfe von Medien (z. B. Wandzeitung, Informationsmappe, Ausstellung, Homepage der Schule).

Schritt 1 → www

M1 Friedrich Harkorts Fabrik auf Burg Wetter (Gemälde, um 1834)

Industrialisierung in Deutschland

Die Anfänge

Friedrich List (1789–1846) war ein bedeutender deutscher Wirtschaftswissenschaftler. Er war Vorkämpfer für den Deutschen Zollverein und für das Eisenbahnwesen.

Anders als in England, kam die Industrialisierung in Deutschland zunächst nur langsam in Gang. 38 Zollgrenzen behinderten den Warenverkehr zwischen den kleinen deutschen Einzelstaaten. Erst 1834 einigten sich viele deutsche Staaten auf Initiative von Friedrich List darauf, den Deutschen Zollverein zu gründen.

M3 Karikatur „Grenzverlegenheit" (1849): „Sie sehen, Herr Grenzwächter, dass ich nix zu verzolle hab', denn was hinte auf dem Wagen ist, hat die Lippische Grenze noch nit überschritte, in der Mitt' ist nix, und was vorn drauf ist, ist schon wieder über der Lippischen Grenze drüben."

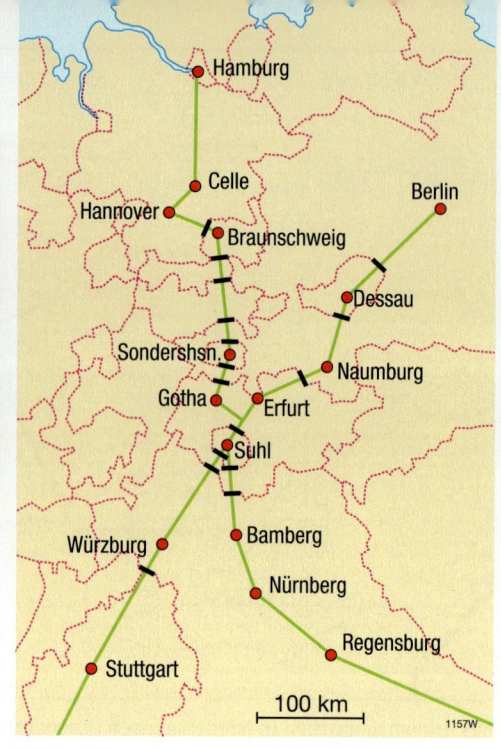

M2 Zollschranken vor Gründung des Zollvereins

An ihren gemeinsamen Grenzen wurden jetzt keine Abgaben (Zölle) mehr verlangt. Das beschleunigte den Warentransport und begünstigte den Handel.

Das Gebiet des Deutschen Zollvereins wuchs zu einem einheitlichen Wirtschaftsraum zusammen. Der Zollverein verstärkte das Interesse vieler Menschen an einem einheitlichen deutschen Staat.

Einige mutige Unternehmer wie zum Beispiel Friedrich Harkort gründeten erste Fabriken. Harkort brachte von einer Informationsreise aus England Facharbeiter und Techniker mit. 1820 wurden in seinen mechanischen Werkstätten die ersten beiden deutschen Dampfmaschinen produziert. 1826 erweiterte er die Fabrik um einen Hochofen und ein Walzwerk. Trotz aller Fortschritte entwickelte sich die Industrie in Deutschland zunächst nur langsam.

1. → Ermittle mithilfe von M2 die Anzahl der Stellen, an denen für mitgeführte Waren Zoll bezahlt werden musste a) auf einer Fahrt von Hamburg nach Regensburg,
   b) auf einer Fahrt von Berlin nach Stuttgart.
2. Erläutere die Bedeutung des Deutschen Zollvereins für die Industrialisierung in Deutschland.
3. Berichte über die Anfänge der Maschinenfabrik Harkorts (M1, Text).
4. a) Beschreibe die Karikatur M3.
   → b) Werte die Karikatur mithilfe der methodischen Arbeitsschritte aus.

Karikaturen auswerten → Seite 114

M4 Industrielle Entwicklung im Deutschen Zollverein (bis 1870)

Eisenbahn – Lokomotive des Fortschritts

1814 erfand der Engländer George Stephenson eine Dampflokomotive, die Waggons auf Schienen zog. 1825 fuhren in England die ersten Züge zwischen Stockton und Darlington. Schon 1835 wurde auch in Deutschland die erste Eisenbahnlinie eröffnet. Im Jahr 1837 war die erste Fernbahn von 120 km Länge fertiggestellt, die Leipzig und Dresden miteinander verband. Rasch folgten weitere Linien, die bald alle großen und dann auch die kleineren Städte miteinander vernetzten.

Mit dem Ausbau des Schienennetzes konnten nun Personen und Güter schnell und billig in alle Richtungen transportiert werden. Waren ließen sich über weite Strecken von dort holen, wo sie am günstigsten hergestellt wurden. Der staatlich unterstützte Ausbau des Eisenbahnnetzes beschleunigte die Industrialisierung in Deutschland.

Von Berlin nach	Hannover	Hamburg	München
Postkutsche 19. Jh.	40	36	81
Eisenbahn 19. Jh.	5	5	11
Eisenbahn (ICE) 2013	1:38	1:36	5:56

M5 Reisedauer im Vergleich (in Stunden)

M6 Die Eröffnung der ersten deutschen Eisenbahn Nürnberg – Fürth 1835 (zeitgenössisches Gemälde)

5 a) Beschreibe die Lage von Eisen- und Kohlevorkommen (M4).
   b) Vergleiche sie mit der Lage der Industriezentren (M4).
   c) Nenne die Industriezentren, die durch die Eisenbahn bis 1855 miteinander verbunden waren (M4).

6 ↪ Berechne die Durchschnittsgeschwindigkeit eines Transports zwischen Berlin und Hannover (ca. 300 km) in km/h für jedes der angegebenen Verkehrsmittel (M5).

7 ↪ Erläutere die Bedeutung der Eisenbahn für die Entwicklung des Reiseverkehrs und des Handels (M4, M5, M6, Text).

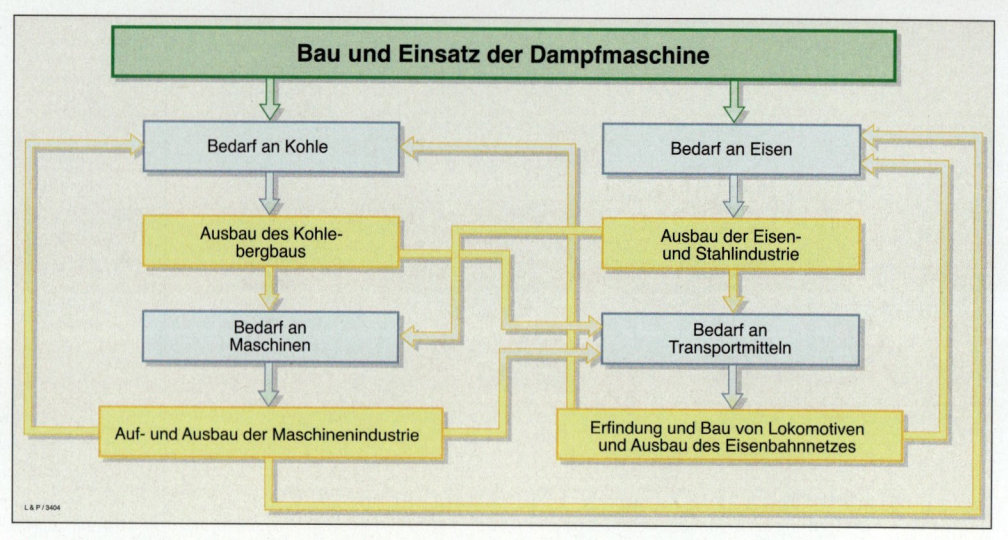

Bau und Einsatz der Dampfmaschine

- Bedarf an Kohle
- Ausbau des Kohlebergbaus
- Bedarf an Maschinen
- Auf- und Ausbau der Maschinenindustrie
- Bedarf an Eisen
- Ausbau der Eisen- und Stahlindustrie
- Bedarf an Transportmitteln
- Erfindung und Bau von Lokomotiven und Ausbau des Eisenbahnnetzes

M1 Die Dampfmaschine – eine revolutionäre Erfindung (Ursache-Wirkung-Kette)

Deutschland wird Industriestaat

Für die Eisenbahnanlagen und die Eisenbahnen selbst benötigte man vor allem Eisen. Das gewann man aus Eisenerz, das in Bergwerken – zumeist Untertage – gefördert wurde. In großen Hochöfen erfolgte schließlich die Trennung von Erz und Eisen. Die Öfen wurden mit Koks geheizt. Koks ist ein Brennstoff, der in einem speziellen Verfahren aus Kohle gewonnen wird.

Weil die Eisen- und Stahlindustrie, auch Schwerindustrie genannt, große Mengen an Kohle benötigte, siedelte sie sich bevorzugt in der Nähe der Kohlebergwerke an. Im Bergbau benötigte man Förderanlagen zum Abbau und Transport von Kohle oder Erz. Das führte zum Auf- und Ausbau der Maschinenbauindustrie. Firmen wie Krupp, Borsig und Henschel entwickelten sich rasch. Der Maschinenbau stieg zum größten deutschen Industriezweig auf. Die Industrialisierung vollzog sich nicht in allen deutschen Gebieten gleichmäßig. Führend waren Preußen mit dem Ruhrgebiet, Berlin und Oberschlesien. Um den Bedarf an Arbeitern zu decken, warben die Unternehmen gezielt Arbeitskräfte an. So wanderten immer mehr Menschen vom Land in die Industriegebiete.

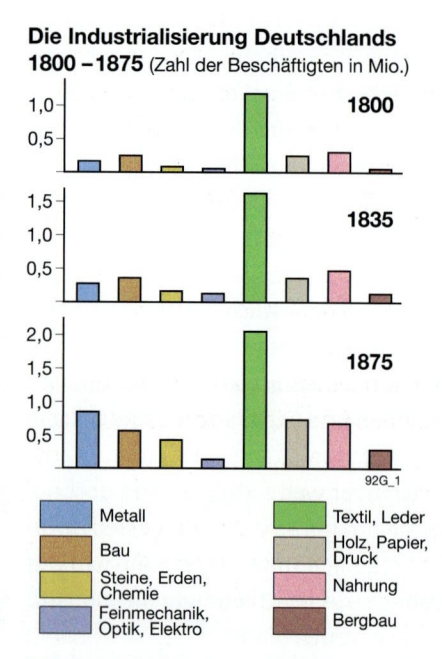

**Die Industrialisierung Deutschlands
1800 – 1875** (Zahl der Beschäftigten in Mio.)

1800
1835
1875

- Metall
- Bau
- Steine, Erden, Chemie
- Feinmechanik, Optik, Elektro
- Textil, Leder
- Holz, Papier, Druck
- Nahrung
- Bergbau

M2 Entwicklung der Beschäftigtenzahlen in Deutschland in Millionen

1. → Berichte über die Entwicklung Deutschlands zum Industriestaat.
2. a) Erläutere die Entwicklung der Beschäftigtenzahlen der Industriezweige in M2 zwischen 1800 und 1875 in Deutschland.
   b) Nenne drei Industriezweige, die sich von 1800 bis 1875 besonders gut entwickelten.
3. → Erkläre mithilfe des Wirkungsgeflechts M1, welche Auswirkungen der Bau und der Einsatz der Dampfmaschine für die industrielle Entwicklung hatten.

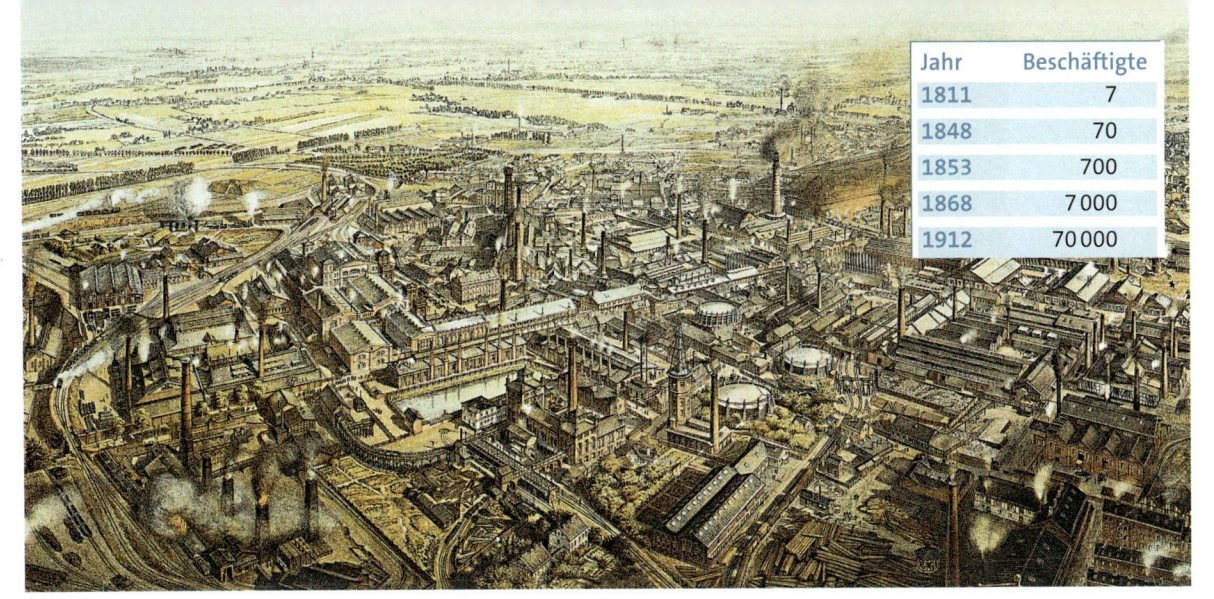

Jahr	Beschäftigte
1811	7
1848	70
1853	700
1868	7 000
1912	70 000

M3 Kruppwerke in Essen, Gemälde (1884); die Tabelle zeigt die Entwicklung der Mitarbeiterzahl.

Erfindungen und Unternehmen in Deutschland

1847 gründete Werner von Siemens zusammen mit Johann Georg Halske die Telegraphen Bau-Anstalt von Siemens & Halske. Siemens erfand 1866 die Dynamomaschine. Bald erzeugten gewaltige Dynamos, die von Dampfmaschinen angetrieben wurden, in Elektrizitätswerken elektrische Energie. In großen Städten fuhren erste Straßenbahnen.

Der Farbstoffhändler Friedrich Bayer gründete 1863 ein Unternehmen zur Herstellung von künstlichem Farbstoff, aus dem rasch ein führendes Unternehmen der chemischen und der Arzneimittelindustrie wurde.

Auch die Erfindungen und die Weiterentwicklung des Verbrennungsmotors und des Autos durch Otto, Diesel, Daimler und Benz fanden in Deutschland statt.

Friedrich Krupp gründete 1811 in Essen eine Firma für Gussstahl, aus der sich das zeitweilig größte Unternehmen Europas entwickelte.

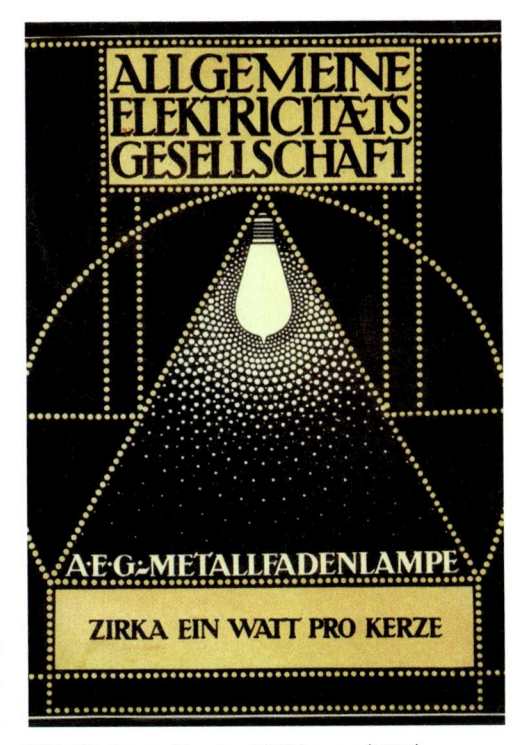

M4 Werbung für eine Glühlampe (1907)

4 a) Beschreibe das Betriebsgelände der Firma Krupp 1884 (M3).
   b) Beschreibe die Entwicklung der Beschäftigtenzahlen in der Firma (M3).

5 Recherchiere über folgende Erfindungen und Erfinder und erstelle eine Tabelle in zeitlicher Abfolge: Schreibmaschine, Flugzeug, Telefon, Glühlampe, Dieselmotor, Filmkamera, Röntgenstrahlen, Samuel Morse, Nikolaus August Otto, Sir Alexander Flemming, John Boyd Dunlop, Carl Friedrich Benz.

6 Recherchiere über folgende Personen: August Thyssen, August Borsig, Carl Zeiss, Fritz Henkel, Melitta Bentz. Schreibe jeweils einen kurzen Steckbrief.

M1 Fabrikhalle eines Eisenwalzwerks um 1875 (Gemälde von Adolph Menzel)

Das Arbeitsleben ändert sich

Durch die Fabrikarbeit änderte sich auch der Tagesablauf der Menschen. Sie arbeiteten nun in großen, lauten und staubigen Fabrikhallen. Arbeiter hatten die Maschinen zu bedienen. Da die Dampfmaschine ständig einsatzbereit war, bestimmte sie das Arbeitstempo.
Maschinen waren teure Anschaffungen. Deshalb mussten die Maschinen viele Stunden am Tag laufen. Es wurde in drei Schichten rund um die Uhr gearbeitet. Diese Schichten bestimmten den Tagesablauf der Menschen.
Während die Handwerker bei der Herstellung eines Produktes alle erforderlichen Arbeitsschritte selbst durchführten, wurden nun die einzelnen Arbeitsschritte von verschiedenen Arbeitern ausgeführt. Durch diese Arbeitsteilung konnten Waren in immer größeren Mengen hergestellt werden. Diese Form der Produktion nennt man Massenproduktion.
Es gab nur wenige gesetzliche Regelungen über die Arbeitsbedingungen. Aber strenge Fabrikordnungen sicherten einen störungsfreien Arbeitsablauf.

> § 1 Der Arbeiter kann nur nach jeweils sechs Monaten kündigen. Der Fabrikherr kann jeden Arbeiter sofort entlassen.
> § 2 Außer an Sonntagen und hohen Feiertagen wird immer gearbeitet.
> § 4 Nach Arbeitsbeginn wird keiner mehr eingelassen. Wer sich verspätet, wird mit einer Strafe in Höhe von zwei Tageslöhnen belegt.
> § 16 Wer auf dem Fabrikgelände raucht, wird mit einer Strafe von zwei Tageslöhnen belegt.

M2 Aus einer Fabrikordnung (um 1898)

> Die Arbeitszeit betrug 14 Stunden. Von Pausen war nicht die Rede. Die Mahlzeiten mussten wir bei der Arbeit einnehmen. Aufenthaltsräume und Waschgelegenheiten gab es nicht. Meistens gingen wir Arbeiter in unserer schmutzigen Arbeitskleidung von und zur Arbeit. Arbeitsschutzgesetze oder Versicherungen gab es nicht.

M3 Bericht eines Arbeiters über die Arbeitsbedingungen in einem Hüttenwerk (um 1860)

---

1. → Beschreibe das Bild M1. Berichte über die Wirkung des Bildes auf dich.
2. Stelle in einer Tabelle die Unterschiede zwischen Handwerksarbeit und Fabrikarbeit gegenüber (M1–M3).
3. Stelle Vor- und Nachteile der Fabrikarbeit in einer Tabelle gegenüber (M1–M3, S.78/79).
4. → Verfasse einen Brief eines Fabrikarbeiters, der seinen Verwandten auf dem Land über die Arbeitsbedingungen in einer Fabrik berichtet (M1–M3).
5. Beschreibe das Diagramm M5. Nimm M4 zu Hilfe. Erläutere die Entwicklung.
6. → Zeichne ein Säulendiagramm zur Entwicklung der Wochenarbeitszeit (M6).

Ein Diagramm erstellen

Statistische Zahlenangaben werden oft erst durch eine grafische (zeichnerische) Darstellung anschaulich und verständlich. Solche Darstellungen nennt man Diagramme. Hier lernst du, wie ein Säulendiagramm erstellt wird. Beim Säulendiagramm werden die einzelnen Zahlen als Säulen nebeneinandergestellt.

So gehst du vor:

Schritt 1 ●

Das Achsenkreuz zeichnen
→ Zeichne die Grundlinie (x-Achse) als Zeitstrahl.
→ Wähle einen geeigneten Maßstab (Tipp: Ermittle zunächst den höchsten und niedrigsten Zahlenwert).
→ Entscheide anhand der vorliegenden Zahlen, wie groß die einzelnen Einheiten sein sollen und beschrifte die Achsen.

Schritt 2 ●●

Das Säulendiagramm erstellen und beschriften
→ Trage für jede Zeiteinheit die Werte ein.
→ Zeichne die Säulen.
→ Wähle verschiedene Farben für unterschiedliche Säulen.
→ Beschrifte die Achsen mit den Einheiten.
→ Gib dem Diagramm eine Überschrift und erstelle eine Legende.

Schritt 3 ●●●

Das Diagramm auswerten
→ Beschreibe anhand des Diagramms die Entwicklung. Nenne Auffälligkeiten.
→ Begründe, falls möglich, diese Entwicklung.

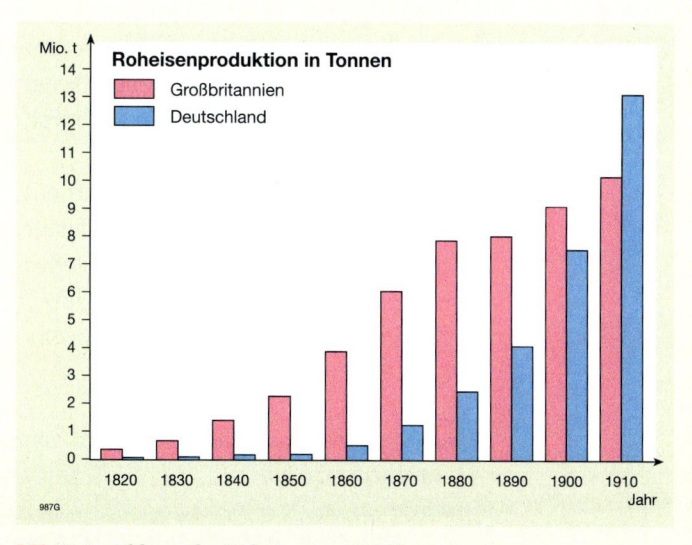

Jahr	Großbritannien	Deutschland
1820	374 000	85 000
1830	688 000	110 000
1840	1 419 000	190 000
1850	2 285 000	210 000
1860	3 888 000	529 000
1870	6 059 000	1 261 000
1880	7 873 000	2 468 000
1890	8 031 000	4 100 000
1900	9 104 000	7 550 000
1910	10 173 000	13 111 000

M4 Roheisenproduktion (in Tonnen)

M5 Entwicklung der Roheisenproduktion

> Im Jahr 1800 musste ein Arbeiter 65 Stunden in der Woche arbeiten. 1840 musste er 90 Stunden Arbeit leisten und 1880 noch immer 70 Stunden. 1891 wurde die Sonntagsarbeit verboten. 1914 lag die durchschnittliche Wochenarbeitszeit bei 60 Stunden, 1949 bei 50 Stunden. Ab 1956 wurde schrittweise die 5-Tage-Woche mit 40 Stunden eingeführt. Noch 1975 betrug die Wochenarbeitszeit 40 Stunden, 1993 lag sie bei 38,5 Stunden. Im Jahr 2000 musste ein Arbeiter im Durchschnitt 36,5 Stunden pro Woche arbeiten.

M6 Bericht über die Arbeitsbedingungen von Arbeitern

Die Stadt ist Hauptstadt des seit anderthalb Jahrzehnten bestehenden Königreichs Hannover und hat rund 25 000 Einwohner. Erst seit wenigen Jahren sind die Stadttorsperre und die Folter abgeschafft; seit Kurzem erst (1824) sind Alt- und Neustadt vereinigt. Zwei Jahre nach diesem Zusammenschluss bekommt Hannover – immerhin als erste deutsche Stadt – eine Straßengasbeleuchtung, die jedoch nur mäßig funktioniert und den Nachtwächter noch lange nicht verdrängt. Die reichen Bürger lassen sich in Linden, dem schönsten Dorf des Königreiches, Villen bauen.

M1 Ansicht von Hannover um 1830

M2 Bericht über Hannover um 1830

Städte verändern ihr „Gesicht"

Städte wachsen schnell

Millionen von Menschen wanderten dorthin, wo sie neue Arbeit fanden. So wuchsen Dörfer in der Nähe von Fabriken in wenigen Jahrzehnten zu Städten, aus Städten entwickelten sich Großstädte mit mehr als 100 000 Einwohnern.

In verschiedenen Städten Deutschlands entstanden Fabriken der Maschinenbauindustrie, der chemischen Industrie und anderer Industriezweige. 1800 lebten nur etwa drei Prozent der Gesamtbevölkerung in Großstädten, 1900 waren es bereits etwa 30 Prozent.

	1800	1850	1900
Berlin	172	419	1 889
Hamburg	130	132	706
Hannover	16	33	250
München	30	110	500
Leipzig	40	63	456
Dresden	60	97	397
Köln	50	97	373
Dortmund	5	11	149
Essen	4	9	119

M3 Wachstum deutscher Städte (Einwohnerzahlen in Tausend)

Berufliche Herkunft der Fabrikarbeiter in Preußen (1835)	
aus der Landwirtschaft	65 %
Handwerker	20 %
Heimarbeiter	10 %
Manufakturarbeiter	5 %

M4 Neue Arbeit in der Industrie

1. Beschreibe die Entwicklung Hannovers zwischen 1830 und 1870 (M1, M2, M5, M6).
2. Zeichne Säulendiagramme der Einwohnerzahlen deutscher Großstädte im Jahr 1900 (M3).
3. a) Wähle aus M3 drei Städte aus. Erstelle für diese Städte Diagramme, um ihre Bevölkerungsentwicklung zwischen 1800 und 1900 zu zeigen.
   b) Recherchiere die heutigen Einwohnerzahlen der ausgewählten Städte und erweitere die Diagramme mit den Werten.

Industrielle Revolution

> ... Hannover ist kaum wieder zu erkennen. An den Rändern des Stadtkerns stehen mehrere Fabriken und ausgedehnte Lagerschuppen; ein großes Bahnhofsgebäude soll demnächst durch ein noch größeres ersetzt werden. Eisenbahnstrecken verlaufen durch die Stadt. Sie führen in verschiedene Himmelsrichtungen und machen dadurch Hannover zu einem Verkehrsknotenpunkt ... Aus dem hübschen Bauerndorf und Villenort (Linden) ist ein großes Industriedorf geworden, das von zahlreichen qualmenden Schloten überragt wird.

M5 Bericht über Hannover um 1870

M6 Ansicht von Hannover um 1870

Die Städte veränderten sich nicht nur in Größe und Ausdehnung. Zehntausende von Zugezogenen benötigten mit ihren Familien eine Unterkunft. Überall herrschte Wohnungsmangel. Viele Arbeiter hausten in Baracken, Ställen, Kellern und Dachböden. Ab 1850 baute man in großen Städten in der Nähe der Fabriken mehrgeschossige zusammenhängende Häuser, sogenannte Mietskasernen. Die Städte wuchsen in einem solchen Tempo, dass es erst nach und nach gelang, die notwendige Infrastruktur, also Straßen, Wasserversorgung und Schulen, zu schaffen.

Der Anteil der Arbeiterfamilien an der Bevölkerung wuchs rasch. Um 1800 gab es in Deutschland rund 80 000 Fabrikarbeiter, 1850 waren es schon 800 000. Bis 1910 stieg die Zahl auf 8 Mio., das waren etwa 30 % der Beschäftigten.

Masuren
Bezeichnung für eine Region und deren Bewohner im ehemaligen Ostpreußen, gehört heute zu Polen

> *Masuren!* In Rheinländischer Gegend ... liegt eine reizende, ganz neu erbaute Zeche (= Bergwerk) „Viktor" bei Rauxel. Zu jeder Wohnung gehört ein sehr guter, trockener Keller, ein geräumiger Stall. So braucht der Arbeiter nicht das Pfund Fleisch oder Milch kaufen. Endlich gehört zu jeder Wohnung auch ein Garten. So kann sich jeder sein Gemüse und seine Kartoffeln selbst ziehen ... Dabei beträgt die Miete ... nur 4 Mark monatlich ... Für größere Einkäufe liegen Kastrop, Herne und Dortmund ganz in der Nähe.

M7 Anwerbeplakat in Masuren von 1908

M8 Obdachlose Familien in Berlin bauen sich Baracken (kolorierter Holzstich, 1872).

4 Beschreibe die Folgen der schnellen Zuwanderung für die Städte (M8, Text).
5 Schreibe einen Bericht mit der Überschrift „Städte verändern ihr ‚Gesicht'" (Text, M1–M8).
6 Recherchiere über die Entwicklung deiner Stadt oder einer Stadt in der Nähe im 19. Jahrhundert. Präsentiere deine Ergebnisse.

Leben der Arbeiterfamilien

Wohnen

Im 19. Jahrhundert suchten die Arbeiter in der Nähe der Fabriken eine Wohnung, da es keine geeigneten Verkehrsmittel gab. Der Wohnraum war knapp. Mit Glück fand man eine Wohnung in einer mehrstöckigen Mietskaserne. Diese Wohnblöcke hatten enge, lichtarme Innenhöfe. In den stets nach ähnlichem Grundriss gebauten Wohnräumen lebten mehrere Familien. 1880 zählte man zum Beispiel in Berlin durchschnittlich sechs bis sieben Personen in einem Zimmer von 20 m². Noch 1900 waren dort 43 % aller Haushaltungen einräumig.

Die Wohnungen waren eng, überbelegt, schmutzig, dunkel und oft ohne fließendes Wasser. Beheizt wurde nur die Küche. Die Toiletten lagen meistens im Treppenhaus oder im Innenhof. Bäder gab es nur wenige. Mehrere Familien nutzten sie gemeinsam.

Die Mieten waren hoch, da die Nachfrage nach Wohnungen groß war. Viele Familien nahmen in die überfüllten Wohnungen noch „Schlafburschen" auf, die sich oft im Wechsel ihrer Arbeitsschichten zu zweit oder zu dritt ein Bett teilten. Nur so konnten viele Arbeiterfamilien die Miete bezahlen.

M1 Arbeiterfamilie in ihrer Berliner Wohnung (Foto, 1907)

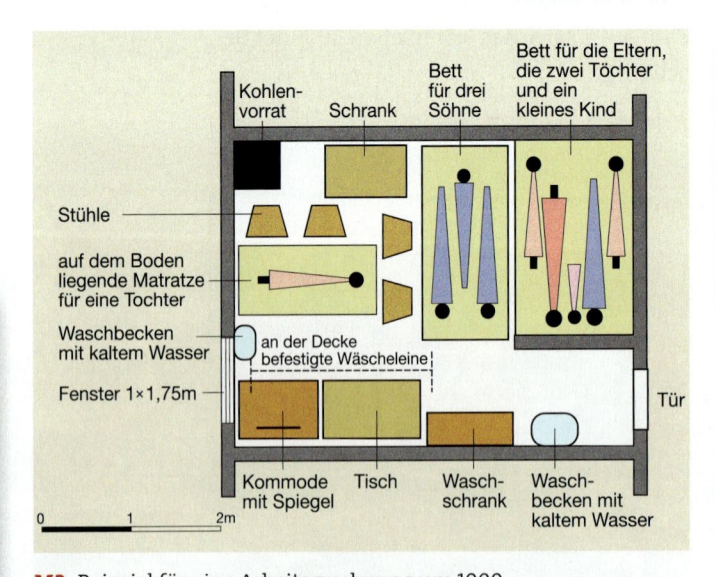

M2 Beispiel für eine Arbeiterwohnung um 1900

Da die Arbeitenden beim Morgengrauen das Haus verließen und erst am Abend zurückkehrten, waren sie in erster Linie an einer Schlafmöglichkeit interessiert ... Die jungen Arbeiter und Arbeiterinnen konnten sich lediglich eine Schlafstelle in ... (einem) voll genutzten Wohnraum leisten – eine Lagerstätte, nicht mehr, und auch diese nur für Stunden. Zahlreiche Vermieter vermieteten die Lagerstätte bei Nacht und bei Tag. Das Bett ... wurde nicht kalt. Auch Familien besaßen in der Regel nur einen Raum, der Koch-, Wohn- und Schlafraum war.

M3 Bericht über Arbeiterwohnungen (1900)

1. → Beschreibe die Wohnung M1.
2. Beschreibe das Leben in einer Mietskaserne (M1–M3, Text).
3. Erkläre, warum in den Städten im 19. Jahrhundert Wohnungsnot herrschte (Text).
4. Berichte über das „Schlafburschentum" (M3, Text).
5. ↪ Vergleiche Größe, Aufteilung und Wohnverhältnisse deiner Wohnung mit denen einer Arbeiterwohnung im 19. Jahrhundert (M1, M2).

Vater: Metallarbeiter	Sohn: Lehrling	Mutter: Aushilfsarbeiterin	Tochter: schulpflichtig	Tageszeit	
Kaffee (Malz/Gerste), Schwarzbrot mit Bückling, Käse oder Wurst (ohne Butter)		trockenes Schwarzbrot in Kaffee (Gerste/Malz) getippt		6 Uhr	alltags
			Schwarzbrot mit Pflaumenmus	12 Uhr	
Mehlspeise oder Eintopfgerichte (Erbsen, Linsen, Kartoffeln), Wasser oder Kaffee (Malz/Gerste)				19 Uhr	
Kuhfleisch (von notgeschlachteten Tieren), Kartoffeln, Schwarzbrot, Kaffee, etwas Aufschnitt				mittags, morgens und abends	sonntags

M4 Speiseplan einer Arbeiterfamilie (1909)

Ernährung

Kartoffeln und Schwarzbrot waren die Hauptnahrungsmittel armer Leute. Fleisch gab es nur an Sonn- und Feiertagen. Ihr Geld mussten die Familien zu einem großen Teil für Nahrungsmittel ausgeben. Für andere Ausgaben reichte es nicht. Deshalb wurde bei geringem Einkommen häufig am Essen gespart. Hunger, Unterernährung, Mangelkrankheiten und früher Tod waren die Folge. Die Lebenserwartung lag 1850 bei durchschnittlich 37 Jahren.

Die Lage der Arbeiter → www

1 *Wenn sie alle Tage Arbeit haben und ihre körperlichen Kräfte aufs Äußerste anstrengen, so können sie die dringlichsten Anforderungen ihres Magens notdürftig*
5 *befriedigen. Sie werden fast nie dahin gelangen, einen Notpfennig für das Alter zurückzulegen, und wenn sie krank werden oder sonst ein Unglück haben, wenn sie nur kurze Zeit arbeitslos sind, ja dann ist es*
10 *freilich schlimm. An einem solchen Unglück ... haben sie jahrelang zu tragen und zuweilen verwinden sie es nie.*

M5 Bericht der Zeitschrift „Das westphälische Dampfboot" (1845)

Arbeiterfamilie (1890)	
Nahrungsmittel	67 %
Miete	17 %
Kleidung	8 %
Heizung und Beleuchtung	4 %
Sonstiges (Möbel, Sparen, Freizeit, Bildung, Gesundheit usw.)	4 %
Arbeitnehmerfamilie (2010)	
Wohnen, Energie	34 %
Auto, Post, Telefon	17 %
Nahrungsmittel, Getränke, Tabak	14 %
Freizeit, Unterhaltung, Bildung	11 %
Möbel, Haushaltsgeräte	5 %
Bekleidung, Schuhe	5 %
übriger Verbrauch	14 %

M6 Durchschnittliche Verteilung der Haushaltsausgaben einer Arbeiterfamilie 1890 und 2010

6 → a) Beschreibe den Speiseplan der Arbeiterfamilie und erkläre die Essenszeiten (M4).
b) Vergleiche diesen Speiseplan mit deinen täglichen Mahlzeiten. Nenne heutige Nahrungsmittel, die bei den Arbeiterinnen und Arbeitern im 19. Jahrhundert fehlten.
7 Erläutere die Folgen der geringen Einkünfte und der mangelhaften Ernährung (M5, Text).
8 → Vergleiche die Aufteilung der Haushaltsausgaben 1890 und 2010 (M6) und erkläre die Unterschiede. Fertige dazu Diagramme an.

M1 Jungen arbeiten in einer Glasbläserei (Zeichnung, um 1880).

Es scheint vernünftiger, die Kinder angenehme Arbeit verrichten zu lassen, als als sie dem Müßiggang und der Verwilderung preiszugeben. Ein Gesetz, welches die Arbeit der Kinder im schulpflichtigen Alter verbietet, verlängert die Not vieler Arbeiterfamilien und verschlechtert ihre Lebenshaltung. Geschützte Kinder würden durch ungenügende Nahrung mehr leiden als durch Fabrikarbeit.

M2 Zentralverband deutscher Industrieller zur Kinderarbeit (1884)

Arbeiterkinder – arbeiten statt lernen

Kinderarbeit →
www

Während der industriellen Revolution mussten auch Kinder in den Fabriken arbeiten. In Textilfabriken wurden Kinder und Frauen sogar bevorzugt eingestellt, da sie weniger Lohn bekamen. Auch in Bergwerken arbeiteten Kinder, da sie mit ihren kleinen Körpern gut durch die niedrigen Gänge passten. Diese Kinder konnten nicht zur Schule gehen und mussten deshalb ihr Leben lang in den Fabriken und Bergwerken arbeiten.

Die Lage mancher Arbeiterkinder besserte sich erst ein wenig, als Regierungen erste Gesetze zum Schutze der Kinder erließen.

Ein Kind unter zehn Jahren darf nicht in einer Fabrik arbeiten. Jedes Arbeiterkind soll einen dreijährigen Schulbesuch nachweisen können. Die Höchstarbeitszeit für Kinder beträgt zehn Stunden am Tage. Zwischen diesen zehn Stunden sollen zwei Freistunden liegen, in denen Bewegung in freier Luft gewährt werden soll.

M3 Auszug aus einem Gesetz in Preußen (1839)

Jetzt (im Winter) kommt wieder die Zeit, wo jener arme Junge früh um 5 Uhr von dem Lager sich erheben und eine Stunde weit in seine Fabrik eilen muss. Dort mit kurzer Rast für ein karges Mahl ist er beschäftigt den ganzen langen Tag. Er arbeitet an einer Maschine, welche Wellen von Staub aufjagend mit rasenden Schlägen die Baumwolle zerklopft, auflockert ... Die Arbeit ist nicht gerade schwer, weit eher fürchterlich einförmig, geisttötend und körperlich ungesund. Den ganzen langen Tag muss unser Junge in dieser mit dichtem Staub erfüllten Atmosphäre ausharren, sie einatmen, dies bis in die Nacht hinein, bis 9 oder 10 Uhr abends. Dann endlich eilt er seine Stunde Weges nachhause.

M4 Bericht über das Leben eines Fabrikkindes (1853)

1. → Nenne die Bereiche, in denen häufig Kinder arbeiteten (M1–M3, Text).
2. Erläutere, warum Arbeiterkinder häufig in Fabriken arbeiteten, anstatt in der Schule zu lernen (M2, Text).
3. Beschreibe den Tagesablauf eines Fabrikkindes 1853 (M4). Vergleiche mit deinem Tagesablauf.
4. Stelle zusammen, was sich durch das sogenannte preußische Regulativ (M3) für die Kinder verbesserte. Erkläre, warum einige Fabrikherren gegen Kinderschutzgesetze waren (M2).
5. → Recherchiere, wie die Arbeit für Kinder und Jugendliche heute gesetzlich geregelt ist. Präsentiere deine Ergebnisse.

M5 Waschtag um 1900 (Foto)

M6 Frauen arbeiten in einer Blechschneiderei (Foto, 1906).

Frauen – zwischen Fabrik- und Familienarbeit

Häufig reichte das Einkommen des Mannes nicht aus, um die Familie zu ernähren. Deshalb mussten die Arbeiterfrauen auch in den Fabriken arbeiten. Nur so konnten die Familien überleben. Neben der schweren Fabrikarbeit mussten die Frauen noch die anstrengende Hausarbeit erledigen. Dazu gehörten das Kochen, Waschen, Putzen, Kleidung nähen und die Kindererziehung.

Die Frauen waren den Männern in der Öffentlichkeit und rechtlich nicht gleichgestellt. Frauen durften nicht wählen, und für gleiche Arbeit erhielten sie weniger Lohn als Männer. Engagierte Frauen wie Louise Otto-Peters oder Helene Lange setzten sich deshalb in Deutschland in der Öffentlichkeit für die Rechte der Frauen ein.

> Um 4.30 Uhr morgens beginnt ihr Arbeitstag, da muss sie aufstehen, Feuer machen, Kaffee kochen, ... Mittagessen vorbereiten ... und die Betten machen. Um 6.45 Uhr muss sie mit den Kindern aus dem Haus ... Die Frau geht in die Fabrik, aus der sie um 11.30 Uhr für anderthalb Stunden heimkommt. Nun wird das Essen gewärmt und verzehrt und dann so viel häusliche Arbeit wie irgend möglich verrichtet. Um 1 Uhr beginnt wieder die Fabrikarbeit. Nach Schluss derselben (ca. 19.30 Uhr) von neuem Hausarbeit ... An einem Abend wird Wäsche gewaschen, am nächsten gebügelt.

M7 Eine Historikerin über den Alltag einer Arbeiterfrau um 1910

> Die wirtschaftliche Entwicklung brachte es mit sich, dass immer mehr Frauen aus der Familie gerissen und in die Fabrik ... gedrängt wurden. Sie fanden auch in Berufen Arbeit, die sonst ausschließlich von Männern ausgeübt wurden ... Sie arbeiteten für viel geringeren Lohn als die Männer. ... Hand in Hand damit ging die Verlotterung des Hauswesens und die Vernachlässigung der Kinder.

M8 Die Frauenrechtlerin Ottilie Baader zur Berufstätigkeit der Frauen

Louise Otto-Peters (1819–1895), Schriftstellerin, und Helene Lange, Lehrerin, (1848–1930) waren Vorkämpferinnen für die Rechte der Frauen. Sie setzten sich besonders für die Verbesserung der Lage von Arbeiterfrauen ein.

6 ⟶ Erkläre, warum Arbeiterfrauen in Fabriken arbeiteten.
7 Erläutere die Doppelbelastung der Frauen (M5–M8, Text).
8 Nenne Nachteile, die Ottilie Baader in der Frauenarbeit sieht (M8). Nimm dazu Stellung.
9 ⟶ Recherchiere, wie sich Helene Lange oder Louise Otto-Peters für die Rechte der Frauen eingesetzt haben. Erstelle dazu eine Präsentation.

M1 Unfall in der Fabrik (Gemälde von Johann Bahr, 1889)

Gegensätze in der Gesellschaft

Die Lage der Arbeiter

In den Städten entstand die neue Bevölkerungsschicht der Industriearbeiter, auch Proletarier genannt. Sie bildete in der Gesellschaft die unterste Schicht.

Die Arbeiter setzten ihre Arbeitskraft ein, um leben zu können. Weil die Löhne niedrig waren, fristeten sie mit ihren Familien ein Leben in großer Armut. Viele Arbeiter erlitten Unfälle, da die Maschinen keine Schutzvorrichtungen hatten. Verletzte oder kranke Arbeiter erhielten keine finanzielle Unterstützung, da es keine Kranken- oder Unfallversicherung gab. Arbeitslosigkeit oder Arbeitsunfähigkeit durch Krankheit, Unfall oder Alter bedeuteten für die Arbeiterfamilien größte Not.

Arbeiter hatten kein Eigentum, keinen Grund und Boden. Sie arbeiteten an Maschinen, die den Fabrikbesitzern gehörten. Die Mitwirkung in der Politik war ihnen nicht möglich, da sie nicht wählen durften.

Für verschiedene Menschen stellte sich daher die Frage, wie die Not der Arbeiterfamilien gelindert werden kann. Diese Frage wird als „Arbeiterfrage" oder „soziale Frage" bezeichnet.

M2 Karikatur auf die Rolle der Arbeiter im Staat (um 1900)

DIE PYRAMIDE DER UNTERDRÜCKUNG
- Das Kapital — Ich herrsche über euch
- Die Staatsmänner — Wir regieren euch
- Die Oberpriester — Wir beten für euch
- Das Militär — Wir schießen auf euch
- Die Bourgeoisie — Wir fressen für euch
- Die Arbeiter — Wir schuften für euch

1 → Beschreibe das Unfallgeschehen in der Fabrik (M1).
2 Nenne die Probleme der Arbeiter und beschreibe die Folgen, die sich aus diesen Problemen ergaben.
3 Erkläre, was unter „Arbeiterfrage" oder „soziale Frage" verstanden wird.
4 → Beschreibe die Karikatur M2 und erkläre die Aussage.

M3 Großbürgerliche Familie am Frühstückstisch mit Amme (Gemälde von Hans Gabriel Jentzsch, 1902)

M4 Schilder an einem Bürgerhaus in Berlin (1900)

Das Bürgertum

Besser gestellt in der Gesellschaft war das Bürgertum (die Bourgeoisie). Zu dieser gesellschaftlichen Schicht gehörten zum Beispiel die Kaufleute, Ärzte, Fabrikanten und höhere Beamte. Sie zeigten durch gepflegte Kleidung und eine gut eingerichtete Wohnung, dass sie zur „besseren" Gesellschaft zählten und sich von den Arbeitern unterschieden. Bürger schickten ihre Söhne zum Gymnasium und ließen sie studieren. Wenn ihre Töchter heirateten, bekamen diese eine reiche Ausstattung mit in die Ehe (Aussteuer).

Obwohl das Bürgertum nur einen geringen Anteil an der Gesamtbevölkerung hatte, bestimmte es durch zahlreiche Vertreter in den Landtagen und Stadtparlamenten die politischen Entscheidungen.

> Ich will Arbeiter, die früh bis Abend schuften wie die Maschinen, ... die Essen und Schlafen auch rein wie mechanische Verrichtungen abwickeln, die mir abends wie tot vom Stuhl auf die Streu sinken und morgens ... um Schlag acht auf dem Posten sein. Der Einzelne muss zum Nutzen des Gesamtwerkes zur Maschine werden wie der Soldat im Heere.

M5 Arbeiter als Maschine – Wunsch eines Fabrikherrn (1895)

> Da das unsrige (Haus) sehr geräumig war, brauchte meine Mutter außer dem Kinderfräulein: eine Köchin, eine Unterköchin, ein Serviermädchen, eine Jungfer und ein Dienstmädchen, das vor allem putzte. Zum Stiefelputzen und Anmachen der Heizung kam eine männliche Hilfskraft ... Und dann die Einrichtung! Das Mahagoni der Möbel und die hölzernen Wandverkleidungen, die Türdrücker und die Beschläge aus Messing, das Silber und das Kristall auf dem Tisch konnten ihre Aufgabe, zu repräsentieren, ja nur erfüllen, wenn es ständig neu auf Hochglanz gebracht wurden.

M6 Erinnerungen eines Hamburger Kaufmannssohnes (1893)

5. → Beschreibe mithilfe von M3 und M6, welche Vorstellungen es im Bürgertum für „schönes Wohnen" gab.
6. Nenne Arbeiten, für die in bürgerlichen Haushalten Personal eingestellt wurde (M3, M6).
7. Stelle zusammen, wie sich das Bürgertum von den Arbeitern abgrenzte (M6, Text).
8. → Berichte, wie sich einige Fabrikherren Arbeiter wünschten (M5). Erkläre.

M1 Der Streik (Gemälde von Robert Koehler, 1886)

Arbeiter fordern Rechte

Arbeiter schließen sich zusammen

Nach und nach erkannten Arbeiter, dass sie ihre Lage am wirksamsten verbessern konnten, wenn sie sich zusammenschlossen. Dann konnten sie gemeinsam ihre Forderungen an die Unternehmer stellen. Nur so sahen sich die Fabrikbesitzer gezwungen, auf die Forderungen ihrer Arbeiter einzugehen. Denn sie konnten ja nicht alle entlassen.

So entstanden Arbeitervereine. Aus solchen Zusammenschlüssen bildeten sich ab 1871 Gewerkschaften. Die Arbeiter schlossen sich zumeist nach Berufsgruppen zusammen. Das wirkungsvollste Druckmittel der Arbeiter war der Streik, ein gewaltloses Niederlegen der Arbeit. Die Gewerkschaften organisierten Streiks, verhandelten mit den Unternehmern um höhere Löhne, kürzere Arbeitszeiten, bessere Arbeitsbedingungen. So besserte sich die Lage der Arbeiter allmählich.

(2500 Handwerksgesellen und Arbeiter) traten zu einem allgemeinen Gesellenverein zusammen, der seinen Namen bald gegen den eines Arbeitervereines eintauschte. Was bewegte die Arbeiter? Sie beschlossen die Einrichtung von Kassen zur gegenseitigen Hilfeleistung bei Krankheits- und Unglücksfällen ... Sie beschlossen ferner, Volksbibliotheken und Sonntagsschulen zu begründen, um sich zu einer besseren Bildung zu verhelfen und ihren Meistern und Arbeitgebern gegenüber nicht länger als einfältig und ungebildet dazustehen und vor allem in Zukunft als vollwertige Staatsbürger angesehen zu werden.

M2 Ein Historiker über die Ziele des ersten deutschen Arbeitervereins in Leipzig 1848

1. Beschreibe die Situation auf dem Gemälde (M1).
2. Erläutere, wie es zur Bildung von Gewerkschaften kam.
3. a) Nenne die Ziele des ersten deutschen Arbeitervereins (M2).
   b) Begründe, warum diese Ziele als Erstes verfolgt wurden.
4. Recherchiere über die Gewerkschaften im Deutschen Gewerkschaftsbund (DGB). Nenne fünf Einzelgewerkschaften und die Berufsgruppen, die sie vertreten.

M3 Wandschmuck einer Arbeiterwohnung mit der ersten Strophe des Bundesliedes für den Allgemeinen Deutschen Arbeiterverein (Ende des 19. Jahrhunderts)

> 1. Allgemeines, gleiches, direktes Wahl- und Stimmrecht, mit geheimer und obligatorischer Stimmabgabe aller Staatsangehörigen vom 20. Lebensjahr an.
> 2. Direkte Gesetzgebung durch das Volk. Entscheidung über Krieg und Frieden durch das Volk. ...
> 4. Abschaffung aller Ausnahmegesetze, namentlich der Preß-, Vereins- und Versammlungsgesetze ...
> 6. Allgemeine und gleiche Volkserziehung durch den Staat. Allgemeine Schulpflicht. ...
> (Weitere Forderungen:)
> ... 4. Gleiche Arbeitszeit für alle. Verbot der Sonntagsarbeit.
> 5. Verbot der Kinderarbeit und aller die Gesundheit und Sittlichkeit schädigenden Frauenarbeit.
> 6. Schutzgesetze für Leben und Gesundheit der Arbeiter. ...

M4 Aus dem Gothaer Programm der Sozialistischen Arbeiterpartei Deutschlands (SAPD) 1875

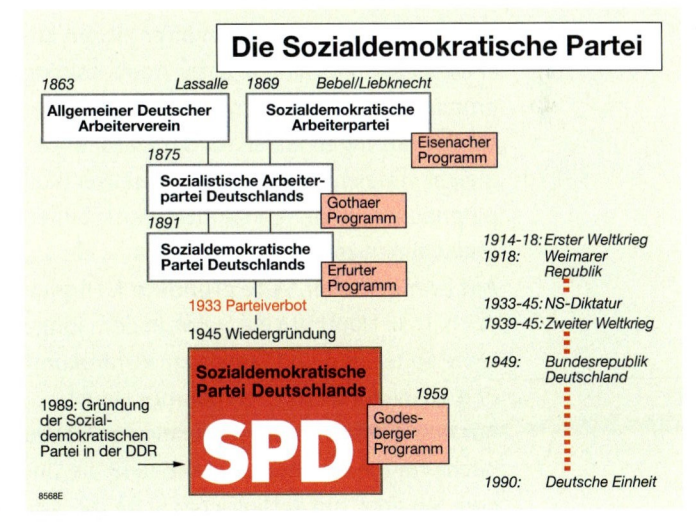

Arbeiter gründen Parteien

Die Arbeiter wollten auch auf die Gesetzgebung einwirken, um ihre Lage grundsätzlich zu verbessern. Dazu brauchten sie Parteien, die ihre Forderungen politisch vertraten. 1863 gründete Ferdinand Lassalle den „Allgemeinen Deutschen Arbeiterverein" (ADAV), die erste deutsche Arbeiterpartei.

1875 vereinigt sich der ADAV mit der Sozialdemokratischen Arbeiterpartei zur SAPD. Daraus entstand 1891 die Sozialdemokratische Partei Deutschlands (SPD). Die SPD ist heute die älteste deutsche Partei.

Die neue Partei arbeitete eng mit den Gewerkschaften zusammen und beteiligte sich an demokratischen Wahlen. Sie versuchte durch Reformgesetze die sozialen Missstände abzubauen und die Arbeiterfrage schrittweise zu lösen. Die SPD konnte sich als politische Vertretung der Arbeiter durchsetzen, obwohl sie von 1878 bis 1890 vom Staat verboten war.

M5 „Stammbaum" der Sozialdemokratischen Partei Deutschlands (SPD)

5 Erkläre die Aussagen der ersten Strophe des Bundesliedes (M3).
6 Beschreibe die Entstehung der SPD (M5).
7 Erläutere die Forderungen im Gothaer Programm (M4).
8 Erörtere die Rolle von Arbeiterparteien im Staat.
9 Recherchiere über die Parteiprogramme heutiger Parteien und deren Forderungen.

M1 Johann Hinrich Wichern (1808–1881)

M2 Der Arbeitsraum für Jungen im „Rauhen Haus" in Hamburg (Holzstich, 1845)

Antworten auf die „soziale Frage"

Hilfe der Kirchen

Hilfe für die Armen war zu allen Zeiten auch eine Sache der Kirche. Einige Geistliche versuchten, die Not der Arbeiter zu lindern. Auf katholischer Seite setzte sich insbesondere Bischof von Ketteler für die Arbeiter ein. Für ihn war die Arbeiterfrage im Wesentlichen eine Arbeiterernährungsfrage. Deshalb half er mit der Organisation von öffentlichen Küchen. Der katholische Priester Adolf Kolping gründete Vereine, die katholische Gesellen vor Verwahrlosung schützen sollten. Dafür unterhielt er in vielen Städten Gesellenhäuser (Kolpinghäuser), in denen sie sich weiterbilden und wohnen konnten.

Auf evangelischer Seite gründete J. Hinrich Wichern in Hamburg ein Heim, in dem junge Leute ohne Beruf und Familie eine Unterkunft und Ausbildung erhielten (Rauhes Haus).

Aus den Hilfsbemühungen der evangelischen Kirche für die Arbeiter entstand 1848 die „Innere Mission", auf katholischer Seite die „Caritas", die sich auch heute noch für die sozial Schwachen einsetzen.

Die Kirchen versuchten, die Hilfsbereitschaft der Menschen für die Arbeiter zu wecken; für ihre politischen Forderungen hatten sie wenig Verständnis.

> Weiter fehlt dem jungen Handwerker zumeist die Gelegenheit, sich außer der Werkstätte und dem Wirtshause irgendwo behaglich niederzusetzen. Man richte in allen Städten einen freundlichen geräumigen Saal ein, sorge für Beleuchtung und Wärme und öffne es allen jungen Arbeitern. Je nützlicher und angenehmer, je freier und würdiger der Aufenthalt ... gemacht wird, umso größer wird die Teilnahme sein. Da dürfte es nicht an guten Büchern, Schriften und Zeitungen fehlen, zu tüchtigen Bürgern muss man sie erziehen. Ein tüchtiger Bürger muss ein tüchtiger Christ und tüchtiger Geschäftsmann sein.

M3 Forderungen des Priesters Adolf Kolping (um 1840)

1. ➔ Beschreibe den Arbeitsraum des „Rauhen Hauses" (M2). Zähle Tätigkeiten auf, die von den Jugendlichen ausgeübt werden.
2. Berichte, was einige Geistliche taten, um die Not der Arbeiter zu lindern (M2, M3, Text).
3. ➔ Erläutere den grundsätzlichen Unterschied zwischen der Hilfe der Kirchen und den Forderungen der Gewerkschaften und Parteien.

Einzelne Unternehmer helfen

Einige Unternehmer bemühten sich, die Not der Menschen zu lindern. So versuchten die Firmen Siemens und Zeiss, die Arbeiter am Gewinn der Firma zu beteiligen. Die Badische Anilin- und Sodafabrik (BASF) baute Werkswohnungen für ihre Arbeiter. Andere richteten Kassen ein, die die Menschen im Alter unterstützen sollten. Die Firmen wollten durch solche Fürsorge ein besseres Arbeitsklima schaffen. Dadurch erhoffte man sich auch eine erhöhte Arbeitsleistung. Allerdings sorgten nur wenige Unternehmer so für ihre Arbeiter, so dass sich die Lage für die Mehrzahl der Arbeiter nicht verbesserte.

Betriebskrankenkasse Pensionskasse
Die Firmen Krupp sowie Siemens & Halske unterstützen Arbeiter bei Krankheit und im Alter mit Geld aus diesen Kassen.

Werkswohnungen
1882 besaß die Firma Krupp über 3200 Werkswohnungen. Die Miete war niedriger als auf dem freien Wohnungsmarkt.

Konsumläden
Krupp bot seinen Arbeitern Einkaufsmöglichkeiten in firmeneigenen Geschäften. Waren wurden zum Selbstkostenpreis angeboten.

Speisehäuser
Die Baumwollspinnerei von Carl Schwarz in Erlangen richtete für Arbeiter eine Art Werkskantine ein.

Gewinnbeteiligung
Die Zeiss-Werke in Jena beteiligten alle Mitarbeiter am Gewinn, den das Unternehmen mit Ferngläsern und Brillen verdiente.

M6 Hilfe von Unternehmen für Arbeiter und Arbeiterinnen

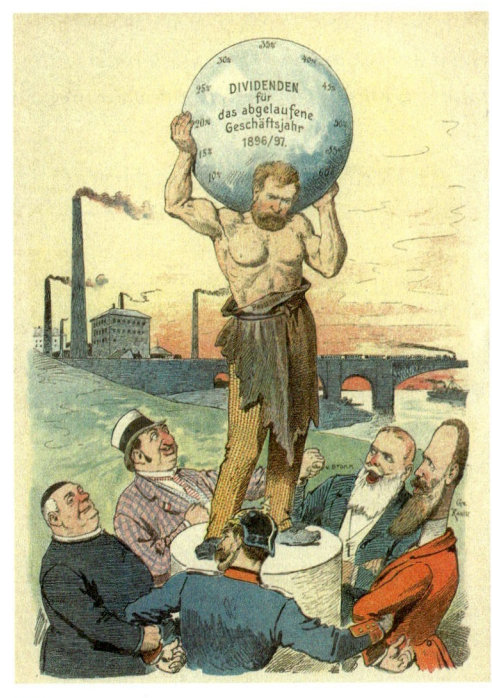

> Wegen der teuren Lebensmittel soll für einen Weihnachtsfeiertag, einen hohen Neujahrstag und zwei halbe Abende gewährt und am 30. Dezember ausgezahlt werden:
> Jedem Spinner 2,00 Taler
> Jeder Spinnerin 0,20 Taler
> Jedem Krämpelmädchen 0,18 Taler
> Jedem Andreher 0,07 Taler

M4 Bekanntmachungen des Unternehmers Jakob Bodemer im Jahr 1846

> Als ob dem Proletarier damit gedient wäre, dass Ihr ihn erst bis aufs Blut aussaugt, um nachher Euren selbstgefälligen Wohltätigkeitskitzel an ihm üben zu können und vor der Welt als gewaltige Wohltäter der Menschheit dazustehen, wenn Ihr dem Ausgestoßenen den hundertsten Teil dessen wiedergebt, was ihm zukommt.

M5 Friedrich Engels zur Hilfe der Unternehmer

M7 „Der moderne Atlas", Karikatur aus „Der Wahre Jacob" (1897)

Atlas
In der griechischen Mythologie ein Riese in Menschengestalt, der das Himmelsgewölbe auf seinen Schultern trug

Krämpelmädchen
Wolle krämpeln = Wolle kämmen, damit sie versponnen werden kann

4 Vergleiche die Höhe der Zahlungen des Unternehmers Bodemer (M4). Bewerte.
5 ⇥ Beschreibe, wie einige Unternehmer halfen (M6).
6 Erläutere, was Engels von der Hilfe der Unternehmer hielt (M5).
7 ⇥ Interpretiere die Aussagen der Karikatur (M7).
8 ⇥ Vermute, was einzelne Unternehmer dazu veranlasst hat, die Lage der Arbeiter zu verbessern.

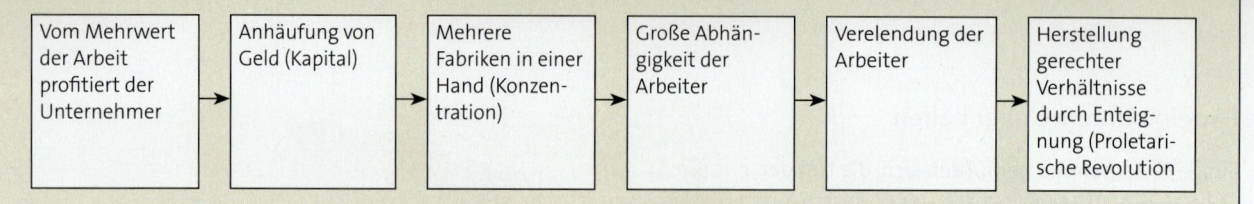

| Vom Mehrwert der Arbeit profitiert der Unternehmer | → | Anhäufung von Geld (Kapital) | → | Mehrere Fabriken in einer Hand (Konzentration) | → | Große Abhängigkeit der Arbeiter | → | Verelendung der Arbeiter | → | Herstellung gerechter Verhältnisse durch Enteignung (Proletarische Revolution) |

M2 Wirtschaftliche und politische Entwicklung nach Marx (vereinfachte Darstellung)

Revolution als Antwort auf die „soziale Frage"

Karl Marx und Friedrich Engels entwickelten eine wissenschaftliche Theorie, nach der die Geschichte eine zwangsläufige Folge bestimmter Abläufe ist. Danach gab es zu allen Zeiten Kämpfe zwischen besitzenden und abhängigen Menschen. Diese Auseinandersetzung nannten sie „Klassenkampf". Nun fand der Kampf zwischen der Arbeiterschaft (Proletariat) und dem Bürgertum (Bourgeoisie) statt.

„Proletarier (Arbeiter) aller Länder vereinigt euch." So lautete der Aufruf im „Kommunistischen Manifest", das Karl Marx 1848 schrieb. Nach der Lehre von Marx werden die Unternehmer (Kapitalisten) immer reicher und die Arbeiter immer ärmer. Ihre Lage können die Arbeiter nur verbessern, wenn sie sich international zusammenschließen. Nur so könnten sie gemeinsam die Kapitalisten besiegen. Nach dem Sieg über die Kapitalisten würden die Proletarier über die alleinige Macht im Staat verfügen, die „Diktatur des Proletariats". Sie besäßen dann die Produktionsmittel, die Unternehmer würden enteignet. Dieser revolutionäre Umsturz ermöglichte eine gerechtere, kommunistische Gesellschaftsordnung. Diese Gedanken waren Grundlage der Revolution in Russland 1917. Auch die Gesellschaftsordnung der „Deutschen Demokratischen Republik" (DDR 1949 – 1990) hatte die Lehren von Marx zur Grundlage.

M1 Karl Marx (1818–1883), Philosoph und Verfasser des „Kommunistischen Manifests" (Porträt, um 1880)

> Die Arbeit der Proletarier hat durch die Ausdehnung der Maschinerie und die Teilung der Arbeit allen selbstständigen Charakter und damit jeden Reiz für den Arbeiter verloren. Die Kommunisten erklären es offen, dass ihre Zwecke nur erreicht werden können durch den gewaltsamen Umsturz der bisherigen Gesellschaftsordnung. Das Proletariat wird seine Herrschaft dazu benutzen, dem Bürgertum nach und nach alles Kapital zu entreißen. Die Proletarier haben nichts zu verlieren als ihre Ketten. Sie haben eine Welt zu gewinnen. Proletarier aller Länder vereinigt euch!

M3 Nach dem „Kommunistischen Manifest" von Karl Marx

> Völker, hört die Signale!
> Wacht auf, Verdammte der Erde,
> die stets man noch zum Hungern zwingt!
> Das Recht wie Glut im Kraterherde
> Nun mit Macht zum Durchbruch dringt.
> Reinen Tisch macht mit dem Bedränger!
> Heer der Sklaven, wache auf!
> Ein Nichts zu sein, trägt es nicht länger,
> alles zu werden, strömt zuhauf!
> Völker, hört die Signale!
> Auf, zum letzten Gefecht!
> Die Internationale erkämpft das Menschenrecht!

M4 Erste Strophe des Kampfliedes der internationalen Arbeiterbewegung

1 → Fasse zusammen, wie Marx die Entstehung der Probleme der Arbeiterschaft erklärt (M2, Text).
2 Erläutere, welchen Weg Marx sieht, die Lage der Arbeiterschaft zu verbessern (M3, Text).
3 Erkläre, warum das Bürgertum Angst vor den kommunistischen Ideen von Marx hatte (M2, M3, M4).
4 → Interpretiere den Aufruf des Kampfliedes der Arbeiterbewegung (M4).
5 → Recherchiere über die Gesellschaftsordnung der DDR und präsentiere das Ergebnis.

Versicherungsart	Krankenversicherung	Unfallversicherung	Rentenversicherung
Einführung	1883	1884	1889
Beitragshöhe	2–3 % des Lohns	unterschiedlich	1 % des Lohns
Wer zahlt die Beiträge?	2/3 zahlt der Arbeiter, 1/3 der Unternehmer	der Unternehmer zahlt sie allein	Arbeiter und Unternehmer zahlen je die Hälfte
Welche Leistungen erhält der Arbeiter?	– bis zu 50 % des Durchschnittlohns als Krankengeld ab dem 3. Krankheitstag bis zu 26 Wochen	– Bezahlung der Heilungskosten – bei Erwerbsunfähigkeit Weiterzahlung von 2/3 des Einkommens – bei Unfalltod 1/5 des Lohns für Witwen	– Altersrente ab 70 Jahren und nach 30 Jahren Beitragszahlung

M5 Bismarcks Sozialgesetze

Antworten des Staates

Als die Not der Arbeiter immer größer wurde und der Druck der Arbeiterschaft immer stärker, reagierte die Reichsregierung unter dem Reichskanzler Otto von Bismarck und erließ Sozialgesetze. Bismarck führte die Kranken-, Unfall- und Rentenversicherung ein; dieses System hat in seinen Grundzügen noch heute Gültigkeit.

Damit wollte der Staat die grundlegenden Lebensrisiken der Menschen finanziell absichern und sie damit für die vorhandene staatliche Ordnung gewinnen. Sie sollten Abstand nehmen von revolutionären Gedanken und der sogenannten „gemeingefährlichen" Sozialdemokratie.

> Der Arbeiter leidet vor allem unter der Unsicherheit. Es ist nicht sicher, dass er immer Arbeit haben wird, er ist nicht sicher, dass er immer gesund ist und er sieht voraus, dass er einmal alt und arbeitsunfähig sein wird. Verfällt er aber der Armut auch nur durch längere Krankheit, so ist er völlig hilflos. Die Gesellschaft hat bisher keine Verpflichtung ihm gegenüber, auch wenn er vorher noch so treu und fleißig gearbeitet hat.

M6 Bismarck über die Lage der Arbeiter (1889)

> Niemals werden wir um das Linsengericht einer Unfall- und Invalidenversicherung [...] das Recht des Volkes auf Arbeit und Existenz [...] preisgeben. Das ist die stolze Antwort der Sozialdemokratie auf die kaiserliche Botschaft.
> Unsere Pflicht ist es, die Interessen der Arbeiter wahrzunehmen [...] Nur so sind wir im Stande, wirkliche Reformen von [...] Reformschwindel zu unterscheiden.

M7 Sozialdemokraten zu den Sozialgesetzen

6 Beschreibe, wie die Sozialversicherungen den Arbeitern halfen (M5).
7 Benenne die Ziele, die Bismarck mit der von ihm betriebenen Sozialgesetzgebung verfolgte (M6, Text).
8 Erkläre, warum es in der Sozialdemokratie Widerstand gegen die Sozialgesetze gab (M7).
9 a) Recherchiere über die Sozialgesetze heute. Präsentiere deine Ergebnisse.
   b) Vergleiche die Herkunft der Beiträge für die Sozialversicherungen heute und zur Zeit Bismarcks (M5).

M1 Justus von Liebig (1803–1873)

M2 Eine Dreschmaschine wird von einer Dampfmaschine angetrieben (Werbeplakat, 1910).

Industrielle Revolution – was war revolutionär?

Industrielle Revolution: das Beispiel Landwirtschaft

Ab 1800 gab es große Umwälzungen in der Landwirtschaft. Neue Züchtungen von Nutzpflanzen und Vieh steigerten die Erträge. Der Einsatz von Kunstdünger, gefördert durch den Chemiker Justus von Liebig, verbesserte die Bodenqualität und die Erträge. Durch neue Anbaumethoden und den Einsatz von dampfgetriebenen Maschinen wie Pflügen oder Mäh- und Dreschmaschinen konnten mehr Flächen genutzt werden.

Diese Neuerungen führten dazu, dass um 1900 ein Bauer vier andere Menschen mit Nahrung versorgte. Die Bevölkerung konnte besser ernährt werden.

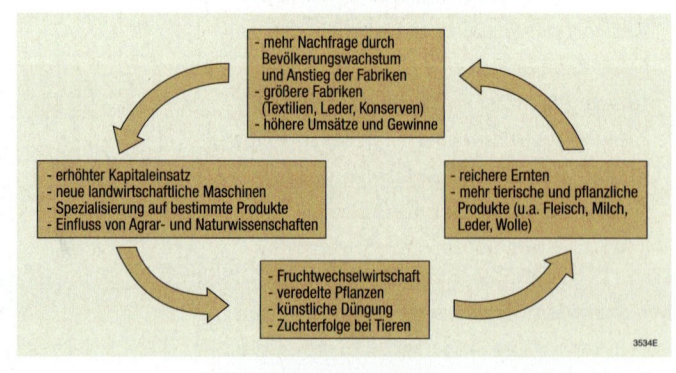

M3 Ursache-Wirkung-Kette: Veränderungen in der Landwirtschaft im 19./20. Jahrhundert

	1800	1910
Weizen	10,3	20,7
Roggen	9,0	17,8
Kartoffeln	80,0	133,4

M4 Ernteerträge in Doppelzentner pro Hektar

1. → Beschreibe das Bild vom Dreschen (M2) und beachte dabei alle Einzelheiten.
2. → Erkläre die Steigerung der Ernteerträge im 19. Jahrhundert (M4, Text).
3. → Beschreibe die Bedeutung des Chemikers Justus von Liebig für die Landwirtschaft.
4. → Erläutere die Ursache-Wirkung-Kette über die Entwicklung in der Landwirtschaft (M3).

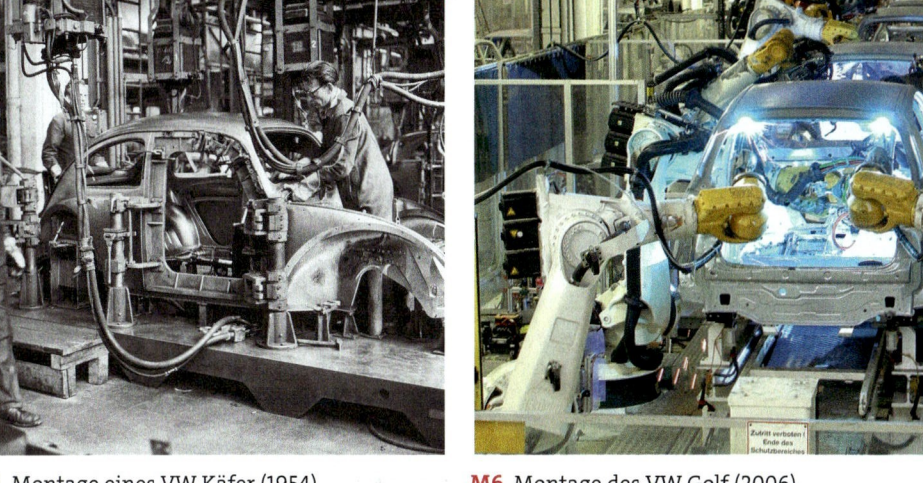

M5 Montage eines VW Käfer (1954)

M6 Montage des VW Golf (2006)

Die Technische Revolution

1941 erfand Konrad Zuse den Computer. In den 1960er-Jahren hielten Großrechner zur Verwaltung großer Datenmengen in Banken, Versicherungen und vielen anderen Firmen ihren Einzug. In den 1980er-Jahren kamen erste PCs, wie wir sie heute kennen, auf den Markt. Mittlerweile sind sie aus unserem Alltags- und Berufsleben nicht mehr wegzudenken.

Bis Anfang der 1990er-Jahre gab es fast nur Festnetztelefone in Deutschland. Mit der Eröffnung des D1-Netzes begann der Siegeszug der mobilen Telefone.

In den 1960er-Jahren nutzten Universitäten einen Vorläufer des Internets. Aber erst das World Wide Web – zwischen 1989 und 1991 entwickelt – und der erste Webbrowser im Jahr 1993 eröffneten den Siegeszug dieses neuen Mediums.

Die Veränderungen von Arbeitswelt, Lebensverhältnissen, Lebensräumen sowie von Gesellschaft und Umwelt halten an. Diese Veränderungen wurden durch die industrielle Revolution ausgelöst.

Der zunehmende Einsatz von Computern und Robotern wird heute oft als „zweite industrielle" oder „Technische Revolution" bezeichnet.

> Die ersten Eisenbahnreisenden glaubten kaum noch erträglichen Geschwindigkeiten ausgesetzt zu sein, und die Verbreitung von Telegraf und Telefon, von Automobil und Radio, von Flugzeug und Fernseher war von ähnlichen Befürchtungen begleitet. Doch was seinerzeit der Gipfel des Fortschritts war, das ist für uns heute bloß die gute alte Zeit. Der Mensch ist formbar, nicht zuletzt technisch formbar. ... Die fortschreitende Technisierung bewirkt, dass unser Leben ... nur immer mehr von realer Technik beherrscht wird. Zugleich passen wir uns immer stärker den technischen Erfordernissen an, und wir erhöhen ständig unsere Abhängigkeit von Technik.

M7 Professor Ulrich Teusch zum Thema „Technikkritik" (2009)

5. Erkläre, wodurch die „Technische Revolution" ausgelöst wurde und welche Veränderungen sie mit sich bringt (M5, M6, Text).
6. Notiere in einer Tabelle, welche technischen Geräte du an einem Tag wozu benutzt.
7. Erläutere die Aussagen zur Technikkritik in M7 und nimm dazu Stellung.
8. Entwirf ein Plakat, das für Technik wirbt, und ein zweites, das die Technik kritisiert.

Merkantilismus	Industrielle Revolution	Technische Revolution
Arbeitsteilung in Manufakturen	Arbeit mit Maschinen in Fabriken	Roboter, Computer, Informationstechnik
1700	1800	1900	2000

Industrielle Revolution

Industrielle Revolution

1 Industrialisierung im Silbenrätsel

Fertige eine Kopie der Seite an und löse das Rätsel.
1. Moderne Produktionsmaschine
2. Stadt im Ruhrgebiet
3. Energiequellen vor der Erfindung der Dampfmaschine
4. Erste Industrienation
5. Berufliche Tätigkeit im eigenen Haus
6. Erster Erwerbszweig, in dem Maschinen eingesetzt wurden
7. Künstlicher Wasserweg
8. Vorschrift für Arbeiter
9. Größtes Ballungsgebiet in Deutschland
10. Zu wenig Essen, um den Körper ausreichend mit Energie zu versorgen
11. Gewerbliche Tätigkeit sehr junger Menschen
12. Teilgruppe einer Gemeinschaft mit gleichen sozialen Merkmalen (Einkommen, Beruf)
13. Politische Organisation, die die Interessen von Werktätigen vertritt

ar – ar – ar – bei – beit – beit – biet – bo – bri – brik – der – dus – er – es – fa – ge – ge – gel – groß – heim – ien – in – ka – kin – kräf – man – na – nähr – nal – nung – ord – par – ro – ruhr – schafts – schicht – sell – sen – tann – te – tei – ter – ter – tex – til – trie – tur – ung

2 Eine Tabelle auswerten

Der nebenstehende Vergleich zwischen Deutschland und England um 1850 zeigt deutliche Unterschiede. Nutze auch dein Wissen aus dem Kapitel „Industrielle Revolution".
a) Erläutere die Unterschiede zwischen beiden Ländern im Jahr 1850. Begründe.
b) Beschreibe die weitere Entwicklung nach 1850.

	D	E
Bevölkerung	2	1
Dampfmaschinen	1	5
Kohleproduktion	1	8
Roheisenproduktion	1	10
Baumwollproduktion	1	15

Industrielle Revolution in England »»

1769 James Watt baut erste Dampfmaschine

1835 Erste Eisenbahn in Deutschland zwischen Nürnberg und Fürth

1847 Karl Marx verfasst das Kommunistische Manifest

Industrienreviere sind Anziehungspunkte für viele Menschen

1760 – 1780 – 1800 – 1820 – 1840 – 1860 – 1880 – 1900

3 Erfindungen recherchieren

Ein auffälliges Merkmal der Industrialisierung sind die Erfindungen.
Übertrage die Tabelle in dein Heft und ergänze sie mithilfe des Lehrbuches,
anderer Fachbücher, von Lexika oder des Internets.

Jahr	Erfinder	Erfindung	Jahr	Land	Erfindung
1769		Dampfmaschine	1945		Atombombe
	Morse	Telegraf		USA	Farbfernsehen
	Otto	Viertaktmotor	1957		Erster künstlicher Satellit
1879	Edison		1969	USA	
1895		Filmgerät	1975		PC
1903	Wright		1982		Internet
1938		Atomspaltung			
1949	W. v. Braun				

4 Die Lage der Fabrikarbeiter im 19. Jahrhundert beschreiben

Die Arbeitsbedingungen der Handwerker unterscheiden sich von denen der
Fabrikarbeiter. Übertrage die Tabelle in deine Mappe und ergänze jeweils für die
Fabrikarbeiter.

Handwerker	Fabrikarbeiter
Der selbstständige Handwerker bestimmt selbst über seine Tätigkeit	
Er produziert ein ganzes Werkstück	
Er verkauft sein Werkstück selbst	
Die Arbeit des Handwerkers ist vielseitig	
Er arbeitet in seinem Haus	
Er bestimmt seine Arbeitszeit selbst	
Er lebt vom Verkauf seiner Produkte	

5 Zuordnungsaufgabe

Ordne die folgenden Begriffe den richtigen Erklärungen zu.

1 Landflucht — a Besitzer einer Produktionsstätte mit Maschineneinsatz

2 Schlafbursche — b Mehrstöckiges Haus mit vielen Wohnungen

3 Mietskaserne — c Gehobene Gesellschaftsschicht

4 Bürgertum — d Abwanderung vom Dorf in die Stadt

5 Fabrikant — e Untermieter, erhält ein Bett für einige Stunden

Grundbegriffe:

Arbeiterbewegung
Arbeitsteilung
Ballungsgebiet
Bürgertum
Dampfmaschine
Deutscher Zollverein
Gewerkschaften
Industrielle Revolution
Kinderschutz
Klassenkampf
Massenproduktion
Mietskasernen
Proletarier
Schlafburschen
soziale Frage
Sozialpolitik
Streik

Einigkeit und Recht und Freiheit

Zeitfenster: 1800–1918

Einigkeit und Recht und Freiheit

M2 Wilhelm I. wird am 18. Januar 1871 im Schloss von Versailles zum Deutschen Kaiser ausgerufen (Lithografie, um 1871).

M3 Reichstagsgebäude in Berlin, erbaut von 1884 bis 1894 für den Reichstag des Deutschen Reiches, heute Sitz des Bundestages

→ Wie lebten die Menschen in Deutschland zur Zeit des Absolutismus?
→ Welche Folgen hatte die Politik Napoleons für die deutschen Staaten?
→ Wie kam es in Deutschland zur Revolution?
→ Welche Folgen hatte die Revolution?
→ Welche Umstände führten zur Gründung des Deutschen Reiches?
→ War das Deutsche Kaiserreich eine Demokratie?

M1 Barrikadenkämpfe an der Breiten Straße in Berlin in der Nacht vom 18. auf den 19. März 1848 (zeitgenössische Lithografie)

M1 Deutschland um 1750

Deutschland im Absolutismus

Deutschland um 1700

Heiliges Römisches Reich Deutscher Nation → [www]

Das Heilige Römische Reich Deutscher Nation war im 18. Jahrhundert in über 320 Staaten von sehr unterschiedlicher Größe aufgeteilt. Die beiden mächtigsten Staaten waren Brandenburg-Preußen und Österreich. In den Einzelstaaten wie zum Beispiel in den Königreichen, Herzogtümern, Bistümern und Grafschaften regierten die jeweiligen Landesherren meist uneingeschränkt. Alle wichtigen öffentlichen Ämter besetzten Adlige.
Wie die Menschen in dieser Zeit lebten, war abhängig von ihrem Stand. Der Unterschied zwischen Arm und Reich war sehr groß. Die meisten Menschen lebten auf dem Land.

1. Das Heilige Römische Reich Deutscher Nation bestand über Jahrhunderte hinweg aus vielen einzelnen Herrschaftsgebieten.
   a) Nenne vier Einzelstaaten (M1).
   b) Vergleiche die Situation in Frankreich um 1750 mit der im Heiligen Römischen Reich (M1).
2. a) Ermittle im Heimatmuseum oder Stadtarchiv, zu welchem Herrschaftsgebiet dein Heimatort damals gehörte.
   b) Informiere dich über diesen Staat und berichte darüber.
3. Die Unterschiede zwischen Adel und dem Volk waren groß. Nenne Einzelheiten (Text, M2, M3). Vergleiche mit dem Leben der Menschen in Frankreich vor der Revolution (Seiten 40–43).

M2 Vornehme Besucher in der Stube eines Bauern (Gemälde von Jan Brueghel dem Älteren, 1597)

Ein Kurfürst regiert Brandenburg-Preußen

Das Kurfürstentum Brandenburg und das Herzogtum Preußen wurden seit 1640 von dem jungen Kurfürsten Friedrich Wilhelm regiert. Der „Große Kurfürst", wie er schon zu Lebzeiten genannt wurde, besaß ein armes Land. Teile des Landes waren seit dem Ende des Dreißigjährigen Krieges fast menschenleer. Viele Dörfer waren ganz oder teilweise zerstört. Die Bauern, die überlebt hatten, besaßen kaum Saatgut und Vieh. Sie mussten sich alles bei adligen Grundherren beschaffen, oft gegen Hand- und Spanndienste bis zu drei Tagen pro Woche. Außerdem fiel auf den häufig sandigen oder sumpfigen Böden die Ernte gering aus. So wurden viele Bauern nach und nach zu Leibeigenen des Adels.

Die Brandenburger Landesherren förderten die Einwanderung von Menschen aus ganz Europa. Allein aus Frankreich kamen über 20000 Hugenotten, die Ludwig XIV. vertrieben hatte, weil er ihren reformierten Glauben verboten hatte. Sie waren maßgeblich an der Gründung von Manufakturen beteiligt, die dem Staat hohe Einnahmen brachten. Einwanderer aus Holland brachten Kenntnisse mit beim Trockenlegen von feuchten Gebieten und beim Kanalbau.

M3 Bauernfamilie vor gemeinsamer Schüssel beim Abendgebet (Radierung von Adriaen von Ostade, 1653)

[4] *Beschreibe die Situation Brandenburgs nach dem Dreißigjährigen Krieg und die Reaktion der Landesherren.*
[5] *Erläutere die Situation der Bauern (Text, M2, M3).*

Militärstaat Brandenburg-Preußen

Einwohner und Heeresstärke um 1740

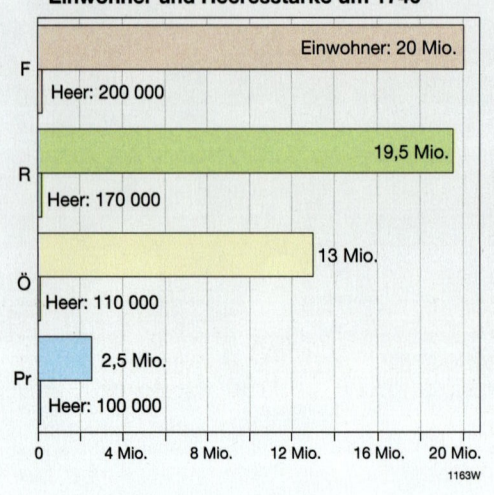

- F: Einwohner: 20 Mio.; Heer: 200 000
- R: 19,5 Mio.; Heer: 170 000
- Ö: 13 Mio.; Heer: 110 000
- Pr: 2,5 Mio.; Heer: 100 000

M1 Einwohner und Heeresstärke um 1740

Mit einem starken Heer wollte der Große Kurfürst die Selbstständigkeit Brandenburg-Preußens sichern. Die einzelnen Landesteile lagen weit auseinander und waren deshalb schwer zu verteidigen. Aus diesem Grund vergrößerten der Große Kurfürst und seine Nachfolger beständig ihre Armee.

Der Große Kurfürst schuf ein stehendes Heer von 4000 Mann. Die Soldaten waren ständig einsatzbereit. Die neue Armee bestand nicht aus Söldnern, sondern aus Landeskindern; viele der Soldaten wurden zum Dienst gezwungen. Pro Jahr wurden die Soldaten zwei bis drei Monate ausgebildet. Dann kehrten sie in ihre Wohnorte zurück, um Uniformen oder Waffen herzustellen oder Kartoffeln oder Getreide anzubauen. Die Kosten für das Heer verschlangen über zwei Drittel aller Staatseinnahmen. Deshalb erhöhten die Herrscher zusätzlich die Steuern.

Der Enkel des Kurfürsten, König Friedrich Wilhelm I., vergrößerte das Heer auf 80 000 Soldaten, was ihm den Beinamen „Soldatenkönig" einbrachte. Sein Sohn, König Friedrich II., hatte schließlich 195 000 Soldaten unter Waffen. Damit war Preußen eine bedeutende militärische Macht in Europa geworden.

> Bald alle Wochen hörten wir nämlich neue ängstigende Geschichten von eingefangenen Deserteuren. Sie hatten sich in Schiffer und andere Handwerksleute oder gar in Weibsbilder verkleidet oder in Tonnen und Fässern versteckt. Trotzdem wurden sie ertappt. Da mussten wir zusehen, wie man sie durch 200 Mann, achtmal die lange Gasse auf und ab Spießruten laufen ließ, bis sie atemlos zusammenbrachen – und am folgenden Tag aufs Neue dran mussten; ihnen wurden die Kleider vom zerhackten Rücken heruntergerissen und wieder frisch drauflosgehauen … Dann sahen Schärer und ich einander zitternd und todblass an, und flüsterten einander in die Ohren: „Die verdammten Barbaren!"
> Was später auch auf dem Exerzierplatz vorging, gab uns zu ähnlichen Betrachtungen Anlass. Oft ganze fünf Stunden lang in unserer Uniform eingeschnürt wie geschraubt stehen, kreuz und quer oder geradeaus marschieren, ununterbrochen blitzschnelle Handgriffe machen zu müssen auf Befehl eines Offiziers.

M2 Aus dem Bericht eines Soldaten der preußischen Armee (18. Jahrhundert)

Einnahmen und Ausgaben des Staates um 1750 in Brandenburg-Preußen (Auswahl)	
Einnahmen	ca. 7 Mio. Thaler
Ausgaben	
Militär:	ca. 6 Mio. Thaler
Hof und Verwaltung:	ca. 1 Mio. Thaler

M3 Die Finanzen in Brandenburg-Preußen um 1750

1. *Erläutere die Entwicklung der brandenburgisch-preußischen Armee (Text, M1, M3).*
2. *Beschreibe den Umgang mit den Soldaten (M2).*
3. *Vergleiche das Verhältnis der Einwohnerzahl zur Stärke des Heeres in den verschiedenen europäischen Staaten um 1740 (M1).*

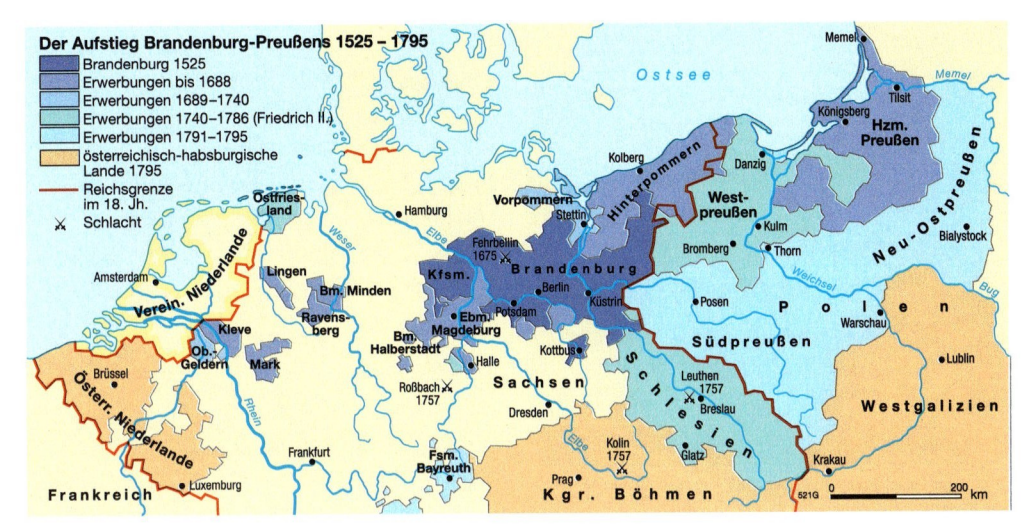

M4 Die Entwicklung Brandenburg-Preußens 1525 bis 1795

Friedrich der Große – ein aufgeklärter König

Friedrich der Große regierte von 1740 bis 1786. Er nahm sein Amt sehr ernst und wollte als König der erste Diener seines Staates sein. Er erwartete, dass alle Einwohner mit Fleiß und Gehorsam dem Staat dienen.

> *Meine Hauptbeschäftigung besteht darin, in den Ländern, zu deren Beherrscher mich der Zufall gemacht hat, die Unwissenheit und Vorurteile zu bekämpfen, die Köpfe aufzuklären, die Sitten zu bilden und die Menschen glücklich zu machen.*

M6 Auszug aus einem Brief Friedrichs II. (1770)

> *Bei der Verwaltung der Finanzen muss ein Herrscher seine Launen, Leidenschaften und Neigungen zu zügeln wissen; denn vor allem: die Staatseinnahmen gehören nicht dem Herrscher. Dieses Geld wird nur dann rechtmäßig verwendet, wenn es dem Wohl und der Unterstützung des Volkes dient ... In einem Staat wie Preußen ist es ... notwendig, dass der Herrscher seine Geschäfte selbst führt; denn ist er klug, wird er nur dem öffentlichen Interesse folgen, das auch das seine ist ... Der Herrscher ist der erste Diener seines Staates.*

M5 Betrachtungen Friedrichs über die preußische Finanzverwaltung (Auszug)

M7 Friedrich II. (Kopie eines Gemäldes aus dem Jahr 1764)

---

4 → Beschreibe die Ziele Friedrichs II. im Jahr 1740 (M6).
5 Erläutere, wie sich Friedrich die Finanzverwaltung und seine Rolle als Herrscher vorstellte (M5).
6 Nenne mithilfe von M4 die Erwerbungen Brandenburgs
   a) von 1525 bis 1740,
   b) zur Regierungszeit Friedrichs II.

M1 Das Oderbruch vor 1740

M2 Das Oderbruch nach der Trockenlegung

Friedrich II. reformiert Preußen

Alle von Friedrich II. durchgeführten Reformen zielten auf die Stärkung des Staates und eine möglichst mächtige Stellung Preußens in Europa. So förderte der König weiter die Einwanderung, vor allem von Bauern. Damit verfolgte er das Ziel, die preußische Bevölkerung anwachsen zu lassen.

Er garantierte Religionsfreiheit, „denn hier muss ein jeder nach seiner Façon selig werden". Aber die Stellung seiner Untertanen blieb sehr unterschiedlich. Der Adel stand an erster Stelle. Er stellte die Offiziere und die hohen Beamten in der Verwaltung. Die Bürger in den Städten durften zwar im Handwerk und im Handel arbeiten, aber sie hatten keinen politischen Einfluss. Auf dem Lande hatten adlige Gutsherren die Polizeigewalt, das Gerichtswesen und die Schulaufsicht unter sich. Viele Bauern waren noch Leibeigene. Industrie und Handwerk förderte der König besonders. Er ließ Kanäle bauen und Flüsse schiffbar machen. Die von Friedrich II. im Jahr 1722 gegründete „Preußische Staatsbank" vergab Kredite an Unternehmen. Viele Menschen waren in Manufakturen beschäftigt, vor allem in den großen Städten Berlin, Stettin, Breslau und Königsberg.

Das sumpfige Oderbruch nordöstlich von Berlin ließ der König trockenlegen und besiedeln. Dort entstanden rund 800 neue Dörfer.

Auch das Rechtswesen reformierte der König. Er ließ Gesetze in verständlicher Form aufschreiben und schuf die Folter fast ganz ab. Friedrich der Große hatte erkannt, dass durch den Anbau von Kartoffeln die Bevölkerung besser ernährt werden konnte, und drängte die Bauern zum Anbau von Kartoffeln.

> *Die Anpflanzung der sogenannten Kartoffeln als ein nützliches ... Erdgewächs ist ernstlich anbefohlen ... Übrigens darf es beim bloßen Bekanntwerden der Instruktion nicht bleiben, sondern die Land-Dragoner und andere Kreisbedienstete sollen Anfang Mai prüfen, ob auch Fleiß bei der Anpflanzung gebraucht worden ist.*

M3 Verordnung vom 24. März 1756

1 *Beschreibe die Veränderungen in Preußen unter Friedrich II. (Text, M1, M2).*
2 → *Begründe die Einführung des Kartoffelanbaus in Preußen (Text, M3).*

M4 Die Schlacht bei Hochkirch am 14. Oktober 1758 (Gemälde von F. P. Findenigg, 1758)

... und führt Kriege

Immer wieder setzte Friedrich II. auch seine Armee ein, um Preußen zu vergrößern. Die Provinz Schlesien, die zu Österreich gehörte, war reich an Bodenschätzen und fruchtbaren Ackerböden. Mit seinem Heer besetzte Friedrich II. kurz nach seiner Thronbesteigung diese reiche Provinz und gliederte sie in sein Königreich ein. In mehreren Kriegen gelang es Österreich nicht, Preußen zu besiegen und Schlesien zurückzuerobern.

Im Siebenjährigen Krieg (1756–1763) standen Preußen und England einem Bündnis Österreichs mit Frankreich, Russland und Schweden gegenüber. Nach einem Angriffskrieg Friedrichs II. 1756 erschien die militärische Lage für Preußen bald aussichtslos. Dies änderte sich schlagartig, als in Russland Zar Peter III. an die Regierung kam. Er verließ das Bündnis, und Russland zog sich aus dem Konflikt zurück. 1763 wurde der Krieg im Frieden von Hubertusburg beendet.

> Verteidigungskriege sind berechtigt und unvermeidlich, sobald Feindseligkeiten ... die Fürsten zu wirksamen Gegenmaßregeln wider ihre Angreifer zwingen und sie Gewalt abwehren müssen. Auch Angriffskriege gibt's, die gerechtfertigt sind: Es sind vorbeugende Kriege, wie sie Fürsten dann unternehmen, wenn die Übermacht Österreichs die Welt zu verschlingen droht.

M5 Friedrich der Große über Kriege (1739, bearbeitet)

> Soll denn gar kein Friede werden,
> nimmt der Krieg denn gar kein End?
> Unsre Länder sind verheeret,
> Städt und Dörfer abgebrannt.
> Jammer überall und Not,
> Und dazu auch mehr kein Brot.

M6 Aus einem Volkslied im 18. Jahrhundert

3 *Berichte über die Kriege Friedrichs II. und seine Gründe (Text, M5)*
4 *Beschreibe die Situation der Bevölkerung zur Zeit der Kriege Friedrichs II. (M6).*
5 *Friedrich II. war Anhänger der Aufklärung und führte Kriege (Text, M5). Nimm Stellung zu der Frage, ob beides vereinbar ist.*

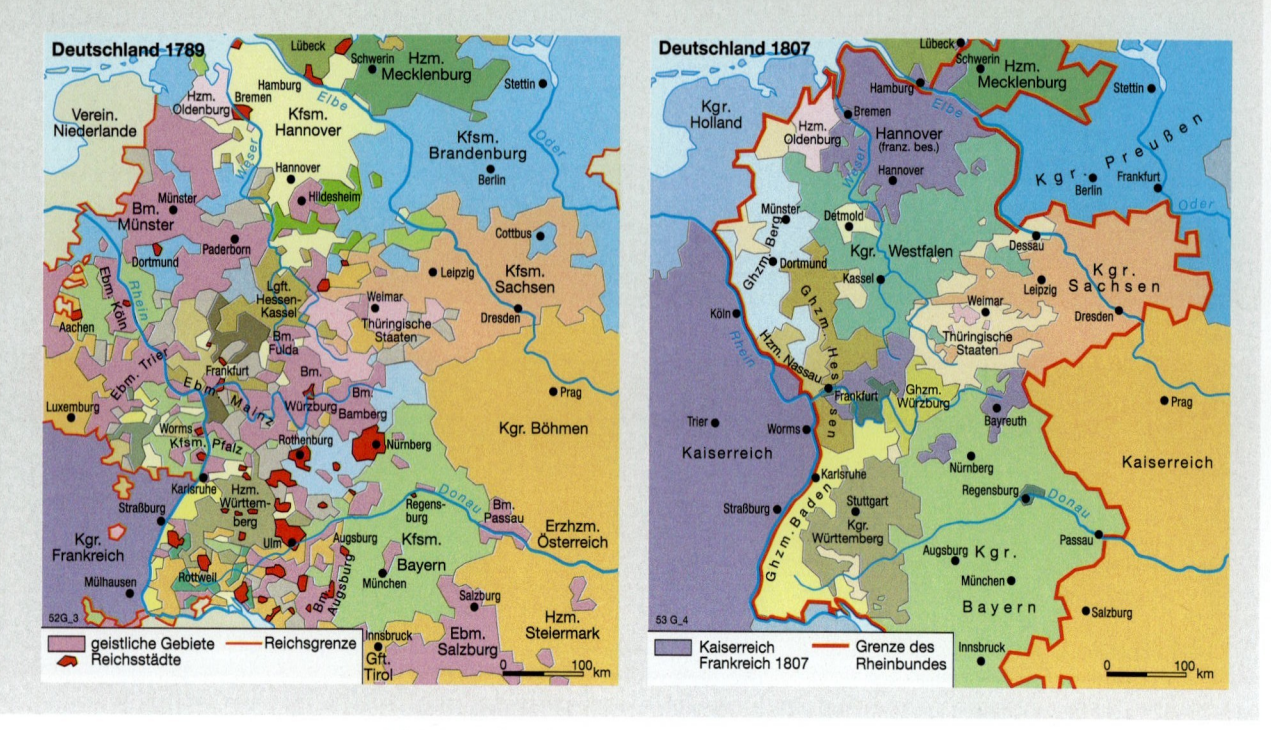

M1 Deutschland 1789 (links) und Deutschland 1807 (rechts)

Das Zeitalter Napoleons

Napoleon beherrscht Mitteleuropa

Napoleon → www

Nachdem er die Macht in Frankreich erobert hatte, zog Napoleon mit seinen Heeren erneut gegen europäische Staaten. Mehrfach besiegte er Preußen und Österreich.

Diese mussten zustimmen, dass alle linksrheinischen Gebiete an Frankreich fielen. In von ihm neu gegründeten Königreichen, wie zum Beispiel Holland und Westfalen, setzte er Verwandte als Herrscher ein. Außerdem zwang Napoleon 16 kleinere deutsche Staaten, darunter Württemberg, Bayern und Sachsen, dem Rheinbund anzugehören. Er machte sich die Herrscher gefügig, indem er sie zum Beispiel mit höheren Titeln ausstattete. So wurde aus dem Herzog von Württemberg der König von Württemberg. Zu deren Verpflichtungen gehörte, dass sie Napoleon bei seinen Kriegszügen Soldaten und Waffen zur Verfügung stellten. 1806 löste sich das Heilige Römische Reich Deutscher Nation auf. Kaiser Franz II. verzichtete auf die Krone und nannte sich künftig Kaiser Franz I. von Österreich.

> 1 Einer meiner größten Gedanken war die Konzentration derselben Völker, welche Religionen und Politik zerstreut und zerkleinert haben. Man zählt in Europa
> 5 mehr als 30 Millionen Franzosen, 15 Millionen Spanier, 15 Millionen Italiener, 30 Millionen Deutsche. Ich hätte gern aus jedem dieser Völker ein ganzes gemacht und sogar einen ganzen Körper. Es wäre
> 10 schön gewesen, in einem solchen Nationengefolge in die Nachwelt zu schreiten.

M2 Rückblick Napoleons auf seine Ziele (1816)

Der Aufstieg Napoleons

1796	Krieg gegen Österreich in Oberitalien
1796	Feldzug in Ägypten
1798–1801	Kriege gegen England, Preußen und Österreich
1803	Krieg gegen England
1805	Seeschlacht von Trafalgar
1806	Rheinbund
1806	Krieg gegen Preußen
1806	Kontinentalsperre (Verbot des Handels mit England für alle Länder, die von Frankreich abhängig waren)
1808	Krieg gegen Spanien

M3 Frankreich beherrscht Europa (um 1812)

Legende:
- Frankreich 1812
- von Verwandten Napoleons regierte Staaten
- sonstige von Frankreich abhängige Staaten
- Napoleons Russlandfeldzug 1812

In den besetzen Gebieten spürten alle die Folgen des Krieges und der Besatzung. Preußen hatte Schulden, weil es an Frankreich Kriegsentschädigungen zu zahlen hatte. Das Militär konnte nicht mehr unterhalten werden. Deshalb wurden Soldaten und Beamte entlassen. In allen Gemeinden mussten die Menschen den Franzosen Quartier geben und sie verpflegen. Sie mussten Hufeisen und Futter für die Pferde stellen.

Neben anderen Reformen wurde das französische Rechtswesen eingeführt. Es garantierte persönliche Freiheit, Gleichheit und Schutz des Eigentums. Trotzdem litt die Bevölkerung unter Besatzung und Kontinentalsperre.

Kontinentalsperre
1806 erließ Napoleon die Kontinentalsperre, die allen Staaten auf dem europäischen Kontinent Handel und Verkehr mit Großbritannien untersagte.

> Deutschland verliert den Absatz von Getreide, Hanf, Flachs, Metallen, Farbstoffen, Wolle, Garn, Zwirn und Leinen; Russland hat kaum noch Abnehmer für Getreide, Eisen, Talg usw. Andererseits leidet der Kontinent auch unter der verminderten Zufuhr von Waren, die England uns lieferte, z. B. von roher und gesponnener Baumwolle. So ist aller Handel und Wandel zu Lande und zu Wasser gestört. Unter den Kaufleuten häufen sich die Bankrotte, da einer, der zu zahlen aufhören muss, andere mitstürzt. Fürsten! Ihr müsst die Klagen zu dem Kaiser vortragen. Möge er doch diese gar zu harten Bande lösen.

M4 Aus einem Flugblatt gegen die Kontinentalsperre (bearbeitet)

> (In das Moselgebiet) sind so um 1800 die Franzosen in das Land eingefallen. Die Bienmanns hatten vorher oft für Klöster und Kirchen gearbeitet. Aber Napoleon hatte 1803 den Kirchen jeglichen Besitz weggenommen. Die Priester und Mönche konnten keine Arbeiten mehr vergeben … Das gefiel meinem Großvater nicht. Den Napoleon hat er einen Bluthund genannt. Das blieb den Franzosen nicht lange verborgen. Jedenfalls hat mein Großvater mitten in einer Nacht die ganze Familie zusammengerufen … „Wir packen unseren Pferdewagen", sagte er. „Napoleon, unser großer Befreier, will mir an den Kragen … alles soll beschlagnahmt werden. Mich wollen sie vor Gericht stellen."

M5 Aus dem Jugendbuch „Der lange Weg des Lukas B."

1. Beschreibe das politische Ziel Napoleons (M2).
2. Erläutere, wie er dieses Ziel zu erreichen versuchte (Text, Info-Text).
3. ↪ Nimm Stellung zu den Veränderungen in Deutschland (M1).
4. Erläutere Folgen der französischen Herrschaft (Text, M4, M5).
5. ↪ Beschreibe die Ausdehnung Frankreichs (M3).
6. ↪ Nenne mithilfe von M1 und M3 zuerst die von Napoleons Verwandten regierten Staaten, dann die von ihm abhängigen Staaten.

M1 Szene auf einem Gutsherrenhof (Ende des 18. Jahrhunderts)

Preußen zur Zeit Napoleons

Nach der vernichtenden Niederlage gegen Napoleons Armee machte man sich in Preußen Gedanken über die Gründe. Nicht nur die Freiherren vom Stein und von Hardenberg sahen einen der Hauptgründe in der Verweigerung von Bürgerrechten für Bauern und Menschen in der Stadt. So schlugen sie dem preußischen König Friedrich Wilhelm III. ein ganzes Bündel von Reformen vor, die dieser auch umgehend in Kraft setzte. Dazu gehörten:

- Städte erhalten das Recht der Selbstverwaltung unter Beteiligung der Einwohner;
- Zünfte werden abgeschafft, Gewerbefreiheit eingeführt und das Recht freier Berufswahl festgeschrieben;
- Preußen erhält eine Armee von wehrpflichtigen Bürgern statt bezahlter Söldner;
- es wird eine Regierung mit fünf Fachministerien eingerichtet;
- das Bildungswesen wird grundlegend reformiert; neue Schulen und Universitäten werden eingerichtet;
- die Leibeigenschaft der Bauern, Mägde und Knechte wird aufgehoben; diese durften bis zu diesem Zeitpunkt ohne Erlaubnis des Gutsherrn zum Beispiel nicht heiraten und nicht fortziehen; außerdem mussten sie an 4–5 Tagen Frondienste leisten.

> § 74 Ohne Vorwissen und Genehmigung der Herrschaft darf das Gesinde sich auch in eigenen Angelegenheiten vom Hause nicht entfernen.
> § 76 Die Befehle der Herrschaft und ihre Verweise muss das Gesinde mit Ehrerbietung und Bescheidenheit annehmen.

M2 Auszug aus der preußischen Gesindeordnung (18. Jahrhundert)

> § 1 Jeder Einwohner ist ... zum Besitz Grundstücke aller Art berechtigt.
> § 2 Jeder Edelmann ist ohne allen Nachteil seines Standes befugt, bürgerliche Gewerbe zu betreiben; und jeder Bürger und Bauer ist berechtigt, aus dem Bauer- in den Bürgerstand und aus dem Bürger- in den Bauernstand zu treten.
> § 12 Mit dem Martinitage 1810 hört alle Gutsuntertänigkeit in unseren sämtlichen Staaten auf. Nach dem Martinitag 1810 gibt es nur freie Leute.
> § 4 Allen jetzigen Inhabern jener erblichen Bauernhöfe und Besitzungen ... wird das Eigentum ihrer Höfe übertragen, unter der Verpflichtung, die Gutsherrn dafür ... zu entschädigen.
> § 10 Es soll daher ... die Regel sein, dass die Gutsherrn für das Eigentum der Höfe, für die Dienst- und gewöhnlichen Abgaben abgefunden sein sollen, wenn ihnen die Untertanen den dritten Teil ihrer Ländereien abtreten ...

M3 Aus den Edikten des preußischen Königs Friedrich Wilhelms III. von 1807 und 1811

---

1. → Berichte, wie Mägde und Knechte vor den Reformen behandelt wurden (M1, M2).
2. Nenne die Bereiche, die in Preußen reformiert wurden (Text).
3. Beschreibe und beurteile die Gesetze zur Gewerbefreiheit und zur Bauernbefreiung (M3).
4. → Erläutere, womit von Hardenberg und vom Stein die Niederlage Preußens erklärten (Text) und vergleiche mit der Situation im revolutionären Frankreich.

M4 Preußische Soldaten in der Schlacht bei Waterloo am 18. Juni 1815 (Gemälde von Adolf Northen, 1863, Ausschnitt)

Schlacht bei Waterloo
In der Nähe des belgischen Ortes besiegten Soldaten aus Großbritannien, den Niederlanden, Hannover, Braunschweig, Nassau und Preußen die Truppen Napoleons.

Europa befreit sich

Im Jahr 1812 marschierte Napoleon mit seiner Grande Armée von 600 000 Soldaten nach Russland. Dazu wurden viele Soldaten aus den besetzten Gebieten, auch aus Preußen und Bayern, gezwungen. Napoleon verlor diesen Feldzug und floh heimlich nach Frankreich. Nur ca. 5000 Soldaten kehrten zurück.

Diese Niederlage war das Signal für Russland, Preußen, England und Österreich, sich von der Herrschaft Napoleons zu befreien. Viele Menschen meldeten sich freiwillig zum Kampf gegen die französischen Besatzer. In mehreren Kriegen wurde Napoleon besiegt.

ⓘ Befreiungskriege gegen Napoleons Herrschaft

1808	Volksaufstände gegen die französischen Besatzer in Spanien und Österreich
1812/1813	Untergang der Armee Napoleons in Russland
1813	Befreiungskriege; Niederlage Napoleons bei Leipzig
1814	Verbannung Napoleons nach Elba
1815	Rückkehr Napoleons nach Paris, Niederlage der Franzosen bei Waterloo
1815	erneute Verbannung Napoleons, nun auf die Atlantikinsel St. Helena
1821	Napoleon stirbt auf St. Helena

> *Ich will Soldat werden, um, sei es mit meinem Blute, mir mein Vaterland zu erkämpfen ... Es ist bei Gott ein würdiges Gefühl, ... es ist die Überzeugung, dass kein Opfer zu groß sei für das höchste ... Gut, für seines Volkes Freiheit.*

M5 Stellungnahme des Dichters Theodor Körner zu den Befreiungskriegen (1813)

> *Was ist des Deutschen Vaterland?*
> *Ist's Preußenland?*
> *Ist's Schwabenland?*
> *Ist's, wo am Rhein die Rebe blüht?*
> *Ist's, wo am Belt die Möwe zieht?*
> *O nein! nein! nein! ...*
> *Mein Vaterland muss größer sein! ...*

M6 Ernst Moritz Arndt, Des Deutschen Vaterland (1813)

5. → Nenne die Stationen des Untergangs von Napoleon (Text, M4, Info-Text).
6. Begründe, warum Menschen gegen Napoleon in den Krieg zogen (M5, M6).
7. ↪ Das Bild (M4) wurde fast 50 Jahre nach der Schlacht von Waterloo gemalt. Formuliere sechs Fragen, die du dem Maler zu seinem Bild stellen würdest.

M1 Der Deutsche Bund

Die Wiederherstellung der alten Ordnung

Der Wiener Kongress

Napoleon hatte die politische Landkarte Deutschlands verändert. Viele Kleinstaaten waren verschwunden.

Nachdem die französische Vorherrschaft auf dem europäischen Kontinent endete, blickten die Deutschen erwartungsvoll nach Wien. Dort verhandelten Vertreter der Fürsten aller europäischen Staaten 1815 über die zukünftige Ordnung in Europa. Viele Deutsche träumten von einem einheitlichen und freien Nationalstaat. Die europäischen Fürsten, insbesondere die Vertreter der beiden deutschen Großmächte Österreich und Preußen, sahen ihre Interessen durch die nationalen Bewegungen in den deutschen Staaten stark gefährdet. Es gab nämlich in Deutschland immer mehr Menschen, die von den Fürsten forderten, politische Mitbestimmung zuzulassen.

Nach den Vorstellungen des österreichischen Außenministers Fürst Metternich wurde daher der Deutsche Bund gebildet. Das war ein loser Zusammenschluss von 38 Staaten und freien Städten. Der Bund entsprach den Wünschen der Fürsten, denn es gab keine Möglichkeit für die Bevölkerung, an seinen Beschlüssen mitzuwirken.

ⓘ Restauration

Nach der endgültigen Niederlage Napoleons hatten die Fürsten Europas das Ziel, die alten politischen Verhältnisse (Vorrechte des Adels, absolute Monarchie) wiederherzustellen (zu restaurieren). Dies gelang ihnen zum Teil auf dem Wiener Kongress. Daher nennt man die Zeit nach dem Ende des Wiener Kongresses auch Restaurationszeit.

Mitbestimmung bedeutet hier: Teilhabe aller Bürger an politischen Entscheidungen

Ein Freiheitsfest und die Folgen

Die Beschlüsse des Kongresses sorgten vor allem unter den Teilnehmern der Freiheitskriege für heftigen Protest. Dichter, Journalisten und Studenten äußerten ihren Unmut. Dieser richtete sich auch gegen manche Fürsten, die ihr Versprechen, eine Verfassung zu gewähren, nicht einhielten.

An den Universitäten schlossen sich die Studenten zu Burschenschaften zusammen und diskutierten die politischen Ereignisse.

Im Oktober 1817 lud die Jenaer Burschenschaft zu einem Fest auf die Wartburg ein. 500 Studenten und einige Professoren kamen. Das Wartburgfest wurde zu einer Demonstration, auf der die deutsche Einheit sowie Meinungs- und Redefreiheit gefordert wurden.

Solche Reden und Gedanken waren den Fürsten zu gefährlich.

Im März 1819 erstach ein Teilnehmer des Wartburgfestes, der Theologiestudent Carl Ludwig Sand, den Dichter und russischen Staatsrat August von Kotzebue. Dieser stand im Verdacht, Berichte über die deutschen Universitäten für den Zaren verfasst zu haben. Daraufhin vereinbarten die Fürsten auf Initiative Metternichs zur Bekämpfung freiheitlicher Ideen die Karlsbader Beschlüsse.

ⓘ Burschenschaft

1815 vereinigten sich die Studenten in Jena zu einer Burschenschaft, um gemeinsam zu forschen und über politische Fragen zu diskutieren. 1819–1848 waren diese Vereinigungen verboten. Auch heute gibt es an den Universitäten noch Burschenschaften.

> *Wir wünschen unter den einzelnen Staaten Deutschlands einen größeren Gemeinsinn, größere Einheit in ihrer Politik, keine eigene Politik der einzelnen Staaten, sondern das engste Bundesverhältnis; überhaupt, wir wünschen, dass Deutschland als ein Land und das deutsche Volk als ein Volk angesehen werden könne.*

M2 Politische Ziele der Jenaer Burschenschaft

> *Es soll bei jeder Universität ... die strengste Vollziehung der bestehenden Gesetze (bewacht werden) ... (Es) dürfen Schriften, die in die Form täglicher Blätter oder heftweise erscheinen, dergleichen solche, die nicht über 20 Bogen stark sind, in keinem deutschen Bundesstaate ohne Vorwissen und vorgängige Genehmigung der Landesbehörden zum Druck befördert werden.*

M3 Studenten ziehen am 18. Oktober 1817 auf die Wartburg (Holzschnitt, 1817)

M4 Ausschnitt aus den Karlsbader Beschlüssen (1819)

1. ⇥ Nenne die beiden mächtigsten Staaten des Deutschen Bundes (M1).
2. Zeige anhand der Karte M1, zu welchem Staat des Deutschen Bundes dein Heimatort bzw. deine Heimatstadt gehörte.
3. ↪ Die deutschen Fürsten hatten 1815 andere politische Ziele als viele Bürger. Erkläre diese Behauptung.
4. ⇥ Nenne die Forderungen der Jenaer Burschenschaft (M2).
5. Erläutere, wogegen die Studenten auf dem Wartburgfest protestierten (M3).

Auf dem Wandplakat steht:
Gesetze des Denker-Clubs
I. Der Präsident eröffnet präzise 8 Uhr die Sitzung.
II. Schweigen ist das erste Gesetz dieser gelehrten Gesellschaft.
III. Auf das kein Mitglied in Versuchung gerathen möge, seiner Zunge freien Lauf zu lassen, so werden beim Eintritt Maulkörbe ausgeteilt.
IV. Der Gegenstand, welcher in jedermaliger Sitzung durch ein reifes Nachdenken gründlich erörtert werden soll, befindet sich auf einer Tafel mit großen Buchstaben deutlich geschrieben.

M1 Der Denker-Club (kolorierte Radierung, um 1825)

Karikaturen auswerten

Karikaturen sind künstlerische Darstellungen, in denen Eigenschaften von Personen besonders herausgestellt und Verhaltensweisen übertrieben dargestellt werden, um z. B. auf ein Fehlverhalten aufmerksam zu machen. Heute findet man besonders häufig Karikaturen von Politikern, z. B. in der Tageszeitung. Eine Karikatur bezieht sich immer auf ein konkretes Ereignis und bewertet dieses.
So gehst du bei der Auswertung vor:

Schritt 1 •

Die Karikatur beschreiben
Versuche zunächst die Personen zu beschreiben und zu benennen. Achte vor allem auf ihr Verhalten. Werden Tierfiguren, wie z. B. in einer Fabel, verwendet, deute ihre Eigenschaften (z. B. bösartig, schlau, friedlich, hinterlistig usw.). Beschreibe auch genau alle Gegenstände, die in der Zeichnung auftauchen.

Schritt 2 ••

Sich über den geschichtlichen Hintergrund informieren
Kläre, aus welcher Zeit die Karikatur stammt und welches Problem angesprochen wird. Informiere dich über die verschiedenen Meinungen, die zu diesem Thema vertreten wurden (z. B. Kritik von Gegnern der Regierung und die Meinung der Anhänger der Regierung, die deren Politik unterstützen).

Schritt 3 •••

Die Karikatur erklären
Erläutere jetzt, was ungewöhnlich ist und was dir auffällt (z. B. ein Präsident, der als Esel dargestellt wird). Bestimme die Themen, auf die die Karikatur anspielt. Ermittle jetzt, ob und welche bekannten politischen Persönlichkeiten dargestellt werden. Erkläre abschließend, welchen Standpunkt der Zeichner zum Thema vertritt.

Methoden erlernen

Bürger zwischen Rückzug und Auflehnung

Viele Menschen im Deutschen Bund waren enttäuscht darüber, dass sich die Verhältnisse nach dem Wiener Kongress kaum geändert hatten. Die Forderungen der Bürger nach Pressefreiheit, mehr Rechten und Mitbestimmung blieben unerfüllt. Die meisten Menschen lebten weiterhin in einem der vielen deutschen Kleinstaaten. So musste z. B. ein Kaufmann, der von Hannover nach Braunschweig reiste, auf dieser kurzen Strecke seinen Pass vorzeigen, Zoll zahlen, Geld wechseln und mit unterschiedlichen Maßeinheiten rechnen.

Bei vielen Bürgerinnen und Bürgern stellte sich das Gefühl ein, gegen „die da oben" nichts ausrichten zu können. Sie beschränkten ihr Leben auf Haus und Familie. Dieser erzwungene Rückzug ins private Leben hat dieser Zeit ihren Namen gegeben: das Biedermeier.

Auch die Künstler der Zeit suchten ihre Themen nicht in der Gegenwart, sondern in der Natur oder in der Vergangenheit. So war der österreichische Maler Moritz von Schwind (1804-1871) schon zu Lebzeiten sehr bekannt in Deutschland. Er malte viele Bilder zu Themen aus Sagen und Märchen.

Es gab aber auch Menschen, die mit der politischen Situation unzufrieden waren und weiter für mehr Rechte kämpften.

ⓘ Biedermeier

Bieder bedeutet brauchbar, nützlich. Der Biedermann war ein angepasster, nützlicher Bürger. In der Zeit zwischen 1815 und 1848 sah man in ihm den bequemen, unpolitischen Untertanen, der sich mit allem zufriedengab und stets auf die Obrigkeit hörte. Die in dieser Zeit gebauten Möbel, die Kleidung und Teile der Kunst und Literatur werden entsprechend mit dem Begriff „Biedermeier" bezeichnet.

M2 Ein bürgerliches Wohn- und Esszimmer (um 1850)

> Vor meiner Haustür steht 'ne Linde, 1
> In ihrem Schatten sitz' ich gern,
> Ich dampf' meine Pfeiflein in die Winde
> Und lob' durch Nichtstun Gott, den Herrn.
> ... 5
> Und hätt' in Deutschland jeder Hitzkopf
> Wie ich 'ne Linde vor der Tür
> Und rauchte seinen Portoriko
> Mit so beschaulichen Pläsier:
> So gäb' es nicht so viele Krakehler 10
> In dieser schönen Gotteswelt.
> Die Sonne schien nicht auf Skandäler,
> Und doch wär' alles wohl bestellt.
> Amen.

M3 Victor von Scheffel: Des Biedermanns Abendgemütlichkeit (1848)

---

1. ➔ Beschreibe das Zimmer M2. Beachte vor allem die Einrichtung und die Tätigkeiten der Personen. Vergleiche jetzt das Zimmer mit heutigen Wohnungen, etwa mit deinem Zuhause. Ermittle Unterschiede und Gemeinsamkeiten und stelle sie in einer Tabelle zusammen.
2. Nenne anhand der Informationen auf dieser Seite typische Merkmale der Biedermeierzeit, die in dem Gedicht von Victor von Scheffel zum Ausdruck kommen.
3. Finde Spuren des Biedermeiers in der heutigen Zeit (zum Beispiel Blumensträuße, Kleidung, Möbel oder Kunst). Erläutere typische Merkmale dieser Gegenstände.

M1 Zug zum Hambacher Schloss im Mai 1832 (zeitgenössische Lithografie)

Vorboten der Revolution

Das Hambacher Fest

Zensur
Maßnahmen des Staates, um Massenmedien, aber auch private Informationen zu kontrollieren

In Europa gab es zwischen 1820 und 1830 viel Unruhe in der Bevölkerung und auch Aufstände gegen die Fürsten. Der Ruf nach politischer Mitbestimmung und nationaler Einheit wurde in Frankreich und Belgien laut. Vor allem in Polen, das auf dem Wiener Kongress Russland zugeschlagen worden war, gingen die Bürger für einen eigenen Staat auf die Straße. Auch in Deutschland setzten sich immer mehr Bürger für einen gemeinsamen Staat ein. Sie forderten die Freiheit, sich in der Öffentlichkeit versammeln und ihre Meinung äußern zu dürfen. 1832 zogen über 30 000 Menschen zum Hambacher Schloss, um für diese Ziele zu demonstrieren. Unter den Teilnehmern waren auch Bürger aus anderen Ländern wie Frankreich und Polen, die ebenfalls für mehr Freiheit demonstrierten.

Die Fürsten im Deutschen Bund reagierten mit Verboten und Verhaftungen. Zeitungen und Schriften wurden verstärkt zensiert; Texte, in denen Kritik an Regierung und Verwaltung geäußert wurde, durften nicht veröffentlicht werden. Darüber wachten von der Obrigkeit eingesetzte Zensoren.

> Es wurde allgemein erkannt, dass die Begebenheiten dieses Festes ... die ernstesten Maßnahmen notwendig machten ...
> 1. der Rädelsführer des Hambacher Festes ... habhaft zu werden und gerichtlich bestrafen zu lassen.
> 2. Ferneren ähnlichen Versammlungen verhindernd entgegenzutreten, und ...
> 3. durch ernste Bekämpfung des Press-Unfugs, der revolutionären Partei ihre Hauptwaffen zu nehmen.

M2 Reaktionen des preußischen Staatsministeriums auf das Hambacher Fest (Juni 1832)

1. ⇥ Nenne die Forderungen, die auf dem Hambacher Fest aufgestellt wurden.
2. Durch das Hambacher Fest traten keine direkten Veränderungen ein. Erkläre, was es dennoch bewirkt hat.
3. Stelle dar, wie die Obrigkeit auf das Fest reagierte (M2). Erläutere die Befürchtungen, die zu diesen Maßnahmen führten.
4. ↪ Teilnehmer des Hambacher Festes treffen sich und sprechen über ihre Erlebnisse. Schreibt ein solches Gespräch auf.

Armut und Elend nehmen zu

Von Martini bis Weihnachten wurde alle Tage zweimal bloß Rüben gegessen, die zu Mittag gekocht und am Abend wieder aufgewärmt wurden ... Von Weihnachten bis Ostern wurden in der selben Weise täglich zweimal Erbsen gegessen, die mit Rüböl mundgerecht gemacht werden, und von Ostern, bis die frischen Gemüse herankamen, zweimal Linsen, Fleisch wurde nur an den vier Hauptfesten gegessen ... Anderes Brot (als aus Kartoffeln gemachtes) kannte man in den meisten Häusern fast nicht; denn die kleinen Bauern, wenn sie auch zwei Pferde hielten, produzierten nicht so viel Korn, als sie dem Gutsherrn als Pacht abliefern mussten.

M3 Ernährung der Bauern um 1840 (zeitgenössischer Bericht)

M4 Die Pfändung (Gemälde von Peter Schwingen, um 1846)

Die Unzufriedenheit mit den Verhältnissen im Deutschen Bund hatte noch weitere Gründe. Viele Bauern und ihre Familien litten unter Missernten. Davon war auch die rasch wachsende Bevölkerung betroffen. Knechte, Mägde, Tagelöhner, Handwerker oder Fabrikarbeiter waren stets von Hunger und Arbeitslosigkeit bedroht, weil sie ein sehr geringes – oft auch unregelmäßiges – Einkommen hatten.

Ab 1840 verschlimmerte sich die Lage der Bevölkerung nochmals durch erneute Missernten und kalte Winter, in denen die Menschen froren und hungerten. Der Gegensatz zwischen Reich und Arm wurde größer und auch die Wut und der Protest gegen Regierungen, die ihre Bürger in der Not im Stich ließen.

Männer aus dem Proletariat! Handwerksburschen, die ihr am Bettelstabe Deutschland durchzieht, geschunden von den jammervollsten Polizeischergen, geprügelt und geplagt von den erbärmlichsten Gendarmentröpfen, lasst euch nicht länger mehr als Hunde behandeln ... wendet euch an die Männer des Volks ... Deutsche Handwerksburschen, ihr seid der Kern des Volks, zeigt euch dessen wert, erhebt euer Haupt stolz. Zeigt, dass ihr Männer seid und wenn die Zeit des Kampfes kommt, schlagt zu.

M5 Ein Flugblatt aus Frankfurt (1847)

5. ➔ Beschreibe die Situation auf dem Bild „Die Pfändung" (M4).
6. Erläutere die Stimmung, die im Flugblatt zum Ausdruck kommt (M5).
7. Erstelle eine Liste der Speisen, von denen sich die Bauernfamilie ernährte und erörtere die Folgen einer solchen Ernährung (M3).
8. ↪ Überlege, was ein junger Bauer machen könnte, um in dieser Lage ein besseres Leben zu führen.

Die Revolution von 1848/1849
Erfolg und Misserfolg der Revolution

Revolution 1848/1849 →

> Bald waren in allen Richtungen die Straßen mit Barrikaden gesperrt, ... auf denen dann schwarz-rot-goldene Fahnen flatterten – und hinter ihnen Bürger aus allen Klassen ... hastig bewaffnet mit dem, was eben zur Hand war – Kugelbüchsen, Jagdflinten, Pistolen, Spießen, Säbeln, Äxten, Hämmern usw. Es war ein Aufstand ohne Vorbereitung, ohne Planung, ohne System. Jeder schien nur dem allgemeinen Instinkt zu folgen ... Und hinter den Barrikaden waren die Frauen geschäftig, den Verwundeten beizustehen und die Kämpfenden mit Speis und Trank zu stärken, während kleine Knaben eifrig dabei waren, Kugeln zu gießen oder Gewehre zu laden ...

M1 Carl Schurz erinnert sich an den 18. März 1848.

M2 Der preußische König verneigt sich am 19. März 1848 vor den gefallenen Aufständischen, die in den Hof des Schlosses in Berlin getragen werden (Holzstich, 1848).

Im Deutschen Bund kam es 1848 zu zahlreichen Aufständen, die in manchen Kleinstaaten für ein vorläufiges Ende der Fürstenherrschaft sorgten. Dramatisch war die Lage in Berlin. Am 18. März 1848 versammelte sich vor dem Schloss eine große Menschenmenge und forderte die Freiheit der Presse, einen deutschen Einheitsstaat sowie die Bewaffnung der Bürger.

Bei schweren Kämpfen fielen 254 Aufständische. Da der preußische König Friedrich Wilhelm IV. die Ausdehnung der Revolution auf das ganze Land fürchtete, zog er am 19. März seine Truppen zurück. Als die gefallenen Aufständischen in den Schlosshof gebracht wurden, verneigte sich der König demütig vor ihnen.

Nach den revolutionären Ereignissen im März 1848 wurden in den Ländern des Deutschen Bundes Volksvertreter gewählt. Diese bildeten in der Frankfurter Paulskirche die Nationalversammlung, um eine Verfassung auszuarbeiten. Viele Demokraten glaubten, nun endlich am Ziel angekommen zu sein. Den Abgeordneten gelang eine Einigung über die Grundrechte. Im März 1849 wurde eine Verfassung beschlossen.

Es waren jedoch noch zahlreiche schwierige Fragen zu entscheiden:
– Wer sollte wählen dürfen? Alle Bürger oder nur diejenigen, die Steuern zahlen?
– Sollte Österreich, in dem viele Menschen wohnten, die nicht deutsch sprachen, überhaupt zu Deutschland gehören?
– Sollte es besondere Rechte für die vielen Minderheiten geben?

Die Nationalversammlung diskutierte lange über diese Fragen, doch in wichtigen Punkten wurde keine Einigung erzielt.

Die Zeit verging, und die Fürsten nutzten sie für sich: Nach und nach eroberten sie die Macht zurück. Als eine Gruppe der Frankfurter Abgeordneten dem preußischen König Fried-

M3 Die Nationalversammlung tagt in der Paulskirche (Lithografie, 1848)

rich Wilhelm IV. im Jahr 1849 die Kaiserkrone anbot, lehnte dieser ab. Er wolle keine Krone tragen, die den Leichengeruch der Revolution trage.
Die österreichischen Abgeordneten hatten das Parlament inzwischen verlassen. Reste der Nationalversammlung wurden gewaltsam aufgelöst. Viele Revolutionäre wurden erschossen oder flüchteten ins Ausland. 1850 beschlossen die Fürsten, alle Grundrechte, die sie gewährt hatten, wieder aufzuheben.

Auswanderung nach der Revolution → www

> § 3 Jeder Deutsche hat das Recht, an jedem Orte des Reichsgebietes seinen Aufenthalt und Wohnsitz zu nehmen, ...
> § 7 Vor dem Gesetz gilt kein Unterschied der Stände. Der Adel als Stand ist aufgehoben.
> § 8 Die Freiheit der Person ist unverletzlich.
> § 10 Die Wohnung ist unverletzlich.
> § 13 Jeder Deutsche hat das Recht durch Wort, Schrift und bildliche Darstellung seine Meinung frei zu äußern.
> § 14 Jeder Deutsche hat volle Glaubens- und Gewissensfreiheit.

M4 Aus dem Katalog der Grundrechte, den die Nationalversammlung am 27. Dezember 1848 verkündete

ⓘ Die Revolution von 1848/49

18./19. März 1848: Revolution in Berlin
18. Mai 1848: Eröffnung der Nationalversammlung in Frankfurt
6. Oktober 1848: Volksaufstand in Wien
31. Oktober 1848: Eroberung Wiens durch kaiserliche Truppen
10. November 1848: Königlich-preußische Truppen besetzen Berlin
28. März 1849: Verabschiedung der Reichsverfassung durch die Frankfurter Nationalversammlung
3. April 1849: Der preußische König lehnt die kaiserliche Krone ab
4.–9. Mai 1849: Sächsischer Aufstand
11. Mai 1849: Beginn des Aufstands in Baden
23. Juli 1849: Kapitulation der letzten aufständischen Truppen in Baden

1. ➔ *Benenne Forderungen der Revolutionäre von 1848.*
2. *Berichte über die Vorgänge in Berlin im März 1848 (M1, M2).*
3. *Schildere den Verlauf der Revolution 1848/49.*
4. *Vergleiche das Verhalten des preußischen Königs zu Beginn der Revolution und an deren Ende. Erläutere die Folgen.*
5. *Benenne Gründe für das Scheitern der Revolution.*
6. ➔ *Recherchiere im Internet über Carl Schurz und berichte.*
7. ➔ *Suche im Grundgesetz der Bundesrepublik Deutschland die Artikel, die zu den Grundrechten von 1848 passen und vergleiche. Berichte der Klasse.*

Aufgabe 6 → www

M1 Ernennung des preußischen Königs Wilhelm I. zum Kaiser des Deutschen Reichs am 18. Januar 1871 (Gemälde von A. von Werner, 1876)

Die Reichsgründung „von oben" 1871

Durch Kriege zur Einheit

Auch wenn Einigkeit und Freiheit in Deutschland nicht erreicht wurden, so hatten die Revolutionen ein Ergebnis in jedem Fall hervorgebracht: Die Mehrheit der Deutschen wollte einen Nationalstaat und setzte damit die Fürsten unter Druck. Gleichzeitig verschärfte sich die Rivalität zwischen den beiden Großmächten Preußen und Österreich.

> *Ich kann mich der mathematischen Logik der Tatsachen nicht erwehren, sie bringt mich zu der Überzeugung, dass Österreich nicht unser Freund sein kann und will. Bei der Bahn, auf welche die österreichische Monarchie gesetzt ist, kann es für Österreich nur eine Frage der Zeit ... sein, wann es den entscheidenden Versuch machen will, uns die Sehnen zu durchschneiden.*

M2 Bismarck über Preußen und Österreich (1856)

Der preußische Ministerpräsident Bismarck behielt mit dieser Voraussage Recht. 1866 kam es zum Krieg zwischen Preußen und Österreich, den Österreich verlor. Unter der Führung Preußens bildete sich zunächst der Norddeutsche Bund. Vier Jahre später führten die verbündeten deutschen Staaten Krieg gegen Frankreich, nachdem der preußische Ministerpräsident Bismarck eine Kriegserklärung Frankreichs herausgefordert hatte. Nach dem Sieg über Frankreich wurde das Deutsche Reich 1871 im Spiegelsaal des Versailler Schlosses ausgerufen.

> *Und was für ein Friede für uns Deutsche! ... Vereint zu einem Reiche, dem größten, mächtigsten, gefürchtetsten in Europa, groß durch seine ... Macht, größer noch durch seine Bildung ... Jedes deutsche Herz hatte das gehofft.*

M3 Tagebuchnotiz vom 3. März 1871 der Baronin Spitzemberg

ⓘ Otto von Bismarck

- 1815 geboren; stammt aus alter preußischer Adelsfamilie
- 1841 Beginn der politischen Laufbahn, Gegner der Revolution von 1848/49
- 1851–1859 preußischer Gesandter am Bundestag des Deutschen Bundes in Frankfurt
- 1862 preußischer Ministerpräsident
- 1871 deutscher Reichskanzler
- 1890 Rücktritt
- 1898 Bismarck stirbt auf Gut Friedrichsruh im Sachsenwald.

M4 Eine neue Macht entsteht in Europa

Der Weg zum Deutschen Reich 1866 – 1871
- Kgr. Preußen 1864
- Erwerbungen bis 1866
- Reichsland Elsass-Lothringen 1871
- Freie Reichsstädte
- Grenze des Deutschen Reiches 1871

S.-L. = Fsm. Schaumburg-Lippe

Mit der Gründung des Deutschen Reichs im Spiegelsaal von Versailles ging für viele Deutsche ein Traum in Erfüllung. Auch manche Freiheitskämpfer von 1848, die noch von Militär und Polizei der Fürsten verfolgt worden waren, stimmten jetzt in den allgemeinen Jubel ein. Zwar war der Wunsch nach nationaler Einheit erfüllt worden. Ungewiss war jedoch, ob auch die anderen Forderungen der demokratischen Bewegung, wie z. B. freie Wahlen und politische Mitbestimmung, umgesetzt werden würden. Offen war zudem, wie die anderen europäischen Mächte, z. B. Großbritannien, auf die Gründung eines mächtigen Staates in der Mitte Europas reagieren würden.

Und wie würde Frankreich sich verhalten? Von der Lösung dieser Fragen hing die Zukunft des Reiches ab.

Entstehung des Deutschen Reichs

- **1864** Krieg um Schleswig-Holstein. Dänemark unterliegt Preußen und Österreich.
- **1866** Krieg zwischen Preußen und Österreich. Preußen besiegt Österreich und erhält dessen Bundesgenossen: Königreich Hannover, Kurhessen, Nassau, Frankfurt am Main. Wichtiger Schritt zum deutschen Nationalstaat. Preußische Vormachtstellung im Deutschen Bund
- **1867** Gründung des Norddeutschen Bundes unter der Führung Preußens
- **1870/71** Deutsch-französischer Krieg. Gründung des Deutschen Reichs in Versailles

> *An den ewigen Frieden nach dieser Campagne (dem deutsch-französischen Krieg) glaube ich nicht, vielmehr bin ich der Meinung, dass wir von 1866 an in eine unabsehbare Reihenfolge von Kriegen eingetreten sind ... Der nächste Krieg ... wird ein Weltbrand sein, und es wird der jetzige Krieg dahinter wie ein Kinderspiel zurücktreten.*

M5 Der Oppositionspolitiker Ludwig Windthorst am 22. Oktober 1871 über die Folgen des deutsch-französischen Krieges

1 ⊳ Nenne die wichtigsten Stationen auf dem Weg zur Gründung des Deutschen Reichs.
2 Beschreibe die Mittel, mit denen Bismarck die Reichsgründung erreichte, und welche Probleme er zuvor lösen musste.
3 ⊳ Vergleiche die Stellungnahmen zum Ergebnis des Krieges von 1871 (M3, M5). Erläutere die Positionen der Verfasser.
4 ⊳ Erläutere die Probleme, die sich für Deutschland und Europa aus der Reichsgründung ergaben.

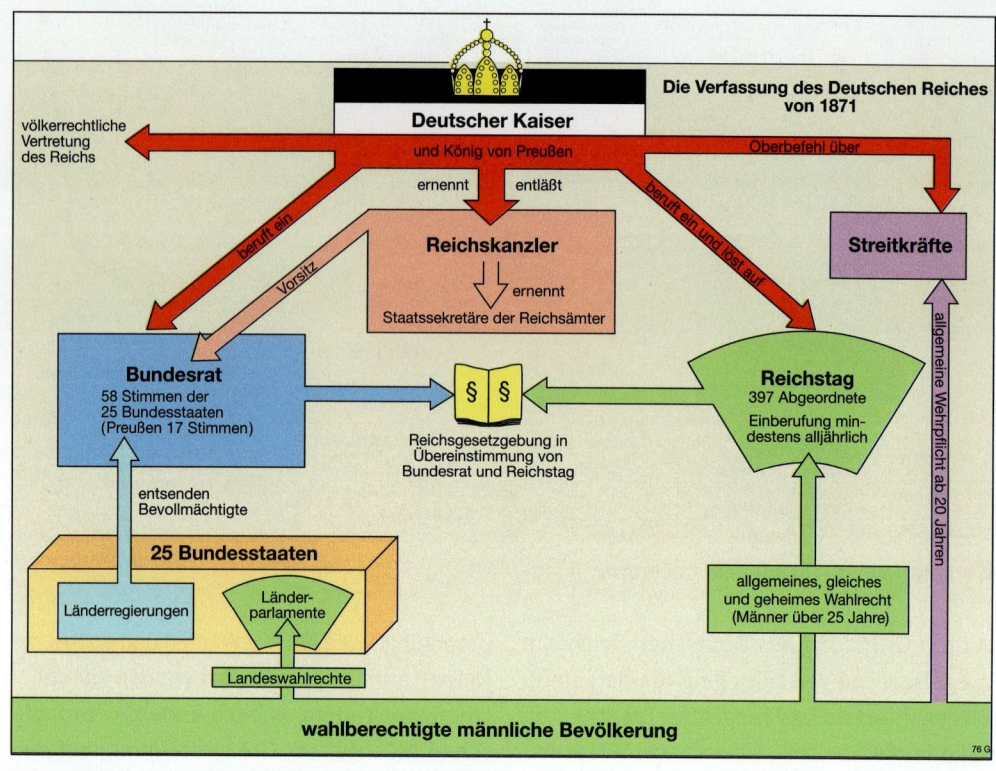

M1 Die Verfassung des Deutschen Reichs von 1871

Gleiches Recht für alle?

Mit der Gründung des Deutschen Reichs waren nicht wie erhofft für alle Bewohnerinnen und Bewohner auch gleiche Rechte verbunden. So wurde zwar der deutsche Reichstag in allgemeiner, gleicher, freier und direkter Wahl gewählt. Jedoch waren die Frauen von diesem eigentlich modernen Wahlrecht ausgeschlossen.

Weil sie die ungerechten Besitzverhältnisse in Deutschland immer wieder kritisierte, bekam vor allem die Sozialistische Arbeiterpartei Deutschlands, die spätere SPD, die Härte des Obrigkeitsstaates zu spüren. Nach zwei Attentaten auf den Kaiser, die der Sozialdemokratie zu Unrecht angelastet wurden, ließ Bismarck sie 1878 durch das Sozialistengesetz verbieten und erklärte ihre Mitglieder zu Staatsfeinden. Erst 1890 wurde dieses Verbot aufgehoben.

Dreiklassenwahlrecht

Im Königreich Preußen galt von 1849 bis 1918 das Dreiklassenwahlrecht. Dabei wurden die Wähler in drei Gruppen eingeteilt, deren Zusammensetzung sich nach der Höhe des Steueraufkommens richtete. Dadurch besaßen in der preußischen Länderregierung wenige reiche Bürger und Großgrundbesitzer mehr Stimmen als der Großteil der Bevölkerung.

1. Berichte über die Möglichkeiten der politischen Mitbestimmung im Deutschen Reich und in Preußen.
2. ⇒ Nenne anhand des Verfassungsschemas M1 die Rechte von
a) Kaiser, b) Reichskanzler, c) Bundesrat, d) Reichstag, e) Bundesstaaten.
3. ⇒ Vergleiche anhand von M1 die Befugnisse des Kaisers und des Reichskanzlers. Überlege, wer eine höhere Position einnimmt und begründe deine Ansicht.
4. Beschreibe die Reaktion des Staates auf die Kritik aus der Arbeiterbewegung.

M2 Schülerinnen und Schüler präsentieren Ergebnisse ihrer Arbeit.

Eine Präsentation vorbereiten

Wenn du im Unterricht allein oder in einer Gruppe die Ergebnisse deiner oder eurer Arbeit vorstellst, dann trittst du als Experte für ein Thema auf. Dabei solltest du deine Mitschülerinnen und Mitschüler möglichst anschaulich informieren.
So gehst du vor:

Schritt 1 ●
Thema und Art der Darstellung wählen
Lege das Thema und deine Ziele genau fest. Willst du in deiner Klasse informieren oder andere Schülerinnen und Schüler der Schule? Welche Medien willst du verwenden: eine Wandzeitung oder ein Plakat, Folien mit Overheadprojektor (OHP), eine Pinnwand oder den Beamer mit PC?

Schritt 2 ●●
Informationen beschaffen und auswählen
Überlege dir, wo du die besten Informationen finden kannst: zum Beispiel in Lexika oder Fachbüchern (aus der Stadt- und Schulbücherei oder von zu Hause), in Broschüren, Zeitungen, Zeitschriften, Prospekten oder im Internet. Du kannst auch mit Fachleuten (Experten) sprechen.

Danach musst du aus den Informationen auswählen, sie auswerten und Ergebnisse festhalten. Übertrage deine Ergebnisse in Stichworten auf Karteikarten. Bilder und Statistiken können kopiert werden. Notiere auch, woher du deine Informationen hast.

Schritt 3 ●●●
Gestaltung der Präsentation festlegen
Überlege, wie du deine Ergebnisse anschaulich präsentieren kannst. Ein Tipp: Verwendest du ein Gerät, solltest du es unbedingt vorher ausprobieren und sicherstellen, dass es funktioniert. Gestalte dein Thema übersichtlich und gegliedert. Übersichten, Statistiken und Fotos bzw. Zeichnungen können deine Texte veranschaulichen und Interesse erzeugen.

Schritt 4 ●●●●
Die Präsentation – Vorstellung des Themas
In der Gruppe muss vorher entschieden werden, wer welche Ergebnisse vorstellt. Lies nicht einfach deine Ergebnisse vor, sondern erläutere und erkläre sie (z. B. eine Statistik). Anschließend solltest du auf Fragen deiner Mitschüler eingehen können.

M1 Berlin-Mitte, Unter den Linden, Ecke Friedrichstraße (Foto, um 1890)

Das Deutsche Kaiserreich nach 1871

Die Gründerjahre

Der politischen Einheit des Deutschen Reiches musste in den sogenannten Gründerjahren ab 1871 die wirtschaftliche Einheit folgen. Maße und Gewichte wurden vereinheitlicht, Mark und Pfennig lösten die verschiedenen Währungen in den Bundesstaaten ab, und das Schienennetz der Eisenbahnen wurde auf eine einheitliche Spurweite gebracht. Nun konnten die Waren und Güter innerhalb des Reiches schneller und ohne umständliche Umrechnung transportiert und gehandelt werden. Industrie, Handel und Gewerbe im jungen Kaiserreich erlebten einen starken wirtschaftlichen Aufschwung.

Nach einer Wirtschaftskrise 1873 folgte ein langsamer, aber beständiger wirtschaftlicher Aufschwung. Es entstanden Großunternehmen, die z. T. noch heute unser Wirtschaftsleben prägen. So wuchs das Deutsche Reich auch zu einer wirtschaftlichen Großmacht heran. Die Situation der Arbeiter aber besserte sich erst in bescheidenem Maße, als Bismarck die gesetzliche Kranken-, Renten- und Unfallversicherung einführte.

Großunternehmen der Gründerzeit: z. B. BASF, Bayer, AEG, Siemens, Borsig, Daimler, Benz, Farbwerke Hoechst

1 Zoll:
Preußen 2,615 cm
Hessen 2,5 cm
Baden 3 cm

1 Scheffel:
Bayern 2,22 Hektoliter
Württemberg 0,22 Hektoliter
Hessen 0,32 Hektoliter

1 Schoppen:
Baden 0,375 Liter
Württemberg 0,459 Liter
Hessen-Darmstadt 0,4 Liter

1 Quart:
Preußen 1,145 Liter
Bayern 0,267 Liter

M2 Unterschiedliche Maße in deutschen Staaten vor der Vereinheitlichung

1. ➔ *Nenne einige Folgen der politischen Einheit im Deutschen Reich.*
2. *Erläutere den Begriff „Gründerzeit".*
3. *Erkläre, warum die Vereinheitlichung von Währungen, Hohlmaßen und Gewichten im Deutschen Reich notwendig erschien.*
4. *Recherchiere im Internet, was die Großunternehmen der Gründerzeit damals herstellten.*
5. *Informiere dich (Lexikon, Internet) über andere alte Maße: Elle, Schock, Loth.*

Der Obrigkeitsstaat

Die Reichsgründung und der gewonnene Krieg von 1870/1871 wurden von vielen Deutschen als Verdienst der Armee angesehen. Unter anderem deswegen spielte das Militär eine herausragende Rolle im neuen Reich. Der militärische Grundsatz von Befehl und Gehorsam galt in der Familie, in der Schule und im Arbeitsleben. Eine Uniform erhob ihren Träger über die einfachen Untertanen. Dies galt nicht nur für Soldaten, sondern auch für Polizisten, Post- und Eisenbahnbeamte. Ihre Uniformen zeigten, dass sie besondere Stützen des neuen Staates waren. Menschen wurden geachtet, wenn sie eine Uniform trugen.

M4 Schulklasse einer Oberrealschule in Berlin-Charlottenburg (Foto, um 1895)

Damit jede Störung des Unterrichts unmöglich gemacht werde, hat der Lehrer darauf zu halten:
a) dass alle Schüler anständig gerade sitzen,
b) dass jedes Kind seine Hände geschlossen auf die Schultafel legt,
c) dass die Füße parallel nebeneinander auf den Boden gestellt werden,
d) dass sämtliche Schüler dem Lehrer fest ins Auge schauen ...
Die Kinder (haben) die betreffenden Lehrmittel in drei Zeiten herauf- und hinwegzutun. Gibt der Lehrer durch klappen seiner Hände das Zeichen „Eins", dann Erfassen die Kinder das unter der Schultafel liegende Buch; beim Zeichen „Zwei" erheben sie das Buch über die Schultafel; beim Zeichen „Drei" legen sie es geräuschlos auf die Schultafel nieder.

M3 Aus einem Ratgeber für Lehrer (1877)

Wenn ein Regiment durch die Straßen marschiert ... geht es (nie) aus dem Weg, alles muss ausweichen und anhalten. Zwar haben Offiziere nur einen verhältnismäßig geringen Sold, genießen aber Vorrechte ... Steuern bezahlen sie nur an den Staat und nicht an die Stadt, Wein u. a. können sie im Offizierskasino preiswerter als andere kaufen. Sie sind verpflichtet, sich in der Öffentlichkeit ... niemals anders als in Uniform mit Säbel zu zeigen ... (Alle) fürstlichen Personen (zeigen sich) nur in Uniform. Sie sind haufenweise Feldmarschälle, oder Generale, Oberste, Hauptleute oder Leutnants ... So wie die deutsche Monarchie beschaffen ist, muss sie von diesem Geist zusammengehalten werden.

M5 Ein Zeitgenosse über das Militär im Kaiserreich

---

6 Nenne einige Beispiele für Einrichtungen, in denen die Uniform im Deutschen Reich eine besondere Rolle spielte.

7 Stelle zusammen, woran die besondere Rolle des Militärs im Deutschen Reich deutlich wird.

8 Spielt die Szene in der Schule (M3) mit eurem Lehrer/eurer Lehrerin nach. Vergleicht dabei den damaligen Unterricht mit eurem Unterricht.

9 Das Militärische bestimmte das Leben der Menschen – auch der Kinder und Jugendlichen. Erkläre anhand der Quellen M3–M5 Gefahren, die sich daraus ergeben.

M1 Kinder exerzieren am Strand von Swinemünde (Foto, 1913)

„Wer will unter die Soldaten?"

Erziehung zum Krieg

Nach dem Willen Kaiser Wilhelm II. sollte die Armee die „Schule der Nation" sein und die Offiziere der „erste Stand im Staate". Die Begeisterung für das Militär und alles Militärische war in allen Schichten der Bevölkerung sehr ausgeprägt.

Burenkrieg: Krieg zwischen Großbritannien und den Burenrepubliken Oranje-Freistaat und Südafrikanische Republik im Süden Afrikas. Die Buren verloren den Krieg, beide Staaten wurden in das Britische Empire eingegliedert.

„Anstalt" – der Kadett ist eingesperrt hinter Mauern. Ausgang steht ihm nicht zu, er wird gewährt als Belohnung für strenges Befolgen der im Inneren herrschenden Gesetze ... Alle Kadetten befinden sich in einer direkten Rangfolge. Der allerletzte in der Rangfolge hat dafür zu sorgen, dass ein anderer noch hinter ihm kommt, sonst geht er kaputt ... Die Schlafsäle haben offene Türen. Sprechen von Bett zu Bett ist verboten. Aus einem abgeteilten Holzverschlag mit Fenster ist der Schlafsaal zu überblicken. Ein Offizier sitzt dort und überblickt.

M2 Ein junger Soldat an einer Kadettenanstalt berichtet (um 1900)

Wir Buben spielten gern Kriegsspiele „Bur und Engländer". Dass im Krieg geschossen wurde und dass er weit fort war, wusste man auch, aber sonst nicht viel mehr. Mit der Zeit wurde man auch aufmerksam auf einheimische Soldaten, die auf Urlaub waren. Alle Buben haben sich interessiert für die Soldaten in bunter Uniform mit kurzen oder langen Säbeln und Reitsporen. Mancher 4- und 5-jähriger Bub bekam zu Weihnachten eine Husaren- oder Ulanenuniform mit Säbel, dazu noch Bleisoldaten ...
Als ich damals den ersten Infanteristen sah, mit Gewehr, blanker Pickelhaube, Tornister, Patronentaschen, Spaten, erzählte ich zu Haus: „Ich hab heut einen so schönen Soldaten gesehen wie noch nie." Etwa 12 Jahre später war ich derselbe Soldat im selben Regiment.

M3 Zeitzeuge Georg Braunbeck erinnert sich

1. → Beschreibe den Eindruck, den das Foto M1 vom Soldatenleben vermittelt.
2. → Erzähle mit eigenen Worten, woran sich Georg Braunbeck erinnert (M3).
3. → Vergleiche das Leben in der Kadettenanstalt mit der Situation auf dem Bild (M1, M2) und berichte.

M4 Feier des Sedantages in einer Volksschule in Berlin (Foto, 1914); der Lehrer lässt den Kaiser hochleben, alle Schülerinnen und Schüler jubeln und winken.

Schule im Kaiserreich – unterdrücken oder fördern?

Ebenso wie auf dem Kasernenhof wurden in vielen Schulen des Kaiserreichs Gehorsam, Disziplin und Unterordnung von den Lehrern gefordert und eingeübt. Aber es gab auch Pädagogen, die diese Erziehung ändern wollten.

> Von frühester Kindheit an wurde in meiner Zeit diese stupide Methode der Einschüchterung geübt. Dienstmädchen und dumme Mütter erschreckten schon dreijährige und vierjährige Kinder, sie würden den „Polizeimann" holen, wenn sie nicht sofort aufhörten, schlimm zu sein. Noch als Gymnasiasten wurde uns, wenn wir eine schlechte Note in irgendeinem nebensächlichen Gegenstand nach Hause brachten, gedroht, man würde uns aus der Schule zu nehmen und ein Handwerk lernen lassen ... Ob wir uns in der Schule wohlfühlten oder nicht, war ohne Belang. Ihre wahre Mission im Sinne der Zeit war nicht so sehr, uns vorwärtszubringen als uns zurückzuhalten, nicht uns innerlich auszuformen, sondern dem geordneten Gefüge möglichst widerstandslos einzupassen, nicht unsere Energie zu steigern, sondern sie zu disziplinieren und zu nivellieren.

M5 Aus dem Buch von Stefan Zweig: Die Welt von gestern. Erinnerungen eines Europäers

> (Strafen besteht) bei uns eigentlich lediglich im Konstatieren (Feststellen) des Vergehens ... Die gewöhnlichen Vergehen (u. a. Unpünktlichkeit, Störungen der Arbeit) werden im Klassenbuch und „Inspektionsbuch" notiert und wöchentlich vorgelesen. Doch hatte sich der Brauch herausgebildet, dass diejenigen, deren Notenzahl (Zahl der Eintragungen) eine bestimmte Grenze überstieg, in ihrer Freizeit irgendetwas im Hof und Garten zu arbeiten bekamen. Nun wurde von Seiten der Direktion der Schulgemeinde freigestellt, durch Beschluss diese Ordnungsstrafen abzuschaffen ... Von jetzt ab sollte die Übernahme einer Strafe in diesem Sinne dem freien Willen überlassen werden. Man glaube nicht, dass dieser Vorschlag von der Schülerschaft sofort mit Jubel begrüßt worden wäre. Im Gegenteil, Überraschung und Bedenken herrschten vor, und erst allmählich entschied sich die Mehrheit für ihn. Er scheint sich zu bewähren.

M6 Gustav Wyneken in einem Jahresbericht seiner Schule

Gustav Wyneken war ein Reformpädagoge, der 1906 die „Freie Schulgemeinde Wickersdorf" (Thüringen) gründete.

[4] Stelle in einer Tabelle die Erziehung in den Schulen, die Stefan Zweig besuchte, der Erziehung in der „Freien Schulgemeinde Wickersdorf" gegenüber (M5, M6).

[5] Erkläre, warum nicht alle Schüler über den veränderten Umgang mit Strafen in der Freien Schule gleich begeistert waren (M6).

Einigkeit und Recht und Freiheit

1 Einen Lückentext bearbeiten
Übertrage den Text in deine Geschichtsmappe und ergänze dabei die fehlenden Textstellen.
Verwende die nachfolgenden Begriffe.

Adel / Bismarck / Deutscher Bund / Deutsches Reich / Einigkeit / Freiheit / Frankfurter Nationalversammlung / Frauen / Hambacher Fest / Kaiser / Kaiser von Österreich / König von Preußen / Krieg gegen Frankreich / Militär / Nation / Recht / Reichskanzler / Revolution von 1848 / Versailles / Wiener Kongress / Zensur

Republik oder Monarchie? – Deutschland auf dem Weg zum Nationalstaat
In den Kämpfen gegen Napoleon hofften viele Deutsche darauf, eine freie Nation werden zu können. Diese Erwartungen wurden jedoch auf dem _____ enttäuscht. Dort beschlossen die Fürsten Europas, die alte Ordnung vor der Französischen Revolution soweit wie möglich wiederherzustellen. Sie gründeten den _____, in dem der _____ und der _____ den größten Einfluss hatten. Kritik und Proteste der Bürger wurden verfolgt und streng bestraft. Die _____ überwachte die Presse und die Schriftsteller. Trotzdem versammelten sich 1832 viele Menschen auf dem _____ um für ein freies und einiges Deutschland und die Freiheit der Völker Europas zu demonstrieren.
Die Unterdrückung durch die Fürsten und die sozialen Missstände führten zu wachsendem Widerstand, der sich in der _____ entlud. Die Revolutionäre setzten durch, dass sich aus allen Teilen Deutschlands gewählte Abgeordnete in der _____ versammelten, um eine Verfassung zu erarbeiten. Das Scheitern dieser Revolution konnte nicht verhindern, dass die Rufe in Deutschland nach einer _____ immer lauter wurden. Der preußische Ministerpräsident _____ führte, gestützt auf diese Bewegung, die deutschen Staaten in den _____, der 1871 gewonnen wurde. Im Spiegelsaal von _____ wurde der König von Preußen zum deutschen Kaiser ausgerufen und das _____ gegründet.
Nach der neuen Verfassung verfügten der _____ und der _____ über den größten Einfluss im Deutschen Reich. Die Abgeordneten des Reichstags wurden in freier, gleicher und geheimer Wahl ermittelt. Die _____ waren allerdings von der Wahl ausgeschlossen.
Die Gesellschaft des Kaiserreichs war durch den Gegensatz von Reich und Arm geprägt. Viele Bürger orientierten sich am Lebensstil von _____ und _____. Die Arbeiterschaft kämpfte für bessere Lebensbedingungen und politische Rechte. Von _____ und _____ und _____ war man noch weit entfernt.

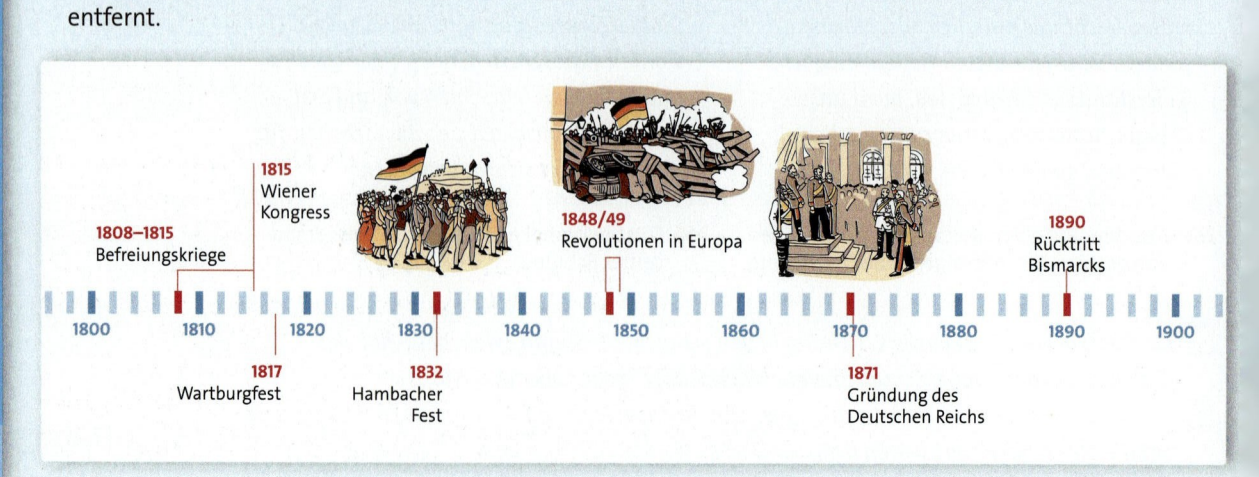

Zeitleiste:
- 1808–1815 Befreiungskriege
- 1815 Wiener Kongress
- 1817 Wartburgfest
- 1832 Hambacher Fest
- 1848/49 Revolutionen in Europa
- 1871 Gründung des Deutschen Reichs
- 1890 Rücktritt Bismarcks

2 Richtig oder falsch?

Achtung Falschmeldungen!
Auf dieser Seite siehst du einige Schlagzeilen zu den wichtigsten Ereignissen dieses Kapitels. Doch der Verfasser hat im Laufe dieses Jahrhunderts die Übersicht verloren und berichtet auch von Begebenheiten, die nie stattgefunden haben, oder er macht teilweise falsche Angaben. Berichtige die Fehler und trage dann die richtigen Schlagzeilen in deine Mappe ein.

a) 1814/15 Wiener Kongress fordert einheitliches Deutschland
Fürsten sind begeistert vom deutschen Nationalstaat
Verhandlungen werden zügig vorangetrieben

b) 1817 Wartburgfest
Proteste von Professoren und Studenten

c) 1819 Mord an Kotzebue
Karlsbader Beschlüsse – Einschränkung der Meinungs- und Pressefreiheit

d) 1823 Zensur im Deutschen Bund abgeschafft
Journalisten und Schriftsteller erleichtert

e) 1832 Hamburg: Volksfest für Einheit und Freiheit
Redner fordern Einigkeit, Recht und Freiheit für Deutschland und Europa – 32 000 demonstrieren friedlich

f) 1848 Revolution in Wien und Berlin
Volk geht auf die Barrikaden – König von Preußen muss nachgeben

g) 1849 Preußischer König nimmt die Kaiserkrone dankend an
Revolution erfolgreich beendet

h) 1866 Preußen besiegt Österreich
Überraschend schneller Sieg für Preußen

i) 1870/71 Deutsch-russischer Krieg
Deutsches Kaiserreich im Kreml in Moskau ausgerufen

j) 1871 Neue Reichsverfassung
Dreiklassenwahlrecht in Preußen bleibt

k) 1878 Bismarck: „Sozialisten sind Staatsfeinde"
Sozialistische Partei verboten

l) 1890 Bismarck zurückgetreten

3 Bilder deuten und zeitlich einordnen

Berichte über die Ereignisse, die auf den drei Bildern dargestellt sind. Achte dabei auf die zeitliche Reihenfolge.

Grundbegriffe:

Biedermeier
Bismarck
Deutscher Bund
Deutsches Reich
Dreiklassenwahlrecht
Gründerjahre
Hambacher Fest
Napoleon
Nationalversammlung
Obrigkeitsstaat
Reichsgründung
Restauration
Revolution 1848
Wiener Kongress

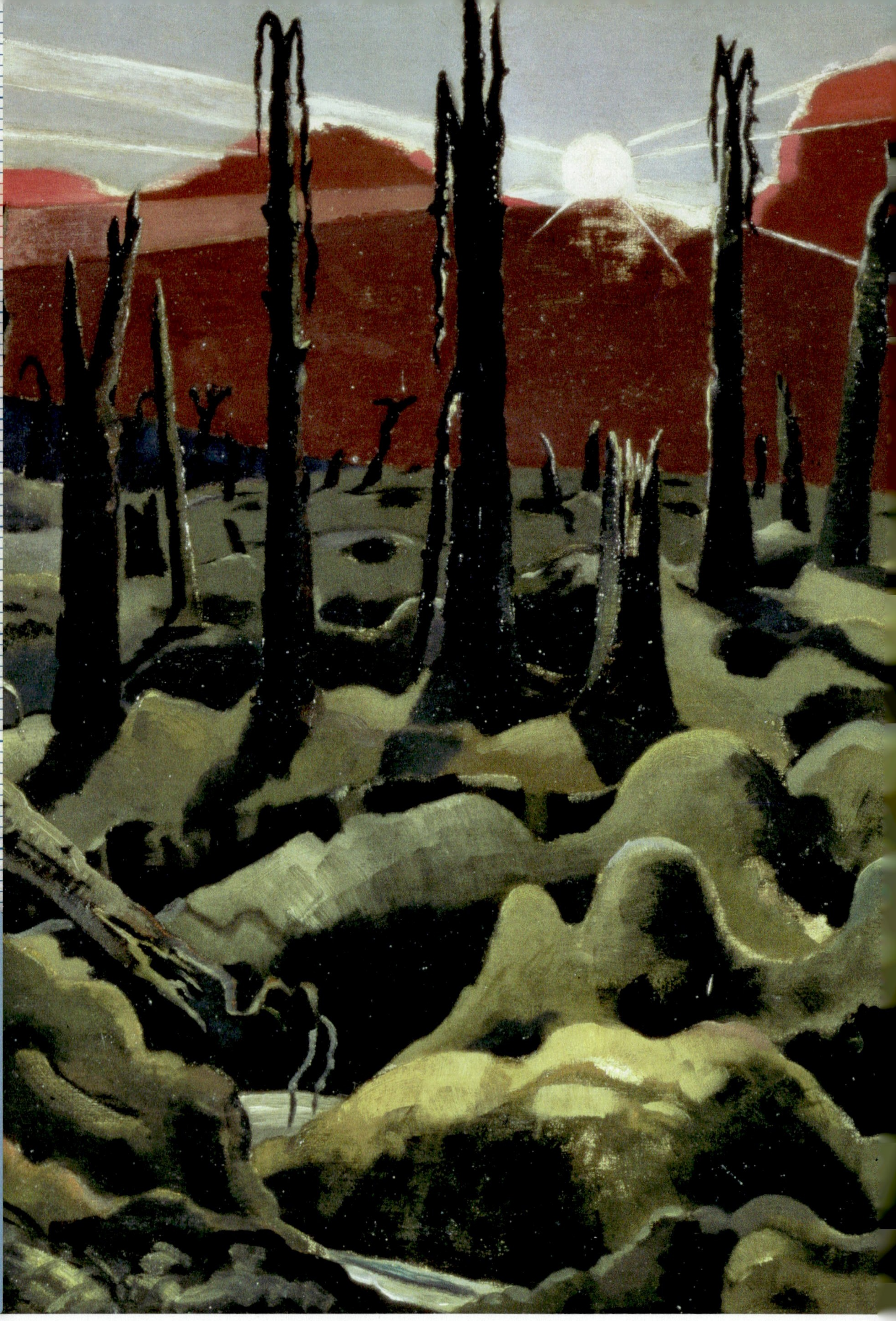

Zeitfenster: 1850–1919

Imperialismus und Erster Weltkrieg

M2 Carl Peters in Togo (1885). Peters war u. a. Politiker und Schriftsteller. Er gilt als Begründer der Kolonie Deutsch-Ostafrika.

M3 Jugendliche aus Deutschland und Polen pflegen in Saarbrücken gemeinsam Kriegsgräber aus dem Ersten Weltkrieg (2010).

→ Was ist „Imperialismus"?
→ Wie wirkte er sich auf das Zusammenleben der Völker aus?
→ Wie kam es zum Ersten Weltkrieg?
→ Wer trug die Schuld am Krieg?

M1 Wir schaffen eine neue Welt. Gemälde des englischen Malers Paul Nash (1918)

M1 Waren- und Geldströme zwischen Mutterland und Kolonien

„Honni soit qui mal y pense" (Ein Gauner, der Schlechtes dabei denkt) – Aufschrift auf dem britischen Königswappen, das oben rechts zu erkennen ist.

M2 Französische Karikatur (1891) zur britischen Kolonialpolitik

Das Zeitalter des Imperialismus

Europa und seine Kolonien

Imperialismus
Politik eines Staates, die Herrschaft auf fremde Gebiete auszudehnen, diese auszubeuten und sich so eine Vormachtstellung vor anderen Staaten zu sichern

In der ersten Hälfte des 19. Jahrhunderts wurden in vielen Ländern Europas Fabriken errichtet. Hier produzierte man Waren schnell, preiswert und in großen Mengen.

Mit der steigenden Produktion in Europa wuchs auch der Bedarf an Rohstoffen. Außerdem suchte man nach neuen Absatzmärkten zum Verkauf der Produkte.

Diese wirtschaftlichen Bedürfnisse deckten die Kolonien der europäischen Staaten. Seit der Entdeckung Amerikas hatten die Europäer die Länder Asiens, Afrikas und Südamerikas erobert, diese als Kolonien von sich abhängig gemacht und sie ausgebeutet.

Die Kolonien lieferten die begehrten Rohstoffe zu Billigpreisen. In den Fabriken Europas wurden sie mit großem Gewinn für die Fabrikbesitzer zu Fertigwaren weiterverarbeitet. So stellte man z. B. aus Baumwolle Kleidung oder aus Metallen Maschinen bzw. Maschinenteile her. Diese Fertigwaren wurden nicht nur in Europa, sondern auch in den Kolonien teuer verkauft. Um die Gewinne der Unternehmer noch zu steigern, wurden die Kolonien daran gehindert, eigene Industrien aufzubauen.

> *Es gibt eine Rechtfertigung für die finanziellen Ausgaben und Opfer an Menschen, die wir leisten, um unser Kolonialreich zu errichten. Es ist der Gedanke, die Hoffnung, dass der französische Kaufmann die Möglichkeit haben wird, in den Kolonien den Überschuss der französischen Produktion abzustoßen.*

M3 Ein französischer Politiker zum Erwerb von Kolonien (1899)

---

1. Beschreibe die Geld- und Warenströme zwischen Mutterland und Kolonien (Text, M1).
2. ➔ Nenne die Vorteile, die der Besitz von Kolonien für die Kolonialmächte brachte (M1, M3).
3. Beschreibe die Karikatur M2 und erkläre, was der Zeichner damit ausdrücken wollte.
   Tipp: Um 1891 waren England und Frankreich noch keine Verbündeten.
4. ➔ Erkläre die Motive für den Imperialismus der europäischen Staaten.

M4 Kinder aus dem Dorf Mbangi in Kamerun (Foto aus dem Album eines deutschen Soldaten mit eingefügter weißer Schrift, 1913)

Um 1880 besaß England bereits viele Kolonien rund um den Globus. Deshalb war es Ziel der britischen Außenpolitik, das britische Weltreich (Empire) zu sichern und noch weiter zu vergrößern. Die Regierung verkündete ihren Anspruch auf die Vorherrschaft in der Welt und setzte überall in den Kolonien, z. B. in Indien, Militär ein, um auch mit Waffengewalt die britischen Interessen durchzusetzen.

> 1 Niemand darf wegen seines Geschlechtes, seiner Abstammung, seiner Rasse, seiner Sprache, seiner Heimat und Herkunft, seines Glaubens, seiner religiösen oder
> 5 politischen Anschauungen benachteiligt oder bevorzugt werden.

M5 Grundgesetz, Artikel 3 (3)

> Ich behaupte, dass wir die erste und beste Rasse auf der Erde sind. Es ist das Beste für die Menschheit, dass wir immer mehr von der Welt bewohnen. Ich behaupte, dass
> 5 jeder Acker, der unserem Gebiet hinzugefügt wird, die Geburt von mehr Angehörigen der englischen Rasse bedeutet. Darüber hinaus bedeutet es einfach das Ende aller Kriege, wenn der größere Teil der
> 10 Welt in unserer Herrschaft aufgeht. Da (Gott) sich die Englisch sprechende Rasse offensichtlich zu seinem auserwählten Werkzeug geformt hat, muss es auch seinem Wunsch entsprechen, der engli-
> 15 schen Rasse so viel Raum wie möglich zu verschaffen.

M6 Gedanken des britischen Kolonialministers Cecil Rhodes

1 *Kolonialismus in Afrika →* www

Empire (engl.)
Bezeichnung für
5 das britische Weltreich, das im 19. Jahrhundert seine größte Ausdehnung erreichte

5 → Beschreibe das Bild M4. Erkläre, welche Haltung des deutschen Soldaten gegenüber den Menschen in den Kolonien deutlich wird.
6 Gib die Aussage von Cecil Rhodes mit eigenen Worten wieder (M6).
7 Beschreibe die Folgen, die sich nach Aussage von M6 für Nicht-Engländer ergeben.
8 → Schreibe deine eigene Meinung zur Aussage in M6 auf und berücksichtige in deiner Stellungnahme auch den Artikel 3 (3) Grundgesetz (M5).

Die Hauptbesitzungen und Flottenstützpunkte des Britischen Reiches um 1900

■ Britisches Empire
○ Flottenstützpunkt

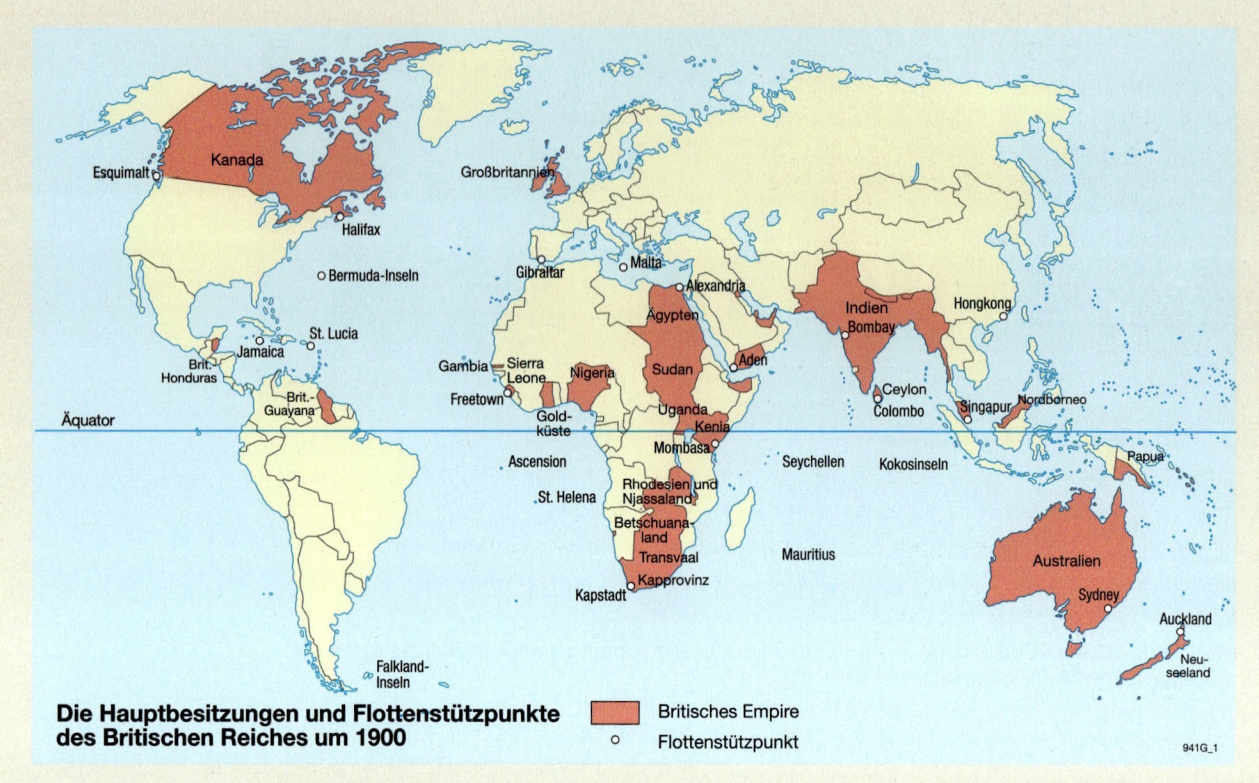

M1 Das britische Kolonialreich um 1900

Arbeit mit Geschichtskarten

Mithilfe von Geschichtskarten kann man geschichtliche Zustände oder Entwicklungen übersichtlich darstellen. Beim Lesen einer Geschichtskarte gehst du so vor:

Schritt 1 ●

Ausschnitt der Karte verstehen
→ Handelt es sich um eine Weltkarte?
→ Sind nur ein oder mehrere Kontinente, ein Staat oder ein Teil eines Staates abgebildet?

Schritt 2 ●●

Inhalte der Karte erfassen
→ Was ist in der Karte dargestellt?
→ Wie lautet der Kartentitel?
→ Was sagt die Zeichenerklärung (Legende) aus?
→ Welche Bedeutung haben die verschiedenen Farben, Linien oder Zeichen?
→ Ist aus Jahreszahlen eine zeitliche Entwicklung ablesbar?

Tipp: Benutze neben der Geschichtskarte auch die entsprechende Karte im Atlas und vergleiche beide Karten miteinander.

Schritt 3 ●●●

Ergebnisse zusammenfassen
→ Welche Ergebnisse oder Erkenntnisse hat die Kartenarbeit erbracht?
→ Beschreibe die dargestellte Situation oder die Entwicklung.

Tipps:
→ Notiere zunächst alle Ergebnisse deiner Kartenarbeit in Stichworten und fasse sie dann in einem Text zusammen.
→ Versuche, die Karte in deiner Mappe als einfache Skizze darzustellen.

M2 Britische Staatsbedienstete in Indien (ca. 1900)

M3 Britisch-Indien um 1914

Indien – reichste Kolonie des Empire

Die reichste Kolonie des britischen Empire war Indien. Als dort 1857 ein Aufstand ausbrach, konnten die Briten diesen nur mit Mühe niederschlagen. Indien wurde von der britischen Armee endgültig besetzt, unter britische Verwaltung gestellt und noch stärker wirtschaftlich ausgebeutet, z. B. durch hohe Steuern.

Die Briten beließen den indischen Fürsten ihre Herrschaftsgebiete, achteten aber darauf, dass diese nichts gegen sie unternahmen. Die Kolonialherren exportierten Industrieerzeugnisse (z. B. Textilien) aus Großbritannien zollfrei nach Indien. Damit waren die Importe sehr billig. Die in Indien ansässige Industrie konnte ihre Waren nicht mehr absetzen.

> *Die indische Textilindustrie war so hoch entwickelt, dass sogar die aufstrebende englische Maschinenindustrie nicht damit konkurrieren konnte und durch einen Zoll von annähernd 80 % geschützt werden musste. Zu Beginn des 19. Jahrhunderts wurden indische Seiden- und Baumwollstoffe auf dem britischen Markt zu einem weit niedrigeren Preis verkauft als die in England hergestellten Waren. Natürlich musste das aufhören, als England, die in Indien herrschende Macht, die indische Industrie rücksichtslos niederzuknüppeln begann.*

M4 Jawaharlal Nehru, erster indischer Ministerpräsident von 1947 bis 1964

> *In Simla, der Sommerresidenz des englischen Vizekönigs, genießen viele britische Beamte das schöne Leben. Inder haben keinen Zugang zu den Klubs und Häusern der Weißen, es sei denn als Bedienstete. Sie dürfen nicht in ihrer Tracht auf der Hauptstraße von Simla erscheinen. Die „Herrenrasse" der weißen „Sahibs" trinkt auch in Indien ihren Whisky, nimmt das Abendessen im Smoking ein und verachtet die Inder. Doch lieben die Engländer wie die indischen Fürsten Treibjagden, Elefantenreiten, Golf, Polo, Kricket und die Tigerjagd.*

M5 Herren und Diener in Indien (zeitgenössischer Text, bearbeitet)

---

1. → *Nenne die Gebiete Britisch-Indiens. Unterscheide nach Besitz und Einflussgebiet (M3).*
2. *Weise anhand von M4 und M5 und des Textes nach, wie die Engländer dem indischen Volk ihre Gewohnheiten und ihre Lebensweise aufzwangen.*
3. *Beschreibe, wie sich das Verhalten der britischen Kolonialherren auf die Bevölkerung auswirkte. Nenne drei Beispiele (M5).*
4. → *Erkläre, warum die britischen Kolonialherren die indische Textilindustrie zerstörten (M4).*
5. *Werte die Karte M1 aus. Lege eine Tabelle an und trage nach Kontinenten geordnet die britischen Kolonien ein (M1 und Atlas).*

Deutscher Flottenverein
Er unterstützte die Politik Kaiser Wilhelms II. zum Ausbau der deutschen Kriegsflotte, hatte 1908 mehr als eine Million Mitglieder.

M1 Eine Postkarte des Deutschen Flottenvereins, abgeschickt im Jahr 1905

Kolonialmacht Deutschland

„Ein Platz an der Sonne"

Um 1880 hatten die Staaten Europas den afrikanischen Kontinent untereinander aufgeteilt und in Asien ebenfalls Kolonien gegründet. Auch das junge Deutsche Reich beanspruchte Gebiete als Kolonien für sich. Da es nur noch wenige „weiße Flecke" auf der Landkarte gab, forderten Kaiser Wilhelm II. und namhafte deutsche Politiker umso heftiger den Erwerb von Kolonien.

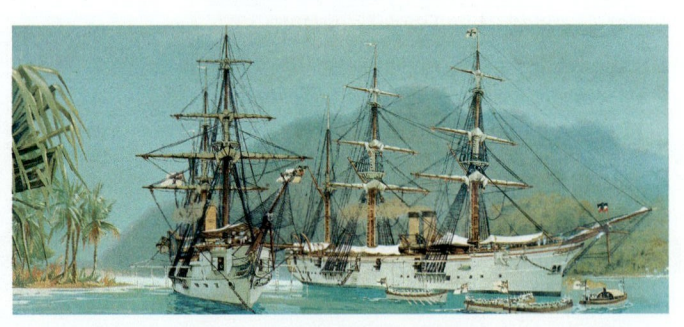

M2 „Kreuzer und Kanonenboot hissen auf Ponape die deutsche Flagge", Gemälde von Carl Saltzmann (1902)

Wir müssen verlangen, dass der deutsche Missionar und der deutsche Unternehmer, die deutschen Waren, die deutsche Flagge und das deutsche Schiff ... geradeso geachtet werden wie diejenigen anderer Mächte. Wir sind endlich gern bereit, ... den Interessen anderer Großmächte Rechnung zu tragen, in der sicheren Voraussicht, dass unsere eigenen Interessen gleichfalls die ihnen gebührende Würdigung finden. Mit einem Worte: Wir wollen niemand in den Schatten stellen, aber wir verlangen auch unseren Platz an der Sonne. (Wir) werden ... bestrebt sein, getreu den Überlieferungen der deutschen Politik, ohne unnötige Schärfe, aber auch ohne Schwäche unsere Rechte und unsere Interessen zu wahren.

M3 Staatssekretär von Bülow am 6. Dezember 1897 im Berliner Reichstag

1. Ermittle mithilfe des Geschichtsatlas, auf welchen Kontinenten das Deutsche Reich um 1900 Kolonien besaß. Erstelle dazu eine Übersicht.
2. Notiere die Forderungen von Bülows. Nimm Stellung zu deren Rechtmäßigkeit (M3).
3. Erkläre, warum in Deutschland der Ausbau der Kriegsflotte so sehr unterstützt wurde (M1).
4. „Ein Platz an der Sonne" ist wörtlich und im übertragenen Sinn zu verstehen. – Erkläre.

Die Kolonie Deutsch-Südwestafrika

Im Jahre 1883 erwarb der Bremer Kaufmann Lüderitz im Regierungsauftrag einen Küstenstreifen in Südwestafrika. Bereits 1884 wurde dieses Gebiet zum „Schutzgebiet" Deutsch-Südwestafrika erklärt.

1888 wurde dort eine deutsche „Schutztruppe" stationiert. Danach wurde das Land von deutschen Siedlern systematisch erschlossen sowie Straßen und ab 1903 eine Eisenbahnlinie gebaut.

Die Kolonialherren behandelten die eingeborenen Volksstämme der Nama und Herero denkbar schlecht und bedrohten mit ihren Siedlungen deren Weideflächen. Die Existenzgrundlage war für Nama und Herero gefährdet.

In den Jahren 1904/05 erhoben sie sich gegen die deutsche Fremdherrschaft. Die deutschen Truppen reagierten mit einem Vernichtungskrieg, in dem ca. 75 % der Hereros und 50 % der Nama ums Leben kamen.

Ich war dabei, als die Herero ... in einer Schlacht besiegt wurden. Nach der Schlacht wurden (von den Deutschen) alle Männer, Frauen und Kinder getötet ... Die große Masse war unbewaffnet und konnte sich nicht wehren.

M6 Augenzeugenbericht von Jan Cloete

1 Deutsch-Südwestafrika → www

5 Hereroaufstand → www

M7 Gefangene Herero werden von einem deutschen Soldaten bewacht (1904)

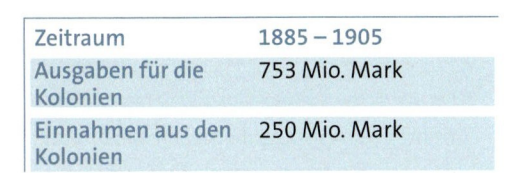

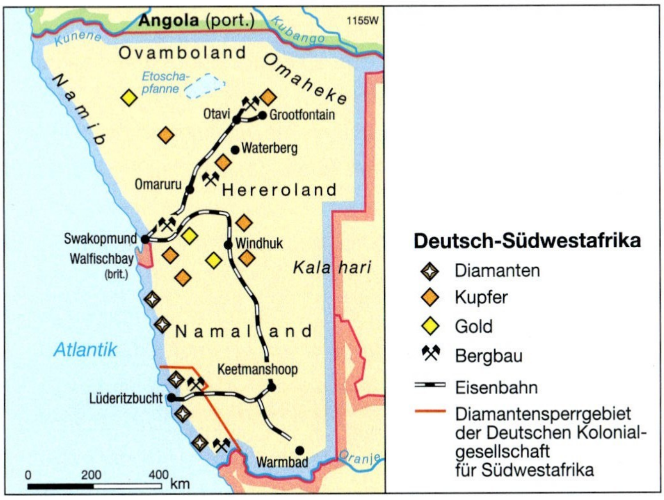

Zeitraum	1885 – 1905
Ausgaben für die Kolonien	753 Mio. Mark
Einnahmen aus den Kolonien	250 Mio. Mark

M4 Handelsbilanz mit den deutschen Kolonien

Auf unseren geheimen Zusammenkünften beschlossen unsere Häuptlinge, das Leben aller deutschen Frauen, Kinder und Missionare zu schonen. Nur deutsche Männer wurden als unsere Feinde betrachtet.

M5 Bericht des Herero D. Kariko (bearbeitet)

M8 Deutsch-Südwestafrika, heute Namibia

5 → Beschreibe die Auswirkungen der Kolonialisierung auf die einheimische Bevölkerung (Text).

6 Beurteile das Verhalten der deutschen Soldaten und der Aufständischen 1904/05 (M5-M7).

7 → Die deutsche Kolonialpolitik – lohnendes Geschäft oder Imagepflege? Nimm Stellung (M4).

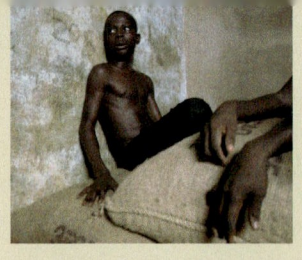

Noussou, 12 Jahre, aus dem afrikanischen Staat Elfenbeinküste
Eigentlich wollte Noussou mal Mechaniker werden. Aber der Zwölfjährige ist nie zur Schule gegangen. Stattdessen arbeitet er zusammen mit anderen Kindern elf Stunden täglich auf der Kakaoplantage. Und das für 20 Cent am Tag. Kinder unter 14 Jahren dürfen offiziell an der Elfenbeinküste nicht arbeiten.

Traoure Kassoum, 11 Jahre, mit Wunden an seinen Beinen
Die Verletzungen stammen von der Arbeit mit einer Machete auf einer Kakaoplantage. Kassoum wurde auf der Plantage geboren. Er weiß nicht, wie lange er dort zur Arbeit gezwungen wurde. Nach seiner Flucht lebt er in Abidjan bei einer Wohltätigkeitsorganistation.

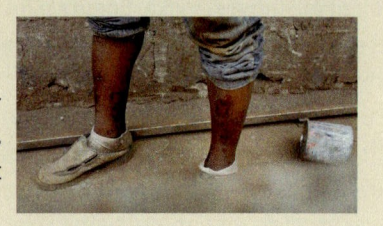

M1 Ausschnitte aus einer „Monitor"-Reportage und einer Bildreportage aus dem Jahr 2007

Der Imperialismus und seine Folgen

Was hat Schokolade mit Kinderarbeit zu tun?

Kinderarbeit →
www

Die Spanier brachten nach der Eroberung des Aztekenreiches den Kakao und das Schokoladegetränk mit nach Europa. Die europäischen Kolonialherren sorgten dafür, dass diese Frucht auch in Afrika und Asien angebaut wurde, denn immer mehr Europäer verlangten nach Kakao und Schokolade.

Die Kakaobauern Afrikas und Asiens mussten die wertvolle Frucht billig an die Kolonialherren verkaufen. Nur in den Staaten Europas durfte der Kakao weiterverarbeitet und als Schokolade teuer verkauft werden.

Die Staaten, in denen heute Kakao angebaut wird, zählen überwiegend zu den sogenannten Entwicklungsländern. Sie verfügen kaum über gewinnbringende Industrie. Deshalb sind sie vom Export des Rohstoffs Kakao und den damit erzielten Gewinnen abhängig.

> 1 In mehr als 30 Entwicklungsländern wird Kakao angebaut – 14 Millionen Menschen bestreiten ihren Lebensunterhalt mit seiner Produktion. In zahlreichen Ländern West-
> 5 afrikas und Lateinamerikas ist die Kakaoproduktion Haupteinnahmequelle von vielen Familien. Zum Beispiel an der Elfenbeinküste oder in Ghana, wo 90 Prozent der Bauernfamilien von der Produktion von
> 10 Kakao abhängig sind. Während der Kakaoanbau hauptsächlich in tropischen Regionen in den Ländern des Südens stattfindet, spielt sich der Großteil der Weiterverarbeitung und des Konsums von Kakaoprodukten in den
> 15 Industrieländern ab. Schätzungsweise 90 Prozent des weltweit produzierten Kakaos stammen von Familienbetrieben, die oft nur kleine Felder von weniger als fünf Hektar bewirtschaften. Nur fünf Prozent der Kakao-
> 20 produktion finden hingegen auf Plantagen statt, die größer sind als 40 Hektar. Viele Kleinbauern wissen gar nicht, was ihre Produkte wert sind. Zwischenhändler nutzen diesen Zustand aus und bezahlen ihnen
> 25 deshalb oft viel zu niedrige Preise ...
> Die schwierige Situation am Kakaomarkt und das sehr geringe Einkommen der Produzenten haben dazu geführt, dass der Anteil an Kinderarbeit und Sklavenarbeit in
> 30 Westafrika gestiegen ist.

Fairtrade → www

M2 Informationen der Organisation „Fairtrade" über Kakao und Schokolade

1. ➔ Verfasse einen Bericht über die Situation früher und heute in den Staaten, in denen Kakao angebaut wird. Gehe dabei auch auf die Kinderarbeit ein (Text, M1, M2).
2. ➔ „Schokolade macht Kinder glücklich." – Nimm Stellung zu dieser Aussage.

Kakaoproduktion nach Regionen und Ländern (in 1000 Tonnen)	2009/2010	2010/2011	2011/2012
Afrika	2458	3232	2839
Wichtigste Produzenten:			
Elfenbeinküste	1242	1511	1350
Ghana	632	1025	970
Südamerika	522	544	529
Wichtigste Produzenten:			
Brasilien	161	200	180
Ecuador	160	145	150
Asien/Ozeanien	633	537	593
Welt gesamt	3613	4304	3961

M3 Kakaoproduktion (Quelle: ICCO)

Kakaoproduktion heute

Die Kakaobauern erhielten im Jahr 1980 inflationsbereinigt je Tonne Kakao fast 5000 US-Dollar, im Jahre 2000 waren es nur noch 1200 US-Dollar, Mitte 2012 waren es rund 2300 US-Dollar. Der sinkende Kakaopreis führte zur Verarmung von Millionen Bauern. Da sie keine Erntehelfer mehr bezahlen konnten, setzten sie verstärkt ihre eigenen Kinder oder auch angeheuerte Kinder ein. In Westafrika arbeiten Hunderttausende Kinder unter Bedingungen, die sowohl laut den nationalen Gesetzen als auch laut internationalen Standards verboten sind. Die Kinderarbeit ist letztendlich ein Symptom für die schlechte Situation vieler Kakaoanbauer. Am schlimmsten ist die Situation in der Elfenbeinküste, von wo rund 35 % der weltweiten Ernte und sogar 60 % des in Deutschland verarbeiteten Kakaos stammen. Aufgrund der gefallenen und stark schwankenden Kakaopreise haben viele Kakaobauern nicht mehr in ihre Plantagen investiert. Ein großer Teil der Bäume ist älter als 20 Jahre. Darüber hinaus haben die Bauern kein Geld, um ausreichende Mengen Dünger und Pestizide zu kaufen. Dies führt dazu, dass sie in der Regel nur rund 400 kg Kakao je Hektar ernten – möglich wäre mehr als das Doppelte. Auch die Regierungen vieler Anbauländer unterstützen die Bauern nicht in einem Maße, das notwendig wäre. Es fehlt an Weiterbildungsmöglichkeiten, Infrastruktur wie Straßen und Schulen sowie an Möglichkeiten, Kleinkredite aufzunehmen. Viele Bauern überlegen angesichts der unsicheren Situation auf dem Kakaomarkt, auf andere Früchte umzusteigen. Dies wiederum löst große Besorgnis bei den Schokoladenproduzenten aus, die Engpässe bei der Versorgung mit ihrem Rohstoff fürchten.

M4 Aus der Informationsschrift eines Experten (2012)

3 ↪ *Berechne mithilfe von M3, wie viel Kakao*
   a) *in den Ländern Afrikas und*
   b) *außerhalb Afrikas pro Jahr produziert wurde und beschreibe die Entwicklung von 2009/2010 bis 2011/2012.*
   c) *Veranschauliche die Ergebnisse in einem Säulendiagramm.*
4 ↪ *Stelle die Situation der Kakaobauern in Westafrika dar (M4).*
5 ↪ *Erkläre mit eigenen Worten, welche Auswege aus der schwierigen Situation denkbar sind (M4).*

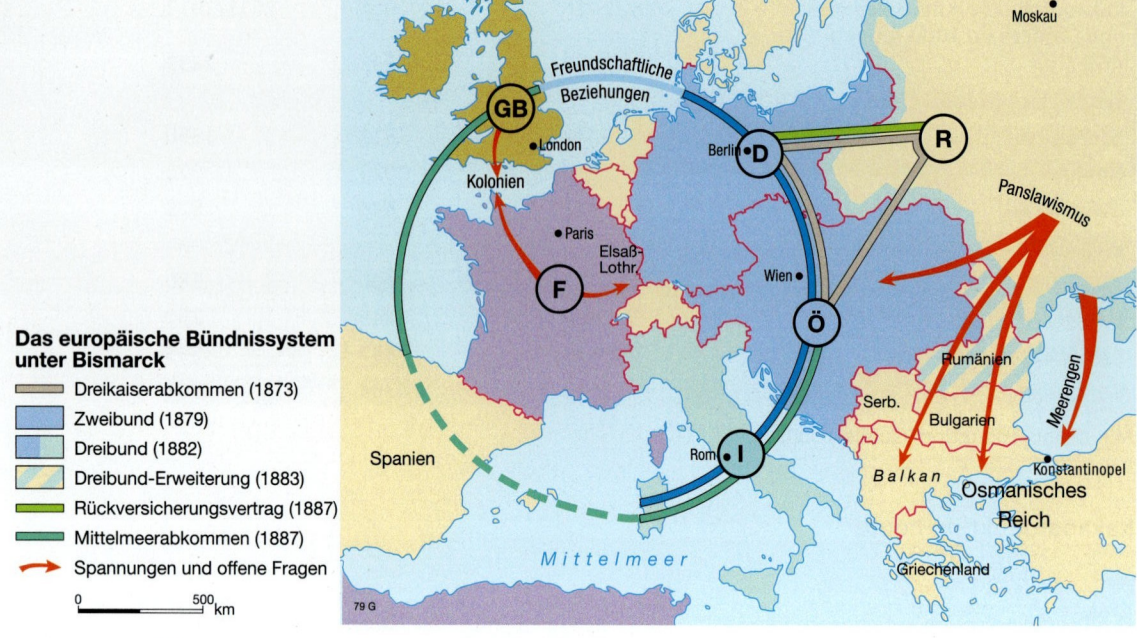

Das europäische Bündnissystem unter Bismarck
- Dreikaiserabkommen (1873)
- Zweibund (1879)
- Dreibund (1882)
- Dreibund-Erweiterung (1883)
- Rückversicherungsvertrag (1887)
- Mittelmeerabkommen (1887)
- Spannungen und offene Fragen

M1 Bündnisse in Europa zur Zeit Bismarcks

Deutsche Außenpolitik im Wandel

Bündnissysteme in Europa

So sieht das Bild aus, welches mir vorschwebt: nicht das irgendeines Ländererwerbes, sondern das einer politischen Gesamtsituation, in welcher alle Mächte außer Frankreich uns brauchen und von Koalitionen gegen uns durch ihre Beziehungen zueinander nach Möglichkeit abgehalten werden.

M2 Bismarck über seine Außenpolitik (1877)

Bismarcks Außenpolitik → www

Durch die Reichsgründung im Jahre 1871 war Deutschland zu einer Großmacht neben Großbritannien, Frankreich, Russland und Österreich-Ungarn aufgestiegen. Reichskanzler Otto von Bismarck hatte dieses Ziel nach drei Kriegen erreicht. Nun versicherte er den misstrauischen Nachbarn, dass das Deutsche Reich keine weiteren Gebiete in Europa beanspruche. Die neue Stellung Deutschlands sicherte er während seiner Regierungszeit durch eine Reihe von Bündnissen ab. In diese Verträge band er Österreich-Ungarn, Russland, Großbritannien und Italien ein.

Frankreich jedoch war isoliert. Bismarck wollte so einen möglichen Angriffskrieg Frankreichs gegen Deutschland verhindern.

ⓘ Bismarcks Bündnissystem

1873: Dreikaiserabkommen – engere Zusammenarbeit zwischen Deutschland, Russland und Österreich zur Sicherung des Friedens

1879: Zweibund – Verteidigungsbündnis zwischen Deutschland und Österreich-Ungarn

1882: Dreibund – Beitritt Italiens zum Zweibund

1887: Rückversicherungsvertrag – Vereinbarung der Neutralität zwischen Deutschland und Russland, falls Deutschland von Frankreich oder Russland von Österreich angegriffen würde.

1 Erläutere, wie Bismarck sich die Beziehungen zu den Bündnispartnern vorstellte (M2).

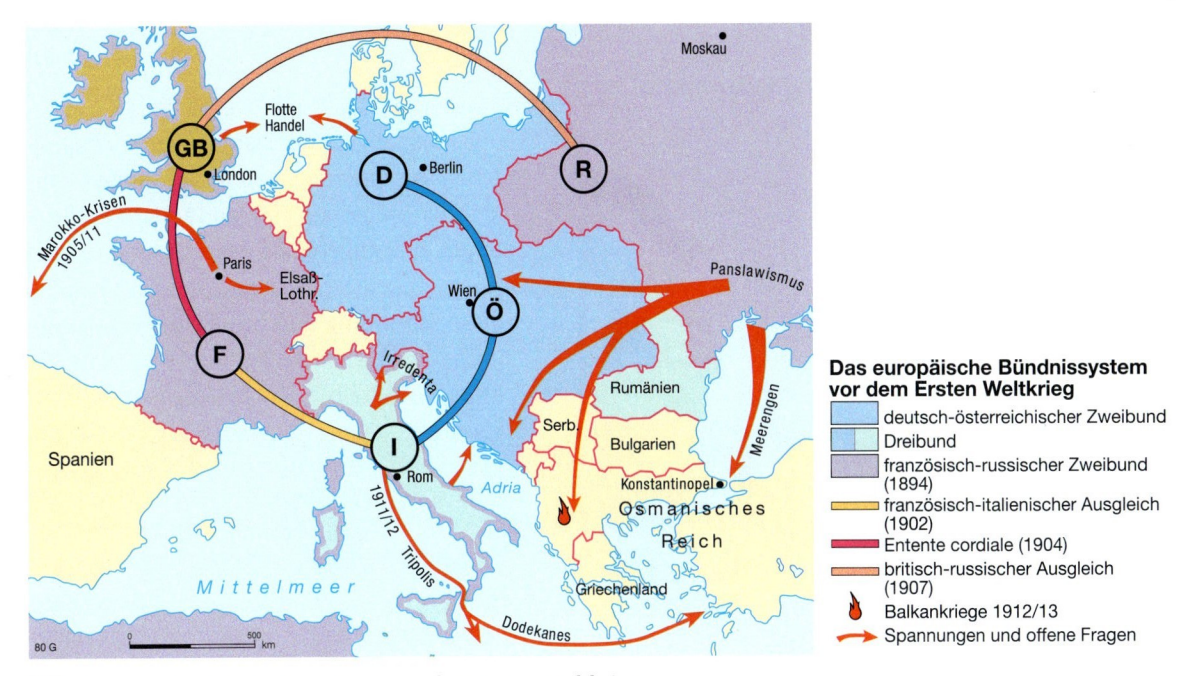

M3 Das europäische Bündnissystem vor dem Ersten Weltkrieg

Das europäische Bündnissystem vor dem Ersten Weltkrieg
- deutsch-österreichischer Zweibund
- Dreibund
- französisch-russischer Zweibund (1894)
- französisch-italienischer Ausgleich (1902)
- Entente cordiale (1904)
- britisch-russischer Ausgleich (1907)
- Balkankriege 1912/13
- Spannungen und offene Fragen

1888 wurde Wilhelm II. deutscher Kaiser. Er hatte andere Vorstellungen als Bismarck und entließ ihn bereits im Jahr 1890. Wilhelm II. verlängerte den Rückversicherungsvertrag mit Russland nicht. Damit begann der Zerfall von Bismarcks Vertragssystem.

Der Kaiser beanspruchte für Deutschland die Vormachtstellung in Europa, den Besitz von Kolonien und eine Kriegsflotte. Großbritannien sah seine Überlegenheit gefährdet. Als Folge entwickelte sich ein Wettrüsten zwischen Großbritannien und Deutschland.

ⓘ Neue Bündnisse in Europa

1894: Zweibund – Zusammenarbeit zwischen Russland und Frankreich
1902: Interessenausgleich zwischen Frankreich und Italien
1904: Entente cordiale zwischen Frankreich und Großbritannien
1907: Tripleentente: Russland tritt der Entente cordiale bei.

M4 „Der Lotse geht von Bord" (britische Karikatur, 1890)

2 ↪ Erkläre, wie Frankreich seine Isolation überwinden konnte.
3 Beschreibe und erkläre die Karikatur M4.
4 ↪ Stelle fest, mit welchen Partnern a) Frankreich und b) Deutschland vor dem Ersten Weltkrieg verbündet waren und welches Bismarcksche Bündnis noch besteht (Text, M1, M3).
5 Erläutere die Ziele der neuen deutschen Außenpolitik unter Wilhelm II. (Text).

Der Weg in den Ersten Weltkrieg

Kriegsbegeisterung in Europa

M1 Postkarte von ca. 1914 – *Zukunftsmusik.*

und warnten vor dem Grauen einer kriegerischen Auseinandersetzung. Die große Mehrheit der Menschen in allen Ländern Europas zeigte eine allgemeine Begeisterung für den Krieg, und die Regierungen ihrerseits heizten diese Stimmung durch gezielte Propaganda immer weiter an. Sie behaupteten, dass ein Krieg innerhalb eines Jahres beendet sein könnte.

Jahr	Dt. Reich Armee	Dt. Reich Marine	Großbritannien Armee	Großbritannien Marine
1906	753	245	566	642
1908	827	338	548	656
1910	831	426	560	825
1912	948	462	568	920
1914	1768	476	589	1052

M2 Rüstungsausgaben in Millionen Mark

Das Anfang des 20. Jahrhunderts begonnene Wettrüsten zwischen Deutschland und Großbritannien beschränkte sich nicht nur auf die Kriegsflotte. Auch die Armeen beider Staaten wurden mit modernen Waffen ausgestattet. Dazu gehörten erstmals auch Maschinengewehre und Granatwerfer, ab 1916 auch Panzer, sogenannte Tanks. Die Ausrüstung des Militärs zu Wasser und zu Lande galt als Maßstab für den Kräftevergleich zwischen dem Deutschen Reich und Großbritannien.

Im Sommer 1914 standen sich beide Länder und auch die anderen europäischen Mächte bis an die Zähne bewaffnet gegenüber. Überall in Europa warteten die Menschen auf ein Ereignis, das zum Kriegsausbruch führte. Nur wenige fürchteten den bevorstehenden Krieg

> Ach, es ist furchtbar. Es ist immer das gleiche, so langweilig, langweilig, langweilig. Es geschieht nichts, nichts, nichts. Wenn doch endlich einmal etwas geschehen wollte ... Würden einmal wieder Barrikaden gebaut. Ich wäre der Erste, der sich darauf stellte, ich wollte noch mit der Kugel im Herzen den Rausch der Begeisterung spüren. Oder sei es auch nur, dass man einen Krieg begänne, er kann ungerecht sein. Dieser Friede ist so schmierig wie eine alte Leimpolitur auf alten Möbeln.

M3 Tagebuch des deutschen Schriftstellers Georg Heym von 1910

---

1. Erstelle mithilfe von M2 vergleichende Säulendiagramme zu den Jahren 1906 – 1914 für die Rüstungsausgaben für Armee und Marine. Berechne die Gesamtausgaben beider Länder pro Jahr. Beschreibe anhand der Daten den Rüstungswettlauf.
2. Erläutere die Einstellung von Georg Heym in seinem Tagebuch zu Frieden, Krieg und Tod als Soldat (M3).
3. a) Beschreibe die Postkarte M1.
   b) Erkläre, wodurch die Kriegsbegeisterung deutlich wird.
4. Nimm Stellung zu der allgemeinen Kriegsbegeisterung in Europa.

M4 Teilnehmer des Weltfriedenskongresses in München 1907. Sitzend, Zweite von links: Bertha von Suttner

Streiter für den Frieden

Trotz der weitverbreiteten Kriegsbegeisterung in allen Ländern Europas gab es auch Menschen, die gegen den Krieg protestierten und für den Erhalt des Friedens eintraten. Sie waren zwar in der Minderheit, warben aber auf Friedenskongressen für die Sache des Friedens. Sie prangerten die Unmenschlichkeit des Krieges an und kritisierten das Wettrüsten auf allen Seiten. Sie setzten sich dafür ein, dass politische Konflikte nicht mit kriegerischen Mitteln, sondern vor einem internationalen Schiedsgericht gelöst werden sollten. Eine der bekanntesten Kämpferinnen für den Frieden war die Österreicherin Bertha von Suttner. Mit ihrem 1889 erschienen Roman „Die Waffen nieder!" wurde sie international bekannt und zu einer der wichtigsten Vertreterinnen der Friedensbewegung. Für ihr Engagement erhielt sie im Jahre 1905 den Friedensnobelpreis.

ⓘ Aktivitäten der Internationalen Friedensbewegung

- 1891 – Weltfriedenskongress in Rom – Bertha von Suttner wird zur Vizepräsidentin gewählt
- 1892 – Gründung der Deutsche Friedensgesellschaft durch Bertha von Suttner
- 1892 – internationaler Friedenskongress in Bern
- 1894 – internationaler Friedenskongress in Antwerpen
- 1897 – internationaler Friedenskongress in Hamburg
- 1899 – Erste Haager Friedenskonferenz
- 1903 – Eröffnung des „Institut International de la Paix" in Monaco
- 1904 – Internationale Frauenkonferenz in Berlin
- 1907 – Zweite Haager Friedenskonferenz

Bertha von Suttner → www

M5 Bertha von Suttner (Briefmarke der Deutschen Post aus dem Jahr 2005)

5 → Nenne die Ziele der Friedensbewegung (Text).
6 „Die Friedensbewegung war international." Erkläre diese Aussage (Info-Text).
7 → Nenne mögliche Gründe dafür, dass die Friedensbewegung den Ausbruch des Ersten Weltkrieges nicht verhindern konnte. Verwende die Informationen auf diesen und den vorherigen Seiten.

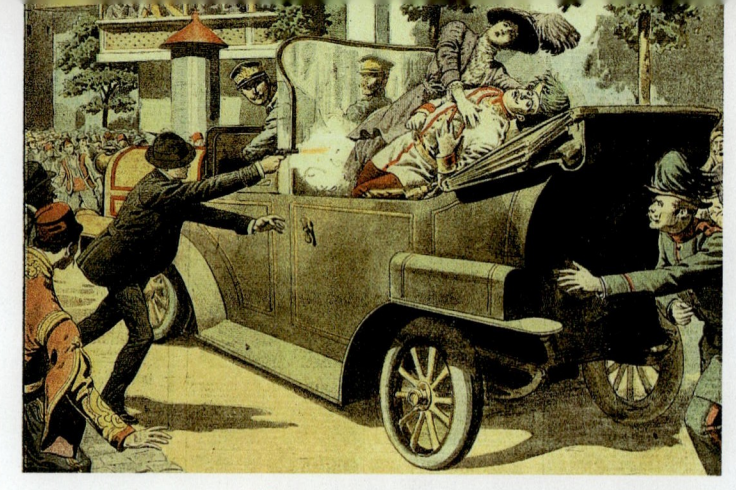

M1 Das Attentat vom 28. Juni 1914 (zeitgenössische Zeichnung)

M2 Österreich-Ungarn 1914

Der Erste Weltkrieg

Balkankrisen und Kriegsausbruch

Zu Beginn des 20. Jahrhunderts war der Balkan die gefährlichste Krisenregion Europas. Hier hatten slawische Völker ihre Unabhängigkeit von der Türkei erkämpft. Serbien, Bulgarien und Griechenland waren als Staaten entstanden.

Andere Slawen lebten in Österreich-Ungarn und wollten ebenfalls unabhängig werden. Russland verstand sich als Führungsmacht aller Slawen und unterstützte diese Unabhängigkeitsbestrebungen.

Im Jahre 1908 nahm Österreich-Ungarn das von Slawen besiedelte Bosnien in Besitz. Serbien beanspruchte dieses Gebiet für sich, weil hier viele Serben lebten. Russland ergriff für Serbien Partei. Mehrmals verschärfte sich die Krise. Ein Krieg zwischen Russland und Österreich-Ungarn konnte nur knapp verhindert werden.

Am 28. Juni 1914 besuchten der österreichische Thronfolger Franz Ferdinand und seine Frau Sophie die bosnische Hauptstadt Sarajewo. Sie fuhren im offenen Wagen durch die Stadt, als sich der Serbe Gavrilo Princip der langsam fahrenden Wagenkolonne näherte und das Thronfolgerpaar aus kurzer Entfernung erschoss. Er wurde unmittelbar nach der Tat überwältigt und verhaftet.

Ausbruch des Ersten Weltkriegs → [www]

Methoden erlernen: Ein Schaubild zeichnen

Mithilfe eines Schaubildes kann man einen komplizierten Zusammenhang übersichtlich darstellen.

So gehst du vor:

Schritt 1 •

Die Grundanlage planen

→ Überlege dir, was du darstellen möchtest, z. B. die Kriegsgegner bei Beginn des Ersten Weltkrieges.

→ Plane jetzt die angemessene Form der Darstellung. Die Kriegsgegner kann man z. B. als Kästen zeichnen. Die verbündeten Staaten auf beiden Seiten werden mit Linien untereinander verbunden und erhalten jeweils eine eigene Farbe.

Schritt 2 ••

Die Details überlegen

→ Notiere dir die Texte, die in dem Schaubild stehen sollen.

→ Plane eine Legende, z. B. um verschiedene Farben zu erklären, die du im Schaubild verwendest.

Schritt 3 •••

Das Schaubild zeichnen

→ Halte dich an deine Planung und beschränke dich auf das Wichtigste.

Tipp: Verwende beim Zeichnen möglichst einfache Formen (Viereck, Dreieck, Kreis, Halbkreis, ovale Form).

M3 Deutsche Soldaten auf dem Transport zur Westfront 1914

Mit seinem Attentat wollte Princip gegen die Besetzung Bosniens durch Österreich-Ungarn protestieren. Das Attentat rief in Europa Entsetzen hervor. Die österreichische Presse gab Serbien eine Mitschuld an der Bluttat. Kaiser Wilhelm II. versprach Österreich militärische Unterstützung für den Kriegsfall.

> *Was Serbien anbelange, so könne der deutsche Kaiser zu den zwischen Österreich-Ungarn und Serbien schwebenden Fragen keine Stellung nehmen ... Kaiser*
> 5 *Franz Joseph könne sich aber darauf verlassen, dass Kaiser Wilhelm im Einklang mit seinen Bündnispflichten und seiner alten Freundschaft treu an der Seite Österreich-Ungarns stehen werde.*

M4 Telegramm des deutschen Reichskanzlers Bethmann-Hollweg vom 6. Juli 1914 an die österreichische Regierung

Obwohl Serbien fast alle österreichischen Forderungen zur Aufklärung des Attentats erfüllte, erklärte Österreich am 28. Juli 1914 dem Königreich Serbien den Krieg. Nun trat der Mechanismus der verschiedenen Bündnisse in Kraft: Deutschland und Italien waren als Mittelmächte mit Österreich-Ungarn verbündet. An der Seite Serbiens trat Russland zusammen mit Frankreich und Großbritannien als Alliierte in den Krieg ein.

Das Attentat von Sarajewo hatte damit den äußeren Anlass für den Ausbruch des Ersten Weltkrieges geliefert.

Die deutsche Führung ging von einem schnellen Sieg aus und erwartete, dass der Krieg noch vor Weihnachten zu Ende sein werde. Dies war ein fataler Irrtum. Es begann ein Krieg, der in der Anzahl der Opfer und in seinem Grauen bisher ungeahnte Ausmaße annehmen sollte.

1. *Formuliere Argumente für die Ansprüche Serbiens auf bosnisches Gebiet (Text, M2).*
2. *Nenne Gründe, die Princip der Polizei für das Attentat angegeben haben könnte (Text, M1).*
3. *↪ Wilhelm II. sicherte Österreich seine Unterstützung zu. Nenne die Verträge (Text, Info-Kasten auf S. 141).*
4. *Beschreibe die Haltung Wilhelms II. zu Serbien (M4).*
5. *Erstelle ein Schaubild, das zeigt, welche Staaten Europas aufgrund der Bündnisse Kriegsgegner wurden.*
6. *↪ Nimm Stellung zu der Frage, unter welchen Bedingungen der Kriegsausbruch hätte verhindert werden können (M4, Text).*

M1 Gefallene deutsche Soldaten in einem Schützengraben nach der Einnahme durch Franzosen (in der Champagne, ca. 1915)

M2 Deutscher Soldat zu Pferd – beide ausgerüstet mit Gasmasken (Juni 1918)

Stellungskrieg und weiterer Verlauf des Krieges

Bei Kriegsausbruch steigerte sich nicht nur in Deutschland die schon vorhandene Kriegsbegeisterung. Viele junge Männer meldeten sich als Kriegsfreiwillige in der Überzeugung, einer ehrenvollen Sache zu dienen und Weihnachten wieder zu Hause zu sein. Darunter waren sogar Schüler aus 13. Klassen der Gymnasien. Ihnen wurde nach einer vereinfachten Prüfung („Notabitur") die Hochschulreife zugesprochen, sodass sie sich als Kriegsfreiwillige melden konnten.

Bald aber geriet der Vormarsch im Westen ins Stocken. Französische und deutsche Truppen standen sich gegenüber, befestigten ihre Stellungen und kämpften erbittert um jeden Meter Landgewinn. Dieser Stellungskrieg fand in der Schlacht von Verdun seinen grausigen Höhepunkt. Hier gab es eine Materialschlacht mit neuen Waffen wie Flugzeugen, Giftgas, Maschinengewehren, Handgranaten und Minen. Allein bei Verdun starben nach vorsichtigen Schätzungen ungefähr 700 000 deutsche und französische Soldaten.

> *Gegenüber unserer Stellung scheint die Welt unterzugehen. Raus aus den Gräben! Kein Quadratmeter, der nicht zerwühlt ist. Die Maschinengewehre rasseln, das Infanteriefeuer rollt. Ein Höllenlärm. Da stürzt einer, dort wieder einer. Leutnant U. steht auf – da – spritzen Fetzen seiner Generalstabskarte, er krampft die Hände vor die Brust und fällt. Nach wenigen Minuten ist er tot. Unter Granathagel geht es zurück. Der Durst war riesig. Jede, auch durch Gas gelb gefärbte Pfütze musste herhalten. Bis morgens 4 Uhr lagen wir dann in einem Loch und konnten nicht vorwärts, da die Mulde vor uns stark beschossen wurde. Durst riesig. Endlich regnete es, da leckten wir die Überzüge am Helm und die Rockärmel ab. Der Weg zurück lag unter Dauerbeschuss. Ich lag eine Weile ohne Besinnung – vor Entkräftung.*

M3 Bericht eines Studenten aus der Schlacht vor Verdun (bearbeitet)

Gefallene Soldaten (in Tsd.)	
Deutsches Reich	1808,5
Russland	1700
Frankreich	1385
Österreich-Ungarn	1200
Großbritannien	947
Italien	460
Serbien	360
Türkei	325
Rumänien	250
USA	115

M4 Bilanz des Ersten Weltkriegs

M5 Europa im Ersten Weltkrieg

Der Erste Weltkrieg wurde auch auf See geführt. Erstmals wurden Unterseeboote und Unterseewaffen (Torpedos) in großem Stil gegen feindliche Kriegsschiffe eingesetzt. 1915 forderte der deutsche U-Boot-Angriff auf den britischen Passagierdampfer „Lusitania" 1198 Todesopfer, darunter 128 US-Amerikaner. Deutschland erklärte 1917 den uneingeschränkten U-Boot-Krieg, d. h., es wurden auch Handels- und Passagierschiffe der Alliierten angegriffen. Daraufhin traten auch die USA gegen Deutschland in den Krieg ein. Nun war die militärische Stärke der Alliierten übermächtig. In Deutschland war die Kriegsbegeisterung verflogen. Die Bevölkerung litt stark unter dem Krieg, und die Menschen mussten hungern. Schließlich gestand die Oberste Heeresleitung im Oktober 1918 die deutsche Niederlage ein. Am 11. November 1918 unterzeichneten Vertreter der deutschen Regierung den Waffenstillstandsvertrag; der Erste Weltkrieg war zu Ende.

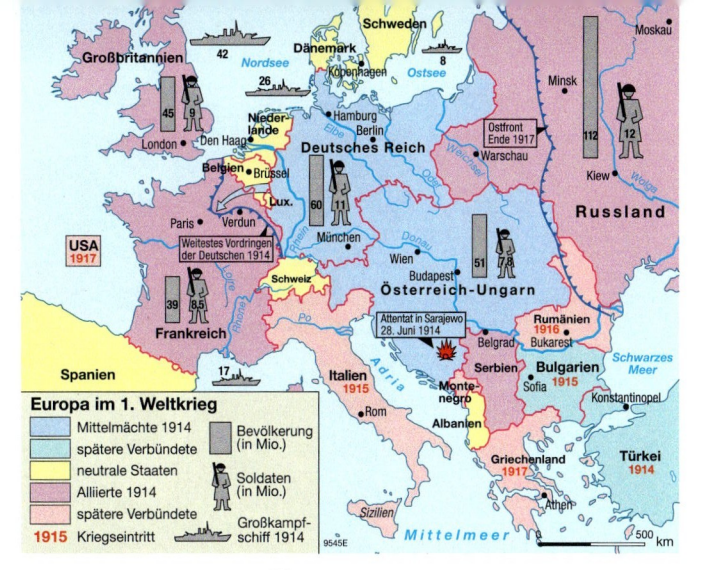

Ziele der Kriegsparteien

Mittelmächte

Deutschland wollte nordfranzösische und belgische Industriegebiete dem Reich eingliedern und ein Wirtschaftsbündnis in Mitteleuropa.

Österreich-Ungarn wollte neben Bosnien auch Serbien in seine Abhängigkeit bringen.

Alliierte

Frankreich wollte Elsass-Lothringen zurückgewinnen, das Saarland erwerben und Österreich-Ungarn aufteilen.

Russland wollte die slawischen Völker von Fremdherrschaft befreien.

Großbritannien wollte Deutschland als Konkurrenz auf den Weltmeeren und dem Weltmarkt ausschalten.

Italien wollte Südtirol, Triest, Teile Albaniens und der Türkei besetzen.

Die **USA** wollten die Rückzahlung von Kriegskrediten sichern, die sie den Alliierten gewährt hatten.

Der Erste Weltkrieg → www

---

1. Beschreibe die Hölle des Krieges (M1-M3) und vergleiche mit der Kriegsbegeisterung zu Beginn des Krieges.
2. „In den Materialschlachten ging es nur darum, wer den längeren Atem hatte." – Erkläre.
3. Werte die Karte M5 aus, indem du in einer Tabelle die verbündeten Staaten der Mittelmächte und der Alliierten zusammenstellst, die jeweilige Anzahl ihrer Soldaten ermittelst und miteinander vergleichst.
4. ↪ Ermittle anhand von M4 die Anzahl aller Kriegsopfer im Ersten Weltkrieg.
5. ↪ Stelle Vermutungen für Regelungen eines möglichen Friedensvertrages an (Info-Text).

M1 Ausschnitt aus einem Plakat der Deutschnationalen Volkspartei (DNVP) zum Thema „Dolchstoßlegende" (1924)

Die Neuordnung Europas

Der Versailler Vertrag

Noch während des Krieges hatte der amerikanische Präsident Wilson in 14 Punkten ein Programm für einen Frieden formuliert, der auf Gerechtigkeit und dem Selbstbestimmungsrecht der Völker beruhen sollte. In Deutschland hoffte man, dass ein Friedensvertrag nach diesen Grundsätzen ausgehandelt würde.

Versailler Vertrag → www

Es kam ganz anders. Die unterlegenen Staaten wurden von den Friedensverhandlungen in Versailles ausgeschlossen. Frankreich, England und die USA einigten sich im Frühjahr 1919 hinter verschlossenen Türen auf die Grundlagen eines Friedensvertrages. Sollte der Vertrag von Deutschland abgelehnt werden, wurde mit der militärischen Besetzung Deutschlands gedroht.

Unter diesem Druck nahm Deutschland den Vertrag an. Reichskanzler Scheidemann trat zurück, weil er den Vertrag nicht unterschreiben wollte.

Am 28. Juni 1919 unterzeichnete die deutsche Delegation unter Leitung von Außenminister Müller den Vertrag im Spiegelsaal zu Versailles. Ganz Deutschland war über die harten Bestimmungen empört.

Deutschland erkennt die alleinige Schuld am Ausbruch des Krieges an. Es ist für die Kriegsschäden haftbar.
Deutschland zahlt Reparationen in Höhe von 132 Milliarden Goldmark.
Das Heer wird auf 100 000 Mann, die Marine auf 15 000 Mann begrenzt.
Schwere Waffen bleiben verboten.
Eine Vereinigung Deutschlands mit Österreich ist unzulässig.
Das Rheinland wird von den Alliierten besetzt und nach deren Abzug entmilitarisiert.
Das Saargebiet wird vom Völkerbund verwaltet, die Kohlegruben sind als Reparationen an Frankreich abzutreten. Die Saarländer entscheiden nach 15 Jahren, ob sie wieder zu Deutschland gehören wollen.
Danzig wird Freistaat.
Elsass-Lothringen, Eupen-Malmedy, Nordschleswig, Westpreußen, Memelland und ein Teil Oberschlesiens werden von Deutschland abgetrennt.
In einzelnen Gebieten finden Abstimmungen statt.
Deutschland gibt seine Kolonien ab.

M2 Die wichtigsten Bestimmungen des Versailler Vertrages (bearbeiteter Ausschnitt)

M3 Bestimmungen des Versailler Vertrages

> Ludendorff sagte Folgendes: Er sei verpflichtet uns zu sagen, dass unsere militärische Lage furchtbar ernst sei. ... Die Oberste Heeresleitung und das deutsche Heer seien am Ende; der Krieg sei nicht mehr nicht nur zu gewinnen, vielmehr stehe die endgültige Niederlage unvermeidlich bevor.

M4 Oberst von Thaer über ein Gespräch mit General Ludendorff kurz vor Ende des Ersten Weltkrieges (Oktober 1918 – bearbeitet)

Besonders die demokratie- und republikfeindliche Deutschnationale Volkspartei (DNVP) hetzte gegen die Regierung und verbreitete die „Dolchstoßlegende": Die deutsche Armee sei im Felde unbesiegt gewesen. Erst mit der Unterzeichnung des Waffenstillstandes hätten die demokratisch gesinnten Politiker der Armee den Dolch in den Rücken gestoßen. Sie wurden als „Novemberverbrecher" und „Erfüllungspolitiker" beschimpft. Die Auseinandersetzung um den Versailler Vertrag bestimmte immer wieder die politische Diskussion in Deutschland.

Dolchstoßlegende → [www]

1. Stelle in einem kurzen Text zusammen, was du über den Ausbruch des Ersten Weltkrieges erfahren hast (S. 145/146).
2. Notiere stichwortartig die Bestimmungen und Bedingungen des Versailler Vertrages und schreibe die Folgen der jeweiligen Bedingung für Deutschland auf (M2).
3. Werte die Karte M3 aus, indem du die Bestimmungen des Versailler Vertrages zu den einzelnen Gebieten nach der Legende auflistest. Tipp: Berücksichtige auch M2.
4. Nimm Stellung zur Aussage des Versailler Vertrages, dass Deutschland die alleinige Kriegsschuld trägt.
5. Erkläre die Begriffe „Dolchstoßlegende", „Novemberverbrecher" und „Erfüllungspolitiker" mit eigenen Worten.
6. Prüfe mithilfe von M4 den Wahrheitsgehalt der Dolchstoßlegende. Begründe.

Imperialismus und Erster Weltkrieg

1 Einen Lückentext ergänzen
Ergänze den Lückentext. Verwende die nachstehenden Begriffe:

1880/hohen/Kolonie/Produktion/zollfrei/Kolonien/wirtschaftlich/Industrie/1857/Steuern/Empire/Rohstoffen/Besitz

Mit der steigenden _____ in Europa zu Beginn des 19. Jahrhunderts wuchs auch der Bedarf an _____. Diese lieferten die _____ zu Billigpreisen. Um _____ hatten die europäischen Staaten schon Kolonien rund um den Globus in _____ genommen. _____ war die führende Kolonialmacht. Indien war die wichtigste _____ des britischen _____. Im Jahre _____ brach ein Aufstand gegen die britische Vorherrschaft aus. Er wurde nur mit Mühe niedergeschlagen. Die Kolonialherren belasteten die Inder mit _____ und beuteten das Land _____ noch stärker aus. Die Briten exportierten britische Industrieerzeugnisse _____ nach Indien und vernichteten so die dort ansässige _____.

2 Eine Karikatur deuten
Beschreibe die Karikatur und erkläre ihre Aussage mithilfe von S. 142.

„Wie sollen wir uns da die Hand geben?"

3 Eine Zeittafel anfertigen
Übertrage die Zeittafel zu den europäischen Bündnissen in dein Heft und ergänze sie.

Jahr	Name des Bündnisses	Inhalt
1873	…	…
1879		
1882		
1887		
1894		
1902		
1904		
1907		

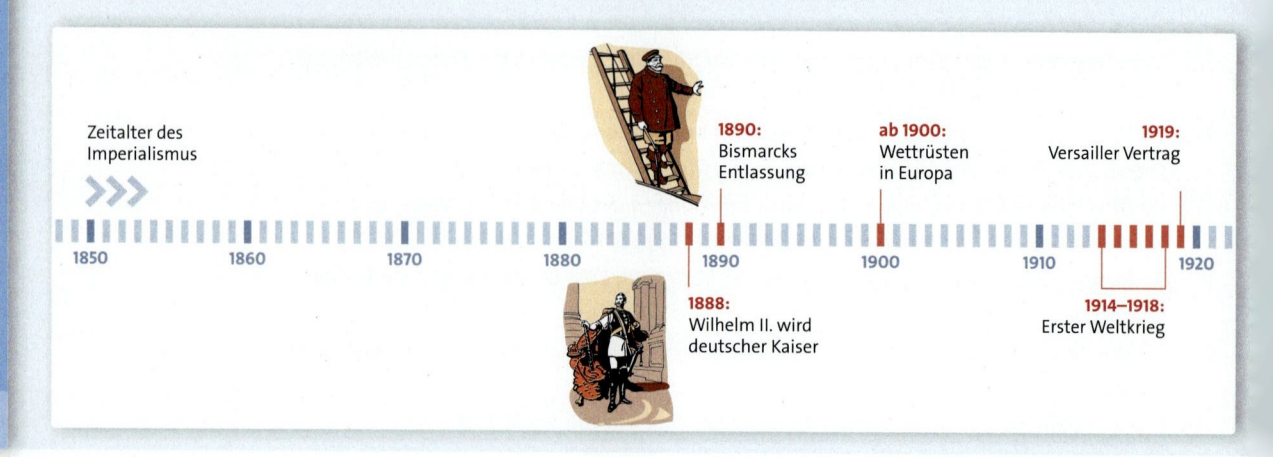

Zeitalter des Imperialismus

1888: Wilhelm II. wird deutscher Kaiser
1890: Bismarcks Entlassung
ab 1900: Wettrüsten in Europa
1914–1918: Erster Weltkrieg
1919: Versailler Vertrag

4 Ein Gedicht deuten

Formuliere zu jeder Strophe dieses Gedichts einen Satz, der wiedergibt, was Erich Kästner aussagen wollte. Verwende als Hintergrundinformation die Texte und Bilder der Seite 146.

Verdun, viele Jahre später

Auf den Schlachtfeldern von Verdun
finden die Toten keine Ruhe.
Täglich dringen dort aus der Erde
Helme und Schädel, Schenkel und Schuhe.

Über die Schlachtfelder von Verdun
laufen mit Schaufeln bewaffnete Christen,
kehren Rippen und Köpfe zusammen
und verfrachten die Helden in Kisten.

Oben am Denkmal von Douaumont
liegen zwölftausend Tote im Berge.
Und in den Kisten warten achttausend
Männer vergeblich auf passende Särge.

Und die Bauern packt das Grauen.
Gegen die Toten ist nichts zu erreichen.
Auf den gestern gesäuberten Feldern
liegen morgen zehn neue Leichen.
Diese Gegend ist kein Garten,
und erst recht kein Garten Eden.
Auf den Schlachtfeldern von Verdun
stehn die Toten auf und reden.

Zwischen Ähren und gelben Blumen,
zwischen Unterholz und Farnen
greifen Hände aus dem Boden,
um die Lebenden zu warnen.

Auf den Schlachtfeldern von Verdun
wachsen Leichen als Vermächtnis.
Täglich sagt der Chor der Toten:
„Habt ein besseres Gedächtnis!"

(Erich Kästner, 1932)

5 Richtig oder falsch?

Welche der Aussagen sind richtig, welche sind falsch?

Aussage	richtig	falsch
Indien war eine unwichtige Kolonie für Großbritannien.		
Deutschland besaß während der Kaiserzeit Kolonien in Afrika, China und der Südsee.		
Beim Aufstand gegen die deutschen Kolonialherren wurden die Hälfte der Nama und drei Viertel der Herero getötet.		
In der Zeit vor dem Ersten Weltkrieg herrschte nicht nur in Deutschland, sondern auch in Großbritannien und Frankreich große Kriegsbegeisterung.		
Im Friedensvertrag von Versailles erkannten die Kriegsparteien an, dass sie alle am Ausbruch des Ersten Weltkrieges schuldig waren.		
Allein auf den Schlachtfeldern vor Verdun starben über 700 000 französische und deutsche Soldaten.		
Die Dolchstoßlegende besagt, dass die deutschen Generäle durch falsche Strategien die militärische Niederlage Deutschlands herbeigeführt haben.		

Grundbegriffe:

**Bismarcks
Bündnissystem
Britisches Empire
Erster Weltkrieg
Imperialismus
Kolonien
Kriegsbegeisterung
Neue Politik Wilhelms II.
Reparationen
Versailler Vertrag
Wettrüsten**

Die Weimarer Republik

Zeitfenster: 1918–1933

Die Weimarer Republik

M2 Ein Plakat von Erich Wohlfart anlässlich der Wahl der Nationalversammlung (Januar 1919)

→ Wie wurde aus dem Deutschen Kaiserreich eine Republik?
→ Was änderte sich für die Menschen?
→ Vor welchen Problemen standen die Politiker in der Weimarer Republik?
→ Was verstehen wir heute unter den „Goldenen Zwanziger Jahren"?
→ Woran scheiterte die erste Demokratie in Deutschland?

M1 Die Schauspielerin Senta Söneland ruft am 18. Januar 1919 in Berlin vor dem Bahnhof Zoo in einer Rede zur Wahl der Nationalversammlung auf.

M1 Demonstration in Berlin, 8. Dezember 1918

M2 Barrikadenkämpfe in Berlin im Januar 1919

Die Novemberrevolution 1918

Das Ende der Monarchie in Deutschland

Revolution 1918/1919

Im Jahre 1918 glaubte in Deutschland kaum noch jemand an einen Sieg. Fast jede Familie hatte Angehörige auf den Schlachtfeldern verloren. Im November 1918 meuterten die Matrosen der Deutschen Kriegsmarine gegen die Marineleitung. Sie wollten in diesem aussichtslosen Krieg nicht sinnlos ihr Leben opfern. Zusammen mit Soldaten des Heeres stürmten sie Kasernen, setzten die Offiziere ab und übernahmen als Soldatenräte das Kommando.

Fabrikarbeiter in den Großstädten bildeten Arbeiterräte. Zusammen mit den Soldatenräten übernahmen sie die Regierungsgewalt in vielen Rathäusern. Oft kam es dabei zu bewaffneten und blutigen Auseinandersetzungen mit Kaisertreuen und auch mit gemäßigten Kräften.

Die Stimmung im Volk richtete sich besonders gegen Kaiser Wilhelm II. Er hatte die Kriegslage zu lange beschönigt und dem Volk die Wahrheit vorenthalten.

In dieser Situation verkündete am 9. November 1918 Reichskanzler Max von Baden die Abdankung des Kaisers. Das hatte er mit Wilhelm II. vorher nicht abgesprochen. Max von Baden übertrug die Regierungsgewalt an den SPD-Vorsitzenden Friedrich Ebert. Das Deutsche Kaiserreich hatte damit aufgehört zu existieren.

Der Reichskanzler hat folgenden Erlass herausgegeben: Seine Majestät der Kaiser und König haben sich entschlossen, dem Thron zu entsagen. Der Reichskanzler bleibt noch so lange im Amte, bis die mit der Abdankung Seiner Majestät ... und der Einsetzung der Regentschaft verbundenen Fragen geregelt sind. Er beabsichtigt, ... die Ernennung des Abgeordneten Ebert zum Reichskanzler und die Vorlage eines Gesetzentwurfs wegen der Ausschreibung allgemeiner Wahlen ... vorzuschlagen.

M3 Extra-Blatt der SPD-Zeitung „Vorwärts" vom 9. November 1918 (gekürzt und grafisch bearbeitet)

M4 Wichtige Politiker der Revolutionstage – von links nach rechts: Karl Liebknecht und Rosa Luxemburg (Befürworter einer Räterepublik), Philipp Scheidemann und Friedrich Ebert (Befürworter einer demokratischen Republik)

Wie sollte Deutschland künftig regiert werden? Sollte es eine freiheitliche Demokratie oder eine kommunistische Räterepublik werden? Nach der Abdankung Kaiser Wilhelms II. beschäftigte diese Frage die Menschen überall in Deutschland.

An diesem 9. November demonstrierten Tausende von Menschen in Berlin und anderen Städten auf den Straßen. Gegen Mittag rief der SPD-Politiker Philipp Scheidemann von einem Fenster des Berliner Reichstagsgebäudes die „Deutsche Republik" aus. Die Befürworter einer freiheitlichen Demokratie jubelten ihm zu.

Andere Demonstranten unter der Führung von Karl Liebknecht und Rosa Luxemburg forderten eine Räterepublik, einen kommunistischen Staat nach russischem Vorbild. Deshalb rief Karl Liebknecht noch am selben Tag vor dem Berliner Stadtschloss die „Freie sozialistische Republik Deutschlands" aus. Es drohten gewalttätige Auseinandersetzungen, Bürgerkrieg. In dieser schwierigen Lage wurde eine provisorische Regierung, der „Rat der Volksbeauftragten" unter Vorsitz des Reichskanzlers Ebert, gebildet. Er sollte zunächst für Ruhe und Ordnung im Staat sorgen. Die meisten Arbeiter- und Soldatenräte unterstützten den Rat der Volksbeauftragten.

Dieser setzte noch im Dezember Wahlen zur Nationalversammlung für den 19. Januar 1919 an. Aufgabe der Nationalversammlung sollte es sein, eine Verfassung auszuarbeiten und eine Regierung zu bilden.

Die Kommunisten unter Luxemburg und Liebknecht waren gegen dieses Verfahren. Wochenlang kam es zu Demonstrationen und Straßenkämpfen. Diese wurden schließlich vom Militär mit Waffengewalt niedergeschlagen. Rosa Luxemburg und Karl Liebknecht wurden verhaftet und am 15. Januar 1919 auf dem Transport ins Gefängnis ermordet.

> *Alles für das Volk, alles durch das Volk … Seid einig, treu und pflichtbewusst! Das Alte und Morsche, die Monarchie ist zusammengebrochen. Es lebe das Neue! Es lebe die deutsche Republik!*

M5 Ausrufung der Republik durch Philipp Scheidemann am 9. November 1918

1. → *Beschreibe die Lage in Deutschland am Ende des Ersten Weltkrieges (Text).*
2. → *Nimm zum Verhalten der meuternden Matrosen Stellung (Text).*
3. *Erläutere, wie es zum Ende der Monarchie in Deutschland kam (Text, M3).*
4. → *Erkläre, was Scheidemann meint, wenn er vom „Alten und Morschen" spricht und „Alles für das Volk, alles durch das Volk" fordert (M5).*
5. → *Ordne die Ereignisse am 9. November 1918, indem du sie in einer Tabelle den Spalten „Deutsche Republik" und „Freie Sozialistische Republik" zuordnest.*
6. *Fertige eine Zeitleiste zu den Ereignissen von November 1918 bis 19. Januar 1919 an.*

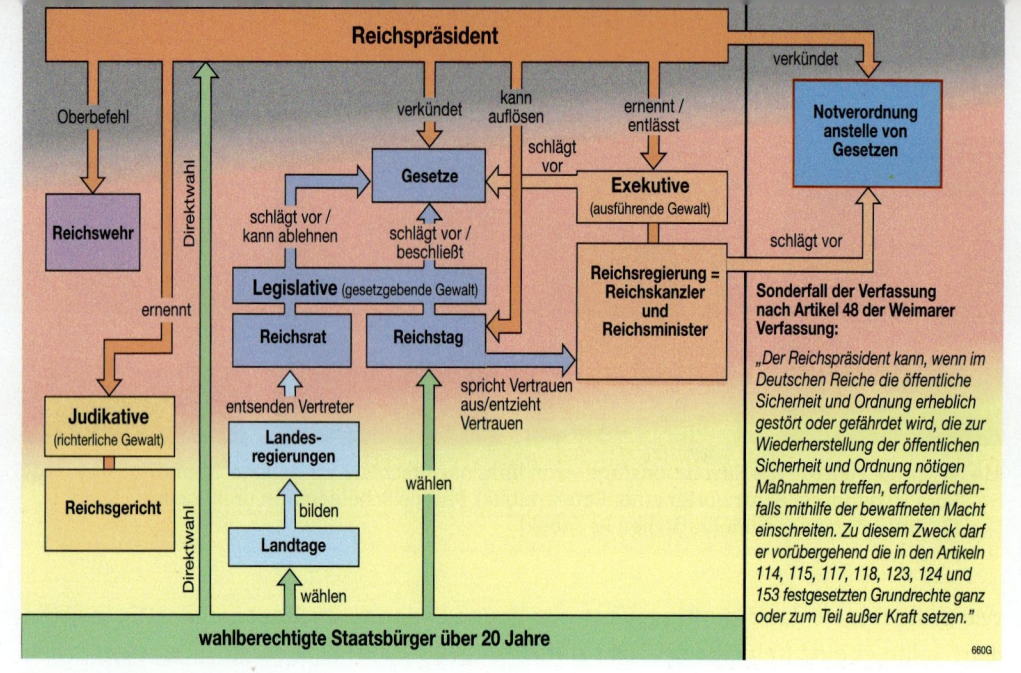

M1 Die Verfassung der Weimarer Republik von 1919

Sonderfall der Verfassung nach Artikel 48 der Weimarer Verfassung:

„Der Reichspräsident kann, wenn im Deutschen Reiche die öffentliche Sicherheit und Ordnung erheblich gestört oder gefährdet wird, die zur Wiederherstellung der öffentlichen Sicherheit und Ordnung nötigen Maßnahmen treffen, erforderlichenfalls mithilfe der bewaffneten Macht einschreiten. Zu diesem Zweck darf er vorübergehend die in den Artikeln 114, 115, 117, 118, 123, 124 und 153 festgesetzten Grundrechte ganz oder zum Teil außer Kraft setzen."

Die Weimarer Verfassung von 1919

Die erste Demokratie für Deutschland

Weimarer Republik/ Weimarer Verfassung
Der neue deutsche Staat und seine Verfassung wurden nach dem Tagungsort der Nationalversammlung – Weimar – benannt.

M2 SPD-Plakat von 1919 zur Wahl der Nationalversammlung

Am 19. Januar 1919 wurde die Nationalversammlung gewählt. Sie sollte eine Verfassung für die Deutsche Republik ausarbeiten. Erstmals waren die Frauen den Männern rechtlich gleichgestellt. Frauen durften wählen und gewählt werden. Mit 83 % lag die Wahlbeteiligung sehr hoch. Weil keine Partei die absolute Mehrheit errungen hatte, bildeten SPD, Zentrum und DDP eine Koalition. Am 11. Februar 1919 wählte die Nationalversammlung Friedrich Ebert zum Reichspräsidenten und Philipp Scheidemann zum Reichskanzler.

Immer noch gab es gewalttätige Ausschreitungen von Gegnern der Republik. Wegen der Unruhen in Berlin tagte die Nationalversammlung in Weimar. Dort wurde am 31. Juli 1919 die Weimarer Verfassung verabschiedet.

ⓘ Parteien in der Weimarer Republik (Auswahl)

SPD = Sozialdemokratische Partei Deutschlands: Befürworter der Demokratie, vertrat besonders Arbeiter und Angestellte
DDP = Deutsche Demokratische Partei: Befürworter der Demokratie, vertrat besonders Handwerker und Kaufleute
Zentrum = Befürworter der Demokratie, vertrat den katholischen Mittelstand
USPD = Unabhängige Sozialdemokratische Partei Deutschlands: mehrheitlich Gegner der Demokratie, Befürworter der Räterepublik, vertrat Teile der Arbeiterschaft
DVP = Deutsche Volkspartei: mehrheitlich Gegner der Demokratie, vertrat Industrielle und Großgrundbesitzer
DNVP = Deutschnationale Volkspartei: Gegner der Demokratie, kaiser- und königstreu

M3 Die weiblichen Abgeordneten der Nationalversammlung (Foto 1919)

Artikel 109
(1) Alle Deutschen sind vor dem Gesetze gleich. Männer und Frauen haben grundsätzlich dieselben staatsbürgerlichen Rechte und Pflichten.

Artikel 114
(1) Die Freiheit der Person ist unverletzlich. Eine Beeinträchtigung oder Entziehung der persönlichen Freiheit durch die öffentliche Gewalt ist nur auf Grund von Gesetzen zulässig.

(2) Personen, denen die Freiheit entzogen wird, sind spätestens am darauf folgenden Tage in Kenntnis zu setzen, ... aus welchen Gründen die Entziehung der Freiheit angeordnet worden ist.

Artikel 115
(1) Die Wohnung jedes Deutschen ist ... unverletzlich.

Artikel 117
(1) Das Briefgeheimnis sowie das Post-, Telegraphen- und Fernsprechgeheimnis sind unverletzlich.

Artikel 118
(1) Jeder Deutsche hat das Recht, innerhalb der Schranken der allgemeinen Gesetze seine Meinung durch Wort, Schrift, Druck, Bild oder in sonstiger Weise frei zu äußern.

Artikel 123
(1) Alle Deutschen haben das Recht, sich ohne Anmeldung oder besondere Erlaubnis friedlich und unbewaffnet zu versammeln.

Artikel 124
(1) Alle Deutschen haben das Recht, zu Zwecken, die den Strafgesetzen nicht zuwiderlaufen, Vereine oder Gesellschaften zu bilden. Dies Recht kann nicht durch Vorbeugungsmaßregeln beschränkt werden. Für religiöse Vereine und Gesellschaften gelten dieselben Bestimmungen.

Artikel 153
(1) Das Eigentum wird von der Verfassung gewährleistet. Sein Inhalt und seine Schranken ergeben sich aus den Gesetzen.

(2) Eine Enteignung kann nur zum Wohle der Allgemeinheit und auf gesetzlicher Grundlage vorgenommen werden.

M4 Auszug aus der Weimarer Verfassung

Weimarer Verfassung → www

1. → *Wahlplakate warben erstmals um Frauen (Text, M2). Erkläre.*
2. → *Informiere dich im Internet oder in Lexika über die Parteien und berichte.*   *Aufgabe 2 →* www
3. Werte das Schaubild M1 aus und stelle die Aufgaben von Volk, Reichstag, Reichsregierung und Reichspräsident zusammen.
4. → Weise nach, dass die Weimarer Verfassung eine demokratische Verfassung war (M1, M4).
5. Ermittle die am Erlass von Notverordnungen beteiligten Verfassungsorgane/Personen (M1).

Das Krisenjahr 1923

Inflation in Deutschland

Inflation
Geldentwertung. Dabei steigen die Warenpreise, weil weniger produziert wird und/oder die Regierung weiteres Geld in Umlauf bringt.

Bereits in den Kriegsjahren hatte eine Geldentwertung (Inflation) eingesetzt. Nach Kriegsende aber musste die Regierung die Versorgung der Kriegsopfer und Hinterbliebenen sowie der vielen Arbeitslosen finanzieren. Am schlimmsten jedoch wirkten sich die Reparationsleistungen aus: Die Reichsbank musste ihre Goldvorräte an Großbritannien und Frankreich abliefern, Industrieanlagen wurden abgebaut und den einstigen Kriegsgegnern ausgehändigt. Die Regierung ließ deshalb immer mehr Banknoten drucken, ohne dass noch ein Gegenwert für diese Geldmenge vorhanden war. Dadurch beschleunigte sich die Geldentwertung weiter.

Als Deutschland die Reparationszahlungen nicht mehr leisten konnte, besetzten am 9. Januar 1923 französische und belgische Truppen das Ruhrgebiet. Die Regierung in Berlin rief zum Generalstreik, einem Streik in allen Wirtschaftsbereichen des Ruhrgebietes, auf. Niemand sollte für die Besatzer arbeiten.

Die Regierung in Berlin konnte jedoch der streikenden Bevölkerung im Ruhrgebiet nur helfen, indem sie immer mehr wertloses Geld nachdrucken ließ. Diese Super-Inflation führte in allen Bereichen zum Zusammenbruch der Wirtschaft auf dem gesamten Gebiet der Weimarer Republik.

M1 Banknote von 1923

1923 waren Geldscheine mit Millionen- und Milliardenbeträgen in Umlauf. Wenn wir Brot kaufen wollten, brauchten wir für das Geld einen kleinen Koffer. Die Union, ein Großbetrieb in Hamm, zahlte zweimal pro Woche den Lohn, weil das Geld zu schnell an Wert verlor. Es musste in Waschkörben transportiert werden. Schwer hatten es damals die Rentner. Meine Großmutter gehörte auch dazu. Sie war eine sparsame Frau und stapelte ihr Geld im Wäscheschrank. Dass dieses Geld schon wenige Tage später wertlos war, begriff sie nicht. Sie war empört, als meine Mutter ihr riet, das Geld sofort auszugeben.

M2 Zeitzeugin Erna Arntz über das Inflationsjahr 1923

M3 Französische Truppen besetzen Gelsenkirchen im März 1923.

M4 Beisetzung erschossener Krupparbeiter im März 1923

Die Inflation, na, das war ein Kapitel für sich. Dass da Leute übergeschnappt sind, das kann ich mir vorstellen. Ich habe mir so eine kleine Haarspange gekauft. Ich hatte dickes Haar, heute sind's nur noch Schwänze. Und da habe ich mir die Haarspange gekauft. Ich weiß noch, in der Rathausgasse. Wissen Sie, wie viel die gekostet hat? 27 Millionen, das ist unglaublich! Auf der Eisbahn, da haben wir 5 Milliarden Eintritt bezahlt, das waren (umgerechnet) 25 Pfennige.

M5 Zeitzeugin Hilde R. erinnert sich

Datum	Preis in Mark
1914	0,32
1919	0,80
1921, Juni	3,90
1922, Juli	53,15
1923, Januar	250,00
1923, Juli	3 465,00
1923, September	1 512 000,00
1923, November	201 000 000 000,00

M6 Preisentwicklung für Brot in Deutschland

Gewinner der Inflation waren Besitzer von Sachwerten und alle, die Schulden hatten. Der Staat wurde seine Schulden bei Privatpersonen los, und Unternehmer, die ihre Betriebe mit Krediten finanziert hatten, beglichen diese mit wertlosem Geld. Am 15. November 1923 wurde die Inflation durch eine Währungsreform gestoppt. Die Einführung einer neuen Währung, der Rentenmark, sorgte wieder für stabile Preise. Für eine Billion Mark bekam man 1 Rentenmark. Mit Finanzhilfen aus den USA konnte sich die deutsche Wirtschaft schnell erholen.

M7 Inflationsgeld als Spielzeug (Foto 1923)

Währungsreform
Der Gesetzgeber beschließt eine völlige Neuordnung des Geldwesens in einem Land. Die bisherige Währung wird dabei in der Regel durch eine neue Währung abgelöst.

1. → Erkläre, warum belgische und französische Truppen das Ruhrgebiet besetzten (Text, M3, M4).
2. → Beschreibe die Reaktion der Regierung in Berlin (Text).
3. → Informiere dich im Internet oder in Lexika darüber, was bei einem Generalstreik geschieht und erläutere, welche Ziele mit dem Generalstreik 1923 erreicht werden sollten.
4. Nenne Ursachen für das Entstehen der Inflation und die Folgen (Text, M6, M7).
5. Beschreibe, welche Auswirkungen die Inflation auf das Leben der Menschen hatte (M2, M5).

Aufgabe 3 → www

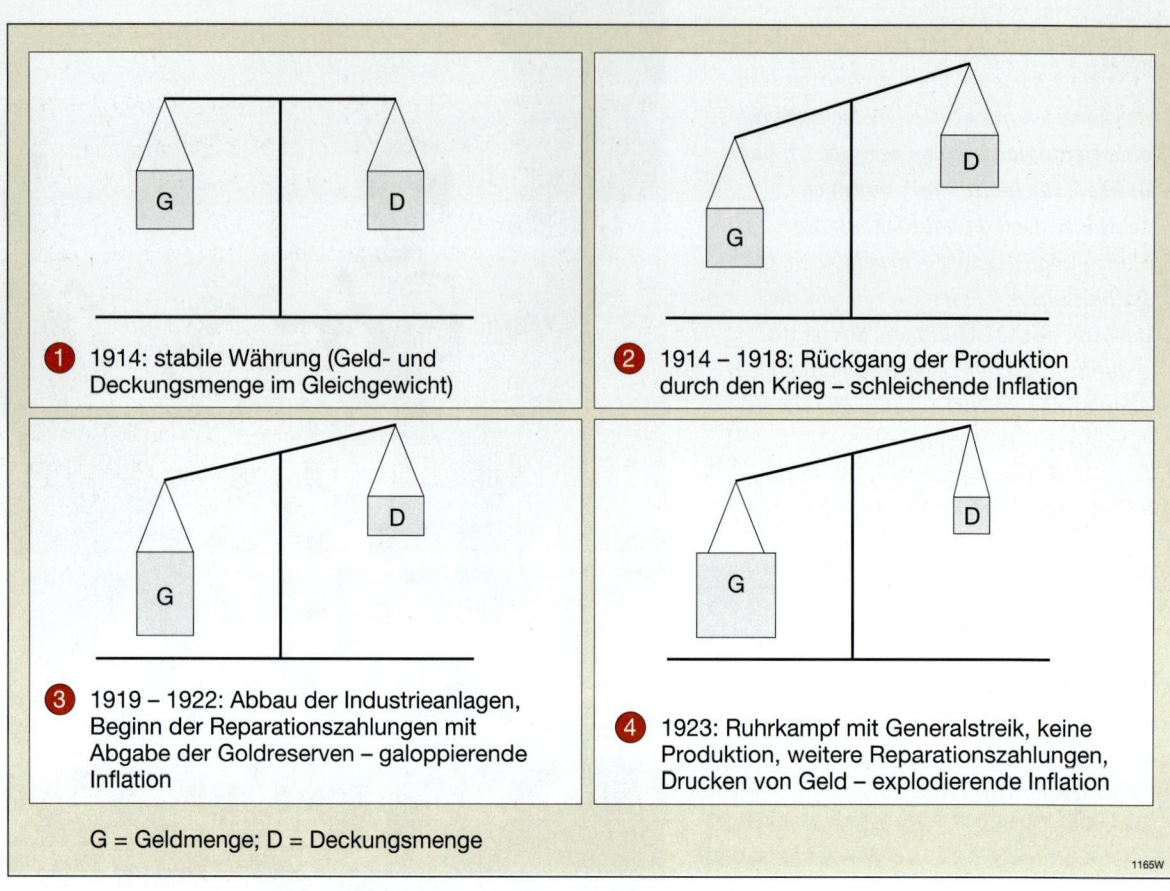

① 1914: stabile Währung (Geld- und Deckungsmenge im Gleichgewicht)

② 1914 – 1918: Rückgang der Produktion durch den Krieg – schleichende Inflation

③ 1919 – 1922: Abbau der Industrieanlagen, Beginn der Reparationszahlungen mit Abgabe der Goldreserven – galoppierende Inflation

④ 1923: Ruhrkampf mit Generalstreik, keine Produktion, weitere Reparationszahlungen, Drucken von Geld – explodierende Inflation

G = Geldmenge; D = Deckungsmenge

M1 Entwicklung der Inflation in Deutschland 1914 bis 1923

Ursachen von Inflation – Beispiel: Deutschland nach dem Ersten Weltkrieg

Am Beispiel der Wirtschaftsentwicklung in Deutschland vom Ersten Weltkrieg bis zum Krisenjahr 1923 lässt sich die Entstehung einer Inflation modellhaft darstellen.

Grundsätzlich gilt: Die Stabilität einer Währung und die Geldentwertung (Inflation) unterliegen festen Gesetzmäßigkeiten. Die Währung eines Landes (das im Land vorhandene Geld) wird durch die produzierten Güter, Dienstleistungen, durch die vorhandenen Produktionsanlagen (Fabriken) und Verkehrsmittel sowie Mindestreserven an Gold gedeckt. Wenn das Verhältnis zwischen Geldmenge und Deckungsmenge ausgewogen ist, so ist der Wert der Währung bzw. des Geldes stabil. Ist die Geldmenge größer als die Deckung, so sinkt der Wert des Geldes. Dabei kann sowohl die Deckungsmenge verringert als auch die Geldmenge erhöht werden. Bei einer Inflation gilt daher immer die Grundregel „Geldmenge ist größer als Deckungsmenge".

1. ↪ *Erkläre mithilfe des Textes, unter welchen allgemeinen wirtschaftlichen Bedingungen*
   a) *eine Währung stabil ist und*
   b) *eine Währung an Wert verliert.*
2. ↪ *Informiere dich noch einmal auf Seite 158 über die wirtschaftlichen Entwicklungen zu Beginn der Zwanzigerjahre in Deutschland. Erkläre mithilfe von M1, wodurch die deutsche Währung zunehmend an Wert verlor. Verwende dabei die Begriffe „Geldmenge" und „Deckungsmenge".*

M2 Hitler-Putsch am 9. November 1923: SA-Männer errichten eine Barrikade vor dem Kriegsministerium in München.

M3 Hitler mit anderen verurteilten Nationalsozialisten in der Festungshaft 1924

Hitlers Putschversuch

Die wirtschaftliche Not führte in Deutschland auch zu politischen Unruhen.
Am 9. November 1923 versuchte Adolf Hitler zusammen mit einigen ehemaligen Kriegsgenerälen von München aus, die Reichsregierung in Berlin zu stürzen.
Der Putschversuch scheiterte jedoch, und Hitler wurde wegen Hochverrats verurteilt. Das Urteil fiel denkbar milde aus: fünf Jahre Haft auf der Festung Landsberg.

	Politische Morde von Linken	Rechten
Gesamtzahl der Morde	22	354
Davon ungesühnt	4	326
Teilweise gesühnt	1	27
gesühnt	17	1
Haftstrafe je Mord	15 Jahre	4 Monate
Zahl der Hinrichtungen	10	0

M4 Urteile gegen politisch motivierte Gewalttäter in Deutschland (1918–1922)

> Mit Aufhetzung der Bevölkerung und Gewalt wollten die Nazis einen anderen Staat mit einem starken Mann. Gezielt setzten sie ihre Schlägertrupps, die Sturmabteilungen (SA) gegen Andersdenkende, zum Beispiel gegen die Kommunisten ein. Am 9. November 1923 wollte Hitler von München aus die Reichsregierung stürzen. Natürlich hatte Hitler seine Helfer. Am wichtigsten war General Ludendorff, der mit Teilen der Reichswehr den Putsch unterstützte. Der Putsch misslang. Hitler wurde verhaftet. Was dann folgte, war ein Skandal. Eigentlich hätte Hitler als Hochverräter zu lebenslanger Gefängnisstrafe oder gar zum Tode verurteilt werden müssen. Hitler aber erhielt nur fünf Jahre Festungshaft und wurde nach fast einem Jahr begnadigt. Dieses Urteil zeigt doch wohl, auf wessen Seite die Richter standen.

M5 Zeitzeugin Erna Arntz über den Umsturzversuch Hitlers

3 → Nenne die politischen Ziele der NSDAP (M5).
4 → Beschreibe Hitlers Aktion am 9. November 1923 in München (Text, M2).
5 → Nimm Stellung zu dem Urteil, das Hitler erhielt (M5) und berücksichtige M4.
6 → „Dieses Urteil zeigt doch wohl, auf wessen Seite die Richter standen."
Erkläre diesen Ausspruch der Zeitzeugin (M5).

M1 Werbung für den AEG-Stielstaubsauger „Vampyr" (um 1925)

M2 Werbung für Luxusartikel (um 1925)

Jahre des Aufschwungs

Die „Goldenen Zwanziger"

Durch die Währungsreform und neue Zahlungspläne für die Reparationen erholte sich die deutsche Wirtschaft. In Kultur, Wissenschaft, Technik, Arbeitswelt und im sozialen Bereich verzeichnete Deutschland Erfolge.
Wer es sich leisten konnte, kaufte sich Telefon, Radio, Schallplatten oder andere Luxusartikel, die das Leben angenehmer machten. Immer mehr verdrängte das Automobil das Pferdegespann. Theater, Varietés, Kinos und Tanzpaläste sorgten für Unterhaltung. Der deutschen Wissenschaft gelangen wichtige Entdeckungen und Erfindungen in den Bereichen Physik, Chemie und Medizin.
Mit der politischen Gleichstellung der Frauen änderte sich auch ihre Rolle in der Arbeitswelt. Frauen arbeiteten als Sekretärinnen, Verkäuferinnen und Arzthelferinnen, wurden aber geringer entlohnt. Die Zahl der Studentinnen an den Universitäten nahm zu.
Die Regierung förderte den Wohnungsbau für die sozial Schwächeren. So entstand neuer Wohnraum, der ausreichend Platz für Familien bot, über sanitäre Anlagen verfügte und dennoch bezahlbar war.

- Traktoren und Maschinenpflüge in der Landwirtschaft
- Fließbandarbeit in der Industrie
- Elektrogeräte im Haushalt (Geschirrspüler, Kühlschrank, Waschmaschine)
- Gründung der Lufthansa
- Steigerung der Automobilproduktion
- Einführung des Rundfunks

M3 Neuerungen im Deutschland der Zwanzigerjahre

1. *Nenne die Ursachen für den Aufschwung in Deutschland nach der Inflation 1923 (Text).*
2. *Erkläre mithilfe von M1, M2 und M3, wie sich der Aufschwung in Deutschland in den „Goldenen Zwanzigern" zeigte.*
3. *Erläutere, welche Auswirkungen die Neuerungen (Text und M3) auf den Wirtschafts-, Arbeits- und Freizeitbereich hatten.*

Ein Bild auswerten

Menschen haben zu allen Zeiten ihre Geschichte, ihre Erlebnisse, in Bildern festgehalten. Sie haben gemalt oder später fotografiert. Wenn man es versteht, Bildquellen auszuwerten, erhält man viele Informationen über die Vergangenheit. So gehst du vor:

Schritt 1 ●

Das Bild beschreiben
→ Was ist im Vordergrund und was im Hintergrund zu sehen (z. B. Menschen, Landschaft, Gebäude, Gegenstände)? Welche Einzelheiten werden besonders herausgestellt?
→ Wie sind die Menschen gekleidet? Wie verhalten sie sich?
→ Sind die Dinge so dargestellt, wie du sie kennst? Oder sind es ausgedachte Dinge, die es nur in der Fantasie gibt?

Schritt 2 ● ●

Die Inhalte erklären
→ Was weißt du über das Ereignis oder die Personen auf dem Bild?
→ Wann passierte das Ereignis, wo und warum? Wie verlief es?
→ Was weißt du über das Bild selbst und den Maler/Fotografen?
→ Wann und warum hat er es gemalt/ fotografiert?

Tipp: Informiere dich auch im Lexikon oder im Internet über den Maler/Fotografen, das dargestellte Ereignis oder die Personen.

Schritt 3 ● ● ●

Das Bild deuten
→ Hat der Maler die Wirklichkeit wie ein Fotograf abgebildet, oder hat er nur Fantasiefiguren und -gebilde gezeichnet? Warum hat der Maler die genaue oder die ungenaue Darstellung gewählt?
→ Welche Bedeutung haben die Farben und die Zusammensetzung des Bildes? Welche Gefühle sollen sie vermitteln?
→ Gibt es Lebewesen oder Gegenstände, die stellvertretend für etwas stehen, was sich eigentlich nicht zeichnen lässt (zum Beispiel für Gefühle)?

Bildquellen sind bildliche Darstellungen aus der Vergangenheit, z. B. Fotografien, Gemälde, Zeichnungen, Buchmalereien, Statuen, Reliefs oder Karikaturen.

M4 Der Potsdamer Platz in Berlin (Foto 1925)

Die neue deutsche Außenpolitik

Die Verträge von Rapallo und Locarno

Politiker von Zentrum, SPD, DDP und DVP wollten den Versailler Vertrag einhalten. Sie hofften, durch eine Aussöhnung mit ihren Nachbarn die Situation Deutschlands zu verbessern. Sie wollten Deutschland aus der Isolation, in die es nach dem Ersten Weltkrieg geraten war, befreien.

Der Ausgleich mit Russland gelang dem deutschen Außenminister Walther Rathenau im April 1922 mit dem Vertrag von Rapallo. Wenige Wochen später wurde Rathenau von rechtsradikalen Offizieren ermordet, weil er mit den Kriegsgegnern von einst verhandelt hatte. Die Rechtsradikalen waren Feinde der Demokratie und wollten einen anderen Staat mit einem starken Führer an der Spitze.

Die Annäherung zwischen Deutschland und Frankreich erreichten Gustav Stresemann (DVP, Außenminister von 1923 bis 1929) und der französische Außenminister Aristide Briand 1925 im Vertrag von Locarno. Deutschland erkannte die im Versailler Vertrag festgelegte Westgrenze an. Im Gegenzug räumten Frankreich und Belgien besetzte deutsche Gebiete an Rhein und Ruhr.

> Art. 1: Beide Regierungen sind darin einig, dass die Auseinandersetzung zwischen Deutschland und Russland aus der Zeit des Kriegszustandes auf folgenden Grundlagen geregelt ist:
> a) Gegenseitiger Verzicht auf Ersatz der Kriegskosten und Kriegsschäden sowie auf den Ersatz der zivilen Schäden …
> Art. 3: Wiederaufnahme der diplomatischen und konsularischen Beziehungen zwischen beiden Mächten …

M1 Vertrag von Rapallo 1922 (Auszug)

> Art. 1 Individuelle und gemeinsame Garantie der Unverletzlichkeit der Grenzen zwischen Deutschland … Belgien und Frankreich. Die Rheingrenze wird entmilitarisiert …
> Art. 2 Deutschland und Belgien, ebenso Deutschland und Frankreich verpflichten sich gegenseitig, in keinem Falle zu einem Angriff oder zu einem Einfall oder zum Kriege gegeneinander zu schreiten …

M2 Vertrag von Locarno 1925 (Auszug)

M3 Aristide Briand (links) und Gustav Stresemann (rechts) in Locarno (Foto, 1925)

M4 Stresemann spricht vor dem Völkerbund (1926)

> Für mich besteht das Gute in dem Vertrag von Locarno darin, dass er nicht formuliert und unterzeichnet wurde, um der einen Nation auf Kosten der anderen Vorteile zu sichern. Um ihn recht zu verstehen, muss man ihn nach seinem Geist beurteilen, der nicht der Geist eines eigensüchtigen Nationalismus ist. Er ist ausgehandelt und geschlossen worden in einem europäischen Geist und für das Ziel des Friedens.

M5 Aristide Briand am 5. Februar 1926 über den Vertrag von Locarno

1926 stimmte Frankreich für die Aufnahme Deutschlands in den Völkerbund. Der Völkerbund war 1919 von den Siegermächten des Ersten Weltkrieges als Versammlung von Staaten gegründet worden, um internationale Konflikte friedlich zu lösen. Deutschland war nun Mitglied dieser Staatengemeinschaft. Für ihre Aussöhnungspolitik erhielten Stresemann und Briand im selben Jahr den Friedensnobelpreis. 1930 wurde das besetzte Rheinland geräumt und 1932 die Reparationen praktisch gestrichen.

> Von allen Seiten wurde erwartungsvoll Bravo gerufen. Nur mit Mühe konnten sich die Delegierten ... den Weg zu ihren Plätzen bahnen. Alle wollten ihnen die Hände schütteln und ihnen persönlich zu diesem großen Ereignis Glück wünschen. Inzwischen tobte das Publikum auf den Tribünen, Tücherwinken, Hüteschwenken, „Bravo Stresemann, ...". Dieser Empfang Deutschlands durch die Völker der Welt war wirklich etwas Einmaliges.

M6 Stresemann spricht im Völkerbund (Augenzeugenbericht, 1926)

1. → Der Vertrag von Rapallo veränderte das deutsch-russische Verhältnis (M1, Text). – Nenne die wichtigsten Punkte und erläutere sie.
2. Beschreibe die Folgen von Stresemanns Politik für Deutschland auch nach 1929 (Text, M2).
3. Nimm Stellung zu den Äußerungen des französischen Außenministers über den „Geist von Locarno" (M5).
4. Beurteile die Bedeutung der Aufnahme in den Völkerbund für Deutschland. Beschreibe die Reaktion von Publikum und Delegierten (M6).
5. → Zeichne Schaubilder mit den USA, Großbritannien und Frankreich einerseits und Deutschland andererseits sowie Russland. Zeige darin die Beziehungen der Staaten a) nach dem Ersten Weltkrieg, b) nach 1922 und c) nach 1925. Verdeutliche mit Pfeilen die Beziehungen der Staaten. Verfasse dann zu jedem Schaubild einen erklärenden Text.

M1 Ein Spekulant bietet in New York am 30. Oktober 1929 sein Auto an (Foto).

Die Weltwirtschaftskrise von 1929

Wirtschaftsentwicklungen in den USA

Zu Beginn des 20. Jahrhunderts hatten sich die USA zu einer Industrienation entwickelt. Hier war das Fließband erfunden worden. Automobile, Haushaltsgeräte und andere Güter des täglichen Lebens konnten in großen Mengen hergestellt und günstig verkauft werden. Amerika war im Kaufrausch, und viele Menschen legten ihr Geld in Aktien der wachsenden Industriebetriebe an. Mitte der Zwanzigerjahre jedoch zeichnete sich ein Rückgang in der Nachfrage ab. Zu viele Güter warteten auf Abnehmer, weil die Märkte gesättigt waren. Betriebe mussten Arbeitskräfte entlassen oder ganz schließen. Die Zahl der Arbeitslosen stieg bedrohlich an, die Aktienkurse an den US-Börsen sanken, Aktienbesitzer fürchteten um ihr Vermögen und wollten ihre Aktien möglichst schnell abstoßen. Diese Entwicklung führte schließlich am 25. Oktober 1929, dem „Schwarzen Freitag", zum Zusammenbruch der New Yorker Börse und zu einer weltweiten Wirtschaftskrise.

Panische Angst erfasst große und kleine Spekulanten (Geldanleger). Tausende von ihnen werfen ihre gesamten Aktien in den tumultartigen Markt, geben Signal an ihre Broker (Börsenhändler): „Verkaufen zu jedem Preis". Die Verluste sind entsetzlich. Tausende von großen Konten, gesund und sicher in der Woche zuvor, werden vollständig ruiniert. Furcht erregte Spekulanten mit ungläubigen Augen verfolgen regungslos das Unglück, das viele von ihnen ruiniert hat. Die Börse bietet ein Bild der Selbstzerfleischung. Verzweifelte Händler versuchen Aktienblöcke loszuwerden, die niemand kaufen will. Die Preise stürzen tiefer und tiefer.

M2 Bericht der New York Times vom 24. Oktober 1929 über den Börsenkrach

1. Beschreibe M1 genau und erkläre den Zusammenhang mit der Weltwirtschaftskrise (M2).
2. Stelle in einem Flussdiagramm stichwortartig die Stationen der wirtschaftlichen Entwicklung in den USA dar (Text). Recherchiere dazu in Lexika oder im Internet.

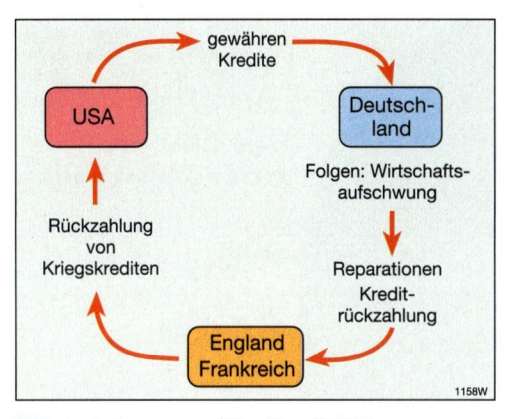

M3 Aufschwung auf Kredit seit 1924

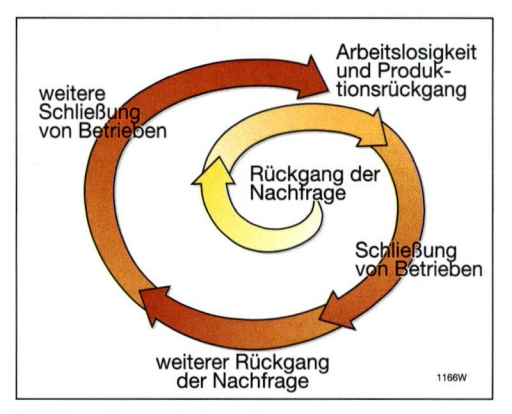

M4 Teufelsspirale der Arbeitslosigkeit

Auswirkungen in Deutschland

Nach der Krise von 1923 war der Aufschwung in Deutschland größtenteils mit Krediten aus den USA finanziert. Um nicht zahlungsunfähig zu werden, forderten die US-Banken in der Krise 1929 ihr Geld in Deutschland zurück. Die Folge: Deutsche Banken brachen zusammen, Betriebe schlossen. Bis 1932 wurden sechs Millionen Menschen arbeitslos, und 3,5 Millionen waren Kurzarbeiter. Nur wenige Jahre nach der Inflation von 1923 verloren wieder viele Deutsche Arbeit und Ersparnisse.

Viele Menschen gaben der Demokratie die Schuld an der Krise, andere sehnten sich zurück nach dem Kaiserreich. Als die rund 30 Parteien keine neue Regierung bilden konnten, machte Reichspräsident von Hindenburg von 1930 bis 1932 vom Artikel 48 der Weimarer Verfassung Gebrauch. Er setzte den Reichskanzler ein. Jetzt waren der Reichskanzler und seine Minister nur dem Reichspräsidenten verantwortlich (Präsidialkabinett). Weil die Regierung im Reichstag keine Mehrheit besaß, durfte sie ebenfalls nach Artikel 48 anstelle von Gesetzen sogenannte Notverordnungen erlassen. Damit war der Reichstag als Legislative bedeutungslos geworden.

„Die Arbeitslosigkeit bringt den Menschen um. Da hat man gelernt und liegt nachher auf der Straße, keine Aussicht auf Besserung, keine Aussicht auf Weiterbildung, man hat das schreckliche Gefühl, überflüssig zu sein."

„Man ist rumgelaufen nach Arbeit Tag für Tag und wenn man dann immer das eine hört: nichts zu machen – wird man abgestumpft. Mit der Zeit wächst in dem Herzen eine giftige Blüte auf, der Hass."

M5 Arbeitslose über ihre Situation (bearbeitet)

M6 Eine arbeitslose Frau (Foto 1931)

Präsidialkabinette → [www]

---

3 ↪ Beschreibe M3. Verändere die Grafik in deinem Heft so, dass sie die Weltwirtschaftskrise von 1929 zeigt.

4 Erkläre die Grafik M4. Beschreibe die Gefühle der Menschen in dieser Krise (M5, M6).

5 ↪ Wiederhole, was du über Art. 48 (S. 156/157) und die Notverordnungen erfahren hast. Berichte.

Demokratie in der Krise

Der Aufstieg der NSDAP

NSDAP
Nationalsozialistische Deutsche Arbeiterpartei

SA
Sturmabteilung, leicht bewaffnete Schläger- und Kampftruppe der NSDAP

SS
Schutzstaffel, Unterabteilung der SA und Schutztruppe für Hitler und die Führung der NSDAP

Adolf Hitler wollte mit der NSDAP im demokratischen Staat die Macht erlangen und dann die Demokratie beseitigen. SA und SS, die Kampftruppen der NSDAP, zettelten Schlägereien und Straßenschlachten mit ihren Gegnern an, terrorisierten Andersdenkende und schufen im ganzen Land eine Atmosphäre der Angst.

Als während der Wirtschaftskrise die Maßnahmen der Regierung gegen die Arbeitslosigkeit nur langsam wirkten, breiteten sich bei vielen Menschen Hilflosigkeit und Angst vor einem Leben ohne Arbeit aus. Sie fragten sich, ob dieser Staat, ob die Demokratie ihnen überhaupt noch helfen konnte. Diese Stimmungen nutzten die Nationalsozialisten für ihre politischen Zwecke aus. So kam die Wirtschaftskrise in Deutschland Hitler sehr gelegen. Immer mehr Wähler gaben den Nationalsozialisten, ihre Stimme. Insgesamt erstarkten die radikalen Parteien auf der Rechten (NSDAP und DNVP) und der Linken (KPD). Die demokratischen Parteien verloren durch diese Entwicklung die Mehrheit.-.

M1 „Millionen stehen hinter mir!" Plakat von John Heartfield

> Ich habe in meiner Arbeit für die NSDAP mehr als dreißig Mal vor Gericht gestanden und bin acht Mal wegen Körperverletzung, Widerstandsleistung und ähnlicher für einen Nazi selbstverständlicher Delikte vorbestraft. An der Abzahlung der Geldstrafen trage ich heute noch ... Ich bin ferner mindestens zwanzig Mal mehr oder weniger schwer verletzt worden.

M2 Aus dem Brief eines SA-Mannes

M3 NSDAP-Plakat von 1932

1. Beschreibe, wie die Nationalsozialisten gegen ihre politischen Gegner vorgingen (Text, M2).
2. Hitler und die NSDAP nutzten die Not der Menschen aus (Text und M3). Erkläre.
3. Nimm Stellung zu den Folgen der Radikalisierung in der Politik (Text).
4. John Heartfield verwendete für sein Plakat (M1) ein Hitlerzitat. Hitler wollte etwas anderes damit aussagen als Heartfield. Erkläre.

Die Weimarer Republik

Hugenberg. Er besaß einen Zeitungskonzern und die große UFA-Filmgesellschaft. Diese Massenmedien nutzte er, um mit den Nationalsozialisten das Volk gegen die Demokratie aufzuhetzen. Hugenberg vermittelte Hitler Kontakte zu wichtigen Großindustriellen. Sie unterstützten ihn, weil sie sich von ihm, wie ihr Sprecher Gustav Krupp es ausdrückte, einen starken Staat erhofften, in dem es mit der Wirtschaft wieder aufwärts gehen würde.

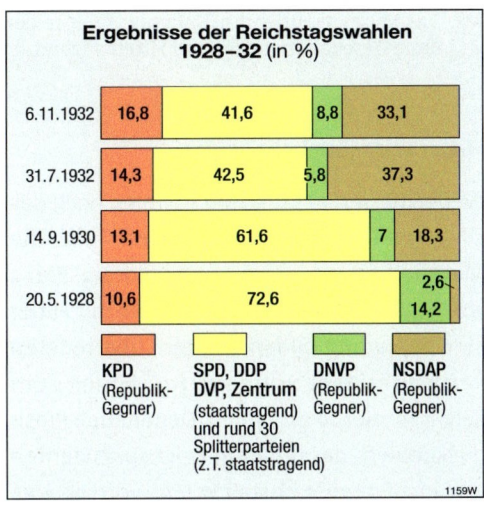

M4 SA-Männer in einer Auseinandersetzung mit der Polizei in München 1930 (Foto)

Die Demokratie auf dem Rückzug

Nach der Revolution von 1918 hatten Richter, hohe Beamte, Hochschullehrer und Lehrer, Militärs und Großindustrielle ihre Ämter und Positionen behalten, weil die Regierung auf ihr Fachwissen nicht verzichten konnte. Die meisten von ihnen jedoch waren Gegner der Demokratie und zumeist Mitglieder der rechtsgerichteten Deutschnationalen Volkspartei (DNVP). Vorsitzender der DNVP war seit 1928 Alfred

Ergebnisse der Reichstagswahlen 1928–32 (in %)

Datum	KPD	SPD, DDP, DVP, Zentrum	DNVP	NSDAP
6.11.1932	16,8	41,6	8,8	33,1
31.7.1932	14,3	42,5	5,8	37,3
14.9.1930	13,1	61,6	7	18,3
20.5.1928	10,6	72,6	2,6	14,2

KPD (Republik-Gegner) | SPD, DDP, DVP, Zentrum (staatstragend) und rund 30 Splitterparteien (z.T. staatstragend) | DNVP (Republik-Gegner) | NSDAP (Republik-Gegner)

M5 Ergebnisse der Reichstagswahlen 1928 bis 1932

> ... Wir sind bereit im Reich und in Preußen, in national geführten Regierungen die Verantwortung zu übernehmen. Wir stoßen keine Hand zurück, die sich uns zu wirklich ehrlicher Zusammenarbeit anbietet. ... (Wir) erklären, dass (wir) bei kommenden Unruhen wohl Leben und Eigentum, Haus, Hof und Arbeitsstelle derjenigen verteidigen werden, die sich mit uns offen zur Nation bekennen, dass wir es aber ablehnen, die heutige Regierung und das heutige herrschende System mit dem Einsatz unseres Blutes zu schützen. Wir verlangen die Wiederherstellung der deutschen Wehrhoheit und Rüstungsausgleich. Einig stehen wir zu diesen Forderungen. Geächtet ist jeder, der unsere Front zersetzen will.

Harzburger Front → www

M6 Gemeinsame Erklärung der Harzburger Front (Bündnis aus DNVP und NSDAP)

5 → Beschreibe den Standpunkt der Harzburger Front (M6) zur Demokratie. Zeige mögliche Folgen für die junge Weimarer Republik auf. Tipp: Kläre zunächst, welche Parteien „an national geführten Regierungen" beteiligt waren und wer „das heute herrschende System" darstellte.

6 Nimm anhand der Wahlergebnisse von 1928 bis 1932 (M5) Stellung
 a) zur Entwicklung der Stimmenanteile der NSDAP,
 b) zur Bildung möglicher Regierungsbündnisse und
 c) zu Ursachen und Gefahren des Wählerverhaltens.

7 → Beschreibe anhand von M5 die Radikalisierung in Deutschland.

M1 Das Kabinett Hitler am 30. Januar 1933; in der Mitte die drei Nationalsozialisten: Göring (Minister ohne Geschäftsbereich) und Hitler sitzend, dahinter stehend Frick (Innenminister)

Hitler wird Reichskanzler

Weder die demokratischen Parteien noch das DNVP-NSDAP-Bündnis besaßen 1932 die Mehrheit für eine Regierungsbildung. Franz von Papen und andere Politiker, die mit Hitler eine Regierung bilden wollten, überredeten Reichspräsident Hindenburg, Hitler zum Reichskanzler zu ernennen. Dem neuen Präsidialkabinett, das nur dem Reichspräsidenten und nicht dem Reichstag verantwortlich war, gehörten neben Hitler nur zwei weitere Minister aus der NSDAP an; die anderen Ministerposten erhielten die DNVP und Parteilose. So sollte Hitler „eingerahmt" und „gezähmt" werden. Hindenburg ernannte am 30. Januar 1933 Hitler zum Reichskanzler. Dieser leistete den Eid auf die Verfassung, obwohl er sie ablehnte und bekämpfte.

> *Ich glaubte den Nationalsozialisten, dass sie die Massenarbeitslosigkeit beseitigen würden, dass sie das deutsche Volk aus der Zersplitterung von mehr als vierzig politischen Parteien zu einer Einheit zusammenführen und die Folgen des Versailler Diktates überwinden würden.*

M2 Einschätzungen der Zeitzeugin Melitta Maschmann (bearbeitet)

ⓘ Hitler und die NSDAP bis 1932

1889 Hitler kommt in Braunau (Österreich) zur Welt
1895–1905 Er besucht Volksschule und Realschule; ohne Abschluss
1907/1908 Aufnahmeprüfungen an der Kunstakademie in Wien nicht bestanden
1908–1914 Gelegenheitsjobs, Postkartenmaler
1913 Flucht vor der Einberufung ins österreichische Heer nach Bayern

1914–1918 Kriegsfreiwilliger in der deutschen Armee
seit 1919 Mitglied der DAP, der späteren NSDAP
1921 Vorsitzender der NSDAP
1923 Gescheiterter Umsturzversuch der NSDAP
1924/25 Festungshaft wegen des Umsturzversuchs
seit 1930 große Stimmengewinne für die NSDAP bei den Reichstagswahlen
1932 Hitler wird deutscher Staatsbürger

---

1. *Untersuche anhand von M1, S. 156, welche Rechte Hitler als Reichskanzler besaß. Erläutere.*
2. *↪ Die Nationalsozialisten feiern den 30. Januar 1933 als „Tag der Machtergreifung". Prüfe anhand der Weimarer Verfassung (M1, S. 156), ob dieser Begriff zutrifft. Begründe deine Antwort.*
3. *↪ Nenne Personen und Gruppen, die Hitler auf seinem Weg an die Macht unterstützt haben (M2 sowie Text S. 167). Beschreibe ihre Motive.*

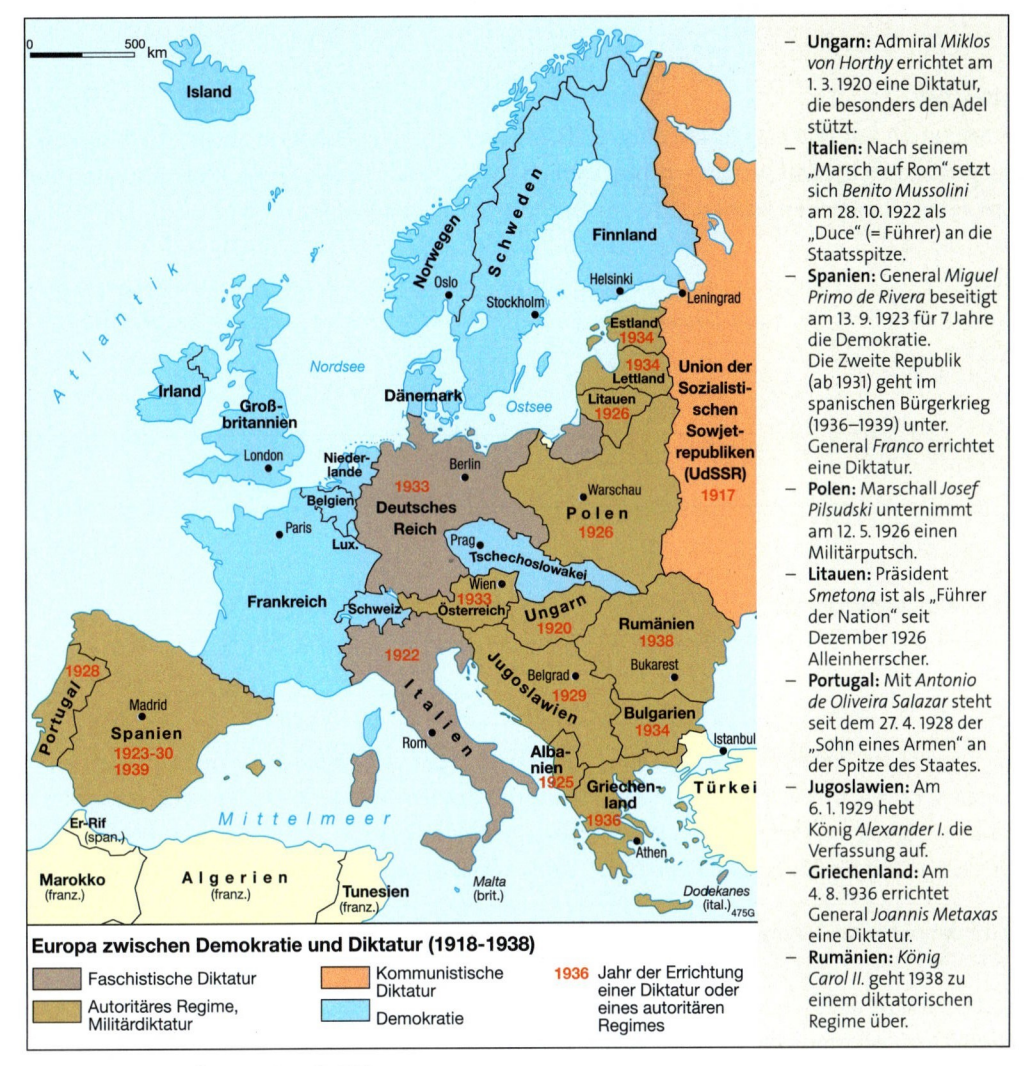

Europa zwischen Demokratie und Diktatur (1918–1938)

- ■ Faschistische Diktatur
- ■ Autoritäres Regime, Militärdiktatur
- ■ Kommunistische Diktatur
- ■ Demokratie
- 1936 Jahr der Errichtung einer Diktatur oder eines autoritären Regimes

- **Ungarn:** Admiral *Miklos von Horthy* errichtet am 1. 3. 1920 eine Diktatur, die besonders den Adel stützt.
- **Italien:** Nach seinem „Marsch auf Rom" setzt sich *Benito Mussolini* am 28. 10. 1922 als „Duce" (= Führer) an die Staatsspitze.
- **Spanien:** General *Miguel Primo de Rivera* beseitigt am 13. 9. 1923 für 7 Jahre die Demokratie. Die Zweite Republik (ab 1931) geht im spanischen Bürgerkrieg (1936–1939) unter. General *Franco* errichtet eine Diktatur.
- **Polen:** Marschall *Josef Pilsudski* unternimmt am 12. 5. 1926 einen Militärputsch.
- **Litauen:** Präsident *Smetona* ist als „Führer der Nation" seit Dezember 1926 Alleinherrscher.
- **Portugal:** Mit *Antonio de Oliveira Salazar* steht seit dem 27. 4. 1928 der „Sohn eines Armen" an der Spitze des Staates.
- **Jugoslawien:** Am 6. 1. 1929 hebt König *Alexander I.* die Verfassung auf.
- **Griechenland:** Am 4. 8. 1936 errichtet General *Joannis Metaxas* eine Diktatur.
- **Rumänien:** König *Carol II.* geht 1938 zu einem diktatorischen Regime über.

M3 Europa zwischen 1918 und 1938

Diktaturen in Europa

Nach dem Ende des Ersten Weltkrieges hatten sich in fast allen europäischen Staaten demokratische Regierungen durchgesetzt. Wirtschaftliche Krisen sowie mangelndes Demokratiebewusstsein führten jedoch bald in den Staaten Mittel-, Süd- und Südosteuropas zu einer Radikalisierung und zum Entstehen von Militär- oder faschistischen Diktaturen.

4 → *Werte M3 aus, indem du die Tabelle in deine Mappe überträgst und ausfüllst.*

Land	Demokratie seit	faschistische Diktatur seit	Militärdiktatur seit	kommunistische Diktatur seit

5 „Politische und wirtschaftliche Krisen bedrohen die Demokratie." – Nimm Stellung zu dieser Aussage.

6 → *Informiere dich im Internet über Mussolini, Franco und Salazar und berichte der Klasse über ihre Aktivitäten.*

Die Weimarer Republik

1 Buchstabenrätsel

In der Novemberrevolution von 1918 ging es um die grundsätzliche Frage, ob in Deutschland ein parlamentarisches Regierungssystem oder ein Rätesystem errichtet werden sollte. – Erstelle eine Kopie dieser Seite und ordne die Kennziffern der nachfolgenden Namen, Orte und Begriffe den beiden Möglichkeiten zu.

Freie sozialistische Republik Deutschlands (1); Reichstagsgebäude (2); SPD (3); Friedrich Ebert (4); Demokratie (5); Rosa Luxemburg (6); russisches Vorbild (7); Philipp Scheidemann (8); Berliner Stadtschloss (9); Deutsche Republik (10); Karl Liebknecht (11); KPD (12).

Parlamentarisches Regierungssystem: _____

Rätesystem: _____

2 Eine Textquelle interpretieren

Interpretiere die Textquelle, indem du aufschreibst, welche Bedeutung die unten stehenden Auszüge aus der Quelle haben.

> *Hier sehen Sie die gleichen Völker, die sich ... zu hart aneinander gestoßen haben, friedlich zusammensitzen zur gemeinsamen Arbeit am Weltfrieden ... Was bedeutet dieser heutige Tag für Deutschland und für Frankreich? Das will ich Ihnen sagen: Es ist Schluss mit jener langen Reihe schmerzlicher und blutiger Auseinandersetzungen, ... es ist Schluss mit dem Krieg zwischen uns, Schluss mit den Trauerschleiern.*

Aus der Rede des französischen Außenministers Aristide Briand am 5. Februar 1926 vor dem Völkerbund

a) „Völker, die sich ... zu hart aneinander gestoßen haben"
b) „Völker, die friedlich zusammensitzen"
c) „gemeinsame Arbeit am Weltfrieden"
d) „Schluss mit jener langen Reihe schmerzlicher und blutiger Auseinandersetzungen"
e) „Schluss mit den Trauerschleiern"

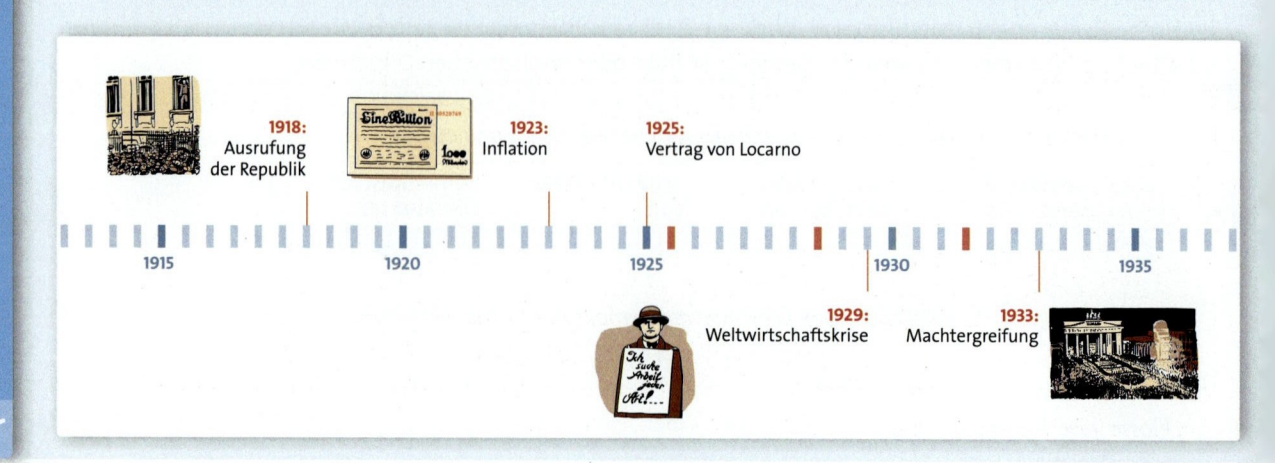

1918: Ausrufung der Republik
1923: Inflation
1925: Vertrag von Locarno
1929: Weltwirtschaftskrise
1933: Machtergreifung

1915 — 1920 — 1925 — 1930 — 1935

Wissen und Können

3 Ereignisse einordnen

Füge die nachfolgenden Kärtchen richtig aneinander, indem du die Kennbuchstaben in die richtige Reihenfolge bringst.

| Radikalisierung in Deutschland – Hitlers Chance (A) | Deutschland muss Reparationen zahlen (B) | New Yorker Börsenkrach Oktober 1929 (C) | US-Banken kündigen deutsche Kredite (D) | Massenarbeitslosigkeit in Deutschland (E) |

| Deutsche Unternehmen gehen bankrott (F) | Großbritannien und Frankreich tilgen ihre Schulden in USA (G) | Deutschland zahlt Reparationen an Großbritannien und Frankreich (H) | USA gewähren Deutschland Kredite (I) |

4 Eine Statistik deuten

Zwei Historikerinnen haben die Veränderungen in der Erwerbsarbeit von Frauen zwischen 1880 und 1980 untersucht. Ermittle den prozentualen Anteil der berufstätigen Frauen an der gesamten weiblichen Bevölkerung und beschreibe die Entwicklung.

	1882	1907	1925	1939	1961	1980
Weibliche Wohnbevölkerung (in Mio.)	23,07	31,26	32,21	35,40	29,77	32,18
davon erwerbstätig (in Mio.)	7,79	9,74	11,48	12,80	9,94	10,48

(Die Zahlen für 1961 und 1980 zeigen nur die Werte für Westdeutschland)

5 Ein Foto interpretieren

Beschreibe das Foto und gehe auf den geschichtlichen Hintergrund ein.

Arbeitslose vor einem Arbeitsamt (Foto, 1932)

Grundbegriffe:

Inflation
Locarno
„Machtergreifung"
Radikalisierung
Rapallo
Reparationen
Völkerbund
Weimarer Republik
Weltwirtschaftskrise

Zusammenleben in der Demokratie

Zusammenleben in der Demokratie

M2 Jugendliche sprayen mit Erlaubnis – sie verschönern ihr Jugendzentrum.

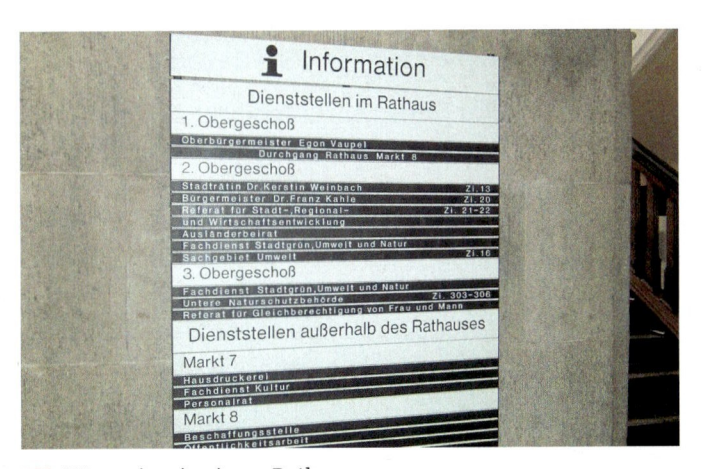

M3 Wegweiser in einem Rathaus

→ Welchen Platz nimmt jeder Einzelne in der Gesellschaft ein?
→ Wie entstehen Konflikte, und wie geht man damit um?
→ Wie funktioniert Demokratie?
→ Wie ist das Zusammenleben in unserer Gemeinde geregelt?
→ Wie können wir für unsere Interessen selbst eintreten?
→ Welche Rechte und Pflichten hat jeder Einzelne?

M1 Der Stadtrat der Stadt Osnabrück (2012)

> So'n toller, sonniger Tag ... und ich muss zur Schule ... Sechs Stunden Unterricht. Außer Sport mag ich heute gar kein Fach. Und dann auch noch die Hausaufgaben ... Viel lieber würde ich jetzt mit meinem neuen Rad durch die Gegend fahren. Aber immer bestimmen andere über mich. (Lars, 13 Jahre)

> Ich weiß eigentlich selbst nicht, warum ich mich immer in diese unbequeme Hose quetsche. Wenn ich ehrlich bin, gefällt sie mir auch gar nicht. Wer schreibt mir eigentlich vor, was ich anzuziehen habe? (Katharina, 14 Jahre)

> Endlich mal alleine zu Hause. Heute kann mir niemand vorschreiben, was ich zu tun und zu lassen habe. Heute bestimme ich selbst über mich. Ich gehe erst mal ganz relaxed ins Netz. Später treffe ich ein paar Freundinnen, und dann probieren wir neue Outfits und Schminke aus. Das wird super ...! (Marie, 16 Jahre)

> Eine Woche lang alleine auf einer Insel – das wär's. Da würde niemand auf mich warten oder etwas von mir erwarten. Ich könnte 24 Stunden am Tag selbst bestimmen, was ich wann und wo tue. Und ich würde nur das tun, wozu ich Lust hätte oder was wirklich für mich wichtig wäre. (Malte, 20 Jahre)

M1 Gedanken zur Frage „Wer bestimmt, was wir tun?"

Selbst- und Fremdbestimmung

Der Einzelne und die Gesellschaft

Wo Menschen zusammenleben, kann niemand nur das tun, wozu er gerade Lust hat. Oft muss man das tun, was andere erwarten. Dann spricht man von Fremdbestimmung. Kann man das tun, was man will oder was man für richtig hält, nennt man dieses Verhalten Selbstbestimmung. Nur wenn ein Mensch die Freiheit hat, über sein Handeln zu entscheiden, ist Selbstbestimmung überhaupt möglich.

Menschen in einer Gesellschaft müssen sich an vereinbarte Regeln oder Vorgaben, zum Beispiel in der Schule oder am Arbeitsplatz, halten. Sie müssen auch bestimmte Rechte und Pflichten, wie zum Beispiel im Straßenverkehr, wahrnehmen, damit das Zusammenleben funktioniert.

Das Verhältnis der einzelnen Menschen, aber auch verschiedener Gruppen zueinander ist in jeder Gemeinschaft durch Werte (Gerechtigkeit, Ehrlichkeit, Mitmenschlichkeit ...), Normen (Pünktlichkeit, Fleiß, Höflichkeit ...) und Gesetze geregelt. Halten sich Menschen nicht an vereinbarte oder erwartete Verhaltensregeln, gibt es Missverständnisse, Streit oder größere Konflikte.

Normen
Allgemeine, verbindliche Verhaltensregeln, die nicht unbedingt aufgeschrieben sein müssen. Menschen haben durch sie einen „Wegweiser" und wissen, welches Verhalten als gut, sinnvoll oder richtig – also „normal" – angesehen wird.

Werte
sind Überzeugungen und Einstellungen, die von den meisten Menschen einer Gemeinschaft oder Gesellschaft akzeptiert oder „wertgeschätzt" werden.

ⓘ Gesellschaft

Eine Gruppe von Menschen, die nach bestimmten Verhaltensregeln, Werten oder Normen zusammenleben oder durch festgelegte Ordnungen verbunden sind, bildet eine Gesellschaft. Alle Menschen einer Nation bilden zusammen die Gesellschaft eines Staates und sind durch einen gemeinsamen Lebenszusammenhang (z. B. Wohnen und Arbeiten in der Bundesrepublik) miteinander verbunden. In einer Gesellschaft stehen die Menschen in Beziehung zueinander, sind voneinander abhängig und unterstützen sich gegenseitig.

M2 Regeln im Alltag

Zusammenleben in der Demokratie

M3 Karikatur von Walter Kurowski

Die Schule ist morgens ab 7.30 Uhr geöffnet. Erst ab 7.45 darf das Obergeschoss betreten werden (...)
Mit dem Gong zum Stundenbeginn ist jeder an seinem Platz. (...)
In den großen Pausen verlassen alle Schüler/-innen (außer Schüleraufsichten und Ordnungsdienste) ihre Klassen bzw. Fachräume und das Obergeschoss. (...) Das Schulgebäude darf während der gesamten Unterrichtszeit nicht ohne ausdrückliche Erlaubnis einer Lehrkraft verlassen werden. (...) Krankmeldungen bzw. Entschuldigungen müssen nach spätestens drei Tagen den Lehrer/-innen vorliegen (...)
Waffen und andere gefährliche Gegenstände dürfen nicht mit in die Schule gebracht werden. Auf dem gesamten Schulgelände und im Schulgebäude sind das Rauchen, der Konsum von Alkohol und anderen Drogen sowie gefährliches Ballspielen und Schneeballwerfen verboten. Der Betrieb von Handys und anderen elektronischen Unterhaltungsgeräten ist ...verboten. Während des Unterrichts sind das Kaugummikauen und das Tragen von Jacken und Mützen/Kappen untersagt.

M4 Auszug aus der Schulordnung der Theodor-Heuss-Realschule in Hameln

1. ↪ *Ordne die Gedanken (M1) den Begriffen Selbst- und Fremdbestimmung zu.*
2. *Nenne Personen, Vorschriften, Regeln, (Mode-)Trends oder Pflichten, die über dich bestimmen. (Vergleiche dazu M3.)*
3. *Zähle Normen auf, die für dich in der Schule gelten. (Vergleiche dazu M4.)*
4. ↪ *Begründe, warum niemand nur das tun kann, was er/sie möchte.*
5. ↪ *Vervollständige den Satz: „Wenn sich niemand an Regeln und Gesetze halten würde, ...". (Nimm M2 zu Hilfe.)*
6. a) *Was würdest du gern tun, wenn du ganz frei wärest? Nenne fünf verschiedene Aktivitäten, die dir gefallen.*
   b) *Überprüfe dann, ob diese Aktivitäten für die Menschen, mit denen du dabei zu tun hast, in Ordnung wären oder was sie daran stören könnte.*
7. ↪ *Gute Manieren – nötig oder unnötig? Beantworte die Frage und begründe deine Entscheidung. Wenn du zustimmst, nenne drei Höflichkeitsregeln für den Umgang miteinander, die du wichtig findest.*

Vater: „Moin ... auch schon wach? Mama und ich warten schon eine halbe Stunde auf unser gemeinsames Sonntagsfrühstück. Ihr wisst ja, wie wichtig uns das ist, zumindest einmal in der Woche mit euch beiden am Tisch zu sitzen. ... ist ja sonst wegen der vielen Termine und der ganzen Hektik nicht möglich!"
Rolf: „Und ihr wisst, dass ich wenigstens am Sonntag mal ausschlafen muss."
Ellen: „Genau! Ich auch. Man wird sich ja wohl zu Hause noch erholen dürfen."
Mutter: „Jetzt sitzen wir ja alle zusammen hier, das ist schön. Ich möchte gerne, dass wir heute bei dem herrlichen Wetter gemeinsam eine Radtour machen und irgendwo etwas essen gehen. Dann muss ich mal nicht kochen, und wir haben mal Zeit miteinander ..."
Ellen: „Was? Heute? Radeln? Ohne mich! Ich will gleich erst mal mit Anne und Kathrin telefonieren, vielleicht woll'n wir heute Nachmittag ins Kino gehen."
Rolf: „Immer bist du unterwegs. Du hattest mir doch versprochen, dass du mir in Englisch hilfst. Ich schreibe doch morgen die Arbeit. Und auf Familienausflug habe ich auch keine Lust. Viel lieber möchte ich mein Online-Spiel weitermachen. Vielleicht kommt Axel noch vorbei ..."
Vater: „Telefonieren, Kino mit Freundinnen, Online-Spiele ... das ist doch kein Familienleben. Wir müssen ja keine Radtour machen. Aber ich würde gerne mit euch allen heute Nachmittag das Handballspiel in der Sporthalle angucken. Das fandet ihr doch immer gut, gerade wenn Onkel Herbert und mein Kumpel Jochen mitspielen. Da ist doch immer richtig gute Stimmung."
Ellen: „Nee, keinen Bock. Ich will meine Ruhe haben."
Mutter: „Am liebsten wäre dir wohl, wir bringen das Essen ins Zimmer und ‚stören' dich ansonsten nicht. Aber dazu sind wir doch keine Familie!"
Rolf: „Reg dich doch nicht so auf! Wir laufen dir ja nicht weg. Aber du kannst doch nicht über unsere Freizeit bestimmen."
Vater: „Bevor es jetzt richtig Streit gibt: Können wir uns denn nicht auf etwas Gemeinsames einigen?"

M1 Sonntagmorgen bei Familie Koch: Herr Koch (48 Jahre), Frau Koch (44 Jahre), Rolf (16 Jahre) und Ellen (17 Jahre)

Kompromiss
Ausgleich, Zugeständnis, gegenseitiges Entgegenkommen oder Übereinkunft, indem jeder der Beteiligten etwas von seinem Interesse abrückt

Konflikt
Auseinandersetzung oder Streit, der durch das Aufeinandertreffen verschiedener entgegengesetzter Interessen, Wünsche oder Verhaltensweisen entsteht

Zusammenleben in der Familie

Unterschiedliche Interessen führen zu Konflikten

In einer Familie treffen häufig ganz unterschiedliche Interessen der einzelnen Familienmitglieder aufeinander. Das liegt daran, dass Kinder und Jugendliche andere Wünsche und Vorstellungen als die Erwachsenen haben. Mädchen oder Frauen haben oft auch noch andere Interessen oder auch Fähigkeiten als Jungen oder Männer. So kommt es zu unterschiedlichsten Interessen selbst innerhalb einer kleinen Familie. Diese können z. B. durch Kompromisse, die im Gespräch gefunden werden, gelöst werden. Gelingt das nicht, gibt es ständige Konflikte, die das Miteinanderleben erschweren.

1. Nenne Streitthemen in deiner Familie!
2. In Familie Koch gibt es einen Konflikt. Nenne den Grund (M1).
3. Formuliere das Interesse jedes einzelnen Familienmitgliedes (M1).
4. Beantworte die Frage des Vaters am Ende des Gespräches (M1), indem du Ideen für einen Kompromiss entwirfst. Schreibe dazu das Gespräch der Familie Koch zu Ende.

Zusammenleben in der Demokratie

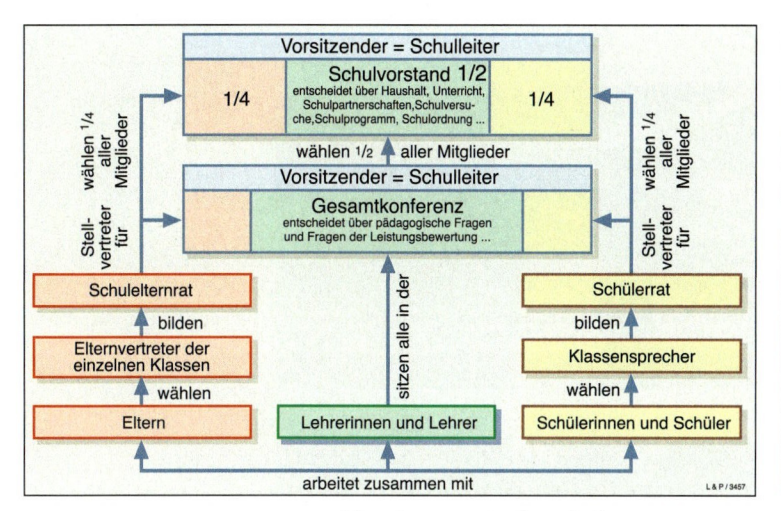

M1 Mitbestimmung in der Schule

In meiner Klasse haben wir nach dem Besuch französischer Austauschschüler darüber diskutiert, ob nicht auch an unserer Schule – so wie in Frankreich an manchen Schulen – der Unterricht später beginnen sollte. 25 von 30 Schüler/-innen waren für einen späteren Schulbeginn: Statt 7.45 Uhr soll der Unterricht erst um 8.30 oder um 9.15 beginnen. Nach der Mittagspause soll es am Nachmittag weitergehen. Dann können wir wenigstens ausschlafen. Jetzt wollen wir unsere Mitwirkungsmöglichkeiten nutzen, um unser Interesse durchzusetzen.

M2 Die Meinung von Michael, 8. Klasse

Demokratie lebt von Mitwirkung

Mitbestimmung in Schulen

Alle Schülerinnen und Schüler können durch die Wahl von Klassen- und Schülersprechern mitbestimmen über das, was an ihren Schulen geschieht. Ihre gewählten Vertreter haben Sitz und Stimme in der Gesamtkonferenz und auch im Schulvorstand. In diesen beiden Versammlungen können sie zusammen mit den Lehrern und Vertretern der Elternschaft über viele wichtige Angelegenheiten und Fragen in der Schule entscheiden. Darüber hinaus bilden alle Klassensprecher den Schülerrat, aus dessen Mitgliedern die Schulsprecher gewählt werden.

Der Schulsprecher oder die Schulsprecherin vertritt die Meinungen oder die Anliegen der Schülerschaft vor Lehrern und Eltern. Er /Sie kann auch in der Öffentlichkeit (z. B. in der Zeitung, im Radio) für die Schüler sprechen.

Niedersächsisches Schulgesetz → www

§ 72 Allgemeines
Schülerinnen und Schüler wirken in der Schule mit durch
1. Klassenschülerschaften sowie Klassensprecherinnen und Klassensprecher, 2. den Schülerrat sowie Schülersprecherinnen und Schülersprecher, 3. Vertreterinnen und Vertreter in Konferenzen, Ausschüssen und im Schulvorstand
§ 73
In jeder Klasse vom 5. Schuljahrgang an werden eine Klassensprecherin oder ein Klassensprecher gewählt (Klassenvertretung).
§ 74
Die Klassenvertretungen bilden den Schülerrat der Schule. Dieser wählt die Schülersprecher/in sowie die Vertreter/innen in der Gesamtkonferenz, in den entsprechenden Ausschüssen und in den Schulvorstand.
§ 80 (5)
Die Sprecher/innen vertreten die Schüler/innen gegenüber Lehrkräften, Konferenzen, Schulvorstand, Schulleitung und Schulbehörden.

M3 Auszug aus dem Niedersächsischen Schulgesetz (vereinfacht)

1. → *Erläutere anhand des Textes M2 und von M1 und M3 die Rechte und Mitwirkungsmöglichkeiten von Schülerinnen und Schülern.*
2. *Stelle dar, wie Michaels Klasse ihre Mitwirkungsmöglichkeiten nutzen kann, um einen späteren Unterrichtsbeginn durchzusetzen.*

M3 Minderheiten in unserer Gesellschaft

A Ein Mitschüler wird angefeindet
B Rollstuhlfahrer wird in einen Bus gehoben

C Jüdische Familie bereitet Brot für eine Sabbatfeier vor
D Übergewichtiger Schüler beim Sport

Minderheiten haben Rechte

In einer großen Gemeinschaft werden Menschen, die anders sind oder zu einer besonderen Gruppe gehören, bisweilen nicht akzeptiert, oder ihre besondere Situation wird nicht wahrgenommen. Manchmal werden sie sogar abgelehnt, ausgegrenzt oder auch benachteiligt: Sie werden diskriminiert. Doch gerade die Einbeziehung der „Anderen", das gegenseitige Verstehen und Entgegenkommen sind eine wesentliche Herausforderung und Aufgabe für eine offene demokratische Gesellschaft. Man nennt diesen Prozess auch Integration.

3 → *Nenne die Minderheiten bzw. Randgruppen, die auf den Fotos zu sehen sind (M3).*
4 → *Ordne die Bildunterschriften A – D (siehe oben) den vier Fotos in M3 zu.*
5 *Nimm Stellung zu folgenden Aussagen:*
   a) *Ausflugsziele von Klassenfahrten müssen sich nach dem Mitschüler im Rollstuhl richten.*
   b) *Wenn ein farbiger Mitschüler von ausländerfeindlichen Jugendlichen angegriffen wird, organisiere ich Hilfe.*
   c) *Im Sportunterricht wähle ich dicke und unsportliche Mitschüler/-innen genauso in meine Mannschaft wie schlanke und sportliche Jugendliche.*
   d) *Ich nehme Rücksicht auf strenggläubige jüdische Mitschüler/-innen und überrede sie nicht zu einer Verabredung am Freitagabend oder Samstag, wenn diese ihren Sabbat feiern.*

Aufgabe 5 → www

Seite 181 → www

Die Klasse 7a aus Hameln hat an einem Wettbewerb teilgenommen und dabei 250,– € gewonnen. Die Jugendlichen freuen sich darüber und haben auch Ideen, was sie damit machen könnten. Florian schlägt vor, mit der ganzen Klasse Pizza essen zu gehen. Einige Schüler sind davon gleich begeistert und stimmen zu. Julia möchte mit der Klasse ins Kino gehen, es läuft gerade so ein spannender Film. Anna hat die Idee, von dem Geld schöne Gardinen für den Klassenraum zu kaufen, weil dieser so kahl aussieht und die Sonne immer blendet. Felix hat noch eine ganz andere Idee: Sie könnten doch einen Grillabend auf einer Wiese machen und anschließend in Zelten übernachten. Diesen Vorschlag finden die meisten sofort super und stimmen laut zu: „Ja! Lasst uns zelten. Dafür sind doch die meisten." Nasrin und Seda sehen jetzt ganz unglücklich aus. Die Klassenlehrerin fragt die beiden: „Was ist denn los?" Darauf antwortet Nasrin: „Abends grillen und danach in Zelten übernachten – das erlauben unsere Väter nie! Das verbietet für uns Musliminnen auch die Religion." Einige Schüler lachen. Felix meint: „Die meisten finden doch meinen Vorschlag toll. Da müssen wir doch nicht auf zwei Schülerinnen Rücksicht nehmen. Die dürfen ja sowieso nie was. Warum sollen wir deshalb verzichten?" Andere finden das unfair, und Lara meint: „Die ganze Klasse hat das Geld bekommen, also müssen wir auch etwas beschließen, von dem jeder etwas hat." Die Lehrerin, Frau Seelmann, findet, dass eine demokratische Entscheidung getroffen werden soll, bei welcher auch die Interessen der Minderheiten berücksichtigt werden.

M1 Entscheidungssituation in einer Schulklasse

Demokratie im Alltag

Die Mehrheit entscheidet

Demokratie (griech.:) Volksherrschaft

Toleranz Das Geltenlassen, Dulden oder Verstehen anderer Anschauungen, Werte und Normen neben der eigenen Meinung oder Weltsicht. Das Gegenteil von Toleranz ist Intoleranz.

Demokratische Entscheidungen in Gruppen kommen dadurch zustande, dass jeder Einzelne daran mitwirken darf. Jeder kann seine Meinung zu dem Fall vertreten und schließlich bei einer Abstimmung seine eigene begründete Entscheidung treffen. Die Mehrheit entscheidet schließlich über das Ergebnis. Dabei kann es vorkommen, dass nicht jeder damit einverstanden ist, weil er sich mit seiner Meinung nicht durchsetzen konnte. Es ist ein wichtiger Grundsatz der Demokratie, dass die bei einer Abstimmung Unterlegenen die Mehrheitsentscheidung akzeptieren.

M2 Muslimische Mitschülerinnen

1. Stell dir vor, das Gespräch in der Klasse (M1) geht weiter. Formuliere und begründe für eine weiterführende Diskussion schriftlich die Meinung
   a) von Felix, der auf die große Mehrheit hinweist.
   b) von Lara, die sich in ihre Mitschülerinnen hineinversetzen kann und möchte, dass auch diese zufrieden sind.
   c) von Nasrin, die sich als gleichberechtigtes Mitglied der Klassengemeinschaft sieht.
   d) Formuliere dann deine eigene Meinung, die du als Schüler/-in dieser Klasse, in der eine Entscheidung getroffen werden muss, vertreten würdest.
2. Nimm schriftlich zu folgender Fragestellung: Können in einer demokratischen Gesellschaft immer alle Einzelinteressen – auch die der Minderheiten – berücksichtigt werden, damit sich niemand benachteiligt fühlt? Sollte das so sein?

Lisa: „Mama möchte nicht, dass ich bestimmte Klamotten trage – schon gar nicht in der Schule. Ich finde, das ist meine Entscheidung, wie ich aussehe. Jeder hat doch seinen eigenen Geschmack. Manchmal gibt es morgens deswegen schon Theater, und ich gehe genervt aus dem Haus, weil Mama nicht damit einverstanden ist, wie ich angezogen bin."

Frau Strehl: „Ich verstehe einfach nicht, warum meine Tochter sofort nach der Schule telefonieren oder SMS auf dem Handy schreiben muss. Die hat doch ihre Schulfreundinnen gerade noch gesehen. Wenn ich dann frage, was das soll, wird sie sauer, läuft weg und knallt die Tür zu."

Tim: „Mein Vater meint, in meinem Alter kann er von mir erwarten, dass ich einige Arbeiten in Haus und Garten übernehme. Schließlich bekäme ich auch Taschengeld. Ich finde, wenn ich nach acht Stunden Schule nach Hause komme, hab ich erst mal genug getan und muss nicht gleich Rasen mähen oder sämtlichen Müll rausbringen. Außerdem muss ich dann noch lernen. Aber Vater versteht das nicht, und oft schreien wir uns dann an."

Herr Uhlhorn: „Mit meinem älteren Sohn streite ich mich oft darüber, wie wenig er für die Schule arbeitet. Zu meiner Schulzeit habe ich viel mehr gelernt – manchmal auch mit Freunden. Erst dann bin ich auf die Straße zum Fußballspielen gegangen."

Britta: „Meine Eltern mögen es nicht, wenn ich nach der Schule erst mal meinen Freundinnen in Facebook schreibe. Sie verstehen nicht, warum mir das wichtig ist. Stattdessen soll ich Hausaufgaben machen. Aber ich finde es entspannend, mit Leuten im Netz zu quatschen und zu erfahren, was so los ist."

M2 Konflikte in Familien

5 ↪ *Schreibe ein Gespräch, in dem unterschiedliche Interessen in einer Familie zu einem Konflikt führen. Entwirf für diesen Konflikt einen Kompromissvorschlag.*
6 ↪ *Nenne weitere, häufig vorkommende Anlässe oder Themen, zu denen es in einer Familie Streit gibt (M2).*
7 ↪ *Spielt einen der Konflikte (M2) im Rollenspiel nach und findet im Gespräch einen Konsens/eine Lösung.*

Warum wir Mitglieder der Jugendfeuerwehr sind?
Hier treffen wir andere Jugendliche. Die Übungen machen uns viel Spaß. Wir lernen hier eine ganze Menge, wodurch wir später vielleicht einmal Menschen in Notsituationen, z. B. bei einem Brand, helfen können. Und wir treiben viel Sport zusammen, z. B. Laufen und Wettkämpfe durchführen. Und wir unternehmen auch Ausflüge oder Wochenendtouren gemeinsam.

Was unsere Aufgaben und Tätigkeiten sind?
Es gibt bei der Jugendfeuerwehr Wassertrupps, Schlauchtrupps, Angriffstrupps, den Maschinisten, den Gruppenführer und den Melder. Nur so kann im Ernstfall ein Einsatz klappen, indem jeder seine feste Aufgabe hat. Die Mitglieder des Wassertrupps müssen z. B. die Wasserversorgung aufbauen können: Sie schließen eine Saugleitung an ein offenes Gewässer mit einer Pumpe oder an einen Hydranten an und installieren Verteilerschläuche. Dann beginnt die Arbeit des Schlauchtrupps ...

Wie wir bei der Jugendfeuerwehr demokratisch mitwirken können?
Es gibt einen Jugendausschuss der einzelnen Jugendfeuerwehren; dieser besteht aus einem Jugendsprecher und seinem Stellvertreter, welche von allen Jugendlichen gewählt werden. Die Jugendausschussmitglieder vertreten die Interessen der Jugendlichen auf Kreisebene und gegenüber der aktiven Wehr. Außerdem gibt es noch einen Schriftführer, einen Wimpelträger und einen Kassenwart, sodass viele Jugendliche Verantwortung übernehmen. Zur Gestaltung der Unterrichtsabende können wir Jugendlichen Wünsche und Vorschläge einbringen. Die älteren Jugendlichen sind bei Übungen zuständig für die jüngeren und müssen auch Entscheidungen treffen oder Anweisungen geben ...
Manchmal haben wir auch 24-Stunden-Dienste, in denen wir den Alltag einer Berufsfeuerwehr inszenieren, also „nachspielen" – und das haben wir uns selbst gewünscht ...

M4 Mitglieder der Jugendfeuerwehr Klein Berkel (Hameln) berichten

Mitwirken in Vereinen und Organisationen

> Art. 9
> (1) Alle Deutschen haben das Recht, Vereine und Gesellschaften zu bilden.

M5 Grundgesetz (Auszug)

In Deutschland gibt es Tausende von Verbänden, Vereinen und Organisationen, in denen sich Menschen mit gleichen Interessen, Überzeugungen oder Zielen zusammengeschlossen haben oder in denen Jung und Alt ihre Freizeit gemeinsam verbringen. Man findet sie überall in unserer Gesellschaft, z. B. im sportlichen, wirtschaftlichen, sozialen, religiösen, kulturellen und wissenschaftlichen Bereich. Jeder, der sich in einem Verein engagiert, übernimmt damit eine wichtige Aufgabe in unserer Gesellschaft.

Verein
Vereinigung ohne wirtschaftliche Interessen mit Zielen im humanitären und sozialen Bereich. Sie sind in der Regel „gemeinnützig", d. h., sie nützen der Gemeinschaft oder Gesellschaft.

3 → *Zähle die Mitwirkungsmöglichkeiten der Jugendlichen bei der Feuerwehr auf (M4).*
4 *Berichte, in welchem Verein du mitwirken würdest. Begründe deinen Standpunkt.*
5 → *Besorge dir bei deiner Gemeinde (Rathaus/Bürgeramt) eine Informationsbroschüre über alle Verbände, Vereine, Organisationen in deiner Stadt oder deinem Landkreis und ermittle, welche Ziele einzelne Vereine an deinem Wohnort verfolgen.*

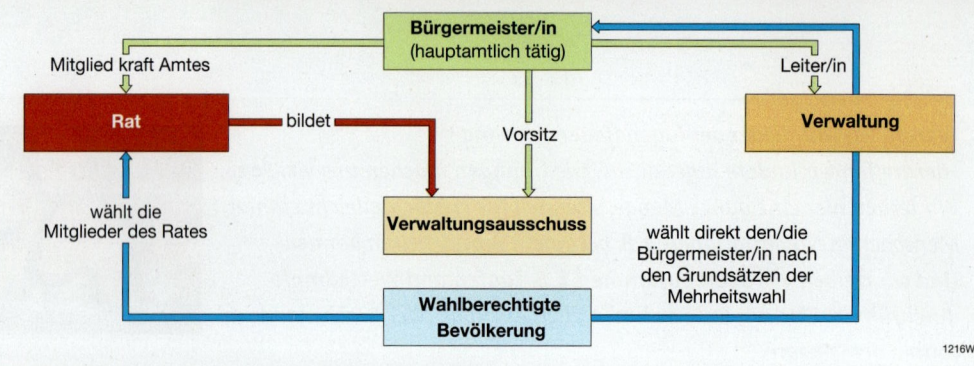

M1 Die Niedersächsische Kommunalverfassung

Mitbestimmung in der Gemeinde

Selbstbestimmung vor Ort: der Gemeinderat

Kommune von lat.: *communis* = gemeinsam, andere Bezeichnung für eine Gemeinde oder Stadt

Es gibt in Deutschland knapp 13 000 Gemeinden; diese werden auch Kommunen genannt und bestehen in der Regel aus einem größeren Ort und kleineren „eingemeindeten" Ortschaften. Auch einzelne größere Städte können Kommunen sein. Die Gemeinden entscheiden unabhängig von den Ländern oder der Bundesregierung über „ihre" Angelegenheiten selbst, zum Beispiel über das Personal in der Stadtverwaltung, städtische Rechtsvorschriften, Bebauungspläne, öffentliche Gebäude und vieles mehr. Außerdem übernehmen sie Aufgaben für den Staat, z. B. das Ausstellen von deutschen Pässen. Nicht an jeder Entscheidung können immer alle erwachsenen Bürgerinnen und Bürger einer Stadt oder Gemeinde mitwirken. Deshalb wählen sie einen Gemeinderat und einen Bürgermeister.

Niedersächsische Kommunalverfassung → www

> § 1 Selbstverwaltung
> (1) Die Gemeinden, die Samtgemeinden, die Landkreise und die Region Hannover (Kommunen) verwalten ihre Angelegenheiten im Rahmen der Gesetze in eigener Verantwortung mit dem Ziel, das Wohl ihrer Einwohnerinnen und Einwohner zu fördern.
> § 4 Aufgabenerfüllung der Kommunen
> Die Kommunen erfüllen ihre Aufgaben im eigenen oder im übertragenen Wirkungskreis. Sie stellen in den Grenzen ihrer Leistungsfähigkeit die für ihre Einwohnerinnen und Einwohner erforderlichen sozialen, kulturellen, sportlichen und wirtschaftlichen öffentlichen Einrichtungen bereit.

M2 Auszüge aus dem Niedersächsischen Kommunalverfassungsgesetz (2011)

> Das laute Rumpeln der Müllabfuhr weckt Jana: Schnell ins Bad – hoffentlich ist die Heizung schon an und das Wasser zum Duschen warm. Nach dem Frühstück geht's ab durch die spärlich beleuchteten Straßen des Wohngebietes am neuen Gewerbepark vorbei, dann auf dem Fahrradweg weiter zur Schule. An einer Kreuzung reparieren gerade einige Bauarbeiter der Stadt die Rohre der Kanalisation. So kommt Jana zeitgleich mit ihrer Freundin Laura, die mit dem Bus fährt, an der Schule an. Beim Hausmeister und auch bei der Schulsekretärin fragt sie vergeblich nach ihrem verlorengegangenen Schlüsselbund. Sie wird wohl auch noch zum Fundbüro der Stadt müssen. Im Sportunterricht fahren sie heute ins Hallenbad, und im Fach Geschichte steht ein Besuch des Museums an – das ist ein schöner Schultag. Am Nachmittag hat Jana Gitarrenunterricht in der Jugendmusikschule. Anschließend leiht sie in der Stadtbücherei ein paar Bücher aus. Dort ist eine Kindergartengruppe zu Gast, die sich Bilderbücher anschauen. Als sie durch die Fußgängerzone zurückgeht, trifft sie ihren Bruder Tim, der gerade im Bürgeramt war, um seinen ersten Personalausweis abzuholen. Jetzt kann er länger bei den Partys im Jugendzentrum bleiben. Jana schlendert mit ihm zur Bushaltestelle. Da fällt ihnen ein Plakat des Theaters auf: „Linie 1", das Hauptstadtmusical, wird aufgeführt. ...

M3 Jana unterwegs in ihrer Heimatstadt

Einnahmen

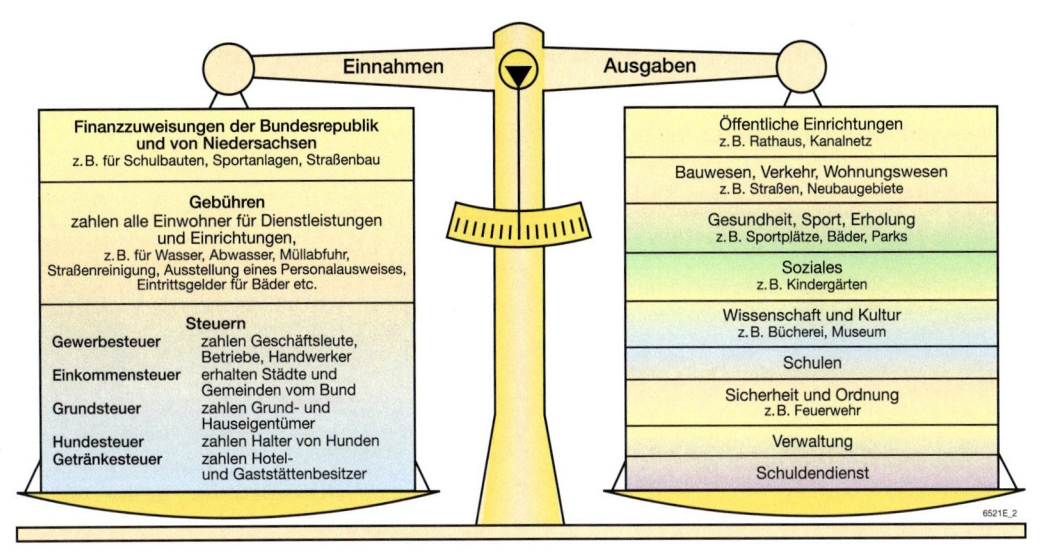

Finanzzuweisungen der Bundesrepublik und von Niedersachsen
z. B. für Schulbauten, Sportanlagen, Straßenbau

Gebühren
zahlen alle Einwohner für Dienstleistungen und Einrichtungen,
z. B. für Wasser, Abwasser, Müllabfuhr, Straßenreinigung, Ausstellung eines Personalausweises, Eintrittsgelder für Bäder etc.

Steuern
- Gewerbesteuer – zahlen Geschäftsleute, Betriebe, Handwerker
- Einkommensteuer – erhalten Städte und Gemeinden vom Bund
- Grundsteuer – zahlen Grund- und Hauseigentümer
- Hundesteuer – zahlen Halter von Hunden
- Getränkesteuer – zahlen Hotel- und Gaststättenbesitzer

Ausgaben

- **Öffentliche Einrichtungen** z. B. Rathaus, Kanalnetz
- **Bauwesen, Verkehr, Wohnungswesen** z. B. Straßen, Neubaugebiete
- **Gesundheit, Sport, Erholung** z. B. Sportplätze, Bäder, Parks
- **Soziales** z. B. Kindergärten
- **Wissenschaft und Kultur** z. B. Bücherei, Museum
- **Schulen**
- **Sicherheit und Ordnung** z. B. Feuerwehr
- **Verwaltung**
- **Schuldendienst**

M4 Haushalt niedersächsischer Gemeinden

Die Einwohner und Einwohnerinnen einer Gemeinde wählen alle fünf Jahre erwachsene Männer und Frauen in den Gemeinderat. Das ist eine politische Institution, welche die Interessen der Bürgerinnen und Bürger einer Stadt durchsetzt. Der Rat entscheidet darüber, wofür Geld ausgegeben wird. Einnahmen und Ausgaben der Gemeinde müssen sich jedoch die Waage halten. Darum wird jedes Jahr ein Etat aufgestellt.
Neben dem Rat wählen die Einwohner einer Gemeinde auch ihren Bürgermeister. Das ist der Chef der Verwaltung und der Sprecher der Gemeinde in der Öffentlichkeit.

Institution = Einrichtung

Etat = Haushaltsplan

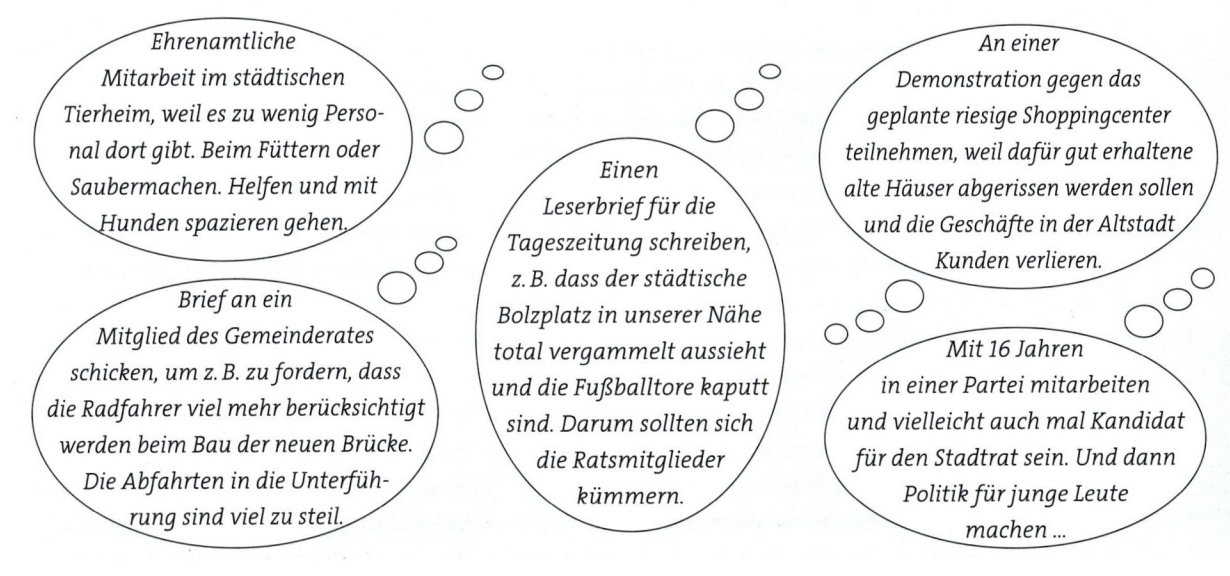

- *Ehrenamtliche Mitarbeit im städtischen Tierheim, weil es zu wenig Personal dort gibt. Beim Füttern oder Saubermachen. Helfen und mit Hunden spazieren gehen.*
- *Brief an ein Mitglied des Gemeinderates schicken, um z. B. zu fordern, dass die Radfahrer viel mehr berücksichtigt werden beim Bau der neuen Brücke. Die Abfahrten in die Unterführung sind viel zu steil.*
- *Einen Leserbrief für die Tageszeitung schreiben, z. B. dass der städtische Bolzplatz in unserer Nähe total vergammelt aussieht und die Fußballtore kaputt sind. Darum sollten sich die Ratsmitglieder kümmern.*
- *An einer Demonstration gegen das geplante riesige Shoppingcenter teilnehmen, weil dafür gut erhaltene alte Häuser abgerissen werden sollen und die Geschäfte in der Altstadt Kunden verlieren.*
- *Mit 16 Jahren in einer Partei mitarbeiten und vielleicht auch mal Kandidat für den Stadtrat sein. Und dann Politik für junge Leute machen ...*

M5 Mitwirkung in der Gemeinde – eine Ideensammlung

1. Beschreibe die Aufgaben der Gemeinde (Text, M1, M3, M4).
2. ↪ Zähle die Einrichtungen deiner Gemeinde auf, die du nutzt (M3).
3. ↪ Nenne die Einnahmequellen der Kommunen (M4).
4. Erläutere, wie Bürger/-innen in der Gemeinde mitwirken können (M5).
5. 〰 Berichte, welche Ortschaften zu deiner Gemeinde gehören (Internetrecherche).
6. ↪ 〰 Nenne die/den Bürgermeister/-in und die regierende(n) Parteien in deiner Gemeinde (Informationen aus Rathaus oder Bürgeramt bzw. Internetrecherche).

Wie soll unsere Fußgängerzone zukünftig aussehen?

M1 Pferdemarkt in Hameln um 1953

M2 Pferdemarkt in Hameln um 1970

M3 Pferdemarkt in Hameln um 2008

M4 Pferdemarkt in Hameln 2012

A) Wir von der Mehrheitsgruppe im Hamelner Rat (SPD/FDP/Grüne) sind einstimmig für die Erneuerung der Fußgängerzone. Seit 35 Jahren liegt nun das alte Pflaster, das an vielen Stellen kaputt und uneben ist. Es sollen Steine verlegt werden, die moderner aussehen und auf denen man nicht stolpern kann. Außerdem braucht die Innenstadt eine sichere Beleuchtung und eine Blindenleitspur. Und das Wichtigste: Wir wollen viel mehr Grün, Spielmöglichkeiten für Kinder, Sitzgelegenheiten, Brunnen und Informationsmöglichkeiten zur Stadtgeschichte anlegen, damit der Aufenthalt in der Stadt noch attraktiver wird und mehr Menschen aus der Umgebung zum Einkaufen in die Stadt kommen. Der Anteil der Stadt zur Finanzierung beträgt nur eine Million Euro; alles andere kann durch Zuschüsse der EU und vom Land Niedersachsen finanziert werden.

B) Wir von der CDU vertreten die Bürger, die nur dann für eine Erneuerung der Fußgängerzone sind, wenn die Finanzierung vollständig gesichert ist. Klar soll unsere Fußgängerzone modern gestaltet sein, für Käufer attraktiv sein und den Vorstellungen der Bürger entsprechen, aber wir müssen doch sicher sein, dass unsere Stadt die Kosten von über einer Million Euro bezahlen kann.

C) Wir von der Bürgerliste im Rat sprechen uns für den Erhalt der Fußgängerzone in der jetzigen Form aus. Das alte Pflaster passt doch gut zum Bild der mittelalterlichen Altstadt, und wir denken nicht, dass mehr Käufer von außerhalb in unsere Stadt kommen, weil dort ein anderes Pflaster liegt oder modernere Straßenlaternen stehen, sondern wegen der Einkaufsmöglichkeiten. Ob die Stadt die Kosten überhaupt aufbringen kann? Da soll die Stadt das Geld lieber für den Bau von Schulmensen sparen.

M5 Positionen der Fraktionen im Rat der Stadt Hameln zur Neugestaltung der Fußgängerzone

In den 1970er-Jahren entstanden in vielen Stadtzentren Fußgängerzonen; das sind Straßenzüge und Plätze, die – bis auf den Liefer- und Anliegerverkehr – für den motorisierten Verkehr gesperrt sind. Solche Zonen sind meistens Einkaufsstraßen oder Geschäftszentren, in denen die Bürger bequem und zu Fuß auf breiten Straßen „bummeln", verweilen und einkaufen können, ohne durch Lärm und Abgase gestört zu werden.

Die Gemeinden entscheiden über die Gestaltung ihrer Innenstädte selbst. In der niedersächsischen Stadt Hameln gibt es z. B. seit 1976 eine Fußgängerzone, welche aus zwei langen Straßenzügen besteht, die vom alten Pferdemarkt ausgehen. Zwischen den Jahren 2007 bis 2009 gab es unter den Bürgern der Stadt eine Auseinandersetzung darüber, ob die Fußgängerzone neu gestaltet werden sollte oder nicht.

Dazu vertraten die Bürger und Parteien im Stadtrat damals unterschiedliche Meinungen. Im Juli 2008 beschloss der Rat der Stadt Hameln, die Fußgängerzone für 4,0 Millionen Euro neu zu gestalten. Daraufhin führte eine Bürgerinitiative ein Bürgerbegehren gegen die Neugestaltung der Fußgängerzone durch. Im Januar 2009 übergaben sie der Oberbürgermeisterin 7417 Unterschriften für einen Bürgerentscheid – das war genau die Anzahl der erforderlichen Stimmen. Im April wurde daraufhin ein Bürgerentscheid gegen das Bauvorhaben durchgeführt. Doch es kamen nicht genug Stimmen zusammen, um den Ratsbeschluss zu kippen. Also wurde die Fußgängerzone in Hameln neu gestaltet. Im Jahr 2012 war sie fertig.

> **Bürgerbegehren „Fußgängerzone Hameln"**
>
> *Mit meiner Unterschrift beantrage ich die Durchführung eines Bürgerentscheides nach § 22 b Niedersächsische Gemeindeordnung (NGO) zu folgender Frage:*
> *Sind Sie dafür, dass die Fußgängerzone der Stadt Hameln in ihrer jetzigen Form erhalten bleibt und nicht neu gestaltet wird?*
> *Begründung: Durch den Grundsatzbeschluss des Hamelner Rates ... soll die Fußgängerzone für rund 4,0 Mio. Euro neu gestaltet werden. Darin enthalten ist ein städtischer Anteil von mind. 1 Mio. Euro. Der Schuldenstand der Stadt beträgt bereits rund 83,5 Mio. Euro ...*
> *Kostendeckungsvorschlag: Durch dieses Bürgerbegehren entstehen keine Kosten oder Einnahmeausfälle.*

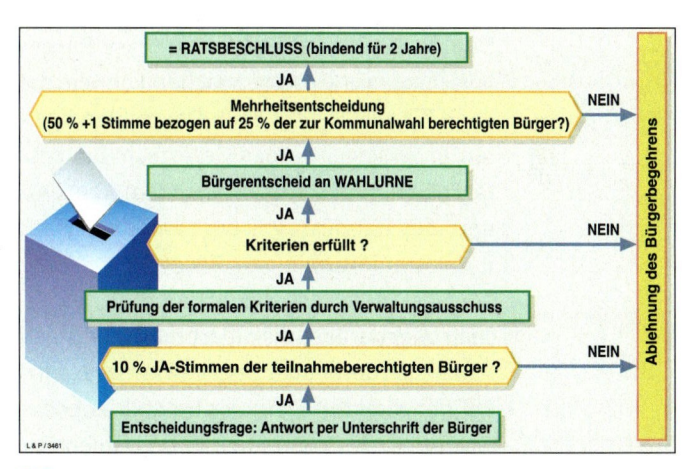

M6 Frage zum Bürgerbegehren und anschließenden Bürgerentscheid

M7 Ablauf eines Bürgerbegehrens

---

1. ⊕ Beschreibe den Ablauf eines Bürgerbegehrens. Beginne so: „Wenn 10 % der wahlberechtigten Bürger die Entscheidungsfrage mit ... beantworten, dann ..." (M7).
2. Sammelt Pro- und Kontra-Argumente zur Fußgängerzonensanierung am Beispiel Hameln.
3. Nenne das Hauptargument der Bürgerinitiative gegen eine Sanierung der Fußgängerzone in Hameln (M6).
4. ↪ Führt in der Klasse eine Pro- und Kontra-Diskussion zur Neugestaltung einer Fußgängerzone oder zu einem anderen umstrittenen Thema in eurer Heimatgemeinde durch.

Pro- und Kontra-Diskussion → Seite 280

Omnibus
(= lat.:) für alle, durch alle, mit allen

Abgeordneter
Mitglied eines Parlamentes (Landtag, Bundestag), der von den Bürgern für vier Jahre gewählt wurde, um ihre Interessen zu vertreten

Souverän
Inhaber der Staatsgewalt, in einer Demokratie ist dies das Volk eines Staates

Repräsentieren
vertreten

> Im März 2009 sollte ich von der Schule aus ein zweiwöchiges Berufspraktikum machen, und da war ich ... nirgends richtiger als beim OMNIBUS FÜR DIREKTE DEMOKRATIE. Denn ich bin inzwischen der Ansicht, dass es keine wichtigere Berufung für den Menschen gibt, der Mitglied einer Gesellschaft ist, als seine Verpflichtung als Souverän wahrzunehmen. Unsere Gesellschaft steht unter dem Leitmotiv der Demokratie – also der Volksherrschaft –, aber es scheint, als ob die meisten Menschen das vergessen hätten.
> In meinen zwei Praktikumswochen durfte ich jeden Tag mit den anderen Mitfahrern vor dem OMNIBUS auf immer neuen Marktplätzen stehen und den Gedanken der Demokratie repräsentieren und diskutieren. Und ich war erschrocken darüber, wie wenig Vertrauen bei meinen Mitmenschen in die Gesellschaft besteht. Jedem scheint klar zu sein, dass die Abgeordneten, denen man seine Stimme abgeben kann, unsere Gedanken und Forderungen nur mangelhaft repräsentieren (= vertreten) ... Die Idee des OMNIBUS ist, Volksabstimmungen auch auf Bundesebene durchzusetzen und ... ein direktes Instrument der Bürger (zu) schaffen, mit denen sie jederzeit in das politische Geschehen eingreifen können und nicht tatenlos und ... uninteressiert zusehen müssen. ... Die Erkenntnis des Selbstbestimmens, dass alles, was in meinem Leben passiert, von mir beeinflusst und gelenkt werden kann, ... ist mir das erste Mal bei diesem Praktikum so bewusst geworden.

M1 Eindrücke aus einem Praktikum beim OMNIBUS

Direkte Demokratie

Bürgerinitiativen für mehr Demokratie

Direkte Demokratie bedeutet, dass Bürger Vorschläge für Gesetze machen können, die dann für alle Menschen in Deutschland gelten. In der Regel werden Gesetze im Bundestag in Berlin beschlossen, nachdem Abgeordnete des Bundestages oder Mitglieder der Bundesregierung einen Gesetzesvorschlag (Vorlage) vorgestellt, diesen gründlich besprochen oder darüber diskutiert haben und sich schließlich dafür oder dagegen entscheiden. Bei der direkten Demokratie soll jeder Erwachsene die Gelegenheit haben, einen Gesetzesentwurf zu erarbeiten oder sich mit „Ja" oder „Nein" dazu zu äußern. Natürlich müssen sich vorher alle Bürger gut über das Thema informieren, um mitreden und entscheiden zu können.

Bisher gibt es direkte Demokratie nur in den Bundesländern in Form des landesweiten Volksentscheides. In Bayern fand z. B. 2010 ein Volksentscheid zum Nichtraucherschutz, in Hamburg einer zur Schulreform statt. Beide waren für die Initiatoren erfolgreich.

> **Artikel 20**
> (2) Alle Staatsgewalt geht vom Volke aus. Sie wird vom Volke in Wahlen und Abstimmungen und durch besondere Organe der Gesetzgebung, der vollziehenden Gewalt und der Rechtsprechung ausgeübt.
> (3) Die Gesetzgebung ist an die verfassungsmäßige Ordnung, die vollziehende Gewalt und die Rechtsprechung sind an Gesetz und Recht gebunden.

M2 Aus dem Grundgesetz der Bundesrepublik Deutschland

ⓘ OMNIBUS gGmbH

Die OMNIBUS für Direkte Demokratie gemeinnützige GmbH finanziert sich ausschließlich durch Förderinnen und Förderer. Das gemeinnützige Unternehmen setzt sich für die Verwirklichung der Volksabstimmung ein. Die Idee kam von dem Künstler Joseph Beuys. Eineinhalb Jahre nach seinem Tod startete der erste OMNIBUS auf der „documenta 8" in Kassel. Der Bus hält in Städten auf großen Plätzen, um mit Menschen über die Idee der direkten Demokratie zu diskutieren.

Zusammenleben in der Demokratie

Volksinitiative
100 000 Unterschriften

Volksbegehren
1 Million Unterschriften

Volksentscheid
Die Mehrheit entscheidet

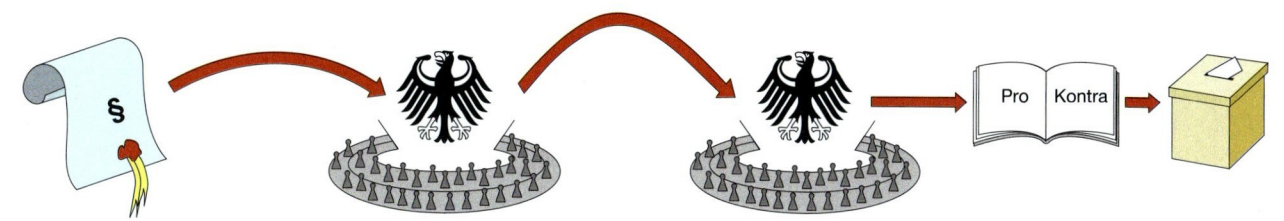

Bürgerinnen und Bürger erarbeiten einen Gesetzentwurf

Behandlung des Vorschlags im Bundestag mit Rederecht der Initiative

Bundestag kann Alternativvorschlag zum Volksentscheid vorlegen

Abstimmungsbuch mit Information an die Haushalte

Volksinitiative
100 000 Stimmberechtigte können dem Bundestag einen mit Gründen versehenen Gesetzentwurf zur Befassung vorlegen. Die Vertreterinnen und Vertreter der Volksinitiative werden im Bundestag angehört.

Volksbegehren
Lehnt der Bundestag den Gesetzentwurf der Volksinitiative ab, so kann durch ein Volksbegehren ein Volksentscheid herbeigeführt werden. Ein Volksbegehren muss innerhalb von sechs Monaten von mindestens einer Million Bürgerinnen und Bürgern unterschrieben werden.

Volksentscheid
Jeder Bürger erhält frühzeitig ein Abstimmungsheft, das die Stellungnahmen der Initiatoren und des Bundestages enthält. Wie bei einer Wahl entscheidet die Mehrheit der abgegebenen Stimmen.

M3 Von der Volksinitiative zum Volksentscheid – ein möglicher Ablauf

---

Wir können die Gestaltung der Zukunft nicht einfach nur an Parteien delegieren. (...) Wir fordern jetzt die Volksabstimmung über die Volksabstimmung! Der Souverän soll selbst entscheiden, ob die bundesweite Volksabstimmung eingeführt wird und wie sie geregelt sein soll.

M4 Aus einem Aufruf der „Aktion Volksabstimmung"

ⓘ Mehr Demokratie e.V.

Der Verein Mehr Demokratie e.V. ist ein gemeinnütziger Verein, der seiner Arbeit den Leitsatz voranstellt: „Wenn wir aufhören, die Demokratie zu entwickeln, fängt die Demokratie an aufzuhören". Die Mitglieder setzen sich für mehr Bürgerbeteiligung an politischen Entscheidungen ein.

M5 OMNIBUS-Mitarbeiter im Gespräch mit Studenten

---

1. Erkläre, warum die Bürgerinitiative für direkte Demokratie „OMNIBUS" heißt.
2. Nenne aus Sophie-Maries Praktikumsbericht (M1) ein Argument für direkte Demokratie.
3. Nenne zwei Schwierigkeiten für die Durchführung von Volksentscheiden.
4. Beschreibe den möglichen Ablauf eines Volksentscheides (M3) in ganzen Sätzen (z.B. Zuerst erarbeiten Bürger einen Entwurf für ein neues Gesetz. Dann müssen ...).
5. Recherchiere auf den Internetseiten der Vereine Projekte oder Ideen, die du gut findest. Stelle sie deiner Klasse vor und begründe deine Auswahl.

JuSchG	Gefährdungsbereiche	Kinder unter 14 Jahren ohne Begleitung einer erziehungsbeauftragten Person	Kinder unter 14 Jahren in Begleitung einer erziehungsbeauftragten Person	Jugendliche unter 16 Jahren ohne Begleitung einer erziehungsbeauftragten Person	Jugendliche unter 16 Jahren in Begleitung einer erziehungsbeauftragten Person	Jugendliche unter 18 Jahren ohne Begleitung einer erziehungsbeauftragten Person	Jugendliche unter 18 Jahren in Begleitung einer erziehungsbeauftragten Person
§4 Abs. 1 + 2	Aufenthalt in Gaststätten	nicht erlaubt	erlaubt	nicht erlaubt	erlaubt	bis 24 Uhr	ab 24 Uhr
§4 Abs. 3	Aufenthalt in Nachtbars oder Nachtclubs	nicht erlaubt	nicht erlaubt	nicht erlaubt	nicht erlaubt	nicht erlaubt	nicht erlaubt
§5 Abs. 1	Anwesenheit bei öffentlichen Tanzveranstaltungen z.B. Disco	nicht erlaubt	nicht erlaubt	nicht erlaubt	nicht erlaubt	bis 24 Uhr	erlaubt
§5 Abs. 2	Tanzveranstaltungen anerkannter Träger der Jugendhilfe oder bei künstlerischer Betätigung oder zur Brauchtumspflege	bis 22 Uhr	erlaubt	bis 24 Uhr	ab 24 Uhr	bis 24 Uhr	ab 24 Uhr
§6	Anwesenheit in Spielhallen, Teilnahme an Glücksspielen	nicht erlaubt	nicht erlaubt	nicht erlaubt	nicht erlaubt	nicht erlaubt	nicht erlaubt
§7	Anwesenheit bei jugendgefährdenden Veranstaltungen und in Betrieben	nicht erlaubt	nicht erlaubt	nicht erlaubt	nicht erlaubt	nicht erlaubt	nicht erlaubt
§8	Aufenthalt an jugendgefährdenden Orten	nicht erlaubt	nicht erlaubt	nicht erlaubt	nicht erlaubt	nicht erlaubt	nicht erlaubt
§9 Abs. 1,1	Abgabe und Verzehr branntweinhaltiger Getränke (auch alkoholische Mixgetränke oder überwiegend branntweinhaltige Lebensmittel)	nicht erlaubt	nicht erlaubt	nicht erlaubt	nicht erlaubt	erlaubt	erlaubt
§9 Abs. 1,2	Abgabe und Verzehr anderer alkoholischer Getränke (z.B. Bier, Wein u. Ä.)	nicht erlaubt	nicht erlaubt	nicht erlaubt	(*)	erlaubt	erlaubt
§10	Abgabe und Konsum von Tabakwaren	nicht erlaubt	nicht erlaubt	nicht erlaubt	nicht erlaubt	erlaubt	erlaubt
§11	Besuch von öffentlichen Filmveranstaltungen nur nach Freigabekennzeichnung: ohne Altersbeschr. /ab 6 / 12 / 16 J.	ab 6 Jahre: bis 20 Uhr	erlaubt	bis 22 Uhr	erlaubt	bis 24 Uhr	erlaubt
§12	Abgabe von Datenträgern und Filmen oder Spielen nur nach Freigabekennzeichnung: ohne Altersbeschr. /ab 6 / 12 / 16 J.	erlaubt	erlaubt	erlaubt	erlaubt	erlaubt	erlaubt
§13	Spielen an elektronischen Bildschirmspielgeräten ohne Gewinnmöglichkeit nur nach Freigabekennzeichnung: ohne Altersbeschr. /ab 6 / 12 / 16 J.	erlaubt	erlaubt	erlaubt	erlaubt	erlaubt	erlaubt

(*) in Begleitung der Eltern bei 14- und 15-jährigen erlaubt

M1 Bestimmungen des Jugendschutzgesetzes

Bürger haben Rechte und Pflichten

Wer Rechte hat, hat auch Pflichten

Damit die Grundrechte für alle Menschen in unserem Staat gelten können, ist jeder Bürger unseres Staates verpflichtet, diese einzuhalten. So ist jeder vor Unrecht geschützt.

Eltern sind verpflichtet, für ihr Kind zu sorgen und es zu erziehen. Sie dürfen es nicht vernachlässigen oder misshandeln, denn damit verstoßen sie gegen geltende Gesetze. Tun sie es doch, werden sie nach einem Gerichtsverfahren bestraft.

Jeder einzelne Bürger ist durch die Grundrechte aber auch vor willkürlichem Handeln des Staates geschützt, z.B. durch das „Recht auf Leben und körperliche Unversehrtheit" (Art. 2, Grundgesetz). Es gibt deshalb bei uns in Deutschland keine Todesstrafe. Von der Polizei festgenommene Personen dürfen weder seelisch noch körperlich misshandelt werden.

Um insbesondere Kinder und Jugendliche vor schädlichen Einflüssen zu schützen, hat der Bundestag am 23. Juli 2002 das Jugendschutzgesetz (JuSchG) verabschiedet und dieses zuletzt am 31. Oktober 2008 geändert. Darin ist geregelt, was Kindern und Jugendlichen in den jeweiligen Altersstufen erlaubt oder verboten ist.

> *JuSchG*
> *§1 Begriffsbestimmungen*
> *Im Sinne dieses Gesetzes*
> *1. sind Kinder Personen, die noch nicht 14 Jahre alt sind.*
> *2. sind Jugendliche Personen, die 14, aber noch nicht 18 Jahre alt sind.*

M2 Aus dem Grundgesetz

Sechs Fallbeispiele: Wie steht es um den Jugendschutz?

a) Fabian, 15 Jahre, besucht seinen von der Mutter getrennt lebenden Vater übers Wochenende. Am Samstagabend lädt sein Vater ihn zum Essen ein. Danach gehen sie noch in die Kneipe um die Ecke und bestellen sich beide ein Bier.

b) Vor der Schule sieht Lehrer Müller, wie die 13-jährige Mareike sich gerade eine Zigarette anzündet. Der Lehrer weist sie zurecht, und er verbietet ihr das Rauchen. Doch Mareike behauptet, sie befinde sich ja nicht auf dem Schulgelände, und daher habe der Lehrer ihr gar nichts zu sagen.

c) Im Jugendzentrum der Stadt findet zum Schuljahresende eine „Schools-out-Party" statt. Die 14-jährige Lisa möchte mit ihren gleichaltrigen Freundinnen dort mitfeiern. Ihre Eltern würden sie um Mitternacht abholen.

d) Hendrik, 15 Jahre, hat zu seiner Konfirmation eine Menge Geld geschenkt bekommen. Ein Bekannter hat ihm erzählt, dass man Super-Gewinne in einer Spielhalle in der Innenstadt machen kann. Nun möchte Hendrik mit 300,– € in der Tasche einige Glücksspiele in der Spielhalle machen.

e) Die 13-jährige Melanie möchte mit ihrer großen Schwester (17 Jahre) ins Kino. Dort wird ein Film gezeigt, der die Altersbeschränkung „ab 16 Jahre" hat. Da ihre Schwester dabei ist, sieht Melanie keine Probleme.

f) Die 16-jährige Lea kauft sich von ihrem selbst ersparten Taschen- und Geburtstagsgeld einen Fernseher, weil sich ihre Eltern weigern, ihr ein eigenes Gerät zum Geburtstag zu schenken. Die Erwachsenen meinen, dass die beiden bereits vorhandenen Fernseher im Esszimmer und im Wohnzimmer reichen und bringen Leas Gerät zurück.

Geschäftsfähigkeit
Das ist die Fähigkeit, selbst Rechtsgeschäfte (z. B. Kauf einer Sache im Geschäft) abzuschließen.

Bürgerliches Recht
Dieses Recht, das im Bürgerlichen Gesetzbuch steht, sorgt für ein rechtlich geordnetes Alltagsleben. Es regelt Rechtsverhältnisse zwischen den Bürgern (z. B. Kaufverträge, Mietverträge).

M3 Verboten oder erlaubt?

§ 104 Geschäftsunfähigkeit
Geschäftsunfähig ist,
1. wer nicht das siebente Lebensjahr vollendet hat. ...

§ 110 Bewirken der Leistung mit eigenen Mitteln
Ein von dem Minderjährigen ohne Zustimmung des gesetzlichen Vertreters geschlossener Vertrag gilt als von Anfang an wirksam, wenn der Minderjährige die vertragsmäßige Leistung mit Mitteln bewirkt, die ihm zu diesem Zweck oder zu freier Verfügung von dem Vertreter oder mit dessen Zustimmung von einem Dritten überlassen worden sind.

M4 Bürgerliches Gesetzbuch (Auszug)

M5 Jugendschutz: Ausweiskontrolle beim Einkauf

1. → Stelle deine Rechte zusammen, die du jetzt nach dem Jugendschutzgesetz hast (M1).
2. Prüfe die Fallbeispiele a)–e) in M3. Gib genau an, ob in diesen Fällen gegen das Jugendschutzgesetz (M1) verstoßen wird oder nicht. Begründe deine Antwort (z. B.: „Im Fall ... wird gegen das Jugendschutzgesetz verstoßen, weil ...").
3. Erkläre zu Fallbeispiel f), ob Lea sich den Fernseher kaufen durfte. Beachte M4.
4. → Liste Pro- und Kontra-Argumente zum Rauchverbot in einer Tabelle auf.

Meike (7 Jahre)  — Nils (13 Jahre)  — Anna (14 Jahre)  — Marie (15 Jahre)

M1 Rechte in der Bundesrepublik Deutschland

Jeder Mensch hat Rechte – vom Kleinkind bis zum Erwachsenen

Geburt = Kind
Alle Grundrechte gelten für einen Menschen vom ersten Lebensmoment als Kind an.

6 Jahre = Kind
a) Schulpflicht – dafür müssen die Eltern sorgen.
b) Kinobesuch bis 20 Uhr erlaubt.
c) Filme, PC-Spiele „ab sechs Jahren" sind freigegeben.

7 Jahre = Kind
a) Beschränkte Geschäftsfähigkeit: Verträge und andere Rechtsgeschäfte (z. B. Käufe) werden erst dann wirksam, wenn der gesetzliche Vertreter (= Eltern) zustimmt. Kleine Käufe vom Taschengeld sind möglich.
b) Beschränkte Deliktsfähigkeit: Für einen angerichteten Schaden an Menschen oder Dingen kann ein Kind zur Rechenschaft gezogen werden, wenn es die Gefahr des eigenen Tuns oder die Folgen des eigenen Handelns erkennen konnte.

10 Jahre = Kind
a) Ausweisrecht: Ein Kind erhält einen Pass mit Foto.
b) Anhörrecht: In Fragen der Religionszugehörigkeit muss ein Kind im Streitfall vor dem Vormundschaftsgericht angehört werden.

12 Jahre = Kind
Bedingte Religionsmündigkeit: Das Kind hat ein Mitbestimmungsrecht, wenn seine Religionszugehörigkeit geändert werden soll.

13 Jahre = Kind
Eingeschränkte Arbeitserlaubnis: leichte, geeignete Arbeit (z. B. Zeitungen, Werbung austragen, Nachhilfe erteilen) ist einem Kind für zwei Stunden am Tag erlaubt, allerdings nicht während der Schulzeit.

14 Jahre = Jugendlicher
a) Religionsmündigkeit: Ein Jugendlicher kann selbst entscheiden, welcher Religion er angehören will.
b) Bedingte Strafmündigkeit: Ein Jugendlicher kann nach dem Jugendstrafrecht zur Verantwortung für eine Straftat gezogen werden, wenn er das Unrecht der Tat einsehen kann.
c) Selbstbestimmung bei Adoption: Gegen seinen eigenen Willen kann ein Jugendlicher nicht adoptiert werden (§ 1746 BGB).

15 Jahre = Jugendlicher
a) Ferienarbeit: Bis zu vier Wochen in Vollzeit (35–40 Wochenstunden) in einem Jahr darf ein Jugendlicher arbeiten, jedoch keine Akkord- oder Nachtarbeit.
b) Ausbildungsbeginn: Jugendliche können eine Lehrstelle annehmen und in die Jugendvertretung eines Betriebes gewählt werden.
c) Fahrerlaubnis: Fahrerlaubnisfreie Kraftfahrzeuge dürfen von Jugendlichen gelenkt werden.
d) Begleiteter Aufenthalt in Gaststätten und Diskotheken (siehe Jugendschutzgesetz). Ausnahmen sind Einrichtungen und Veranstaltungen von anerkannten Trägern der Jugendhilfe (z. B. Städtische Jugendzentren).

Max (16 Jahre)    Dirk (17 Jahre)    Sven (18 Jahre)

16 Jahre = Jugendlicher
a) Ausweispflicht: Deutsche Jugendliche sind verpflichtet, einen gültigen Personalausweis oder Reisepass zu besitzen.
b) Fahrerlaubnis: Jugendliche sind berechtigt, die Fahrerlaubnis der Klassen A1, M, S, L und T zu erwerben.
c) Eidesfähigkeit: Vor Gericht kann ein Richter verlangen, dass der Jugendliche schwört, die Wahrheit zu sagen.
d) Aufenthalt in Gaststätten und Diskotheken: bis 24 Uhr (siehe Jugendschutzgesetz)
e) Beschränkte Ehefähigkeit: Ein heiratswilliger Jugendlicher kann mit der Einverständniserklärung der Eltern auf Antrag vor Gericht für ehemündig erklärt werden, wenn der zukünftige Ehepartner bereits volljährig ist.

17 Jahre = Jugendlicher
Fahrerlaubnis der Klasse B: Jugendliche dürfen am Programm „Begleitetes Fahren ab 17" teilnehmen.

18 Jahre = Erwachsener/Volljähriger
a) Keine Aufenthaltsverbote und Altersbeschränkungen mehr (für Aufenthaltsorte, Filme, Spiele ...)
b) Fahrerlaubnis für alle Fahrzeuge außer Omnibusse und Krafträder über 25 kW Leistung
c) Freie Schulform-Wahl: Ab 18 Jahren kann jeder seine Schule selbst wählen und Entschuldigungen selber schreiben.
d) Wahlrecht (aktiv und passiv): Ein junger Mensch darf an Gemeinde-, Kreis-, Landtags- und Bundestagswahlen teilnehmen.
e) Volle Geschäftsfähigkeit: Kauf-, Miet- oder Kreditverträge können selbstständig abgeschlossen werden. Die daraus resultierenden Verpflichtungen müssen dann erfüllt werden.
f) Uneingeschränkte Ehemündigkeit: Ein junger Mensch darf ohne Erlaubnis der Eltern heiraten.
g) Volle Deliktsfähigkeit: Der 18-Jährige muss in vollem Umfang Schadensersatz leisten.
h) Eingeschränkte Strafmündigkeit: Im Strafrecht kann (!) ein Richter einen jungen Menschen bis zur Vollendung des 21. Lebensjahres noch nach dem Jugendstrafrecht und damit milder behandeln, wenn der Heranwachsende zur Zeit der Tat in seiner „sittlichen und geistigen Entwicklung noch einem Jugendlichen gleichstand" oder wenn es sich um eine „typische Jugendverfehlung" handelt.
i) Volle Prozessfähigkeit: Der junge Mensch kann an Gerichtsprozessen selbst oder durch selbst bestellte Vertreter (z. B. Anwälte) teilnehmen.

1 → Schreibe in Stichworten (evtl. in einer Mindmap mit Zeichen/Bildern) die Rechte auf, die du jetzt schon hast.
2 → Notiere dir drei der Rechte, die du bis zum 16. Lebensjahr dazubekommst, die für dich am wichtigsten sind. Begründe deine Auswahl. Tausche dich über deine Auswahl mit einem Mitschüler aus.
3 → Stelle zu den Fotos a) bis g) fest, welches Recht hier in welcher Altersstufe gilt. Beispiel zu a) Ein Kind darf ab dem ... Lebensjahr ..., weil ab diesem Alter ... gilt.

Artikel 1

(1) Die Würde des Menschen ist unantastbar. Sie zu achten und zu schützen ist Verpflichtung aller staatlichen Gewalt.

Artikel 2

(1) Jeder hat das Recht auf freie Entfaltung seiner Persönlichkeit, soweit er nicht die Rechte anderer verletzt …
(2) Jeder hat das Recht auf Leben und körperliche Unversehrtheit.

Artikel 3

(1) Alle Menschen sind vor dem Gesetz gleich.
(2) Männer und Frauen sind gleichberechtigt.

Artikel 4

(1) Die Freiheit des Glaubens, des Gewissens und die Freiheit des religiösen und weltanschaulichen Bekenntnisses sind unverletzlich.
(2) Die ungestörte Religionsausübung wird gewährleistet.

Artikel 5

(1) Jeder hat das Recht, seine Meinung in Wort, Schrift und Bild frei zu äußern …

Artikel 8

(1) Alle Deutschen haben das Recht, sich ohne Anmeldung oder Erlaubnis friedlich und ohne Waffen zu versammeln.

M1 Aus den Grundrechten (Artikel 1 – 19) im Grundgesetz für die Bundesrepublik Deutschland

UNO
Abk. für „United Nations Organization", Vereinte Nationen. Die internationale Organisation wurde nach dem Zweiten Weltkrieg gegründet. Fast alle Staaten der Erde sind darin organisiert mit dem Ziel, den Weltfrieden, die internationale Sicherheit und die Menschenrechte zu wahren.

Menschenrechte sind Grundrechte

Menschenrechte: Grundlagen für ein friedliches Zusammenleben

Um in unserer demokratischen Gesellschaft gut zusammenleben zu können, achten wir bestimmte Menschenrechte, von denen drei besonders wichtig sind: Freiheit, Gleichheit und Solidarität.

- Freiheit bedeutet, dass jeder selbst bestimmen kann, was er tut, solange er damit die Freiheit eines anderen Menschen nicht einschränkt oder Rechtsvorschriften verletzt.
- Gleichheit meint, dass alle Menschen – unabhängig von Herkunft, Geschlecht, Rasse, persönlichen Überzeugungen oder Alter – die gleichen Rechte haben und vor dem Gesetz gleich behandelt werden.
- Solidarität ist ein anderes Wort für „Brüderlichkeit" und heißt so viel wie „Zusammengehörigkeitsgefühl". So wie du für deinen Bruder, deine Schwester oder einen guten Freund eintreten würdest, wenn er/sie benachteiligt würde, so wird Solidarität in einer Gesellschaft ausgeübt, wenn Menschen sich füreinander, z. B. für Randgruppen oder Minderheiten, einsetzen.

Die Vereinten Nationen verabschiedeten im Jahr 1948 die „Allgemeine Erklärung der Menschenrechte", welche 30 Rechte enthält, die für alle Menschen auf der ganzen Welt gelten sollen. Darin heißt es z. B.: „Alle Menschen sind frei und gleich an Würde und Rechten geboren."

Fast alle Staaten der Welt stellen heute die Menschenrechte an den Anfang ihrer Verfassung: Sie heißen dann Grundrechte. So hat es auch die Bundesrepublik Deutschland zu ihrer Gründung 1949 getan. Am Anfang des Grundgesetzes stehen die Grundrechte.

M2 Demonstration von Amnesty International

Arbeit und soziale Sicherung

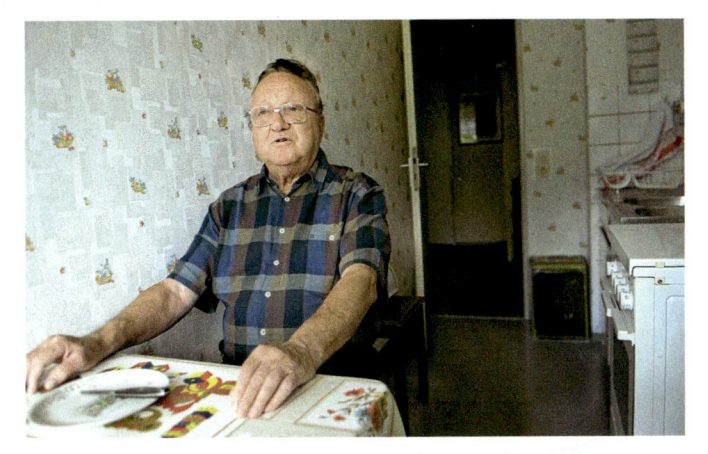

M2 Der 79-jährige Rentner Manfred Birk am Küchentisch in seiner Wohnung (2011)

M3 Senioren auf dem Golfplatz (2007)

→ Was braucht der Mensch zum Leben?
→ Warum ist Arbeit wichtig?
→ Wie funktioniert unsere Wirtschaft?
→ Was verstehen wir unter dem Begriff „soziale Sicherung"?
→ Wie steht es um die Zukunft der sozialen Sicherung?

M1 Besucher eines Kinderfestes anlässlich der Kieler Woche 2011

M1 Bedürfnis nach Nahrung

M2 Bedürfnis nach Kleidung

Was braucht der Mensch?

Alle haben Bedürfnisse

Bedürfnis
Mit Bedürfnis wird das Gefühl eines Mangels bezeichnet. Damit verbunden ist der dringende Wunsch, diesen Mangel zu beheben.

Jeder Mensch benötigt zum Leben Nahrung, Kleidung, Schlaf und eine Wohnung. Bei diesen Bedürfnissen handelt es sich um menschliche Existenz- oder Grundbedürfnisse. Zu den Grundbedürfnissen zählen auch ein sicherer Arbeitsplatz, Freunde und Anerkennung. Dies sind ebenfalls Bedürfnisse, von denen das Leben eines Menschen stark beeinflusst wird.

Darüber hinaus haben viele Menschen den Wunsch, in ihrer Freizeit einem Hobby nachzugehen. Sie geben ihr Geld für Konzert- oder Kinobesuche, für Reisen oder für ihr Hobby aus. Dies sind Kulturbedürfnisse.

Wenn man sich ein teures Auto oder Schmuck leistet, befriedigt man damit Luxusbedürfnisse.

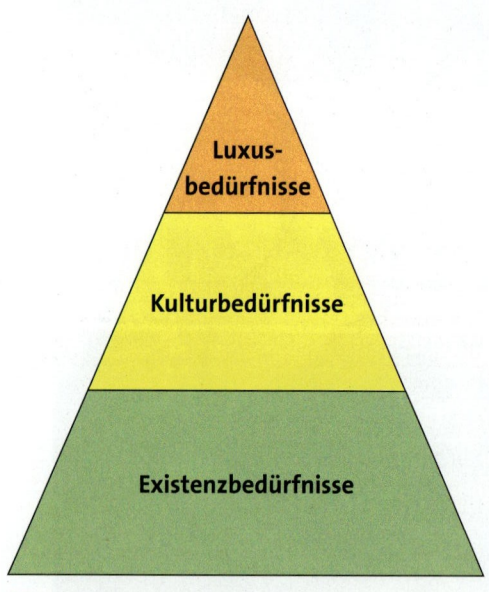

M3 Bedürfnispyramide (vereinfacht)

1. Beschreibe die Bedürfnisse eines Menschen und unterscheide zwischen Grund-, Kultur- und Luxusbedürfnissen (M1–M5). Nenne dazu Beispiele.
2. Erkläre, warum die Bedürfnisse in Form einer Pyramide dargestellt werden (M3).
3. Erstelle eine Liste mit Bedürfnissen in deiner Familie. Unterscheide dabei zwischen Grundbedürfnissen, Kultur- und Luxusbedürfnissen.
4. Bedürfnisse sind abhängig von der Region, in der Menschen leben. Nenne Beispiele aus verschiedenen Regionen der Erde.

M4 Schmuckgeschäft

M5 Markenartikel

Bedürfnisse werden erzeugt

Die Bedürfnisse der Menschen haben sich in den letzten Jahren verändert. Noch vor 30 Jahren waren viele Waren deutlich teurer als heute, und die Menschen konnten sich viele Dinge nicht leisten. Einen Großteil ihres Einkommens mussten die Familien für Dinge des täglichen Lebens, wie Nahrung, Miete und Kleidung, ausgeben. Mittlerweile sind die Preise für viele Güter gesunken. So kann ein größerer Teil des Einkommens für Luxusartikel ausgegeben werden.

Früher kaufte man neue Kleidung erst, wenn die alte abgetragen und verschlissen war. Heute spielt das Aussehen von Produkten wie Kleidung, Schultaschen oder Autos eine stärkere Rolle. Hersteller von Gütern versuchen, durch gezielte Werbemaßnahmen Bedürfnisse bei Menschen zu erzeugen.

> „Ich kaufe fast nur noch Marken. G-Star, Nike, Puma, das sind so meine. Mich macht so was glücklich. Wenn ich neben meiner Freundin gehe, und die hat Puma-Schuhe an und ich nicht, dann fühle ich mich erniedrigt." So zitiert die neueste Jugendstudie des Kölner Marktforschungs-Instituts Rheingold einen Jugendlichen. Der Psychologe Stephan Grünewald von Rheingold weiß: „Marken setzen Markierungen. Sie ‚markieren', ob jemand zu den Gewinnern oder zu den Verlierern der Gesellschaft gehört."

M6 Aus einem Artikel über Marken (2009)

M7 Handyshop

5. → Überlege und berichte, wie deine Bedürfnisse beeinflusst werden.
6. Berichte, wie wichtig dir Markenartikel sind (M5).
7. Werte den Artikel M6 und die Grafik M5 aus. Berichte der Klasse.
8. → Diskutiert in eurer Klasse über die Einführung von Schuluniformen als Mittel gegen Markenterror. Erstellt anschließend eine Pro-Kontra-Liste.

① Tischler
② Fußballer
③ Geschäftsfrau

M1 Unterschiedliche Formen von Arbeit

Die Bedeutung von Arbeit

Wofür arbeiten wir?

Zur Sicherung seiner Existenz und zur Befriedigung seiner Bedürfnisse muss der Mensch eine berufliche Tätigkeit ausüben. Für diese Erwerbsarbeit erhält er ein Einkommen, welches darüber entscheidet, wie er lebt und was und wie viel er sich leisten kann. Es gibt viele Berufe mit unterschiedlichen Anforderungen. Jeder erwerbstätige Mensch erfüllt an seinem Arbeitsplatz eine für die gesamte Gesellschaft wichtige Funktion.

Erwerbsarbeit
Als Erwerbsarbeit wird die Form von Arbeit bezeichnet, für die ein Entgelt bezahlt wird.

Herr Bornemann arbeitet in einem Metallbaubetrieb in Oldenburg. Obwohl er jeden Morgen 45 Kilometer mit dem Auto zur Arbeit fahren muss, ist er froh,
5 dass er diesen Arbeitsplatz hat. Er arbeitet 40 Stunden in der Woche.
Frau Bornemann arbeitet als Arzthelferin. Weil sie sich nachmittags um die beiden Kinder und den Haushalt kümmert, hat sie
10 mit ihrem Arbeitgeber vereinbart, nur noch 18 Stunden in der Woche zu arbeiten. So bekommt sie zwar weniger Geld, aber sie hat genügend Zeit, sich um die Kinder zu kümmern. Mit ihrem Einkommen können die
15 Bornemanns ihre Familie ernähren, ihre Miete bezahlen und sogar Geld für den nächsten Urlaub oder eine Anschaffung sparen.

M2 Die Bedeutung von Arbeit – Beispiel 1

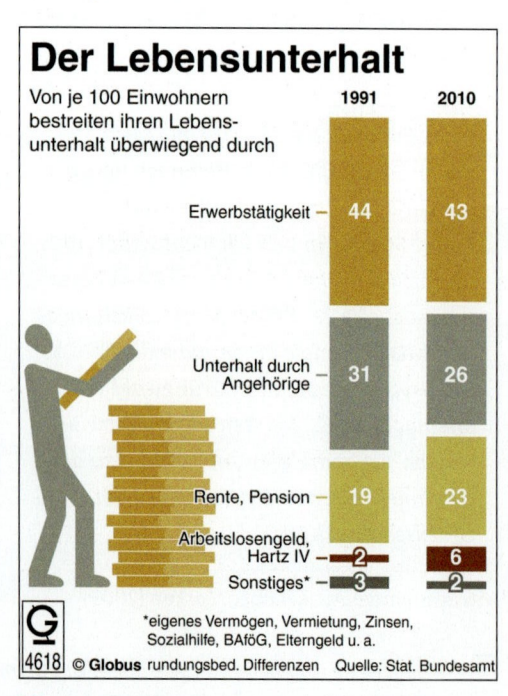

Der Lebensunterhalt

Von je 100 Einwohnern bestreiten ihren Lebensunterhalt überwiegend durch

	1991	2010
Erwerbstätigkeit	44	43
Unterhalt durch Angehörige	31	26
Rente, Pension	19	23
Arbeitslosengeld, Hartz IV	2	6
Sonstiges*	3	2

*eigenes Vermögen, Vermietung, Zinsen, Sozialhilfe, BAföG, Elterngeld u. a.
© Globus rundungsbed. Differenzen Quelle: Stat. Bundesamt

M3 So wird der Lebensunterhalt bestritten.

1 → Nenne verschiedene Möglichkeiten, den eigenen Lebensunterhalt zu finanzieren (M1–M4).
2 Beschreibe, wie sich die Quellen des Lebensunterhalts verändert haben (M3).

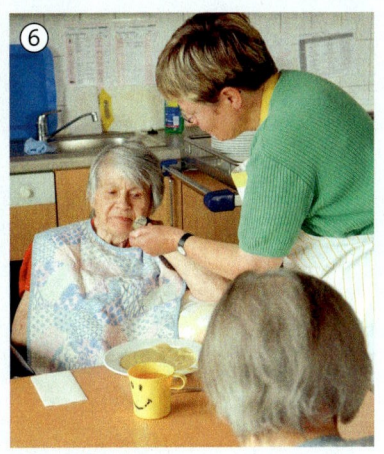

④ Badeaufsicht der DLRG
⑤ Hausarbeit
⑥ Pflegedienst

Neben der Arbeit zur Sicherung der Grundbedürfnisse gibt es aber auch noch andere Gründe, warum Menschen einer bestimmten Arbeit nachgehen. Vielen Menschen geht es nicht allein um das Geld zur Sicherung der Bedürfnisse. Ihnen ist es wichtig, eine Tätigkeit auszuüben, die ihnen Freude macht. Andere übernehmen Aufgaben für das Allgemeinwohl und arbeiten ehrenamtlich ohne einen Lohn.

Eine andere Form der unentgeltlichen Arbeit ist die Arbeit im Haushalt. In privaten Haushalten übernehmen diese Arbeit meistens die Personen, die nicht Vollzeit arbeiten.

> 1 Frau Wietjes hat sich als Architektin selbstständig gemacht. Sie hat ihr Büro bei sich zu Hause eingerichtet. So können sie und ihr Mann sich die Betreuung ihres 2-jährigen Sohnes besser einteilen. Bis vor
> 5 drei Jahren hat Frau Wietjes in einem Architekturbüro gearbeitet. Um ihre Ideen von Energiesparhäusern umzusetzen, hat sie sich selbstständig gemacht. Ihr Mann ist bei einer Versicherung angestellt und kann seine
> 10 Arbeit teilweise im heimischen Büro erledigen.

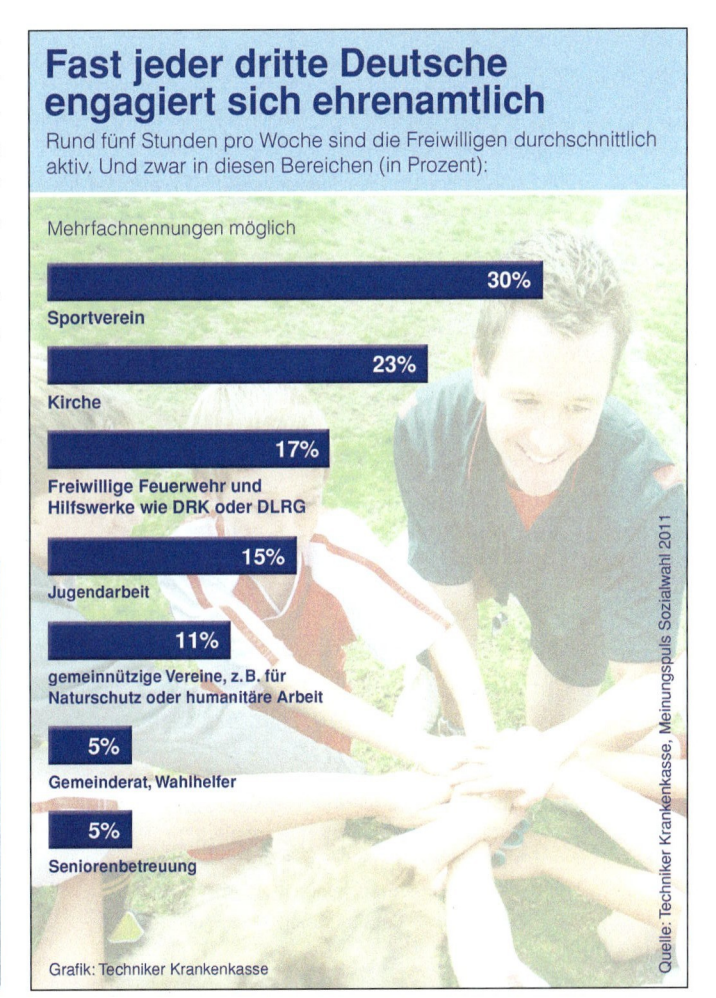

M4 Die Bedeutung von Arbeit – Beispiel 2

Fast jeder dritte Deutsche engagiert sich ehrenamtlich

Rund fünf Stunden pro Woche sind die Freiwilligen durchschnittlich aktiv. Und zwar in diesen Bereichen (in Prozent):

Mehrfachnennungen möglich

- Sportverein: 30%
- Kirche: 23%
- Freiwillige Feuerwehr und Hilfswerke wie DRK oder DLRG: 17%
- Jugendarbeit: 15%
- gemeinnützige Vereine, z.B. für Naturschutz oder humanitäre Arbeit: 11%
- Gemeinderat, Wahlhelfer: 5%
- Seniorenbetreuung: 5%

Grafik: Techniker Krankenkasse
Quelle: Techniker Krankenkasse, Meinungspuls Sozialwahl 2011

M5 Engagement im Ehrenamt

3 ⇨ Erläutere, warum Frau Wietjes ihren sicheren Job aufgegeben hat (M4).
4 Nenne fünf Tätigkeiten, bei denen Menschen sich ehrenamtlich engagieren (M5).
5 Berichte, wie die Verteilung von Hausarbeit in deiner Familie organisiert ist.
6 ⇨ Stellt fest, wer sich in eurer Klasse ehrenamtlich engagiert. Lasst euch berichten.

Ehrenamt → www

M1 Flohmarkt

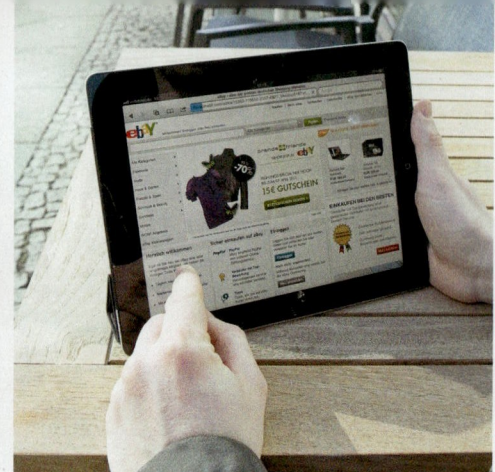

M2 Marktplatz im Internet

Die Marktwirtschaft

Angebot und Nachfrage

Bei dem Begriff „Markt" denken viele Menschen automatisch an einen Wochenmarkt, Jahrmarkt oder Supermarkt. Diese oder ähnliche Orte gibt es fast überall auf der Welt. Verkäufer, die ihre Waren anbieten, treffen auf einem Markt auf Interessenten, die die Preise vergleichen.

Dadurch, dass die Käufer aus den Angeboten verschiedener Anbieter auswählen können, entsteht Wettbewerb. Um konkurrenzfähig zu bleiben, verbessern Verkäufer ständig ihre Angebote. Der Käufer hat durch diesen Wettbewerb den Vorteil, dass er zwischen mehreren Anbietern auswählen kann.

ⓘ Markt
Der Begriff Markt stammt aus dem Lateinischen und bedeutet übersetzt „Handel treiben". Heute wird mit dem Begriff ein Ort bezeichnet, an dem Angebot und Nachfrage von bestimmten Waren oder Dienstleistungen aufeinandertreffen.

ⓘ Freie Marktwirtschaft
Wirtschaftsordnung, bei der es privates Eigentum und einen freien Markt gibt. Auf einem freien Markt können Anbieter und Käufer ihre Waren frei handeln. Der Preis wird von Angebot und Nachfrage bestimmt. Das bedeutet, wenn es von einer bestimmten Ware ein geringes Angebot gibt, werden die Preise bei entsprechender Nachfrage hoch sein. Umgekehrt kommt es bei Überangebot zu niedrigen Preisen.

> Johanna hat sich gerade ein neues Notebook gekauft. Da ihr alter PC noch voll funktionsfähig ist, will sie ihn im Internet versteigern. Einen Mindestpreis gibt sie in ihrer Anzeige nicht an, denn sie wäre schon zufrieden, wenn sich überhaupt ein Käufer findet. Zu ihrer Überraschung gibt es etliche Gebote, und am Ende der Auktion erzielt sie einen Preis von 87 Euro. Als der Käufer das Gerät abholt, ist dieser sehr zufrieden, ein preisgünstiges Gerät ersteigert zu haben.

M3 Markt im Internet

---

1. → *Erläutere den Begriff „Markt" an einem konkreten Beispiel (M1, M2).*
2. *Nenne einige Märkte, auf denen du kaufst oder verkaufst.*
3. *Erläutere, wie sich auf einem Markt Preise bilden (Text, M3).*
4. → *Nenne Vor- und Nachteile der Preisbildung. Unterscheide zwischen Käufern und Verkäufern.*

M4 Soziale Marktwirtschaft

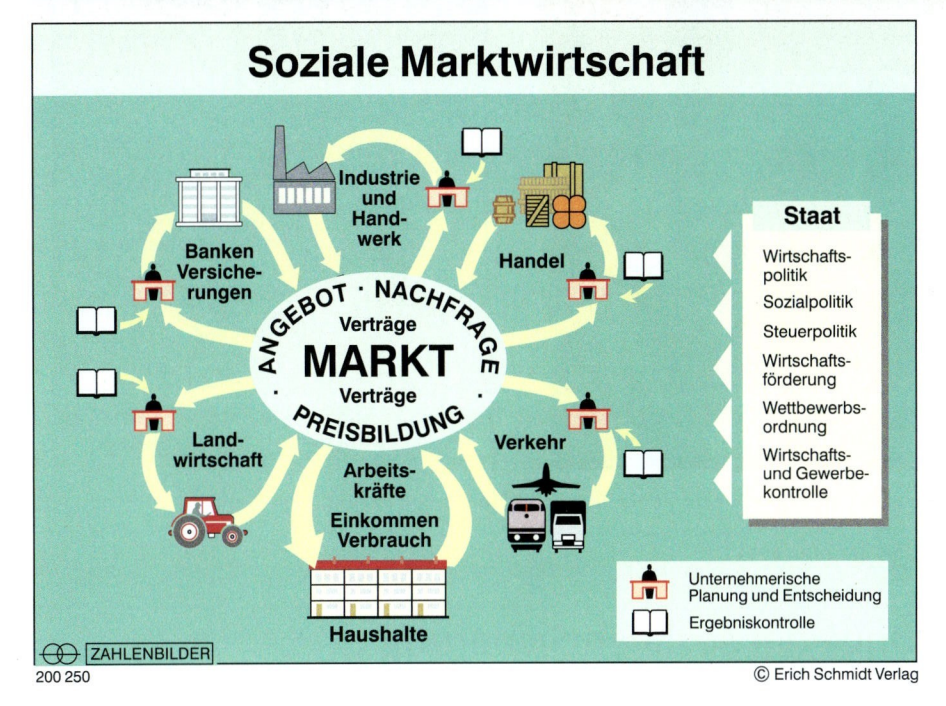

M5 Ludwig Erhard (1879–1977), Begründer der sozialen Marktwirtschaft in Deutschland

Soziale Marktwirtschaft – Wohlstand für alle?

Nach dem Zweiten Weltkrieg wurde in der Bundesrepublik die soziale Marktwirtschaft als Wirtschaftsordnung eingeführt. Damit große Ungerechtigkeiten verhindert werden, hat der Staat die freie Marktwirtschaft um einige Regeln erweitert. Kündigungsschutz beispielsweise verhindert, dass Arbeitnehmer von einem auf den anderen Tag entlassen werden können. Andere Gesetze verhindern, dass sich Firmen zu sogenannten Kartellen zusammenschließen. Durch diese Regelungen wird die Freiheit der Marktwirtschaft an den Stellen eingeschränkt, wo sie den Schwachen schadet und nur den Starken dient.

> 1 (...) Wir feiern die soziale Marktwirtschaft und mit ihr den Mann, der sie prägte und durchsetzte: Ludwig Erhard. Heute ist es kaum noch möglich (...) die Lage vor 60
> 5 Jahren zu erfassen. Das Land ist zerstört (...) Die Wirtschaft liegt danieder, das Geld ist nichts wert. Viele hungern. In dieser Situation hat Ludwig Erhard eine Idee. Er erkennt: Ich muss den Menschen ihre
> 10 Freiheit lassen, und sie werden das Beste daraus machen (...) Es ist, würde ich sagen, ein revolutionärer Gedanke gewesen.

M6 Rede von Angela Merkel am 13. Juni 2008

ⓘ Kartell

Der Begriff Kartell stammt aus dem Lateinischen und bedeutet „Vereinbarung". Darunter versteht man einen Zusammenschluss von Unternehmen, die das Ziel haben, einen Markt zu kontrollieren. Dies geschieht in der Regel dadurch, dass diese Kartelle Preise für ihre Produkte absprechen. Die Folge ist, dass das Prinzip der Preisbildung nach Angebot und Nachfrage dann nicht mehr funktioniert.
In Deutschland sorgt seit 1958 das Gesetz gegen Wettbewerbsbeschränkungen für den Erhalt des Wettbewerbs. Danach sind Kartelle grundsätzlich verboten.

---

5 Erläutere das Prinzip der sozialen Marktwirtschaft (Text, M4, M6).
6 Vergleiche die Rolle des Staates in der sozialen Marktwirtschaft mit der in der freien Marktwirtschaft.
7 ↪ Recherchiere über Ludwig Erhard (M5) und schreibe einen Steckbrief.

M1 Der Hl. Antonius Eremita verschenkt als junger Mann sein Vermögen an die Armen (Gemälde, um 1370/80).

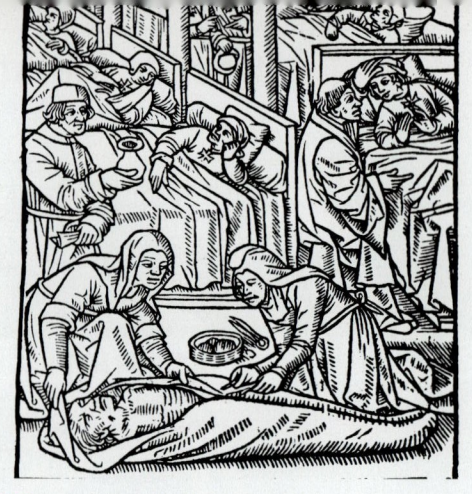

M2 Ein mittelalterliches Spital (Holzstich, um 1500)

Ursprünge der sozialen Sicherung

Von der familiären zur staatlichen Absicherung

Eine soziale Sicherung, so wie wir sie heute kennen, gab es in der Antike und noch früher nicht. Damals sorgte allein die Familie für die Alten und Kranken. Dies war eine allgemein anerkannte gesellschaftliche Aufgabe. Im Mittelalter wurde die Fürsorge und Krankenpflege zunehmend durch die Kirche übernommen. Kranke, Arbeitsunfähige und alte Menschen wurden in Klöstern aufgenommen.

In der Zeit der Industrialisierung wandelte sich die Lebens- und Arbeitswelt der Menschen radikal. Die Bevölkerung wuchs, und viele Menschen gingen in die Städte, um in den neuen Fabriken zu arbeiten. Für heutige Verhältnisse waren die Arbeitsbedingungen unvorstellbar: Die Menschen arbeiteten 12–14 Stunden täglich, Arbeitsschutzmaßnahmen gab es nicht, und Unfälle waren an der Tagesordnung. In den schnell wachsenden Städten lebten viele Menschen in elenden Verhältnissen. Diese sozialen Probleme, die mit der Industrialisierung einhergehen, werden als „soziale Frage" bezeichnet.

soziale Frage → Seiten 92–95

Um die Not der Menschen zu lindern, wurden in den 1880er-Jahren unter dem damaligen Reichskanzler Otto von Bismarck eine Kranken-, eine Unfall- und eine Rentenversicherung eingeführt. Diese ersten Säulen einer staatlichen sozialen Sicherung wurden bis heute ständig ausgebaut und erweitert.

> *Alte Menschen wurden zusammen mit anderen Gruppen Hilfsbedürftiger (Mittellose, Kranke, Sterbende, Obdachlose, geistig Behinderte) in kirchlichen Armen- und Siechenhäusern untergebracht. Diese waren zunächst Klöstern und christlichen Orden angeschlossen. Die dort untergebrachten Menschen erhielten freie Unterkunft und Pflege während Krankheit und Siechtum, mussten sich jedoch im Allgemeinen aus eigenen Mitteln durch Arbeit innerhalb der Einrichtung oder aus Almosen versorgen. Nur wer wirtschaftlich gut gestellt war, konnte die teure ärztliche Behandlung in Anspruch nehmen und sich (...) pflegen lassen.*

M3 Altenversorgung im Mittelalter

---

1 → Beschreibe, wie Arme und Kranke im Mittelalter versorgt wurden (M1–M3).
2 → Erläutere, wie sich die industrielle Revolution auf das Leben vieler Menschen auswirkte.
3 → Erkläre den Begriff „soziale Frage".

M4 Schulimpfung gegen Pocken in Frankreich (Foto, um 1900)

M5 Der Armenarzt, Gemälde von Jules Léonard (1860)

Armenarzt
Da sich im 19. Jahrhundert viele Menschen keine Behandlung beim Arzt leisten konnten, stellten Gemeinden Armenärzte ein, die sich um die Armen kümmerten.

Pockenschutzimpfung
Die Pocken sind eine Infektionskrankheit, an der früher 1/3 der Erkrankten starben. Zum Schutz der Bevölkerung führten viele Staaten eine Impfpflicht ein. In Deutschland war sie von 1874 bis 1975 vorgeschrieben. Damit wurden Pocken wirksam bekämpft.

> Wie viele andere deutsche Wörter stammt auch das Wort „sozial" aus dem Lateinischen, und zwar von „socius". Diesen Begriff kennen vielleicht einige vom Motorrad, dort ist der Sozius der Beifahrer. Das Wort „socius" heißt so viel wie „gemeinsam" oder „verbunden". Das bedeutet „sozial":
> - Im täglichen Leben kann sich jeder Mensch sozial verhalten. Das bedeutet, dass man ein Auge auf seine Mitmenschen hat und hilfsbereit ist. Es ist sozial, einer alten Frau in der Bahn den Platz freizumachen. Auch Ehrenämter gelten als sehr sozial.
> - Dies äußert sich auch in der Bezeichnung „soziale Organisationen" für Vereine und andere Zusammenschlüsse, die sich um bedürftige Menschen oder auch Tiere kümmern.
> - Doch nicht nur im täglichen Leben bedeutet „sozial" etwas Wichtiges, sondern auch in der Politik. So ist Deutschland ein Sozialstaat, was bedeutet, dass die Gesellschaft auch für schwache Mitglieder da ist. Dies äußert sich in Zuwendungen wie Arbeitslosengeld, aber auch in der Beschaffung von Krippenplätzen für Kinder.

M6 Die Herkunft des Wortes „sozial"

> Die hergebrachte offene Armenpflege war spätestens Mitte des 19. Jahrhunderts von der auftretenden Massenarmut überfordert. Mit der Entwicklung der Medizin wurden die heilbar Kranken in selbstständige Krankenhäusern ausgegliedert. Es wurden Anstalten speziell für Irre, gesunde Alte und Sieche (Kranke, Altersschwache) gegründet. In der Frühphase der Industrialisierung gab es noch keine soziale Absicherung. Die Folge war, dass Krankheit oder Arbeitsunfähigkeit oft zu einer Katastrophe führte. Als Reaktion auf das Elend vieler alter Menschen bildeten sich in der zweiten Hälfte des 19. Jahrhunderts karitative (wohltätige) Organisationen. Die Gründung der Wohlfahrtsverbände und der Aufbau der Sozialversicherungen ab 1883 verbesserten die (...) Altenpflege. Die ersten reinen Alters- und Pflegeheime entstanden.

Sozialversicherung → Seite 95

M7 Altenversorgung zur Zeit der Industrialisierung

[4] → *Erstelle ein Lernplakat zur Entwicklung der sozialen Sicherung.*
[5] → *Schreibe für ein Lexikon einen Text über den Begriff „sozial" (M6).*
[6] → *Beschreibe, wie sich die Kranken- und Altenversorgung im 19. Jahrhundert veränderte (M4, M5, M7).*

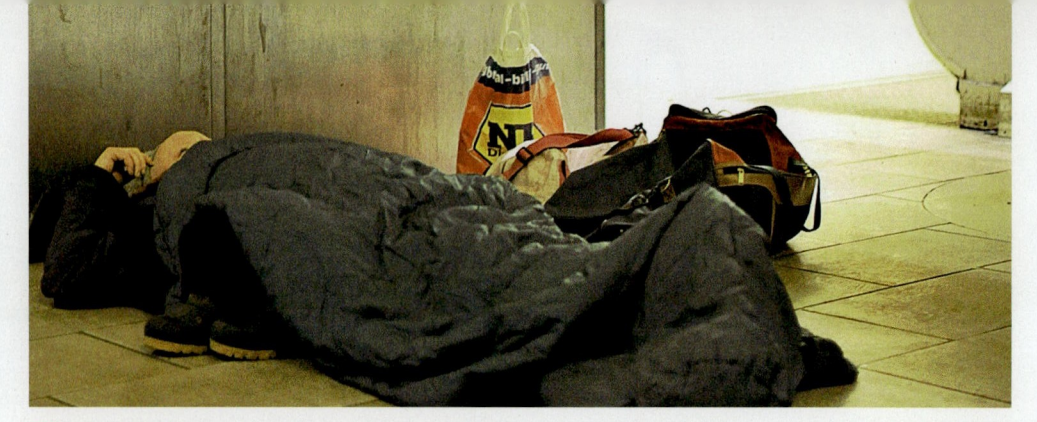

M1 Ein Obdachloser in Hannover in einer Fußgängerzone (Februar 2012)

Armut in Deutschland

Leben in einer Zweidrittelgesellschaft

Armut in Deutschland → www

Deutschland zählt zu den reichsten Ländern der Erde. Es gibt fast nichts, was man hier nicht kaufen kann. In jedem Haushalt gibt es mindestens einen Fernseher, und fast jeder zweite Haushalt ist im Besitz eines Autos. Es gibt aber immer mehr Menschen, die an diesem Wohlstand nicht teilhaben. Weil ein Drittel der Gesellschaft verarmt, während zwei Drittel über ein regelmäßiges Einkommen verfügen, wurde der Begriff der Zweidrittelgesellschaft eingeführt.

> Fast jeder sechste Einwohner Deutschlands ist armutsgefährdet. Das teilte das Statistische Bundesamt in Wiesbaden mit. Demnach sind es rund 12,8 Millionen Menschen, die nach Beanspruchung staatlicher Leistungen (...) etwas über 950 Euro monatlich zum Leben hatten. (...) Alleinerziehende Elternteile und ihre Kinder gehörten 2010 mit einer Quote von 37,1 Prozent zu den am stärksten von Armut betroffenen Gruppen. (...)
> Auch die EU-Statistikbehörde Eurostat hat aktuelle Zahlen vorgelegt. Daraus geht hervor, dass zwei Drittel der Arbeitslosen in Deutschland von Armut bedroht sind.

M2 Aus einem Bericht der Deutschen Welle (2012)

> In Deutschland, einem der reichsten Länder der Welt, leben Millionen Menschen in (Einkommens-)Armut oder sind unmittelbar davon bedroht. Hier geht es nicht um existenzielle Armut, unter der die Menschen in Entwicklungsländern leiden: Niemand muss in Deutschland Hunger leiden, der sein Leben bedroht. Dennoch leben die von Armut Betroffenen in Deutschland (...) mit erheblichen Einschränkungen. Der Großteil ihres Einkommens dient der Absicherung elementarer Lebensbedürfnisse. (...) Frisches Fleisch, Milch, Obst und Gemüse werden zu Luxusgütern. Im Gegensatz zur absoluten Armut, die das Überleben der Betroffenen unmittelbar bedroht, wird in Wohlstandsgesellschaften wie Deutschland Armut meist als „relative Armut" bezeichnet. Die Armutsgrenze bezieht sich in diesem Fall auf (...) das durchschnittliche Einkommen. In der EU gelten Personen als arm, die monatlich weniger als 60 Prozent des nationalen Mittelwerts verdienen. In Deutschland sind das 930 Euro. (...)

M3 Armut in Deutschland

Armut hat viele Gesichter

Man sieht sie in jeder Stadt: Menschen, die mit ihrer ganzen Habe umherziehen, weil sie keine eigene Wohnung haben.

Wer ohne Obdach leben muss, dem ist eine gesicherte Grundlage für ein menschenwürdiges Leben entzogen. Auf lange Sicht haben die Belastungen, die mit dem Leben eines „Stadtstreichers" verbunden sind, körperliche und psychische Schäden zur Folge.

Häufig sind insbesondere Frauen von Armut betroffen. Da ältere Frauen früher ihre Berufstätigkeit für die Erziehung von Kindern unterbrochen haben, wurden während dieser Zeit auch keine Beiträge für die Rente eingezahlt. So leben viele ältere Frauen von einer sehr bescheidenen Rente.

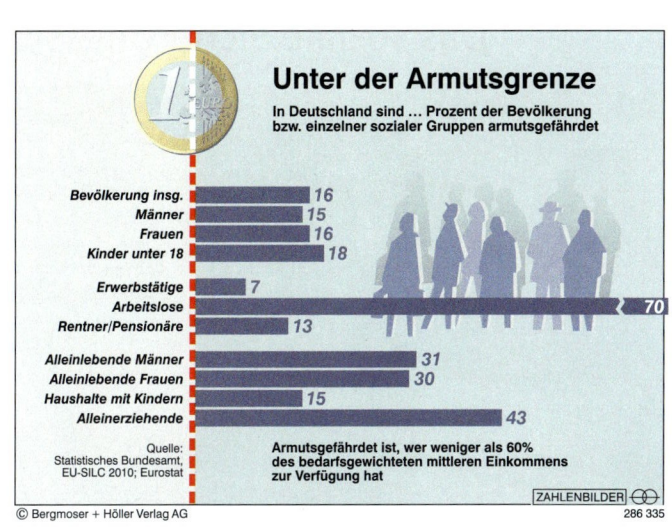

M4 Wem droht Armut in Deutschland?

1 Thomas lebt seit sechs Jahren auf Freiburger Straßen. Durch einen schweren Arbeitsunfall verlor Thomas seinen Job und konnte seine Miete nicht mehr bezahlen. Dadurch
5 verlor er auch seine Wohnung. Trotz Realschulabschluss findet er keine Arbeit und kommt nicht an Geld, um sich eine Wohnung zu finanzieren. Er kämpft jeden Tag aufs Neue um einen kleinen Hunger-
10 lohn. Auch jetzt in der kalten Jahreszeit ist es nicht leicht auf den Straßen, er ist ständig auf der Suche nach warmen Orten. Mit den anderen auf der Straße versteht er sich gut. Das Leben ist nicht leicht. Der Tagesablauf
15 ist fast immer derselbe. Man geht betteln für eine Kleinigkeit zu essen und sucht sich einen warmen Ort zum Schlafen. Thomas hat ein Ziel, er möchte eine Wohnung und einen Job finden.

M5 Der Mann ohne Zukunft?

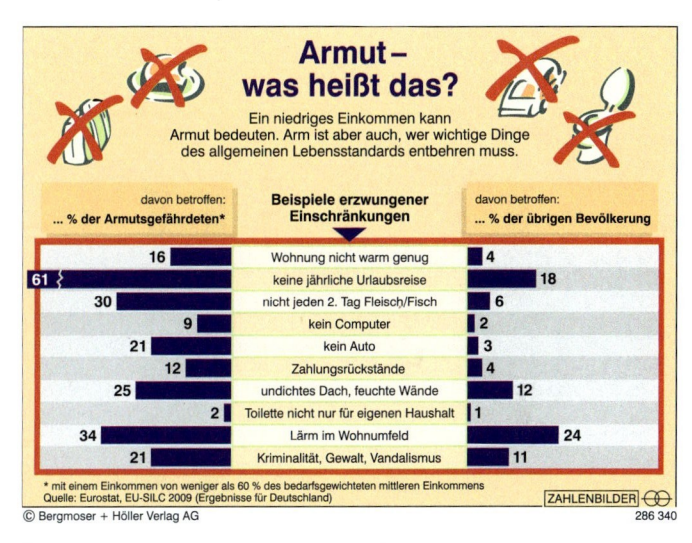

M6 Armut zwingt zu Einschränkungen

ⓘ Existenzminimum

Mindesteinkommen, das zur Lebenserhaltung eines Menschen notwendig ist. Das Einkommen muss so hoch sein, dass die zum Leben notwendigen Güter wie Kleidung und Nahrungsmittel gekauft werden können.

---

1. → Erkläre den Begriff Armut (M1–M3).
2. Erläutere den Begriff „Zweidrittelgesellschaft" (Text).
3. Nenne Bevölkerungsgruppen, für die das Armutsrisiko besonders hoch ist (M1, M2, M4).
4. Beschreibe, welche Bedeutung und Funktion eine eigene Wohnung für Menschen in unserer Gesellschaft hat (M5).
5. ↪ Erläutere, welche Auswirkungen ein Leben in Obdachlosenunterkünften auf die Betroffenen hat.
6. ⤴ Recherchiere im Internet zum Thema „Armut". Berichte der Klasse.

Aufgabe 6 → www

Das soziale Sicherungssystem

M1 Schülerinnen und Schüler beteiligen sich an einer Spendenaktion (2012)

Einer für alle – alle für einen

Deutschland hat sich durch das Grundgesetz dazu verpflichtet, ein Sozialstaat zu sein. Das bedeutet, dass der Staat dem Wohl aller dienen und die schwächeren Mitglieder der Gesellschaft schützen will. Dieses Sozialstaatsprinzip besteht aus folgenden drei Teilen:

- Mit einem Versicherungssystem sichert der Staat die Menschen gegen Risiken wie Krankheit, Alter, Unfall und Arbeitslosigkeit ab.
- Die Versorgung der Bevölkerung wird im Staat durch Gesetze sichergestellt. Dem Bürger werden z. B. öffentliche Verkehrsmittel, Schulen und Krankenhäuser zur Verfügung gestellt.
- Fürsorge leistet der Staat, wenn Menschen unverschuldet in eine Notlage geraten sind. So ist das Existenzminimum aller gesichert.

Wesentliches Merkmal dieser sozialen Sicherung ist die Solidarität. Von ihr haben alle einen Nutzen. Niemand ist ewig jung, und kaum jemand ist sein Leben lang gesund. Fast jeder gehört während seines Lebens einmal zu den Menschen, die Solidarität üben, und zu denen, die Solidarität erfahren.

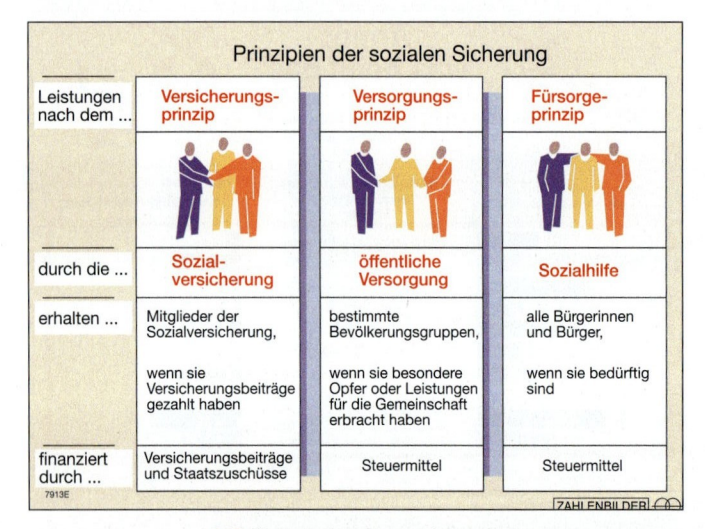

Prinzipien der sozialen Sicherung

Leistungen nach dem ...	Versicherungs-prinzip	Versorgungs-prinzip	Fürsorge-prinzip
durch die ...	Sozial-versicherung	öffentliche Versorgung	Sozialhilfe
erhalten ...	Mitglieder der Sozialversicherung, wenn sie Versicherungsbeiträge gezahlt haben	bestimmte Bevölkerungsgruppen, wenn sie besondere Opfer oder Leistungen für die Gemeinschaft erbracht haben	alle Bürgerinnen und Bürger, wenn sie bedürftig sind
finanziert durch ...	Versicherungsbeiträge und Staatszuschüsse	Steuermittel	Steuermittel

M2 Prinzipien der sozialen Sicherung

ⓘ Solidarität

Der Begriff Solidarität kommt aus dem Lateinischen und bedeutet übersetzt „Zusammengehörigkeit". Menschen sind „solidarisch" zueinander, indem sie sich gegenseitig helfen und unterstützen. Das kann z. B. Hilfe in der Nachbarschaft oder die Beteiligung an einer Spendenaktion für Menschen in Not sein.
Solidarität kann auch ausgeübt werden, wenn man sich gar nicht kennt.

> *Artikel 20*
> *(1) Die Bundesrepublik Deutschland ist ein demokratischer und sozialer Bundesstaat.*

M3 Auszug aus dem Grundgesetz

---

1. → Erkläre den Begriff Solidarität an einem Beispiel.
2. Beschreibe die Prinzipien der sozialen Sicherung (M2).
3. → Erläutere, wie das Solidaritätsprinzip bei den drei Prinzipien der sozialen Sicherung umgesetzt wird.

Arbeit und soziale Sicherung

Die gesetzlichen Sozialversicherungen

Kerstin hat eine Ausbildung zur Industriekauffrau begonnen. In ihrem Ausbildungsvertrag steht, dass sie im ersten Ausbildungsjahr 560 Euro im Monat verdient. Doch als sie jetzt ihre erste Gehaltsabrechnung bekommen hat, staunt sie nicht schlecht. Fast 100 Euro wurden für Versicherungen abgezogen.

M4 Überraschung bei der Gehaltsabrechnung

Krankheit, Arbeitslosigkeit, Pflegebedürftigkeit oder Erwerbsunfähigkeit sind persönliche Risiken, die im Extremfall sehr viel Geld kosten können. Deshalb hat der Staat ein System von Sozialversicherungen geschaffen. Da sich möglicherweise nicht jeder Mensch freiwillig versichern würde, hat der Staat bestimmt, dass die Versicherungen für Arbeitnehmerinnen und Arbeitnehmer verpflichtend sind. Die Sozialversicherung ist also eine gesetzliche Pflichtversicherung für fast alle Arbeitnehmerinnen und Arbeitnehmer.

Die Versicherungsbeiträge zu den gesetzlichen Sozialversicherungen werden direkt vom Gehalt der Arbeitnehmerinnen und Arbeitnehmer abgezogen und in die Versicherungen eingezahlt. Die Unfallversicherung wird alleine vom Arbeitgeber bezahlt. In die anderen Versicherungen zahlen Arbeitgeber und Arbeitnehmer jeweils etwa 50 Prozent des Beitrages ein.

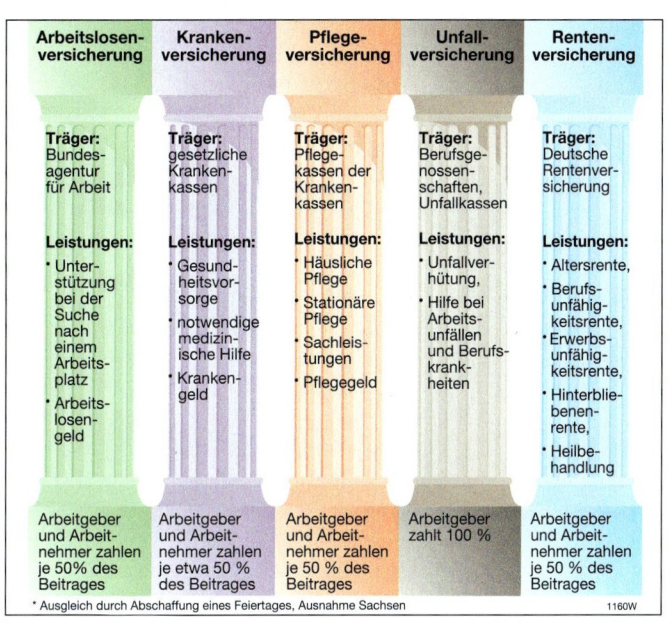

M5 Die fünf gesetzlichen Sozialversicherungen

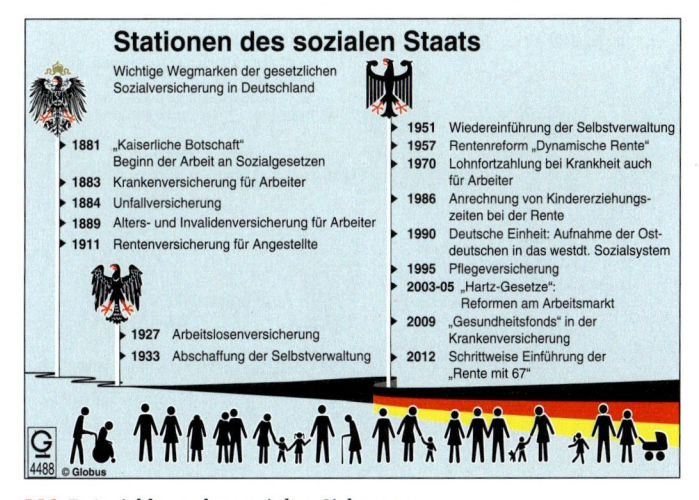

M6 Entwicklung der sozialen Sicherung

---

4 Nenne zu jeder der fünf Sozialversicherungen ein Beispiel, wann sie in Anspruch genommen werden könnte (M5).

5 Beschreibe die Entwicklung der sozialen Sicherung in Deutschland (M6).

6 Wähle in M6 drei deiner Meinung nach wichtige Jahre aus und begründe deine Auswahl.

7 Erkläre Kerstin, wofür die Abzüge von ihrem Lohn verwendet werden (M4).

8 „Die Pflicht zur Beitragszahlung in die Sozialversicherungen ist Bevormundung!" Nenne Argumente für und gegen diese Aussage.

9 Überlege, welche Leistungen der gesetzlichen Sozialversicherung du schon in Anspruch genommen hast und berichte darüber.

Der Generationenvertrag

M1 Mehrere Generationen einer Familie

Die Krauses sind eine große Familie. Auf ihrem Bauernhof in der Nähe von Celle leben drei Generationen unter einem Dach. Oma und Opa Krause haben lange Jahre den landwirtschaftlichen Betrieb geführt. Nun genießen sie ihren Ruhestand. Den Hof haben sie auf ihren Sohn Jens übertragen. Dafür haben sie lebenslanges Wohnrecht auf dem Hof. Gemeinsam mit seiner Frau Franziska versorgt Jens seine Eltern. Die Kinder von Jens und Franziska gehen noch zur Schule. Der älteste Sohn Martin möchte später den Hof weiterführen. Dann wird er die Versorgung seiner Eltern auf dem Hof übernehmen.

M3 Zusammenleben auf einem Bauernhof

M2 Der Vertrag zwischen den Generationen

ⓘ Generation
Der Begriff stammt aus dem Lateinischen und bezeichnet alle innerhalb eines bestimmten Zeitabschnitts geborenen Menschen. Der Abstand zwischen den Generationen beträgt etwa 25 Jahre. Eine Gesellschaft setzt sich aus mehreren Generationen zusammen (Urgroßeltern, Großeltern, Eltern, Kinder).

Noch im 19. Jahrhundert gab es keine Sozialversicherungen. Wenn einfache Menschen krank wurden, konnten sie es sich in der Regel nicht leisten, zu einem Arzt zu gehen. Sie mussten den Arzt aus eigener Tasche bezahlen. Sie waren auf Unterstützung durch den Ehepartner und die Kinder angewiesen.
Wenn man in dieser Zeit alt war und nicht mehr arbeiten konnte, erhielt man keine Rente. Auch in diesem Fall war man auf die Familie angewiesen. Sie musste einem Nahrung und Unterkunft geben. Hatte man keine Familie, musste man betteln gehen.
Die familiäre Versorgung wurde nach und nach von der gesetzlichen Sozialversicherung abgelöst, die auf dem Generationenvertrag beruht. Dies ist kein Vertrag, den alle unterschrieben haben, sondern vielmehr eine Idee: Die arbeitende Generation einer Gesellschaft sorgt für die anderen Generationen.

1. → Erkläre den Begriff „Generation" anhand deiner eigenen Familie.
2. Erläutere das Prinzip des Generationenvertrages (M2).
3. → Erkläre, warum man vom „Drei-Generationen-Vertrag" spricht (M1–M3).
4. Befrage deine Eltern und Großeltern zum Generationenvertrag. Berichte, welche Leistungen sie erbracht haben und welche Leistungen sie erhalten.

Die Zukunft des Generationenvertrages

In der Praxis funktioniert der Generationenvertrag so, dass alle Mitglieder der Sozialversicherung von ihrem Einkommen Versicherungsbeiträge bezahlen. Diese eingezahlten Gelder werden nicht für die einzelnen Mitglieder angesammelt, sondern das Geld wird direkt für die Renten oder die Kosten für Arzt- und Krankenhausbesuche verwendet.

So vertraut die momentan erwerbstätige Generation darauf, dass ihre späteren Ansprüche von der dann folgenden Generation bezahlt werden.

Über lange Jahre ist die Bevölkerung in Deutschland ständig gewachsen. So gab es immer genügend Erwerbstätige, die mit ihren Beiträgen für die anderen Generationen sorgen konnten.

Mittlerweile erreichen viele Menschen dank besserer medizinischer Versorgung ein hohes Alter und beziehen so über lange Zeit Rente. Gleichzeitig sinkt die Anzahl von Geburten in Deutschland. Dadurch hat sich der Altersaufbau der Bevölkerung verändert. Die aktive Generation muss immer mehr Menschen mitversorgen.

M4 Zukunft des Generationenvertrages

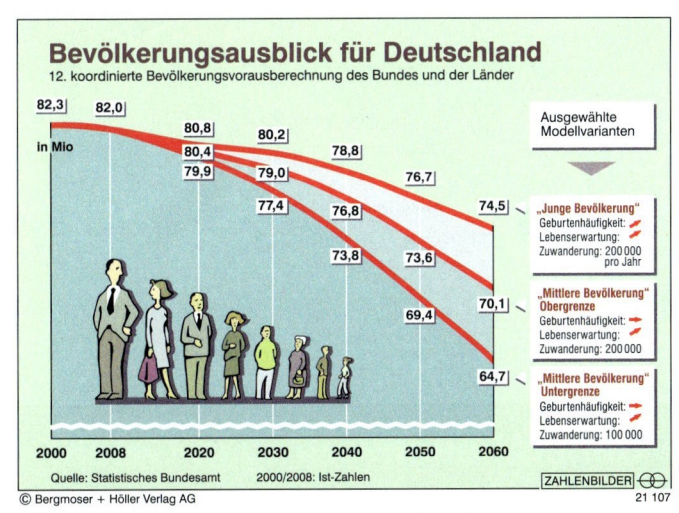

M5 Bevölkerungsentwicklung in Deutschland

Die Hälfte der Bevölkerung ist älter als 48 Jahre, ein Drittel mindestens 60 Jahre. Die Einwohnerzahl wird vermutlich von heute 82,5 Millionen auf 75 Millionen Einwohner sinken. Durchschnittlich wird jede Frau nicht mehr als 1,4 Kinder zur Welt bringen, die Lebenserwartungen werden bei Jungs auf 81,1 Jahre und bei Mädchen auf 86,6 Jahre steigen. Warum es zu diesem Bevölkerungsrückstand kommt? Wie schon seit 30 Jahren werden auch in den nächsten fünf Jahrzehnten mehr Menschen sterben als Kinder zur Welt kommen. Es wird angenommen, dass die jährliche Geburtenzahl von 730 000 auf 560 000 im Jahr 2050 sinkt. Die Zahl der Neugeborenen wird dann nur noch halb so hoch sein wie die Zahl der jährlich Gestorbenen.

M6 Deutschland im Jahr 2050

---

5. → Beschreibe die Bevölkerungsentwicklung in Deutschland von 2000 bis 2060 (M5, M6).
6. Nenne Ursachen für die zu erwartende Bevölkerungsentwicklung in Deutschland (Text, M6).
7. Erläutere die Auswirkungen der Bevölkerungsentwicklung in Deutschland auf den Generationenvertrag.
8. → Recherchiere und berichte, wodurch sich die Lebenserwartung in Deutschland verändert hat.
9. → Schreibe einen Zeitungsbericht über die Zukunft des Generationenvertrages.

Vorsorge für das Alter

Bausteine der Alterssicherung
Leistungen in Deutschland 2011
in Milliarden Euro

Renten aus der gesetzlichen Rentenversicherung	225,4 Mrd. Euro
Lebensversicherungen	84,3
Beamtenpensionen	44,3
Betriebsrenten	23,2
Zusatzversorgung im öffentl. Dienst	9,9
Versorgungswerke	3,8
Altershilfe für Landwirte	2,8

Quelle: Dt. Rentenversicherung, GDV, BMAS © Globus 5299

M1 Systeme der Alterssicherung

M3 Den Ruhestand genießen

Die Altersversorgung in Deutschland setzt sich aus drei Teilen zusammen. Der wichtigste Teil ist die gesetzliche Rentenversicherung. Sie funktioniert nach dem Generationenvertrag. Das bedeutet, dass das Geld, welches jedes Mitglied in die Rentenversicherung einzahlt, nicht angespart wird. Von den Beiträgen werden die Renten der gegenwärtigen Rentner bezahlt. Dieses Prinzip nennt man Umlageverfahren.

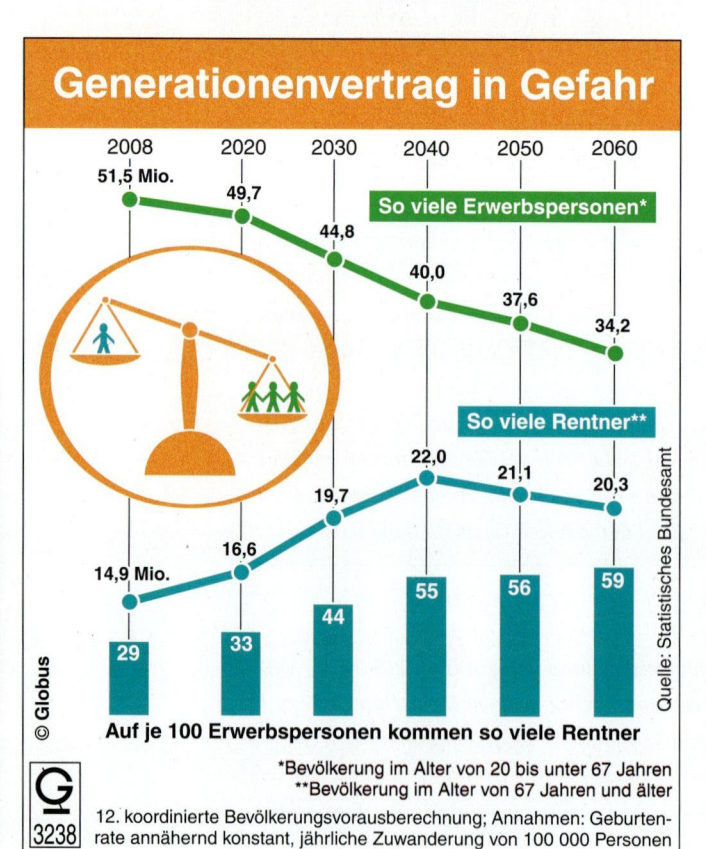

Generationenvertrag in Gefahr

So viele Erwerbspersonen*
- 2008: 51,5 Mio.
- 2020: 49,7
- 2030: 44,8
- 2040: 40,0
- 2050: 37,6
- 2060: 34,2

So viele Rentner**
- 2008: 14,9 Mio.
- 2020: 16,6
- 2030: 19,7
- 2040: 22,0
- 2050: 21,1
- 2060: 20,3

Auf je 100 Erwerbspersonen kommen so viele Rentner:
- 2008: 29
- 2020: 33
- 2030: 44
- 2040: 55
- 2050: 56
- 2060: 59

*Bevölkerung im Alter von 20 bis unter 67 Jahren
**Bevölkerung im Alter von 67 Jahren und älter
12. koordinierte Bevölkerungsvorausberechnung; Annahmen: Geburtenrate annähernd konstant, jährliche Zuwanderung von 100 000 Personen

Quelle: Statistisches Bundesamt
© Globus 3238

M2 Generationenvertrag in Gefahr

ⓘ Betriebsrente

Seit Januar 2002 ist es möglich, dass Beschäftigte einen Teil ihres Lohns oder Gehalts zugunsten einer betrieblichen Altersvorsorge in eine Pensionskasse, einen Pensionsfonds oder eine Direktversicherung einzahlen, um später eine Betriebsrente zu erhalten. Dies ist besonders dann interessant, wenn die Firma keine Betriebsrente anbietet, die ganz oder teilweise vom Arbeitgeber finanziert wird.

ⓘ Riester-Rente

Der ehemalige Bundesminister für Arbeit und Sozialordnung, Walter Riester, hat bei der Rentenreform im Jahr 2000/2001 eine private Rentenversicherung eingeführt, die durch staatliche Zulagen gefördert wird. Der Förderbeitrag ist vom Einkommen abhängig und kann bis zu 67 Prozent betragen. Weil die gesetzliche Rente nicht reichen wird, sollen so auch immer mehr Menschen privat vorsorgen.

Da die Zahl der Rentnerinnen und Rentner immer größer wird, werden die betriebliche und die private Altersvorsorge immer wichtiger. Durch eine zusätzliche private Rente soll die sinkende gesetzliche Rente ausgeglichen werden. Dies geschieht in Form von Versicherungsverträgen, Sparplänen oder durch den Kauf von Aktien. Um den Anreiz zu erhöhen, zahlt der Staat beispielsweise bei der Riester-Rente noch eine Prämie. Diese privaten Renten basieren auf dem Kapitaldeckungsverfahren. Das bedeutet, dass die Beiträge der Versicherten auf einem Konto angesammelt und am Ende der Laufzeit nebst Zinsen ausgezahlt werden.

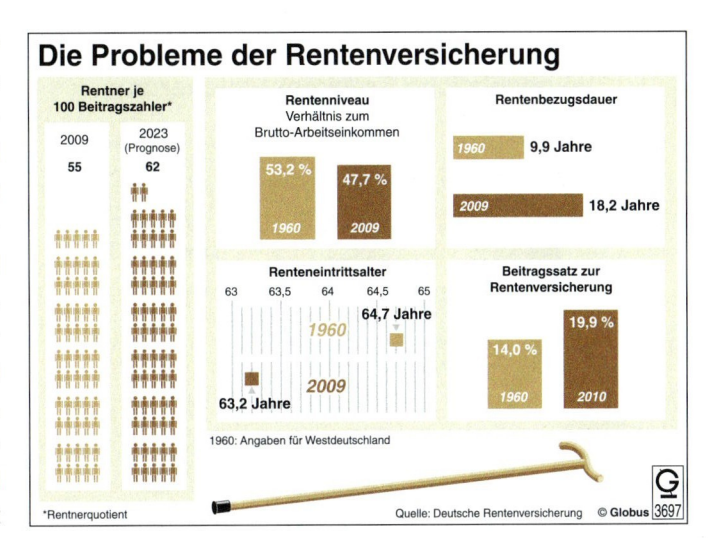

M5 Probleme der Rentenversicherung

Die Bevölkerungswissenschaft untersucht unter anderem, wie viele Menschen in Deutschland (oder anderswo) leben, wie viele Junge und Alte darunter sind und wie sich die Bevölkerungszahl durch Geburten und Sterbefälle verändert. Es interessiert die Demografen, woher die Menschen kommen, die nach Deutschland ziehen, oder wohin diejenigen ziehen, die aus Deutschland auswandern. Die Politik muss auf bestimmte demografische Veränderungen reagieren. Zum Beispiel: Da die Menschen immer länger leben, es also immer mehr alte Menschen gibt, muss die Rentenversicherung darauf reagieren.

M4 „Demografie" – ein Lexikonartikel

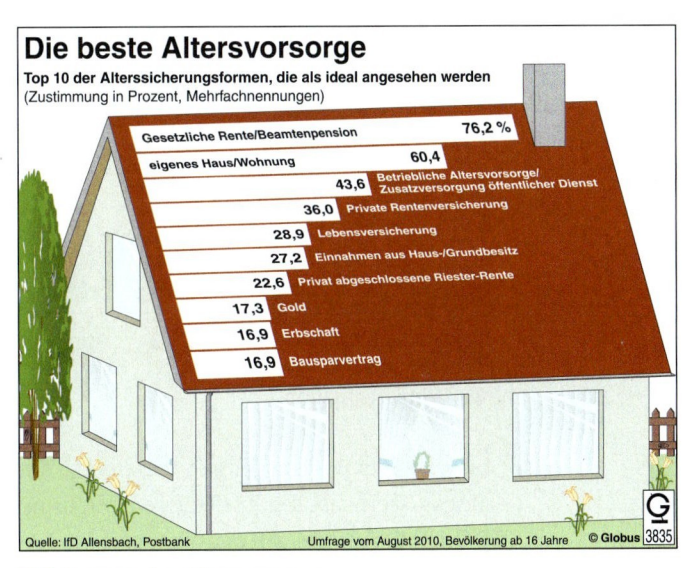

M6 Formen der Altersvorsorge

1. Nenne die einzelnen Systeme der Alterssicherung (M1).
2. Erläutere das Umlageverfahren (Text).
3. a) Beschreibe, wie sich die Bevölkerung in Deutschland bis 2060 entwickeln wird.
   b) Überlege und berichte, welche Auswirkungen diese Entwicklung auf das Umlageverfahren haben wird.
4. Werte M2 aus und erläutere, warum der Generationenvertrag in Gefahr ist.
5. Sollte jeder selbst für seine Zukunft vorsorgen, oder sollte der Generationenvertrag weiterhin der wichtigste Teil der Altersvorsorge sein? Nimm Stellung.
6. Erläutere anhand von M5 die Probleme der gesetzlichen Rentenversicherung.
7. Werte M6 aus und beschreibe, wie die Menschen in Deutschland für ihr Alter vorsorgen.
8. Frage deine Eltern, ob ihr Arbeitgeber ihnen eine Betriebsrente gewährt bzw. ob sie selbst entsprechende finanzielle Vorsorge für das Alter getroffen haben.
9. Recherchiere bei einer Bank oder bei einer Versicherung, welche Möglichkeiten der privaten Altersvorsorge es gibt. Berichte der Klasse von einer Möglichkeit.

Aufgabe 3
→ *Seite 215, M5*

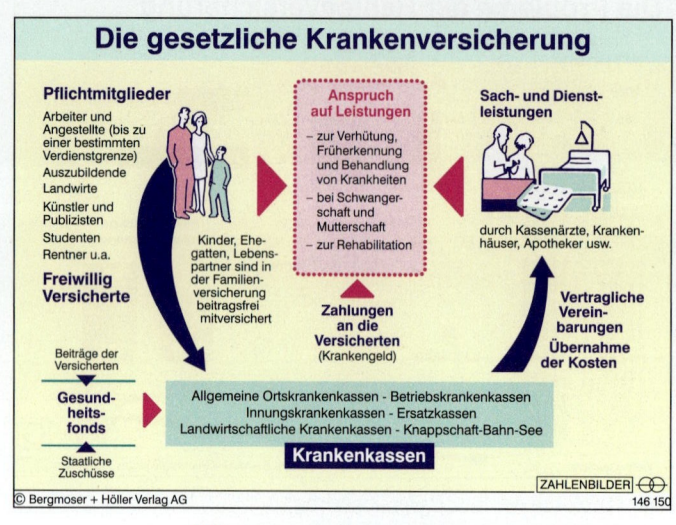

Absicherung im Krankheitsfall

M1 Die gesetzliche Krankenversicherung

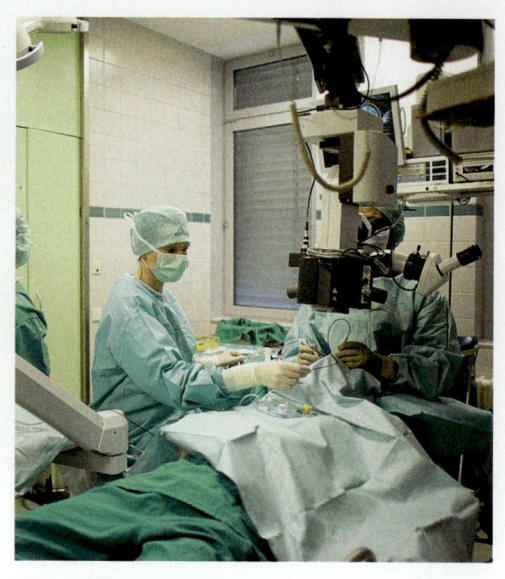

M2 Augenoperation

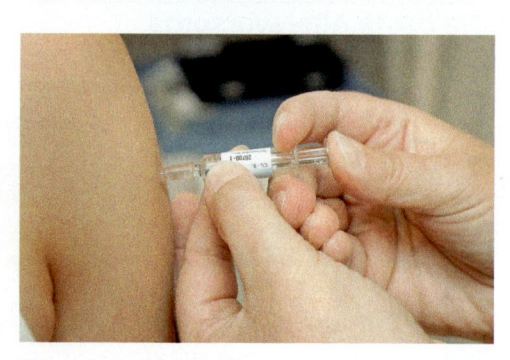

M3 Grippeschutzimpfung

Ein wichtiger Bestandteil des sozialen Sicherungssystems ist die Krankenversicherung. Krankheit bedeutet oftmals kostspielige Behandlungen für die Betroffenen. Da die ärztliche Versorgung bei einer Erkrankung schnell einige Tausend Euro kosten kann, ist die Mitgliedschaft in der gesetzlichen Krankenversicherung für alle Arbeiter und Angestellten Pflicht. Nur wer ein hohes Einkommen hat und über der Versicherungspflichtgrenze liegt, kann aus der gesetzlichen in eine private Krankenversicherung wechseln.

Zur gesetzlichen Krankenversicherung gehört auch eine beitragsfreie Familienversicherung.

Das bedeutet, dass Ehepartner und Kinder bis zu einem gewissen Alter keine Beiträge zu zahlen brauchen, wenn sie keine Einkünfte haben oder nur geringfügig dazuverdienen. Die Wahl der gesetzlichen Krankenkasse ist den Bürgern freigestellt.

Versicherungspflichtgrenze
Sie liegt ab dem 1. Januar 2013 bei 52 200 Euro im Jahr (4350 Euro im Monat). Verdient man mehr, steigt der Beitrag für die Krankenversicherung nicht weiter an.

> Gerade jetzt vor der wichtigen Mathearbeit hat sich Meike eine Grippe eingefangen. Damit sie möglichst schnell wieder fit ist, geht sie zum Arzt. Dieser verschreibt ihr ein schnell wirkendes Medikament. In der Apotheke erklärt der Apotheker die Dosierung der Tabletten. Als Meike nach dem Preis für das Medikament fragt, ist sie erleichtert. Da sie noch keine 18 Jahre alt ist, entfällt die Zuzahlung von fünf Euro. Das zahlt komplett die Krankenkasse. Auch für die Behandlung beim Arzt hat sie nichts bezahlt. Der Arzt erhält sein Honorar ebenfalls von der Krankenkasse. Nach einigen Tagen ist Meike wieder fit.

M4 Arztbesuch einer Schülerin

1. → Nenne fünf Situationen, in denen eine Krankenversicherung sinnvoll ist (M2, M3, M4).
2. Beschreibe das System der gesetzlichen Krankenversicherung (M1).
3. → Überlege und begründe, warum manche Personen aus der gesetzlichen Krankenversicherung austreten dürfen.

Die Beiträge für die gesetzliche Krankenversicherung werden von Arbeitgeber und Arbeitnehmer gemeinsam getragen. Der Arbeitgeber zahlt 7,3 Prozent, der Arbeitnehmer 8,2 Prozent des monatlichen Bruttoeinkommens (Stand: 2012). Die gesetzliche Krankenversicherung beruht auf dem Solidarprinzip. Arbeitnehmer mit einem höheren Einkommen zahlen höhere Beiträge, Arbeitnehmer mit einem kleineren Verdienst entsprechend niedrigere. Ehepartner, die nicht berufstätig sind, und Kinder sind kostenfrei mitversichert.
Alle erhalten die jeweils erforderlichen medizinischen Leistungen, unabhängig davon, wie hoch der finanzielle Beitrag des Einzelnen ist.

M5 Solidarische Beitragszahlung

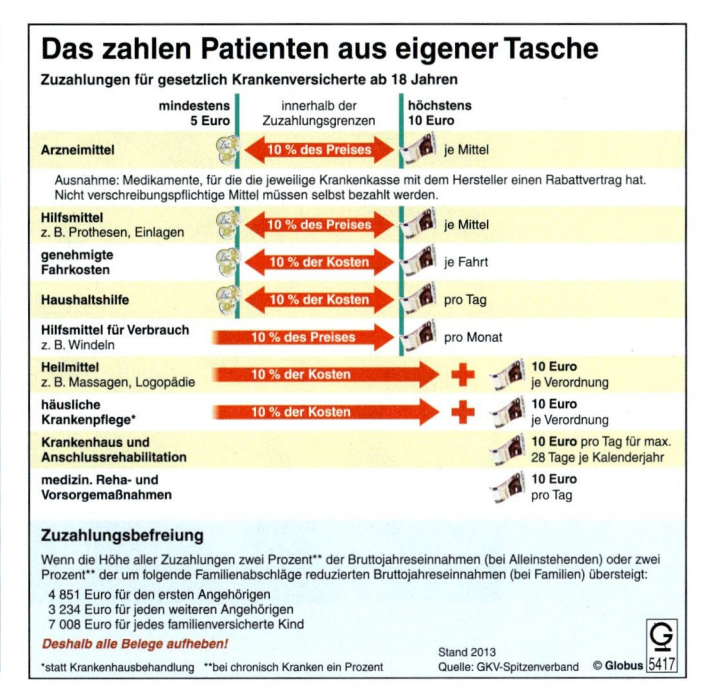

M6 Krankenversicherte müssen zuzahlen.

---

4 Informiere dich im Internet und erstelle eine Liste mit zehn gesetzlichen Krankenkassen. Aufgabe 4 → www

5 Erläutere, wie die gesetzlichen Krankenversicherungen finanziert werden.

6 Erkunde, welche gesetzlichen Krankenkassen einen Sitz in deinem Wohn- oder Schulort haben.

7 Führt eine Expertenbefragung zum Thema Krankenversicherung in eurer Klasse durch.

Methoden erlernen: Eine Expertenbefragung durchführen

Mithilfe einer Expertenbefragung kann man sich direkt bei einem Spezialisten über ein bestimmtes Thema informieren. Experten können zur Befragung in den Unterricht eingeladen werden, oder die Klasse besucht den Experten in seiner Einrichtung vor Ort.
So geht ihr vor:

Schritt 1 ●

Vorbereitung

→ Wählt eine Institution aus und fragt an, ob ein Experte für ein Gespräch zur Verfügung steht.

→ Vereinbart einen Termin und sprecht mit dem Experten ein Thema ab.

→ Klärt die Organisation des Besuchs ab (Raum, Getränke, Info an Schulleitung ...)

→ Informiert den Experten über euren Unterricht.

→ Bereitet einen Fragenkatalog vor.

Schritt 2 ●●

Durchführung

→ Lasst zunächst den Experten zum Thema sprechen.

→ Notiert euch Stichpunkte während des Vortrags.

→ Stellt im Anschluss zunächst direkt Fragen zum Vortrag und dann die vorbereiteten Fragen.

Schritt 3 ●●●

Nachbereitung

→ Tragt die neu gewonnenen Erkenntnisse zusammen.

→ Wurden alle offenen Fragen beantwortet, oder gibt es immer noch Unklarheiten?

→ Fertigt eine Dokumentation des Expertengesprächs an (Wandzeitung, Zeitungsbericht o. Ä.).

M1 Demonstration gegen Arbeitslosigkeit in Plauen (Foto, 2012)

Die Arbeitslosenversicherung

Wer seinen Arbeitsplatz verliert und trotz aller Bemühungen keinen neuen Arbeitsplatz findet, bekommt Geld vom Staat. Hierfür hat er vorher Beiträge in die Arbeitslosenversicherung eingezahlt. Auch diese Versicherung funktioniert nach dem Solidaritätsprinzip und ist eine Pflichtversicherung. Die Höhe des Arbeitslosengeldes richtet sich nach dem letzten Nettolohn. Arbeitnehmer ohne Kinder erhalten 60 Prozent und Arbeitnehmer mit Kindern 67 Prozent des letzten Lohns. Die Bezugsdauer von Arbeitslosengeld ist auf maximal 18 Monate begrenzt.

Wenn man nach Ablauf dieser Zeit immer noch keinen neuen Arbeitsplatz gefunden hat, hat man Anspruch auf Arbeitslosengeld II (ALG II). Dieses ist nicht mehr von der Höhe des letzten Einkommens abhängig, sondern beträgt für Alleinstehende ab 1. Januar 2013 einheitlich 382 Euro.

Die Kosten für Miete, Heizung und die Beiträge für die gesetzlichen Versicherungen werden zusätzlich übernommen. Arbeitslosengeld II erhalten auch Personen, deren Einkommen so niedrig ist, dass es nicht für das Existenzminimum reicht.

> *Empfänger von Arbeitslosengeld II sind verpflichtet, jede legale Arbeit anzunehmen, zu der sie geistig, seelisch und körperlich in der Lage sind. Jede Stelle gilt als zumutbar, auch wenn sie weit entfernt ist und nicht der früheren Qualifikation entspricht. Das führt dazu, dass selbst Akademiker z. B. auch Aushilfsjobs oder Putzarbeiten annehmen müssen.*

M2 Die Zumutbarkeitsregelung

1. Erläutere, unter welchen Bedingungen man Arbeitslosengeld erhält (Text).
2. Berechne das Arbeitslosengeld für eine alleinerziehende Mutter, die zuletzt 1360,– Euro netto verdient hat (Text).
3. Nenne einige Gründe, die zum Verlust eines Arbeitsplatzes führen können.
4. Beschreibe die Auswirkungen von Arbeitslosigkeit für die betroffenen Menschen.
5. Erkläre den Unterschied zwischen Arbeitslosengeld und Arbeitslosengeld II (Text, M2–M5).

Ein-Euro-Jobs (offiziell: Arbeitsgelegenheiten mit Mehraufwandentschädigung) soll es für Menschen geben, die lange Zeit arbeitslos sind und „Arbeitslosengeld II" (ALG II) bekommen. So steht es im „Hartz-IV-Gesetz". Die Arbeitslosen sollen mit diesen Jobs die Möglichkeit erhalten, wieder am Arbeitsleben teilzunehmen (...) Die Ein-Euro-Jobs müssen gemeinnützig sein und dürfen normale Arbeitsplätze nicht verdrängen. So darf zum Beispiel ein Krankenpfleger nicht durch einen „Ein-Euro-Jobber" ersetzt werden. Ein Ein-Euro-Job muss außerdem zeitlich begrenzt sein. Und er muss dem Arbeitslosen eine Chance auf einen richtigen Arbeitsplatz bieten. Die Ein-Euro-Jobs können ganz unterschiedlich sein. Zum Beispiel kann es sich um die Hilfe in einer Stadtbücherei oder beim Bau von Kinderspielplätzen handeln. (...) Ein Arbeitsloser, dem ein „Ein-Euro-Job" angeboten wird, muss ihn annehmen, sonst kann das Arbeitslosengeld gekürzt werden. Und wenn er unter 25 Jahre alt ist, kann das ALG II ganz gestrichen werden.

M3 Lexikonartikel zum Stichwort „Ein-Euro-Jobs"

M4 Grundsicherung für Arbeitsuchende

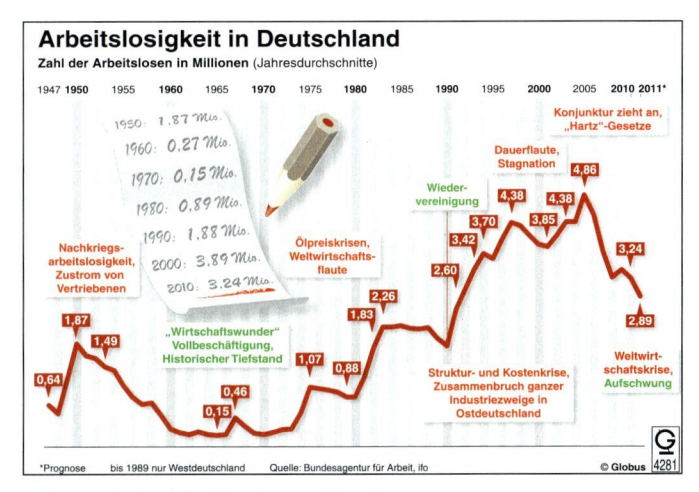

M5 Arbeitslosigkeit in Deutschland

1. Folgen für die unmittelbar Betroffenen
  – Rückgriff auf Ersparnisse
  – kein bzw. eingeschränkter Konsum
  – Verzug mit Zahlungen (z. B. Miete, Versicherungen)
  – Probleme mit freier Zeit
  – Auswirkungen auf soziale Beziehungen (z. B. Verlust von Freunden)
2. Folgen für Familienmitglieder
  – finanzielle Einschränkungen
  – seelische Belastungen in der Familie
3. Folgen für die übrige Bevölkerung und den Staat
  – höhere Beiträge der Sozialversicherung
  – Mindereinnahmen bei Steuern
  – Zunahme illegaler Beschäftigung
  – mögliche Gefährdung (Kriminalität, Obdachlosigkeit, Drogenkonsum)

M6 Folgen von Arbeitslosigkeit

6 *Finde Beispiele, die zeigen, was die Zumutbarkeitsregelung für Arbeitslose in Bezug auf ihren alten und ihren neuen Job bedeuten kann (M2, M3).*
7 *Recherchiere, ob es innerhalb deines Schulzentrums Ein-Euro-Jobs gibt.*
8 *Beurteile die Einführung von Ein-Euro-Jobs, indem du eine Pro-Kontra-Tabelle anlegst.*

Die Pflegeversicherung

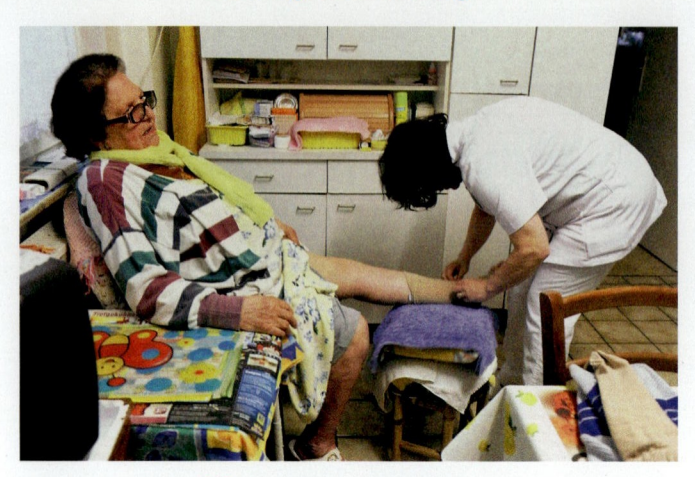

M1 Häuslicher Pflegedienst

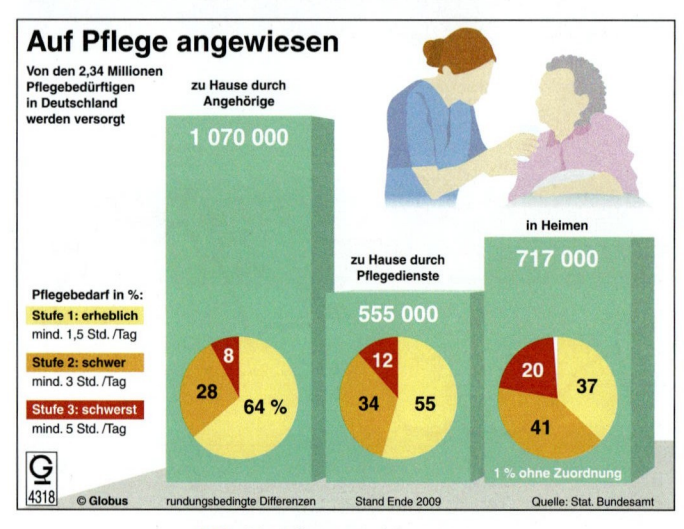

M2 Die Pflegeversicherung

Auf Pflege angewiesen
Von den 2,34 Millionen Pflegebedürftigen in Deutschland werden versorgt:
- zu Hause durch Angehörige: 1 070 000
- zu Hause durch Pflegedienste: 555 000
- in Heimen: 717 000

Pflegebedarf in %:
- Stufe 1: erheblich, mind. 1,5 Std./Tag
- Stufe 2: schwer, mind. 3 Std./Tag
- Stufe 3: schwerst, mind. 5 Std./Tag

zu Hause durch Angehörige: 8 / 28 / 64 %
zu Hause durch Pflegedienste: 12 / 34 / 55
in Heimen: 20 / 41 / 37 (1 % ohne Zuordnung)

rundungsbedingte Differenzen · Stand Ende 2009 · Quelle: Stat. Bundesamt

---

Seit seinem Motorradunfall ist der 19-jährige Niklas ab dem Hals abwärts gelähmt. Er sitzt im Rollstuhl und wird zu Hause von seiner Mutter betreut. An zwei Tagen wird sie von der 22-jährigen Sarah unterstützt. Sarah absolviert ein freiwilliges soziales Jahr (FSJ) bei einem Pflegedienst.

M3 Hilfe von Freiwilligen

Anna, die Mutter von Celine, ist alleinerziehend. Sie hat immer viel zu tun. In letzter Zeit ist sie besonders belastet. Neben der Hausarbeit und ihrem Teilzeitjob in der Apotheke versorgt sie ihren alten und pflegebedürftigen Vater, der mit bei ihr im Haus wohnt. Ihr Vater ist in die Pflegestufe II eingestuft worden. Das bedeutet, dass Anna ihrem Vater bei der Ernährung und bei der Verrichtung der Notdurft mehrfach täglich behilflich sein muss. Zweimal in der Woche kommt ein Pflegedienst, der Celines Mutter bei Pflegearbeiten unterstützt, die sie nicht allein durchführen kann. Gemeinsam können sie sich dann um die Körperpflege des alten Herren kümmern. Das Baden des alten Mannes können sie nur zu zweit bewältigen.

M4 Häusliche Altenpflege

Viele Menschen sind am Ende ihres Lebens pflegebedürftig und auf fremde Hilfe angewiesen. Aber auch durch Unfall oder Krankheit kann man zu einem Pflegefall werden. Die Kosten für die Pflege werden nicht von der Krankenkasse bezahlt. Für diese Fälle gibt es die Pflegeversicherung. Sie kommt für Kosten auf, die entstehen, wenn Versicherte oder deren Angehörige zu Hause oder in einem Heim gepflegt werden müssen.

Die Pflegeversicherung ist eine Pflichtversicherung. Der Beitrag wird monatlich vom Bruttolohn abgezogen. Welche Leistungen Pflegebedürftige bekommen, richtet sich nach der Hilfsbedürftigkeit. Hierzu werden die Bedürftigen untersucht und dann in eine der drei Pflegestufen eingeteilt.

---

1. → Nenne fünf Situationen, in denen Menschen pflegebedürftig sind (M1, M3, M4).
2. Beschreibe das System der Pflegeversicherung (M2, Text).
3. ↪ Werte die Grafik M2 aus. Berichte.
4. 〰 Informiere dich in einem Alten- oder Pflegeheim in deiner Nähe über die Pflegestufen und die monatlichen Kosten für einen Pflegeplatz. Berichte darüber.

Die Unfallversicherung

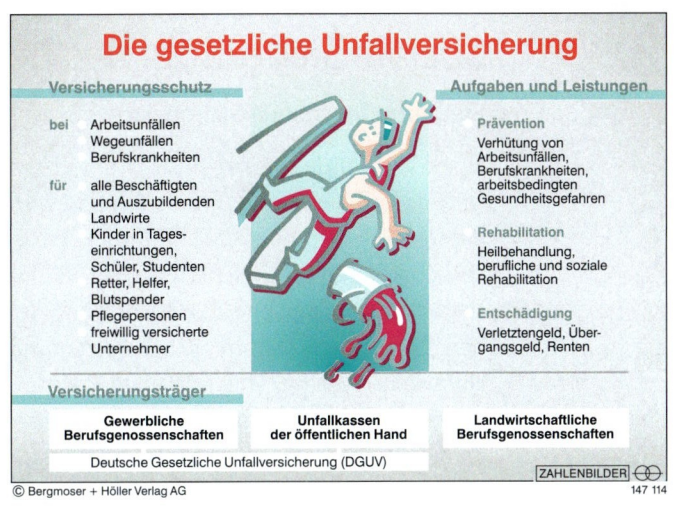

M6 Die gesetzliche Unfallversicherung

Die gesetzliche Unfallversicherung schützt bei allen Unfällen, die im Zusammenhang mit der Arbeit stehen.

Die Unfallversicherung wurde über die Jahre ständig erweitert. So sind heute nicht nur Arbeitnehmer, sondern auch Schüler und Studierende während des Besuchs von Schule und Hochschule versichert. Im Gegensatz zur Krankenversicherung müssen für die gesetzliche Unfallversicherung von den Arbeitnehmern keine Beiträge gezahlt werden. Diese werden allein vom Arbeitgeber bezahlt. Der Staat hat die Unternehmen dazu verpflichtet, ihre Beschäftigten gegen Arbeitsunfälle im Betrieb zu versichern. Für Unfälle im Haushalt und in der Freizeit gilt dieser Versicherungsschutz allerdings nicht. Für solche Fälle kann eine private Unfallversicherung abgeschlossen werden.

> Pech für Katharina: Nach einem Sturz beim Sportunterricht in der Schule kann sie ihr Handgelenk nicht mehr bewegen. Es wird dick und schmerzt sehr stark. Sie muss ins Krankenhaus. Obwohl die Schmerzen sehr stark sind, muss sie nun auch noch einen Unfallfragebogen ausfüllen. „Den braucht die Versicherung", erklärt die Krankenschwester.

M5 Berufe mit hohem Unfallrisiko

M7 Sportunfall in der Schule

5. Nenne acht Berufe, in denen das Unfallrisiko besonders hoch ist (M5).
6. Erläutere, wie die gesetzliche Unfallversicherung finanziert wird (Text).
7. Berichte über Aufgaben und Leistungen der gesetzlichen Unfallversicherung.
8. Informiere dich bei der Schulleitung, in welchen Fällen die Unfallversicherung für Schülerinnen und Schüler eintritt. Berichte der Klasse.

Soziale Sicherung: das Beispiel USA

Freiheit oder soziale Sicherung?

Nicht alle Länder verfügen über ein enges Netz der sozialen Sicherung. In den USA wird die staatlich verordnete Teilnahme an Sozialversicherungen von vielen Menschen als Einschränkung der persönlichen Freiheit angesehen. Es gibt zwar Renten-, Arbeitslosen- und Unfallversicherung – die Leistungen reichen aber nicht aus. Daher sind die Menschen viel stärker als in Deutschland auf private Vorsorge angewiesen.

M2 Janet Busekros arbeitet mit 75 Jahren in einem Büro in Washington/USA.

Ihr ganzes Leben lang hat Janet Busekros geschuftet, um ihre vier Kinder zu ernähren. Mittlerweile ist sie 75 Jahre alt – doch anstatt den Ruhestand zu genießen, muss Busekros immer noch arbeiten. Die staatliche Rente, auf die sie Anspruch hat, reicht nicht. 1997 ging sie mit 62 Jahren zunächst in Rente, um sich um ihre unter multipler Sklerose leidende Tochter zu kümmern. Als diese 2002 starb, war an Freizeit aber immer noch nicht zu denken. „Ich konnte die steigenden Lebenshaltungskosten einfach nicht mehr bezahlen", erklärt Busekros. Also ging sie mit fast 70 Jahren noch einmal auf Jobsuche. Ihre Lebensfreude und positive Einstellung hat die 75-Jährige dabei aber nie verloren. „Ich bin so froh, gesund zu sein. Das ist in meinem Alter nicht selbstverständlich", sagt sie.

M1 Zu arm für den Ruhestand

Traditionell war es in Amerika die Angelegenheit von privaten Wohlfahrtsorganisationen und den Kommunen gewesen, den Armen zu helfen. Neu ankommende Einwanderer mussten hauptsächlich darauf vertrauen, dass ihnen Landsleute halfen, ein neues Leben aufzubauen. Im späten 19. und frühen 20. Jahrhundert hatten einige europäische Staaten schon staatliche Sozialprogramme eingeführt. Aber solche Bestrebungen konnten in den USA nur langsam Fuß fassen, weil durch die schnelle Industrialisierung und das überall verfügbare Ackerland die Überzeugung genährt wurde, dass jeder, der arbeiten will, auch Arbeit findet.

M3 Soziale Sicherung in den USA

Die USA gehören zwar zu den reichsten Industrienationen der Welt, aber sie sind wohl kaum das, was wir als einen Wohlfahrtsstaat bezeichnen würden. Ein bundesweit einheitliches Sozialsystem, so wie wir es aus Deutschland kennen, ist in Amerika unvorstellbar. Lediglich hinsichtlich der Rentenregelung gibt es bislang in den USA ein bundesweit einheitliches System. In all den anderen Bereichen bildete sich ein gemischtes System heraus, das von Privatversicherungen dominiert und nur teilweise von staatlicher Seite gelenkt wird. (...) Und so weist Amerika noch heute ernsthafte Lücken in seinem Sozialsystem auf, und es ist kein Zufall, dass die zweitreichste Nation der Welt den größten Anteil an Armen unter den modernen Industrienationen hat.

M4 Alltag in Amerika

Weiß getünchte Bäume säumen unter stahlblauem Himmel menschenleere Straßen mit freundlich-schlichten Häuschen, deren Vorgärten von Kieselbeeten in unterschiedlichen Farbtönen – blassgrün, beige, rostrot – geformt werden. Dies ist Sun City, eine Art Endstation vom Reißbrett, die älteste Seniorengemeinde der Vereinigten Staaten. Vierzigtausend Menschen, Durchschnittsalter 73,5 Jahre, begehen hier, unter der ewigen Sonne Arizonas, den Herbst ihres Lebens. (...) Die Menschen sind hier, um ihren letzten Jahrzehnten so viel Leben wie möglich abzuringen. Medizinische Errungenschaften, eine boomende Wirtschaft und steigende Lebenserwartungen brachten eine Generation von Pensionären hervor, die sich in den herkömmlichen Vorstellungen vom Altern nicht angemessen aufgehoben fühlten. So entstand eine Altensiedlung mit Pool-Landschaften, Golfplätzen, Werkstätten und Bowlingbahnen.

Als Sun City im Januar 1960 eröffnete, strömten hunderttausend Neugierige herbei, im ersten Monat wurden vierhundert Häuser verkauft. Heute bietet das Altersheim in Kleinstadtgröße vom eigenen Grundstück über betreutes Wohnen bis zum Hospiz alle Stationen des Alterns. Doch wird es zugleich mit beeindruckendem Aktivismus verdrängt. Sun City (...) gruppiert sich um ein Gravitationszentrum von Golfplätzen und Freizeitzentren, Tennisplätzen, Fitnessclubs und Bowlingbahnen sowie zahllosen Handwerksstätten und Interessenverbänden: Stricken, Schmieden, Tischlern, Gärtnern, Malen, Weben, Töpfern, Musizieren und Theaterspielen sind im Angebot. (...)

„In Deutschland", meint Hans Herrmann, „sitzen alte Leute mit einem Kissen unterm Arm am Fenster und starren den ganzen Tag auf die Straße. Hier ist das anders."
Hans und Ruth Herrmann, beide siebzig, leben seit zehn Jahren in Sun City. In Amerika spricht man nicht von Seniorensiedlungen oder Altendörfern, sondern von „active adult communities", Gemeinden aktiver Erwachsener. Hans Herrmann ist etwas schnörkelloser: „Ich habe zwei Töchter großgezogen, you know, ich habe ihnen alles gegeben. Jetzt will ich meine Ruhe haben." Er mag die Sauberkeit und Sicherheit der Siedlung – keine Kinder, keine Kriminalität, keine Unordnung. 1964 kam er mit seiner Frau aus dem Ruhrgebiet nach Chicago, später zog es sie nach Arizona, dann nach Sun City. „Unsere Töchter", sagt Ruth Herrmann, „können bis heute nicht verstehen, dass wir hier leben wollen."

M5 Cheerleader treten am Veteranen-Gedenktag in Sun City auf

M6 Aus einem Zeitungsartikel (2012)

1. Beschreibe die Situationen älterer Bürger in den USA und benenne die Ursachen für mögliche Unterschiede (M1–M6).
2. Vergleiche die Entwicklung der sozialen Sicherung in Deutschland mit der in den USA und erläutere die Unterschiede in der Entwicklung.
3. Recherchiere über die von Präsident Roosevelt eingeführte Rentenversicherung (social security). Vergleiche diese mit der Rentenversicherung in Deutschland. Berichte.
4. Berichte über Sun City (M5, M6) und nenne Vor- und Nachteile des Lebens dort.
5. Die Töchter der Herrmanns verstehen nicht, dass ihre Eltern in Sun City wohnen. Erkläre.
6. Diskutiere mit einem Partner über die soziale Sicherung in Deutschland und in den USA.

Frau Hehlmann arbeitet ehrenamtlich beim Deutschen Roten Kreuz (DRK). Eine ihrer Tätigkeiten besteht darin, das DRK bei der Durchführung von Blutspendeaktionen zu unterstützen. Im Vorfeld müssen Plakate aufgehängt werden, um die Bevölkerung über den anstehenden Termin zu informieren. Am Termin der Spende betreut sie die Spender. Hierzu gehören Schreibarbeiten und die Bewirtung der Spender nach der Blutentnahme.

M1 Ausbildung bei der Jugendfeuerwehr

M2 Ehrenamtliche Arbeit beim Deutschen Roten Kreuz

Interessenverbände

Interessenverbände und Ehrenämter

In Deutschland haben sich in vielen Bereichen Personen mit bestimmten Zielen und Interessen zu Verbänden zusammengeschlossen. Hier wollen sie gemeinsam ihre Ziele und Interessen gegenüber der Politik vertreten. Innerhalb dieser Interessenverbände können die Menschen ihre Interessen wesentlich wirkungsvoller umsetzen, als wenn sie allein auftreten würden. Auch im sozialen Bereich gibt es viele Interessenverbände, die sich für Menschen in Not einsetzen. Oftmals engagieren sich die Mitglieder in den Verbänden ehrenamtlich. Das bedeutet, dass sie für ihre Arbeit kein Entgelt bekommen.

ⓘ Interessenverband

Zusammenschluss von Personen, die ihre gemeinsamen Interessen in der Öffentlichkeit durchsetzen möchten. Durch viele Mitglieder kann ein Verband wesentlich stärker auftreten als eine Einzelperson. Es gibt folgende Hauptgruppen von Interessenverbänden:
– Wirtschaft und Arbeit (z. B. Berufsverbände)
– Soziale Verbände (z. B. Deutsches Rotes Kreuz)
– Umwelt und Naturschutz (z. B. WWF)
– Sport, Kultur, Freizeit (z. B. Deutscher Fußballbund)

ⓘ Ehrenamt

Ein freiwilliges öffentliches Amt, das man ohne Bezahlung ausübt. Man spricht auch von „Bürgerschaftlichem Engagement". Beispiele:
– Schöffe oder Laienrichter
– Mitarbeiter in einer kirchlichen Organisation oder in einer Pfarrgemeinde
– Mitglied in einem Betriebsrat oder einer Jugend- und Auszubildendenvertretung
– Mitglied in der freiwilligen Feuerwehr
– Mitarbeiter in einer sozialen Einrichtung
– Mitarbeiter in der Jugendarbeit

Aufgabe 1
→ *Seiten 250–253*

1. → *Erläutere die Bedeutung von Interessenverbänden (Info-Text).*
2. *Nenne weitere Beispiele von Interessenverbänden.*
3. *Überlege, welchem Interessenverband du am ehesten beitreten würdest und begründe.*
4. *Beschreibe, wie sich Menschen in Deutschland ehrenamtlich engagieren.*

Aufgabe 5 → www

5. *Recherchiere im Internet und informiere dich über Interessenverbände in Deutschland und berichte darüber.*
6. *Erkunde, ob jemand in deiner Familie in einer Organisation ehrenamtlich tätig ist und berichte darüber.*
7. → *Sammle im Internet Informationen (Texte, Tabellen, Bilder) über die „Arbeiterwohlfahrt" und berichte.*

M3 Schüler bei einer Internetrecherche

Im Internet recherchieren

Das Internet (World Wide Web) ist ein weltweites Netzwerk, auf dem digitale Informationen abgespeichert sind. Die Fülle von Informationen ist unüberschaubar. Dennoch kannst du schnell an bestimmte Informationen kommen, wenn du weißt, wie man am besten danach sucht.

So gehst du vor:

Schritt 1 •

Orientierung

Überlege genau, was du eigentlich suchst und worum es geht. Notiere dir Suchworte, die möglichst genau beschreiben, was du suchst.

Schritt 2 ••

Suche

Wähle deine Suchmaschine aus. Gib zunächst ein zentrales Suchwort ein. Wenn du zu viele Ergebnisse erhältst, füge weitere Begriffe hinzu. Sollte deine Suche keinen Erfolg haben, verändere die Suchbegriffe. Wähle Suchergebnisse aus, die zu deinen Begriffen passen. Speichere Fundort bzw. Internetadressen der Seiten, die du näher auswerten möchtest, in einem Ordner oder drucke sie aus.
Tipp: Überprüfe immer, wie aktuell die Informationen sind (Datum).

Schritt 3 •••

Auswertung

Bedenke: Im Internet kann jeder Informationen veröffentlichen, und niemand überprüft sie auf Richtigkeit. Daher ist es wichtig, dass du mehrere Seiten sichtest und die Inhalte miteinander vergleichst. Stammen deine Informationen aus einer ernst zu nehmenden Quelle? (z. B. aus einer Zeitung, einer Zeitschrift oder einem Internetlexikon wie Wikipedia) oder stammen die Informationen von der Homepage einer privaten Person? Beurteile, ob die Inhalte der Seiten plausibel und glaubwürdig sind. Informationen auf Seiten von Museen, staatlichen Stellen, eingetragenen Vereinen, Zeitungen und Zeitschriften usw. sind meistens verlässlich.

> ⓘ **Suchmaschine**
>
> Suchdienst, mit dem man Informationen im Internet anhand von Schlagworten suchen und finden kann. Die Dienste sind normalerweise kostenlos und finanzieren sich über Werbung. Die Suchdienste können allerdings auch „steuern", auf welche Seiten man „gelenkt" wird. So werden beispielsweise bei vielen Suchen auch die Internetseiten von Auktionshäusern mit durchsucht und die Ergebnisse angezeigt. Oftmals zahlen Firmen auch dafür, dass ihre Einträge gleich zu Beginn der Suchergebnisse erscheinen.

Suchmaschinen
→ www

Arbeit und soziale Sicherung

1 Kreuzworträtsel

Löse das Kreuzworträtsel in deinem Heft oder deiner Mappe. Das Lösungswort bezeichnet eine wichtige Funktion unseres Staates. (Ä, ö, ü entsprechen einem Buchstaben. Eine Lösung besteht aus zwei Wörtern; bitte ohne Zwischenraum eintragen.)

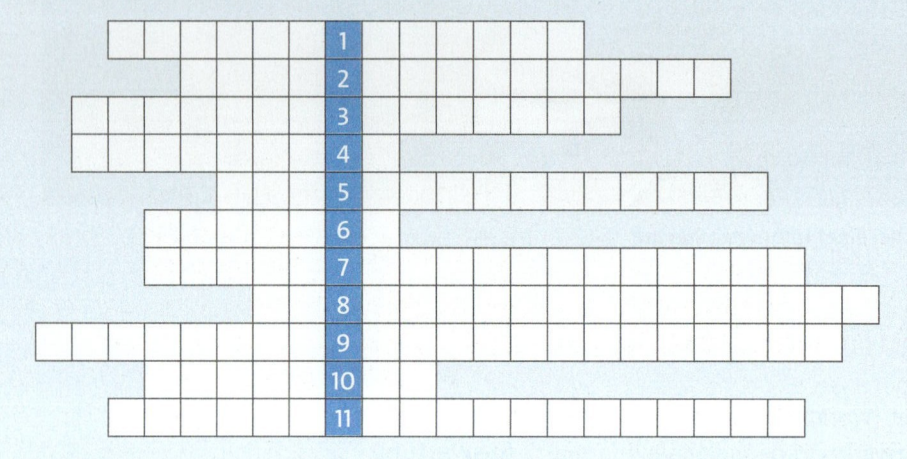

1. Berufliche Tätigkeit
2. Prinzip der sozialen Sicherung
3. Mindesteinkommen, das zur Lebenserhaltung eines Menschen notwendig ist
4. Gefühl eines Mangels
5. Verfahren, bei dem die gezahlten Beiträge sofort für Leistungen anderer genutzt werden
6. Zusammenschluss mit dem Ziel, einen Markt zu kontrollieren
7. Absicherung von Hinterbliebenen im Todesfall
8. Zusammenschluss von Personen, die ihre Interessen in der Öffentlichkeit durchsetzen wollen
9. Wirtschaftsordnung in Deutschland
10. Menschen engagieren sich unentgeltlich
11. Prinzip, nach dem die Versorgung der Familien lange Jahre funktionierte

2 Eine Karikatur untersuchen

Untersuche die Karikatur und gehe dabei auf folgende Aufgaben ein:
1. Erläutere das Prinzip des Generationenvertrags.
2. Beschreibe anhand der Karikatur die Probleme, die im Zusammenhang mit dem Generationenvertrag zu erwarten sind.
3. Benenne die Ursachen für diese Entwicklung.

Wissen und Können

3 In jedem der fünf Fälle gibt es unterschiedliche staatliche Hilfen. Benenne sie.

Frau Lange hat eine Rente von 450 Euro. Sie wohnt in einer Altbauwohnung in Braunschweig. Ihre Rente reicht nicht für die Miete.

Familie Meyer hat zwei Kinder. Frau Meyer ist nicht erwerbstätig, weil sie sich der Erziehung ihrer Kinder widmet. Herr Meyer ist seit einem Monat arbeitslos. Sein letztes Gehalt als Tischler betrug 1870,– Euro netto. Er hofft, möglichst bald wieder eine Stelle zu finden, denn die Angst vor Langzeitarbeitslosigkeit ist groß.

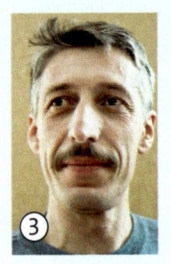

Herr Menke ist nach einem Freizeitunfall körperbehindert und seitdem arbeitsunfähig. Da er noch nicht lange genug in die Rentenkasse eingezahlt hat, bekommt er keine Rente. Durch den Tod seiner Großmutter hat er im vergangenen Jahr 120 000 Euro geerbt.

Stefan hatte während seiner Ausbildung auf dem Weg zur Arbeit einen schweren Motorradunfall. Nach einer schweren und kostspieligen Operation war er noch vier Monate krankgeschrieben. Während dieser Zeit musste er ständig zur Krankengymnastik, um seine Beine wieder an Belastungen zu gewöhnen.

Frau Riemann lebt als Rentnerin in ihrer Zweizimmerwohnung in Lüneburg. Sie ist gehbehindert und benötigt mehrfach täglich bei der Körperpflege und der hauswirtschaftlichen Versorgung Hilfe.

4 Eine Karikatur interpretieren
Untersuche die Karikatur in den vorgeschlagenen drei Schritten.
1. Schritt: Beschreiben
2. Schritt: Den Hintergrund der Karikatur erläutern
3. Schritt: Die Aussage der Karikatur erklären

Grundbegriffe:

Arbeitslosengeld II
Bedürfnisse
Ehrenamt
Erwerbsarbeit
Existenzminimum
freie Marktwirtschaft
Generationenvertrag
Interessenverband
Kapitaldeckungsverfahren
Kartell
Rente
Solidarität
soziale Marktwirtschaft
Sozialstaatsprinzip
Sozialversicherung
Umlageverfahren
Zweidrittelgesellschaft

Politik in der Demokratie

Politik in der Demokratie

M2 Demonstration von Fluglärmgegnern in Frankfurt am Main (2012)

M3 So funktioniert Demokratie.

→ Was ist eine Demokratie?
→ Welche Aufgaben haben Parteien?
→ Wie wird man Bundeskanzlerin?
→ Welche Rolle spielen Medien und Meinungsfreiheit in unserem Staat?
→ Was kann unsere Demokratie gefährden?

M1 Das Reichstagsgebäude in Berlin, Sitz des Deutschen Bundestages

M1 Karikatur von Phil Hubbe

M2 Frauenanteil in Unternehmen mit freiwilliger Selbstverpflichtung

Unsere Demokratie

Streitfall Frauenquote

In Artikel 3 des Grundgesetzes steht, dass Männer und Frauen gleich behandelt werden müssen. Vergleicht man aber den Anteil von Frauen in Unternehmen (Frauen als Arbeitnehmerin) und Frauen in Führungspositionen (Frauen als Chefin), muss man sich fragen, ob hier eine Benachteiligung der Frauen vorliegt. Die Politik hat ganz unterschiedliche Vorstellungen, wie man mit dieser Frage umgehen sollte.

Flexi-Quote
In diesem Modell von Familienministerin Schröder dürfen die Unternehmen selbst die Höhe der Quote festlegen und werden nicht durch ein Gesetz dazu gezwungen. Die Idee sieht also eine freiwillige Selbstverpflichtung der Unternehmen vor. Diese müssen die Quote dann aber auch einhalten, sonst drohen ihnen gesetzlich festgelegte Strafen. Die Flexi-Quote wird von der Kanzlerin Angela Merkel unterstützt.

Gesetzliche Regelung (Vorschlag 1)
Bundesarbeitsministerin von der Leyen plädiert für eine gesetzliche Regelung, wonach in Aufsichtsräten mindestens 30 % Frauen sein müssen. Ihrer Meinung nach haben die letzten zehn Jahre, in denen den Unternehmen die freiwillige Einführung einer Frauenquote überlassen wurde, nichts gebracht.

Gesetzliche Regelung (Vorschlag 2)
SPD und Grüne fordern eine gesetzliche Quote für die Aufsichtsräte von börsennotierten Unternehmen. Diese soll in zwei Stufen von 20 und 40 Prozent innerhalb von elf Jahren eingeführt werden. Ausnahmen könnten nur gemacht werden, wenn nachweislich nicht genügend qualifiziertes Personal zur Verfügung steht. Den Unternehmen sollen „milde finanzielle Sanktionen" drohen, wenn sie die Quoten nicht erreichen.

M3 Verschiedene Positionen zur Regelung der Frauenquote (2012)

Die Bürger entscheiden

In einem Staat gibt es zu jedem Thema viele verschiedene Meinungen. Es kann aber nicht jeder Bürger bei jedem Thema mitentscheiden, denn dann würden Entscheidungen viel zu lange dauern oder gar nicht getroffen werden. Damit der Staat entscheidungsfähig ist, wählt das Volk (also die Bürger und Bürgerinnen) ein Parlament. Es besteht aus Abgeordneten, die den Willen der Bürger repräsentieren soll. Die Abgeordneten im Parlament treffen dann die Entscheidungen stellvertretend für die Bürger.

Es gibt in unserer Demokratie aber auch die Möglichkeit, sich direkt an der Politik zu beteiligen, z. B. durch eine Petition. Mit einer Petition können Bürger ein Anliegen oder einen Verbesserungsvorschlag direkt an den Landtag oder den Bundestag geben, der dann darüber entscheiden muss.

Durch die verschiedenen Beteiligungsmöglichkeiten in der Politik soll sichergestellt werden, dass trotz der vielen Meinungen eine Mehrheitsentscheidung getroffen werden kann. Oftmals ist die Entscheidung dann ein Kompromiss.

Die wichtigsten Grundsätze einer Demokratie sind:
- Die Mehrheit entscheidet.
- Minderheiten werden geschützt.
- Macht gibt es nur auf Zeit.
- Macht muss man immer teilen.

ⓘ Demokratie

a) Staatsform, in der die vom Volk in freien Wahlen bestimmten Vertreter die Herrschaft ausüben (Herrschaft des Volkes). Die Regierung hat die Macht aber immer nur auf Zeit und muss sich kontrollieren lassen.
b) Gesellschaftliche Ordnung, die zum Ziel hat, durch Freiheit, Gleichheit und Achtung der Menschenwürde in allen Bereichen des menschlichen Zusammenlebens für das Wohl aller zu sorgen.

ⓘ Gemeinwohl

Eine Gesellschaft besteht immer aus einer Vielfalt von Interessengruppen und Meinungen. Das Ziel der Politik ist es, Entscheidungen so zu treffen, dass es möglichst vielen Menschen in der Gemeinschaft gut geht. So soll das Gemeinwohl erreicht werden.

---

1. Beschreibe die verschiedenen Modelle zur Frauenquote (M3).
2. a) Beschreibe die Grafik M2.
   b) Erläutere sie.
3. Erkläre, welche Grundsätze der Demokratie (Text) von der Diskussion um die Frauenquote betroffen sind. Begründe deine Meinung.
4. Schließe dich einem der Lösungsvorschläge zur Frauenquote an (M3) und begründe deine Meinung.
5. Analysiere die Karikatur zur Frauenquote (M1). → Seite 114
6. Beschreibe den Deutschen Bundestag auf den Seiten 230/231 (M1).
7. Benenne die wichtigsten Grundsätze unserer Demokratie (Text).
8. Auch ihr macht Politik! Findet gemeinsam Beispiele aus eurer Klassengemeinschaft, in denen zum Beispiel a) die Mehrheit entschieden hat, b) einige für andere sprechen, c) Kompromisse gefunden wurden oder d) Minderheiten geschützt wurden.
9. Erkläre mithilfe der Zeichnung M3 auf der Seite 231, unter welchen Bedingungen Demokratie funktionieren kann.
10. Recherchiere mithilfe des Internets, welche Petitionen an den Bundestag gestellt werden.

Die Parteien streiten sich ja nur! Da spielt das Thema gar keine Rolle. Irgendwie ist mir das zu kompliziert. Die können doch auch vernünftig reden. Ich hab auch so schon genug Stress!

Streit muss sein! Sonst sieht man ja keine Unterschiede bei den Parteien. Natürlich muss man Regeln einhalten, aber mir ist wichtig, dass ich zu jedem Thema die unterschiedliche Meinung erkenne. Viel Arbeit – aber notwendig!

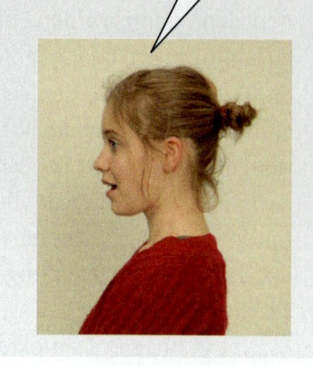

M1 Parteienstreit – notwendig oder überflüssig?

Die Parteien

Mittler zwischen Staat und Volk

Wer sich nicht nur an Wahlen beteiligen will, sondern darüber hinaus eine Möglichkeit sucht, sich politisch zu beteiligen, kann sich an die Parteien wenden. Eine Partei ist ein Zusammenschluss von Bürgern und Bürgerinnen, die gemeinsame Interessen und gemeinsame politische Vorstellungen haben. Jeder kann einer Partei beitreten.

Das Grundgesetz legt fest, dass es mehrere Parteien geben muss und jeder eine Partei gründen kann. Jede Partei kann für ihre Ziele werben und an Wahlen teilnehmen. Innerhalb jeder Partei müssen alle Entscheidungen durch Abstimmungen getroffen werden, wobei alle Mitglieder Stimmrecht haben. Außerdem müssen die Parteien ihre Einnahmen und Ausgaben veröffentlichen.

In Parteien schließen sich Menschen zusammen, die aktiv am politischen Geschehen teilnehmen und dieses gestalten wollen. Durch die Mitarbeit in Parteien haben ihre Mitglieder die Möglichkeit, politische Erfahrung zu sammeln und politische Verantwortung zu übernehmen. Dabei vertreten sie die jeweils eigenen Konzepte und Lösungen ihrer Partei für politische Probleme. Sie entscheiden als Abgeordnete in den Parlamenten aber alle wichtigen Fragen.

> *§ 1 Verfassungsrechtliche Stellung und Aufgaben der Parteien*
> *(2) Die Parteien wirken an der Bildung des politischen Willens des Volkes auf allen Gebieten des öffentlichen Lebens mit, indem sie insbesondere auf die Gestaltung der öffentlichen Meinung Einfluss nehmen, die politische Bildung anregen und vertiefen, die aktive Teilnahme der Bürger am politischen Leben fördern, zur Übernahme öffentlicher Verantwortung befähigte Bürger heranbilden, sich durch Aufstellung von Bewerbern an den Wahlen in Bund, Ländern und Gemeinden beteiligen, ... und für eine ständige lebendige Verbindung zwischen dem Volk und den Staatsorganen sorgen.*

M2 Parteiengesetz (Auszug)

Politik in der Demokratie

CDU	Die Christlich-demokratische Union ist eine Volkspartei. Sie wendet sich an alle Menschen in allen Schichten und Gruppen des Landes. Unsere Politik beruht auf dem christlichen Verständnis vom Menschen und seiner Verantwortung vor Gott.
SPD	Wir Sozialdemokraten, Männer und Frauen, kämpfen für eine friedliche Welt und eine lebensfähige Natur, für eine menschenwürdige, sozial gerechte Gesellschaft. Wir wollen Bewahrenswertes erhalten, lebensbedrohende Risiken abwehren und Mut machen, Fortschritt zu erstreiten.
FDP Die Liberalen	Liberalismus will die größtmögliche Freiheit des Einzelnen. Die Freiheit des Einzelnen findet ihre Grenzen an der Freiheit der anderen. Deshalb sind individuelle Freiheit und Verantwortung für sich untrennbar. Individuelle Freiheit erfordert ebenso die Bereitschaft, Mitverantwortung für andere zu übernehmen.
BÜNDNIS 90 DIE GRÜNEN	Bündnis 90/Die Grünen sind die Partei der ökologischen Modernisierung, der sozialen und wirtschaftlichen Erneuerung und der gesellschaftlichen Demokratisierung.
DIE LINKE.	Sozialismus ist für uns eine Bewegung gegen die Ausbeutung des Menschen durch den Menschen, gegen die Ausplünderung der Natur für eine Gesellschaft, in der die Menschen ihre Angelegenheiten demokratisch und auf rationale Weise regeln.
PIRATENPARTEI	Wir Piraten streben eine möglichst hohe demokratische Gleichberechtigung aller Menschen an. Die digitale Revolution ermöglicht der Menschheit eine Weiterentwicklung der Demokratie, bei der die … Mitbestimmungsmöglichkeiten jedes Einzelnen gestärkt werden können.

M3 Auszüge aus den Programmen von Parteien

1. a) Formuliere deine Meinung zum Streit der Parteien (M1).
   b) Erkläre, warum es Sinn macht, dass die Parteien sich auseinandersetzen (M1, Text).
   c) Erkläre die Aussage: Meinungsstreit ist eine Grundlage der Demokratie.
2. a) Nenne die Parteien und erläutere mit eigenen Worten, wofür sie stehen (M3).
   b) Recherchiere im Internet, wie die in M3 genannten Parteien entstanden sind. Berichte.
3. Nenne die Aufgaben einer Partei (Text, M2).
4. Wählt als Klasse eines aus folgenden Themen aus: Energieversorgung/Atomausstieg/Bildungssystem/Ausländerintegration.
   a) Recherchiert im Internet, welche Position die Parteien zu eurem Thema haben.
   b) Gestaltet in Kleingruppen ein Wahlplakat und einen Wahlspruch zu eurem Thema.
   c) Stellt eure Plakate aus und vergleicht die Ergebnisse in der Klasse.
   d) Begründet eure Meinungen zu diesem Thema.
5. Recherchiere im Internet zum Thema Jugendorganisationen der Parteien und stelle die Ergebnisse in der Klasse vor.

> Jakob
> Ich wähle, weil ... Leben nicht nur rumhängen ist.

> Antonia
> Ich wähle, weil ... wir die Zukunft Deutschlands sind und nicht wählen auch keine Lösung ist.

M1 „Ich wähle, weil ..." Erstwählerkampagne in Brandenburg zur Kommunalwahl 2008

Bundestagswahlen
Das Parlament – jede Stimme zählt

Kein Mensch ist gut genug, einen anderen Menschen ohne dessen Zustimmung zu regieren.

(Abraham Lincoln)

In demokratischen Staaten wählt sich das Volk seine Regierung selbst. Bei der Wahl werden aus konkurrierenden Angeboten diejenigen Personen und Parteien ausgesucht, von denen eine Mehrheit im Volk meint, dass sie in Zukunft – für eine begrenzte Zeit – das Land regieren sollen. Damit ist eine Wahl die wichtigste Gelegenheit, in der Bürger und Bürgerinnen bestimmen und ihre eigenen Ideen und Vorstellungen einbringen. Die gewählten Abgeordneten sollen dann die Bürger im Parlament vertreten (repräsentative Demokratie). Alle vier Jahre wird der Deutsche Bundestag gewählt. Wenn eine gewählte Regierung die Erwartungen der Bürgerinnen und Bürger nicht erfüllt, kann sie also nach dieser Zeit wieder abgewählt werden. Man nennt diesen Zeitraum zwischen zwei Wahlen, für den ein Parlament gewählt ist, eine Legislaturperiode. Neben den Wahlen zum Bundestag finden in Deutschland auch Wahlen zum Europaparlament, zu den Landtagsparlamenten und den kommunalen Parlamenten statt. Wählen darf man in der Regel erst ab 18. Aber in einigen Bundesländern dürfen auch 16-Jährige bereits an den Kommunalwahlen oder den Landtagswahlen teilnehmen. Allerdings ist das Wahlrecht mit 16 umstritten.

1   *Wählen mit 16, den Vorschlag finde ich absurd. Wer hat mit 16 schon Ahnung von Politik? ... (Aaron Polarek, 16 Jahre)*

5   *Dabei sind die Vorteile offensichtlich: Wenn du früher mitentscheiden dürftest, wären politische Verantwortungsträger gezwungen, sich stärker an deinen Interessen zu orientieren. (www.machs-ab-16.de)*

10 *Vor allem aber zeigen empirische Untersuchungen, dass die Einführung des Wahlrechts ab 16 nicht zu einem höheren politischen Interesse dieser Altersgruppe geführt hat. (Dr. Stephan Eisel)*

15 *Jugendliche haben durchaus die Fähigkeit, über ihre Lebensgestaltung und auch über Wahlinhalte zu entscheiden ... Ich sehe das nicht nur als Gefahr, sondern auch als Chance. (Erziehungswissenschaftler Klaus Hurrelmann)*

M2 Meinungen zum Wahlrecht ab 16

Artikel 20
(2) Alle Staatsgewalt geht vom Volke aus. Sie wird vom Volke in Wahlen und Abstimmungen und durch besondere Organe der Gesetzgebung, der vollziehenden Gewalt und der Rechtsprechung ausgeübt.

Artikel 38
(1) Die Abgeordneten des Deutschen Bundestages werden in allgemeiner, unmittelbarer, freier, gleicher und geheimer Wahl gewählt ...
(2) Wahlberechtigt ist, wer das achtzehnte Lebensjahr vollendet hat; wählbar ist, wer das Alter erreicht hat, mit dem die Volljährigkeit eintritt.

Artikel 39
(1) Der Bundestag wird vorbehaltlich der nachfolgenden Bestimmungen auf vier Jahre gewählt. Seine Wahlperiode endet mit dem Zusammentritt eines neuen Bundestages. ... Im Falle einer Auflösung des Bundestages findet die Neuwahl innerhalb von sechzig Tagen statt.

M3 Grundgesetz (Auszug)

A) Keiner schreibt mir vor, wen ich zu wählen habe: weder der Staat noch Freunde oder Familie. Niemand darf mich dafür benachteiligen, dass ich einen bestimmten Kandidaten oder eine bestimmte Partei gewählt habe.

B) Wenn ich dieses Mal das erste Mal wähle, dann zählt meine Stimme genau so viel wie die aller anderen Wähler. Egal, ob jemand reich ist, besonders erfahren oder berühmt, jede Stimme zählt gleich viel.

C) Wen ich gewählt habe, muss ich niemandem verraten. Auch aus den Wahlunterlagen darf man nicht erkennen, wer wen gewählt hat.

D) Weil ich 18 Jahre alt und deutscher Staatsbürger bin, kann ich wie alle anderen Bundesbürger zur Bundestagswahl gehen. In Deutschland wird niemand vom Wahlrecht ausgeschlossen, nur weil er vielleicht nicht so viel Geld hat oder eine besondere politische Meinung.

E) Ich wähle meinen Kandidaten und meine Partei direkt mit meinem Kreuz in der Wahlkabine.

M4 Gedanken von André bei seiner ersten Bundestagswahl

1. a) Beende für dich den Satz: „Ich wähle, weil ..." (M1).
   b) Stellt euch gegenseitig eure Sätze vor. Stellt eure Plakate in der Klasse aus.
2. Beschreibe mit eigenen Worten, was eine „Legislaturperiode" ist (Text).
3. Erkläre den Begriff der „repräsentativen Demokratie" (Text).
4. a) Schreibe die Argumente aus M2 in eine Tabelle und ordne nach Pro- und Kontra-Argumenten zum Thema „Wahlrecht mit 16".
   b) Finde weitere Argumente.
5. Artikel 38, Absatz 1 des Grundgesetzes (GG) nennt die Merkmale einer demokratischen Wahl. Ordne Andrés Aussagen den richtigen Merkmalen (Wahlrechtsgrundsätzen) zu (M3, M4).
6. a) Stell dir vor, du lebst in einem Land, in dem es alle diese Merkmale einer Wahl nicht gibt. Eine Wahl ist nicht geheim, sondern jeder muss sagen, wen er wählt. Nicht jede Stimme zählt gleich viel, sondern einige zählen mehr, usw. Schreibe auf, was André dann wohl denken würde (M4).
   b) Vergleicht und diskutiert eure Texte in der Klasse. Wie wäre ein solches Land?
7. Recherchiere im Internet wer in Deutschland wahlberechtigt ist bei
   a) Kommunalwahlen in Niedersachsen,
   b) Landtagswahlen in Niedersachsen,
   c) Landtagswahlen in Brandenburg,
   d) Bundestagswahlen.

Erst wählen, dann zählen – wer kommt in den Bundestag?

M1 Der Ablauf einer Wahl

Landesliste
Die Parteien entscheiden vor der Bundeswahl, welche Kandidaten sie auf Landeslisten setzen. Je weiter Kandidaten oben auf einer Landesliste stehen, umso größer ist die Wahrscheinlichkeit, dass sie in den Bundestag gewählt werden.

Erststimme
Mit meiner Erststimme wähle ich einen Direktkandidaten in meinem Wahlbezirk. In Deutschland gibt es 299 Wahlbezirke. In jedem Wahlbezirk wird ein Kandidat durch Mehrheitsentscheid gewählt. Wer also mindestens eine Stimme mehr hat als sein Mitbewerber, gewinnt den Wahlkreis. Dann ist ihm / ihr ein Sitz (ein Mandat) im Bundestag sicher. 299 Sitze im Bundestag werden so vergeben.

Zweitstimme
Mit meiner Zweitstimme wähle ich die Partei, die meine Interessen vertreten soll. Das kann durchaus eine andere Partei sein, als mit der Erststimme: Das nennt man Stimmensplitting. Das Ergebnis der Zweitstimme legt fest, wie viele der 598 Sitze im Bundestag diese Partei **insgesamt** erhält. Ein Beispiel: Erringt eine Partei 10% aller Stimmen, stehen ihr damit 59,8 (60) Sitze im Parlament zu. Diese Wahl nennt man Verhältniswahl.

5 %-Hürde
Eine Partei kann nur dann in den Bundestag kommen, wenn sie mindestens 5 % aller Stimmen oder aber drei Direktmandate erringt (Sperrklausel).

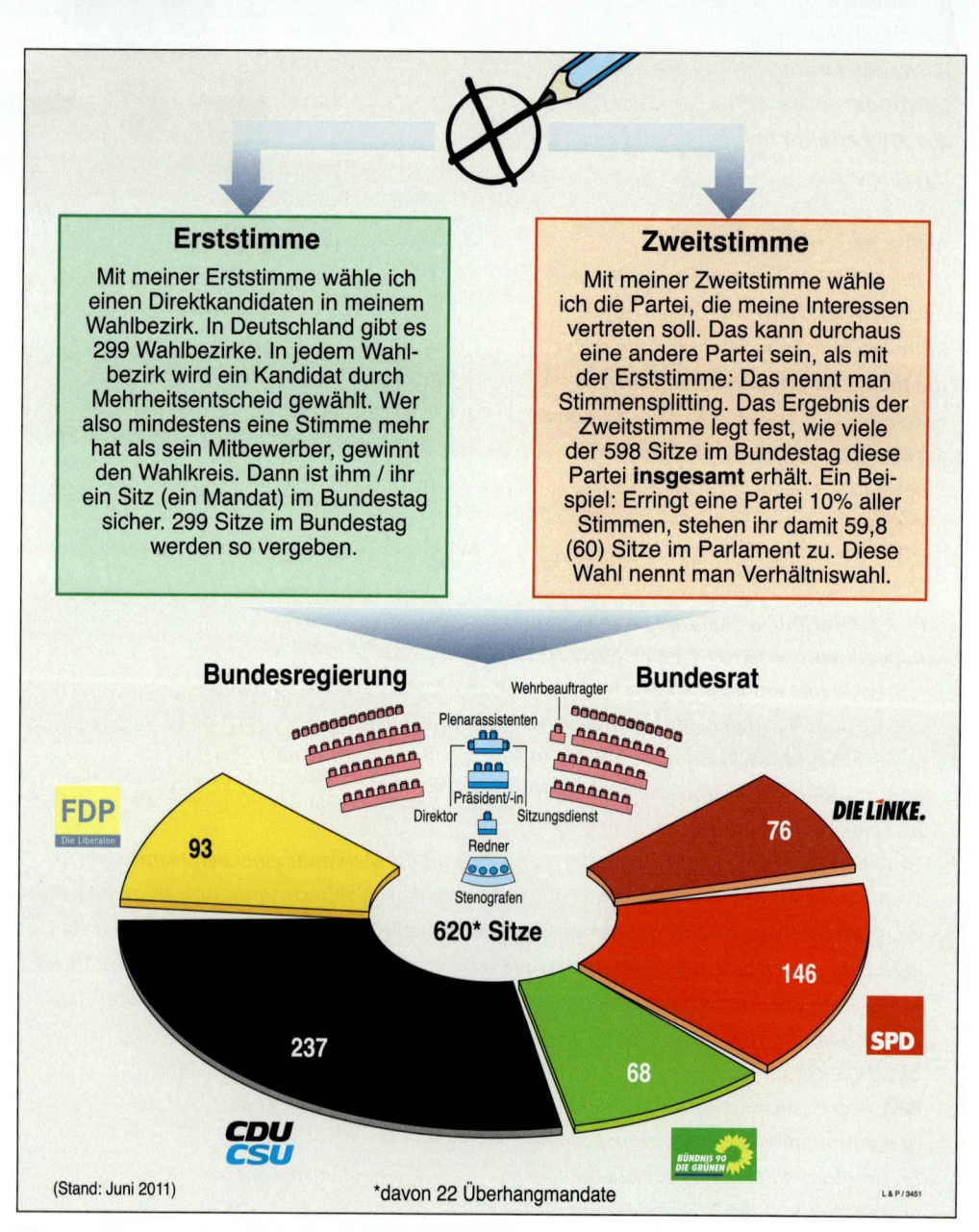

Bundesregierung — **Bundesrat**

FDP: 93
DIE LINKE: 76
SPD: 146
BÜNDNIS 90 / DIE GRÜNEN: 68
CDU/CSU: 237

620* Sitze

(Stand: Juni 2011)   *davon 22 Überhangmandate

M2 Die Bedeutung von Erst- und Zweitstimme für das Wahlergebnis

Beim Mehrheitswahlrecht wird derjenige gewählt, der die erforderliche Mehrheit der Stimmen erhalten hat. Beim Mehrheitswahlrecht kann immer nur einer gewinnen. Alle Stimmen, die nicht für den Sieger abgegeben wurden, werden nicht gezählt, fallen sozusagen unter den Tisch. Dieses Mehrheitswahlrecht wird in manchen Ländern auch bei Wahlen zum Parlament angewandt. Dann gilt: Derjenige Kandidat oder diejenige Kandidatin, welche(r) die meisten Stimmen in seinem/ihrem Wahlkreis bekommt, ist gewählt. Beim (Verhältniswahlrecht) stellen die Parteien vor dem Wahltag für das ganze Land Listen zusammen. Darauf stehen Kandidatinnen und Kandidaten, die stellvertretend für ihre Partei in das Parlament einziehen wollen. Die Wählerinnen und Wähler entscheiden sich bei der Wahl zwischen den unterschiedlichen Listen der Parteien. Auf einer Liste stehen mehrere Kandidaten einer Partei. Wichtig ist für jede Partei, möglichst viele Stimmen zu erhalten. Denn nach der Stimmenzahl, die eine Partei bekommen hat, richtet sich die Anzahl der Personen, die für die Partei als Abgeordnete ins Parlament gehen. In Deutschland gibt es bei der Wahl zum Deutschen Bundestag ein Mischsystem, das heißt eine Mischung aus Mehrheitswahl und Verhältniswahl.

M3 Wahlsysteme im Vergleich

Über die Mehrheit im Bundestag entscheidet zunächst das Verhältnis der von den Parteien gewonnenen Zweitstimmen. Die Hälfte der insgesamt 598 Abgeordneten sind Politiker, die in ihrem Wahlkreis die meisten Erststimmen bekommen haben. Die andere Hälfte zieht über die Landeslisten ein. Die Zahl der Direktmandate kann die eigentlich nach dem Zweitstimmenanteil festgelegte Sitzverteilung im Plenum stark verändern. Gewinnt eine Partei mehr Direktmandate, als ihr gemäß der Verteilung der Zweitstimmen zustehen, so bleiben ihr diese sogenannten Überhangmandate trotzdem erhalten.

M4 Wahlsystem bei der Bundestagswahl

M5 Ein Stimmzettel zur Bundestagswahl 2009

1. → Beschreibe den Ablauf einer Wahl mit eigenen Worten (M1).
2. Beschreibe möglichst genau den Wahlzettel und was von dir als Wähler erwartet wird (M3).
3. a) Erkläre mit eigenen Worten die 5%-Hürde (Worterklärung).
   → b) Begründe, warum diese Sperrklausel eingeführt wurde.
4. a) Erkläre mit eigenen Worten, was eine Erststimme und was eine Zweitstimme sind (M2).
   b) Erkläre, ob es erlaubt wäre, mit der Erststimme einen Kandidaten der CDU zu wählen und mit der Zweitstimme die SPD (M2).
5. → Erkläre die Vor- und Nachteile des Verhältnis- und des Mehrheitswahlrechtes (M3).
6. Erkläre, warum im 17. Deutschen Bundestag 620 statt 598 Abgeordnete sitzen (M2, M4, Worterklärung).

M1 Plenarsitzung des Bundestages

Der Bundestag

Die Zentrale der Demokratie

Der Deutsche Bundestag hat seinen Sitz in Berlin. Im Bundestag sitzen die Abgeordneten, die gewählten Vertreter des Volkes.

Der Bundestag hat im Wesentlichen drei Aufgaben:

1) Er berät und verabschiedet sämtliche Gesetze, die ganz Deutschland betreffen. Deshalb wird der Bundestag auch „Legislative", gesetzgebende Versammlung, genannt.
2) Er wählt den Bundeskanzler bzw. die Bundeskanzlerin.
3) Er kontrolliert die Regierung. Die Partei im Bundestag, die mit ihren Abgeordneten die Mehrheit hat, stellt die Regierung. Meist müssen sich zwei oder mehr Parteien dafür zusammenschließen; das nennt man dann eine Koalition. Denn die Regierung muss die Mehrheit der Abgeordneten hinter sich haben, sonst kann sie keine Entscheidungen durchsetzen.

Alle anderen Parteien bilden die Opposition. Die Arbeit der Abgeordneten besteht nicht nur aus der Teilnahme an den großen Debatten, die man manchmal im Fernsehen sieht. Jeder Abgeordnete hat auch ein Spezialgebiet, z. B. Gesundheit oder Wissenschaft, und arbeitet im dafür zuständigen Ausschuss mit.

Daneben sind die Abgeordneten direkter Ansprechpartner für die Bürgerinnen und Bürger ihres Wahlkreises und für Experten aus Wirtschaft, Wissenschaft, Forschung usw.

ⓘ Fraktion
Bezeichnung für die Gesamtheit der Abgeordneten einer Partei in einem Parlament. Jede Fraktion sitzt geschlossen zusammen.

ⓘ Opposition
Ihre Aufgabe ist es, die Regierung zu kontrollieren oder alternative Vorschläge einzubringen. Die Opposition nutzt besonders die Medien (Fernsehen oder Zeitung), um die Regierung zu kritisieren. Im Wettstreit um die besseren Ideen und Konzepte hofft sie bei der Bevölkerung einen Meinungswechsel zu erreichen und bei der nächsten Wahl mehr Stimmen zu bekommen.

ⓘ Ausschüsse
Zur Vorbereitung seiner Beschlüsse setzt der Bundestag Ausschüsse ein. Hier konzentrieren sich die Abgeordneten auf ein Teilgebiet der Politik, bereiten Gesetzentwürfe vor und hören Sachverständige oder Betroffene an. Zurzeit gibt es 22 ständige Ausschüsse. Es gibt z. B. einen Ausschuss für Gesundheit, einen für Familie, Senioren, Frauen und Jugend, einen Haushaltsausschuss oder einen Ausschuss für Menschenrechte und humanitäre Hilfe.

---

1. → Nenne die wichtigsten Aufgaben des Bundestages (Text).
2. → Beschreibe den Aufbau der Sitzordnung im Bundestag (M1). Nimm dazu auch M2 von S. 238 zu Hilfe.
3. Erläutere die Begriffe Koalition, Fraktion und Opposition (Text).
4. Recherchiere mithilfe des Internets, welche Parteien zurzeit die Regierung bilden und welche Parteien in der Opposition sind.

Aufgabe 4 → www

Der Alltag einer Abgeordneten

Sonntag: 18.01 bis 19.55 Uhr Anreise aus Hannover mit der Bahn nach Berlin
Montag: 9 bis 11.30 Uhr Bürotreffen zur Vorbereitung der Woche. 12 bis 13.30 Uhr SPD-Arbeitsgruppe Familie, Senioren, Frauen und Jugend; von 14 bis 17 Uhr öffentliche Anhörung zum Thema „Spätfolgen bei Contergangeschädigten"; von 17 bis 19 Uhr nimmt Caren Marks an der Sitzung des SPD-Fraktionsvorstandes teil.
Dienstag: Von 9 bis 12.30 Uhr tagen die einzelnen Arbeitsgruppen der Fraktion im Bundestag. Von 12.30 bis 13.30 Uhr steht für Caren Marks das Obleutegespräch der SPD-Fraktion an; 13.30 bis 15 Uhr für Büroarbeit; 15 bis 19 Uhr Fraktionssitzung; sofort anschließend tagt dann die Landesgruppe Niedersachsen bis 21.30 Uhr.
Mittwoch: Von 7.30 bis 9 Uhr trifft sich Caren Marks mit Fachpolitikerinnen und -politikern. Im Anschluss tagt dann der Bundestagsausschuss bis 13 Uhr. Um 14 Uhr beginnt die Arbeitsgruppe „Neue Akzente in der Familienpolitik", die bis 17 Uhr tagt. Von 18 bis 22 Uhr ist endlich Zeit für Büroarbeit!
Donnerstag: Von 9 bis 23 Uhr Debatten im Plenarsaal des Bundestages. Zwischendurch trifft sich um 11 Uhr für zwei Stunden die Runde der Berichterstatter zum Thema „Weiterentwicklung des Bundesfreiwilligendienstes". Von 14 bis 16 Uhr nimmt sie an der Arbeitsgruppe Bürgerschaftliches Engagement teil. Unmittelbar im Anschluss tagt dann bis 18 Uhr die Arbeitsgruppe Kommunalpolitik. Heute steht von 19 bis 22 Uhr ein Gespräch mit Jugendverbänden auf dem Programm.
Freitag: 9 Uhr Beginn der Plenardebatten. Zwischen 9 und 11 Uhr diskutieren und entscheiden die Abgeordneten über Betreuungsplätze für Kinder. Heute empfängt sie um 13 Uhr für eine Stunde eine 10. Klasse der Realschule Burgdorf. Von 15 bis 16 Uhr führt sie ein Gespräch mit dem Parlamentarischen Staatssekretär des Bundesverkehrsministeriums über Verkehrsprobleme in Garbsen und der Wedemark. 16 bis 16.30 Uhr Mitarbeitergespräch; 16.50 bis 18.28 Uhr Heimfahrt mit der Bahn.
Samstag und Sonntag: Termine im Wahlkreis

M2 Eine typische Arbeitswoche der Abgeordneten Caren Marks

Geboren 1963 in Bad Pyrmont
1983 Abitur am Gymnasium Mellendorf
1983–1988 Studium der Geografie an der Universität Hannover, Diplom-Geografin
2 Kinder
Seit 2002 Mitglied des Bundestages
Mitglied im Ausschuss für Familie, Senioren, Frauen und Jugend

M3 Caren Marks – Mitglied der SPD und des 17. Deutschen Bundestages

5 a) Erstelle aus der Beschreibung der Arbeitswoche von Frau Marks einen Stundenplan (M2).
b) Errechne die Wochenarbeitszeit (dazu gehören auch die Fahrzeiten).
c) Erläutere, was die Arbeitszeiten für die Familie von Frau Marks bedeuten.
6 a) Recherchiere im Internet die Ausschüsse des Deutschen Bundestages.
b) Wähle einen Ausschuss aus und stelle dessen Arbeit und die Mitglieder der Klasse vor.
7 Recherchiere im Internet, wer zurzeit die oder der jüngste Bundestagsabgeordnete ist und berichte über seine/ihre politische Laufbahn.
8 Bereitet einen Besuch des Bundestages vor.
Tipp: Wendet euch an das Büro eures direkt gewählten Abgeordneten.

> Als Mutter von drei Kindern kann ich nur sagen: Das Kindergeld ist eine wichtige Geldquelle in der Familie, und die Höhe muss regelmäßig an die gestiegenen Lebenshaltungskosten angepasst werden. Es wird doch alles teurer. Zum Beispiel kosten Gitarrenunterricht, Sportvereine, Nachhilfe, Unterstützung bei Rechen- oder Leseschwäche usw. ja auch mehr Geld!

> Zehn Euro mehr Kindergeld ab dem kommenden Jahr? Ich halte nichts davon! Nicht, dass ich als Vater von zwei Kindern auf zusätzliche Einnahmen verzichten könnte. Aber was sollen 240 Euro zusätzlich im Jahr, wenn ich dafür Dinge bezahlen muss, die nach meiner Meinung Aufgabe des Staates sind. Nehmen Sie nur ein Beispiel: das Kopiergeld in der Schule!

M1 Zwei Meinungen zur Erhöhung des Kindergeldes

Der Weg eines Gesetzes: Fallbeispiel Kindergeld

Während 1965 nur jedes 75. Kind unter sieben Jahren auf Sozialhilfe angewiesen war, lebt heute jedes sechste Kind von der staatlichen Fürsorge: Die Kinderarmut in Deutschland nimmt zu. Deshalb ist es eine wichtige Aufgabe der Politik, Familien zu fördern und auch finanziell zu unterstützen. Aus diesem Grund zahlt der Staat den Familien ein Kindergeld. Bislang sind das pro Kind 154,– Euro im Monat. Das Bundeskabinett hat am 15. Oktober 2008 einen Gesetzesentwurf eingebracht, der Familien noch weitergehender unterstützen soll: das Familienleistungsgesetz. Im Wesentlichen sieht das Gesetz drei Bereiche vor:

1. Kosten für familienunterstützende Dienstleistungen (z. B. eine Haushaltshilfe) können auf die Steuer angerechnet werden.
2. Kinder und Jugendliche aus Familien, die von Hartz IV leben, erhalten bis zum Abschluss der Jahrgangsstufe 10 jeweils zum Beginn des Schuljahres einen zusätzlichen Betrag von 100 Euro.
3. Das Kindergeld wird jeweils monatlich:
   – für erste und zweite Kinder um zehn Euro auf 164 Euro,
   – für dritte Kinder um 16 Euro auf 170 Euro sowie
   – für vierte und weitere Kinder um 16 Euro auf 195 Euro erhöht.

Die Mehrkosten für das neue Kindergeld von rund zwei Milliarden Euro im Jahr teilen sich Bund, Länder und Kommunen. Der Bundestag hat das Gesetz Anfang Dezember 2008 beschlossen, der Bundesrat stimmte ihm aber wegen der Verteilung der finanziellen Lasten am 5. Dezember 2008 nicht zu. Der Vermittlungsausschuss erarbeitete einen Kompromiss, dem Bundestag und Bundesrat zustimmten. Daraufhin trat das Gesetz zum 1. Januar 2009 in Kraft.

1. *Erstelle eine Collage mit den Dingen, die man regelmäßig für ein Kind kaufen muss. Notiere die Preise dazu.*
2. *Nenne Argumente, warum der Staat Kindergeld zahlen sollte (Text, M1). Finde dann Gegenargumente.*
3. *Beschreibe die neuen Regelungen, die durch das Familienleistungsgesetz eingeführt worden sind (Text).*
4. *Schreibe einen Brief an die Familienministerin und teile ihr deine Meinung über die Kindergelderhöhung mit.*

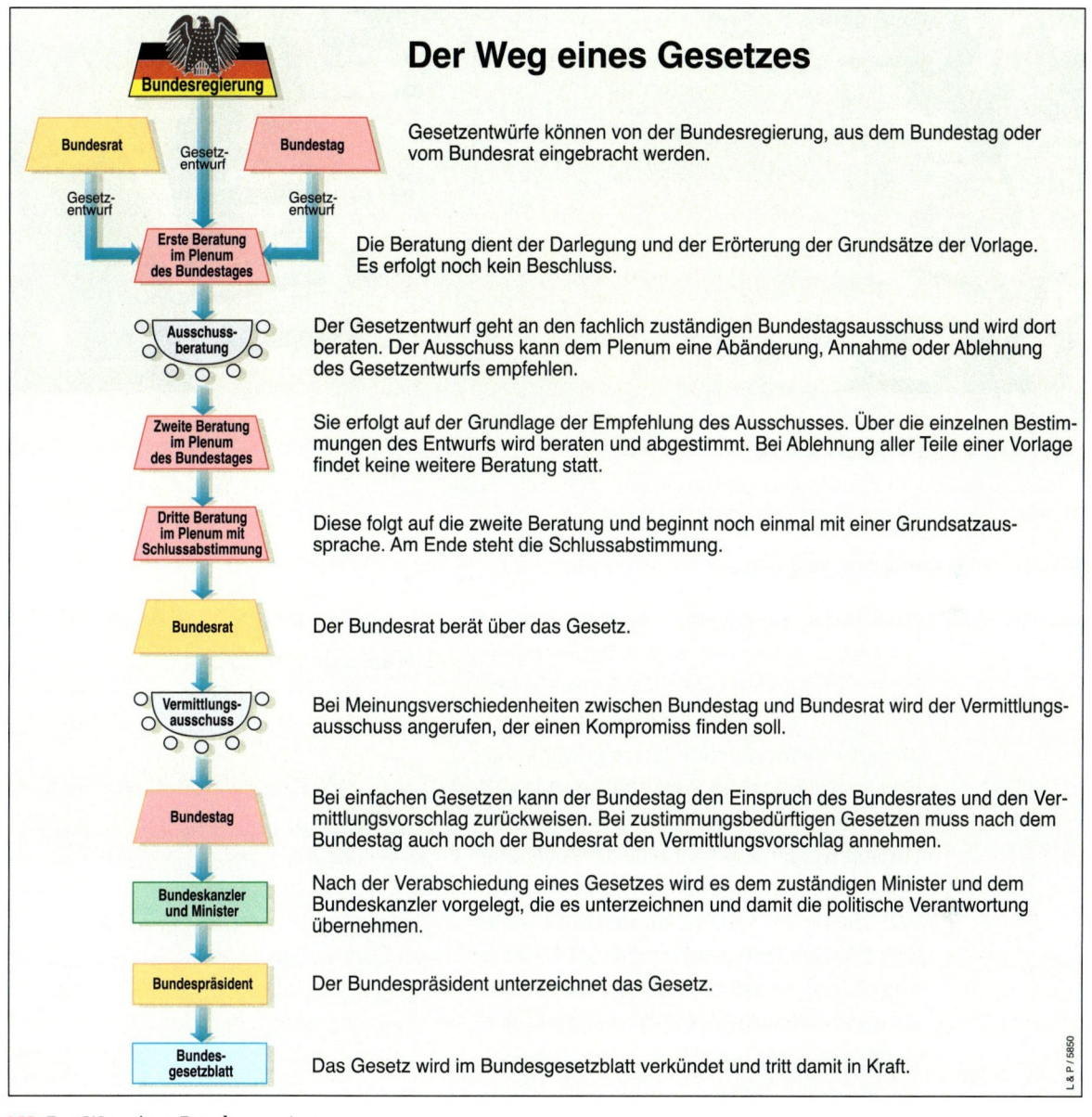

Der Weg eines Gesetzes

Gesetzentwürfe können von der Bundesregierung, aus dem Bundestag oder vom Bundesrat eingebracht werden.

Erste Beratung im Plenum des Bundestages: Die Beratung dient der Darlegung und der Erörterung der Grundsätze der Vorlage. Es erfolgt noch kein Beschluss.

Ausschussberatung: Der Gesetzentwurf geht an den fachlich zuständigen Bundestagsausschuss und wird dort beraten. Der Ausschuss kann dem Plenum eine Abänderung, Annahme oder Ablehnung des Gesetzentwurfs empfehlen.

Zweite Beratung im Plenum des Bundestages: Sie erfolgt auf der Grundlage der Empfehlung des Ausschusses. Über die einzelnen Bestimmungen des Entwurfs wird beraten und abgestimmt. Bei Ablehnung aller Teile einer Vorlage findet keine weitere Beratung statt.

Dritte Beratung im Plenum mit Schlussabstimmung: Diese folgt auf die zweite Beratung und beginnt noch einmal mit einer Grundsatzaussprache. Am Ende steht die Schlussabstimmung.

Bundesrat: Der Bundesrat berät über das Gesetz.

Vermittlungsausschuss: Bei Meinungsverschiedenheiten zwischen Bundestag und Bundesrat wird der Vermittlungsausschuss angerufen, der einen Kompromiss finden soll.

Bundestag: Bei einfachen Gesetzen kann der Bundestag den Einspruch des Bundesrates und den Vermittlungsvorschlag zurückweisen. Bei zustimmungsbedürftigen Gesetzen muss nach dem Bundestag auch noch der Bundesrat den Vermittlungsvorschlag annehmen.

Bundeskanzler und Minister: Nach der Verabschiedung eines Gesetzes wird es dem zuständigen Minister und dem Bundeskanzler vorgelegt, die es unterzeichnen und damit die politische Verantwortung übernehmen.

Bundespräsident: Der Bundespräsident unterzeichnet das Gesetz.

Bundesgesetzblatt: Das Gesetz wird im Bundesgesetzblatt verkündet und tritt damit in Kraft.

M2 Der Weg eines Bundesgesetzes

---

5 a) Überlege: Wenn du zur Regierung gehören würdest, welche Gesetze würdest du vorschlagen?
b) Stellt euch eure Gesetzesideen gegenseitig vor und einigt euch auf die fünf wichtigsten.

6 a) Beschreibe, welche Stationen des Gesetzgebungsverfahrens das Familienleistungsgesetz durchlaufen hat (Text, M2).
b) Erläutere die Positionen, an denen ein Gesetz scheitern kann, bevor es in Kraft treten kann (M2).
c) Ermittle, welche der 22 ständigen Ausschüsse des Bundestages an der Beratung eines Gesetzes beteiligt sind.

7 Recherchiere im Internet ein aktuelles Gesetzgebungsverfahren und berichte, in welchem Stadium es sich befindet.

M1 Das Bundeskabinett bei einer Sitzung (2012)

Die Bundesregierung

Das Bundeskabinett

Bundesregierung → www

Die deutsche Bundesregierung, auch Bundeskabinett genannt, besteht aus dem Bundeskanzler/der Bundeskanzlerin und den Bundesministern. Die Bundeskanzlerin bzw. der Bundeskanzler wird vom Bundestag gewählt. Die Kanzlerin/der Kanzler schlägt die Bundesminister vor, die dann vom Bundespräsidenten ernannt werden. Eine Aufgabe der Regierung ist es, dafür zu sorgen, dass die Beschlüsse und Gesetze des Parlaments ausgeführt werden. Der Bundestag verabschiedet Gesetze (Legislative), und die Bundesregierung führt sie aus (Exekutive). Es ist aber auch die Aufgabe der Regierung, eigene Gesetze vorzuschlagen und durchzusetzen. Die Bundesregierung ist damit so etwas wie die „Führungsmannschaft" eines Staates. Die Kanzlerin/der Kanzler ist Kapitän der Mannschaft. Sie/er bestimmt die Richtlinien der gemeinsamen Politik, an die sich die Bundesminister dann halten müssen. Im Rahmen dieser Richtlinien ist jeder Minister für einen bestimmten Fachbereich verantwortlich.

> Artikel 62
> Die Bundesregierung besteht aus dem Bundeskanzler und aus den Bundesministern.
>
> Artikel 63
> (1) Der Bundeskanzler wird auf Vorschlag des Bundespräsidenten vom Bundestage ohne Aussprache gewählt.
> (2) Gewählt ist, wer die Stimmen der Mehrheit der Mitglieder des Bundestages auf sich vereinigt. Der Gewählte ist vom Bundespräsidenten zu ernennen.
> ...
> Artikel 64
> (1) Die Bundesminister werden auf Vorschlag des Bundeskanzlers vom Bundespräsidenten ernannt und entlassen.

M2 Grundgesetz (Auszug)

1. Beschreibe die Aufgaben der Bundesregierung (Text).
2. Erstellt mithilfe des Internets kurze Steckbriefe zu den Bundesministern und fertigt dazu eine Wandzeitung an.
3. Erkläre die Begriffe „Legislative" und „Exekutive" (Text).
4. Beschreibe, was mit „Betreuungsgeld" gemeint ist (M3).

Bundesregierung beschließt im Kabinett Einführung des Betreuungsgeldes

Ab 2013 will die Bundesregierung ein Betreuungsgeld einführen, das voraussichtlich bei bis zu 150,– Euro pro Kind im Monat liegt. Es soll an Eltern gezahlt werden, die für ihre Kinder zwischen dem 13. und 36. Lebensmonat keine staatlich geförderte Betreuung in Anspruch nehmen, wie zum Beispiel öffentliche Kindertagesstätten. Das Betreuungsgeld soll an Eltern gezahlt werden, die ihr Kind zu Hause betreuen. Auch wenn beide Eltern berufstätig sind, können sie Anspruch auf Betreuungsgeld haben, nämlich dann, wenn sie ihre Kinder privat, zum Beispiel von den Großeltern oder einem Au-pair betreuen lassen. Das Betreuungsgeld ist aber sehr umstritten und wird stark kritisiert.

M3 Beschluss zum Betreuungsgeld (2012)

M4 Karikatur von Klaus Stuttmann zum Betreuungsgeld (2011)

Ich finde das Betreuungsgeld sehr gut, weil der Staat damit die Betreuung der Kinder durch die Eltern würdigt. Denn der Staat fördert bislang nur, dass Kinder möglichst früh in die Kita kommen. Wer nicht arbeitet und sich selbst um die Kinder kümmert, gilt heute als „Heimchen am Herd". Da ich meine Kinder selbst zu-Hause erziehe, fühle ich mich fast schon als Außenseiterin. Aber der Staat muss dafür sorgen, dass nicht gerade die sozial schwachen Familien ihre Kinder zu Hause behalten. Für die wäre nämlich eine Betreuung in der Krippe besser.

M5 Sabine Manner (Ärztin, zwei Kinder) zum Betreuungsgeld

Ich bin gegen das Betreuungsgeld, denn damit wird ein altes Frauenbild zementiert, was Frauen von der Berufstätigkeit abhält. Meiner Meinung nach will sich die Regierung nur freikaufen. Ab 2013 soll es nämlich einen Rechtsanspruch auf einen Krippenplatz geben, aber es gibt einfach nicht genug Plätze! Außerdem halte ich es für unsinnig, eine Entschädigung zu zahlen, wenn ich dann mein Kind von einem Au-pair betreuen lasse. Wo ist da der Unterschied zur Betreuung in der Kita? Kein Wunder, dass der Vorschlag von allen Seiten kritisiert wird.

M6 Nina Fechner (Bankangestellte, ein Kind) zum Betreuungsgeld

---

5 Nenne Argumente dafür und Argumente dagegen (M5, M6).

6 Stell dir vor, du hättest ein Kleinkind. Würdest du dich für eine Betreuung zu Hause oder in der Kita entscheiden? Begründe deine Meinung in einem Kurzvortrag.

7 Interpretiere die Karikatur (M4).

8 ➔ Das Betreuungsgeld ist stark umstritten. Recherchiere mithilfe des Internets die Hintergründe: Auf wen geht der Vorschlag zurück? Wer kritisiert das Betreuungsgeld? Erstellt mit euren Ergebnissen eine Wandzeitung.

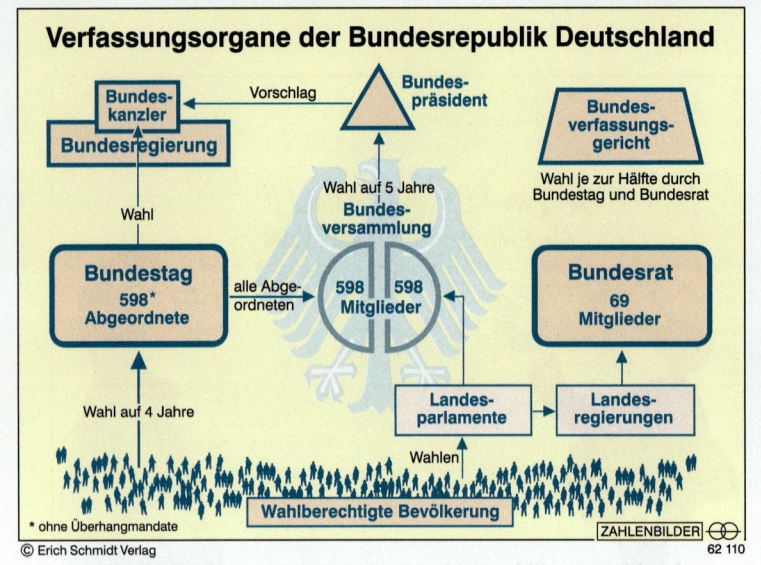

Verfassungsorgane der Bundesrepublik Deutschland

M1 Die Verfassungsorgane der Bundesrepublik Deutschland

Jana, 14: *Warum gibt es 16 Bundesländer?* Antwort der Redaktion: Hallo Jana, diese 16 Bundesländer haben zum Teil schon eine lange Tradition – so waren zum Beispiel Bayern oder Sachsen schon in der Geschichte ganz wichtig (wenn das auch früher noch keine „Bundesländer" waren). ... Da man nach dem Zweiten Weltkrieg keinen „Zentralstaat" gründen wollte, wo es dann nur eine Bundesregierung gegeben hätte, hat man im Grundgesetz festgelegt, dass es die Bundesländer geben sollte.

M2 Eine Lexikonredaktion antwortet.

Verfassungsorgane
Das sind: Bundespräsident, Bundesrat, Bundestag, Bundesregierung und Bundesverfassungsgericht. Sie heißen so, weil die Verfassung (das Grundgesetz) diese Institutionen vorschreibt und festlegt, was deren Rechte und Pflichten sind.

Die Arbeit der Verfassungsorgane

Deutschland ist ein Bundesstaat

Als Bundesstaat bezeichnet man den Zusammenschluss mehrerer einzelner Staaten zu einem übergeordneten Gesamtstaat. Bei uns nennt man die einzelnen Staaten Bundesländer, wie zum Beispiel Schleswig-Holstein, Bayern oder Niedersachsen. Es gibt insgesamt 16 Bundesländer. Der „Gesamtstaat" ist die Bundesrepublik Deutschland.

Der Bund und die Länder haben jeweils eigene Bereiche, in denen sie bestimmen können. So vertritt zum Beispiel der Bund das Land nach außen (Außenpolitik) und legt Gesetze fest, die ganz Deutschland betreffen. Dafür gibt es andere Bereiche (z. B. Bildung, Polizeiwesen), in denen die Bundesländer eigene Gesetze beschließen können. Hier darf ihnen der Bund dann nicht reinreden.

Diese Form der Machtverteilung zwischen Bund und Bundesländern nennt man Föderalismus.

Methoden erlernen: Gruppenpuzzle

Ihr könnt die folgenden Seiten 246–249 als Gruppenpuzzle bearbeiten. So geht ihr vor:

Schritt 1 ●

Bildet Stammgruppen mit jeweils vier Schülern. Wie viele Gruppen ihr habt, hängt von der Zahl der Schüler in eurer Klasse ab (Beispiel: 20 Schüler teilen sich auf in die fünf Gruppen A–E mit je vier Schülern. Jeder Schüler erhält eine Nummer: A1, A2 usw.).
Beschreibt in eurer Gruppe die Grafik M1 und erklärt den Begriff der Verfassungsorgane.

Schritt 2 ● ●

Bildet jetzt vier sogenannte Expertengruppen. Aus jeder Stammgruppe treffen sich dazu die Schüler mit der gleichen Nummer (A1, B1, C1, D1 und E1).

Jede Expertengruppe bearbeitet eines der folgenden Themen:
1) Deutschland ist ein Bundesstaat
2) Der Bundesrat
3) Der Bundespräsident
4) Das Bundesverfassungsgericht.

Bearbeitet zuerst die Aufgaben und bereitet dann zu eurem Thema einen kurzen Vortrag vor. Ihr sollt die Themen vorstellen und erklären können.

Schritt 3 ● ● ●

Kehrt zurück in eure Stammgruppen. Als Experte erläutert jetzt jeder den anderen Gruppenmitgliedern sein Thema. Die Mitglieder der Stammgruppe machen sich Notizen zu den jeweiligen Themen. Wenn ein Thema nicht ganz klar geworden ist, fragt euren Experten.

Der Bundesrat

Die 69 Stimmen der Bundesländer im Bundesrat

Nordrhein-Westfalen	6
Bayern	6
Baden-Württemberg	6
Niedersachsen	6
Hessen	5
Sachsen	4
Rheinland-Pfalz	4
Berlin	4
Sachsen-Anhalt	4
Thüringen	4
Brandenburg	4
Schleswig-Holstein	4
Mecklenburg-Vorpommern	3
Hamburg	3
Saarland	3
Bremen	3

M3 Bundesländer und ihre Stimmanteile im Bundesrat

Der Bundesrat

Der Bundesrat vertritt die Interessen der Bundesländer gegenüber dem Bund. Jedes Land schickt, abhängig von der Einwohnerzahl des Bundeslandes, Abgeordnete in den Bundesrat. Insgesamt sind im Bundesrat 69 Abgeordnete vertreten. Wird das Bundesland von der SPD regiert, sind die Vertreter auch von der SPD. Wird das Land von einer CDU/FDP-Koalition regiert, so stammen auch die Vertreter im Bundesrat aus diesen Parteien. Der Bundesrat ist an der Gesetzgebung beteiligt, kann selber Gesetze vorschlagen und wählt die Hälfte der Richter am Bundesverfassungsgericht. Vor allem aber soll er die Arbeit des Bundestages und der Bundesregierung kontrollieren und, wenn nötig, auch korrigieren.

> Bundesrat beschließt Schuldenbremse
> Berlin – Die Schuldenbremse kommt ins Grundgesetz. Der Bundesrat beschloss am Freitag mit der nötigen Zweidrittelmehrheit eine Verfassungsänderung, die Grenzen für die künftige Verschuldung vorsieht. Der Bundestag hatte dem in der Föderalismuskommission II ausgehandelten Kompromiss bereits zugestimmt. Die Bundesländer sollen ab 2020 keine neuen Kredite mehr aufnehmen dürfen. Die armen Länder Bremen, Saarland, Berlin, Schleswig-Holstein und Sachsen-Anhalt erhalten dann aus einem neuen Bund-Länder-Fördertopf allerdings jährlich insgesamt 800 Millionen Euro an Hilfen.

Bundesrat → www

M4 Artikel in SPIEGEL Online vom 12. Juni 2009

---

1. → Erläutere den Begriff des Föderalismus (Text, M2).
2. Suche nach Vor- und Nachteilen des Föderalismus anhand des Themas Bildung: Welche Vorteile, aber auch welche Nachteile hat es, wenn jedes Bundesland über das Bildungssystem selbst bestimmt?
3. Nenne die Aufgaben des Bundesrates (Text).
4. Erläutere die Zusammensetzung des Bundesrates (M3).
5. → Begründe, warum der Bundesrat einem Gesetz zur Schuldenbremse der Länder zustimmen muss (M4).

Der Bundespräsident

Seine Stellung — **nach dem Grundgesetz**

- Völkerrechtliche Vertretung des Bundes
- Repräsentation nach innen und außen · Ehrenhoheit
- Prüfung, Unterzeichnung und Verkündung der Bundesgesetze
- Erklärung des Gesetzgebungsnotstands

Bundespräsident

- Vorschlag, Ernennung und Entlassung des Bundeskanzlers
- Ernennung und Entlassung der Bundesminister
- Ernennung und Entlassung der Bundesrichter, Bundesbeamten und Offiziere
- Begnadigungsrecht

Wahl auf 5 Jahre
Direkte Wiederwahl nur einmal möglich

Bundesversammlung
- Bundestag: Alle Abgeordneten des Deutschen Bundestags
- Länderparlamente: Die gleiche Anzahl von Mitgliedern aus den Bundesländern

© Erich Schmidt Verlag

M1 Der Bundespräsident – das Staatsoberhaupt der Bundesrepublik

Der Bundespräsident

Liebe Mitbürgerinnen und Mitbürger, ich habe heute den 15. Deutschen Bundestag aufgelöst und Neuwahlen für den 18. September angesetzt ... . In dieser ernsten Situation braucht unser Land eine Regierung, die ihre Ziele mit Stetigkeit und mit Nachdruck verfolgen kann. Dabei ist die Bundesregierung auf die Unterstützung durch eine verlässliche, handlungsfähige Mehrheit im Bundestag angewiesen. Der Bundeskanzler hat am 1. Juli vor dem Bundestag deutlich gemacht, dass er mit Blick auf die knappen Mehrheitsverhältnisse keine stetige und verlässliche Basis für seine Politik mehr sieht.

... Ich bin davon überzeugt, dass damit die verfassungsrechtlichen Voraussetzungen für die Auflösung des Bundestages gegeben sind. ... In meiner Gesamtabwägung komme ich zu dem Ergebnis, dass dem Wohl unseres Volkes mit einer Neuwahl jetzt am besten gedient ist. Liebe Mitbürgerinnen und Mitbürger, jetzt haben Sie es in der Hand. Schauen Sie bitte genau hin. Demokratie heißt, die Wahl zu haben zwischen politischen Alternativen. Machen Sie von Ihrem Wahlrecht sorgsam Gebrauch.

M2 Auszüge aus der Fernsehansprache von Bundespräsident Horst Köhler zur Auflösung des Deutschen Bundestages am 21. Juli 2005

1. Nenne die Aufgaben des Bundespräsidenten (M1).
2. a) Ordne die Fernsehansprache (M2) einer der Aufgaben des Bundespräsidenten zu (M1).
   b) Recherchiere mithilfe des Internets die Hintergründe zur Auflösung des Bundestages 2005. Erkläre dann, warum es zur Auflösung des Bundestages gekommen ist (M2).
3. Erkläre den Satz des Bundespräsidenten: „Liebe Mitbürgerinnen und Mitbürger, jetzt haben Sie es in der Hand" (M2).

Das Bundesverfassungsgericht hat mit einer grundsätzlichen Zustimmung zum Euro-Rettungsschirm ESM und zum Fiskalpakt den Kurs der Bundesregierung in wesentlichen Punkten bestätigt. Die vereinbarte Haftungsgrenze von 190 Milliarden Euro dürfe aber nur mit Zustimmung des Bundestags erweitert werden, machte Gerichtspräsident Andreas Voßkuhle am Mittwoch in Karlsruhe deutlich. Das Gericht stärkte damit erneut die Rechte des Parlaments. Es dürfe keine Verträge geben, die den deutschen Beitrag zum ESM automatisch anheben können. Mit der Entscheidung kann Deutschland dem permanenten Euro-Rettungsschirm ESM unter Erklärung völkerrechtlicher Vorbehalte beitreten.

M3 Beschluss zum Betreuungsgeld (2012)

M4 Das Bundesverfassungsgericht bei der Urteilsverkündung

Das Bundesverfassungsgericht

Das Bundesverfassungsgericht in Karlsruhe wacht darüber, dass das Grundgesetz der Bundesrepublik Deutschland eingehalten wird (auch von der Regierung). Das Grundgesetz legt fest, dass Deutschland ein freiheitlich-demokratischer Staat ist. Da das Bundesverfassungsgericht damit auch die staatliche Macht kontrolliert, ist es notwendig, dass das Gericht von allen anderen Verfassungsorganen unabhängig ist. Seine Entscheidungen sind verbindlich, und niemand kann Druck auf das Gericht ausüben. Verabschiedet z. B. die Bundesregierung ein Gesetz, das nicht dem Grundgesetz (der Verfassung) entspricht, kann es vom Bundesverfassungsgericht für verfassungswidrig erklärt werden. Die Bundesregierung muss dann das Gesetz so ändern, dass es mit dem Grundgesetz übereinstimmt oder das Gesetz verwerfen. Dabei ist für die Richter nicht entscheidend, ob ein Gesetz politisch sinnvoll ist. In erster Linie geht es um die Beachtung der Grundrechte. Die deutsche Verfassung ist so gestaltet, dass die gesetzgebende (legislative), die ausführende (exekutive) und die richterliche (judikative) Gewalt voneinander unabhängig sind und sich gegenseitig kontrollieren. Das nennt man Gewaltenteilung.

Bundesverfassungsgericht → www

ⓘ Rechtsstaat

bedeutet, dass alles, was der Staat tut, nach den Regeln der Verfassung und den geltenden Gesetzen erfolgen muss. Die Wahrung des Rechtsstaates ist vor allem die Aufgabe der unabhängigen Gerichte. Das Gegenteil zum Rechtsstaat ist ein Polizeistaat oder eine Diktatur.

ⓘ Europäischer Rettungsschirm

Darunter versteht man alle Maßnahmen der Europäischen Gemeinschaft, die dazu dienen, die finanzielle Stabilität im Euro-Raum zu sichern. So kann z. B. Griechenland von der Gemeinschaft einen Kredit bekommen, um seine Schulden zu bezahlen. Im Gegenzug muss Griechenland Sparmaßnahmen garantieren.

4 → *Beschreibe die Aufgaben des Bundesverfassungsgerichts (Text).*
5 *Erkläre den Begriff des Rechtsstaates (Text, Info-Text).*

M1 Interessenverbände verfolgen Ziele.

M2 Logos von Interessenverbänden

Interessenverbände nehmen Einfluss

Gemeinsamkeit macht stark

Wer mit politischen oder wirtschaftlichen Zuständen unzufrieden ist oder konkrete Forderungen an die Politik hat, kann sich mit anderen zusammenschließen, um seine Interessen durchzusetzen.

Schülerverbände – wie z. B. der Landesschülerrat – oder die Elternverbände versuchen mit Vorschlägen, die sie an das Kultusministerium oder die Schulbehörde richten, die Schule und den Unterricht zu verbessern.

Je mehr Mitglieder ein Interessenverband hat, desto größer ist sein Einfluss. Große Interessenverbände können sich in den Medien gut präsentieren, z. B. durch Berichte und Bilder von Demonstrationen.

Interessenverband

Zusammenschluss von Personen, die ihre gemeinsamen Interessen in der Öffentlichkeit durchsetzen wollen. Dazu versuchen sie u. a., auf die Gesetzgebung Einfluss zu nehmen. Von Parteien unterscheiden sie sich dadurch, dass sie nicht an allgemeinen Wahlen teilnehmen. Interessenverbände sind z. B. die Gewerkschaften der Arbeitnehmerinnen und Arbeitnehmer und auf der Gegenseite die Arbeitgeberverbände.

M3 Ein Lexikonartikel

Große Verbände haben oft eigene Vertretungen in der Stadt, wo auch die Regierung eines Landes ihren Sitz hat. So können sie schnell wichtige Leute im Parlament, in den Parteien und in der Regierung treffen und über ihre Angelegenheiten reden. Sie machen dann Lobby-Arbeit. Wenn Interessenverbände besonders stark sind und versuchen, auf Politik und Gesetzgebung Einfluss zu nehmen, werden sie auch als „Pressure-Groups" bezeichnet.

M4 Artikel aus einem anderen Politik-Lexikon

Lobby
So bezeichnet man Interessengemeinschaften, die versuchen, Einfluss auf politische Entscheidungen zu nehmen. Dies kann durch persönlichen Informationsaustausch oder durch die Beeinflussung der öffentlichen Meinung über die Massenmedien geschehen.

---

1. Beschreibe die Karikatur M1 und stelle einen Bezug zu M2 her.
2. Erkläre mit deinen Worten, was ein Interessenverband ist (Text, M3, M4).
3. Erläutere am Beispiel eines oder mehrerer Interessenverbände aus M2, wessen Interessen durch den jeweiligen Verband vertreten werden.
4. Suche dir einen Verband aus und recherchiere dazu im Internet. Stelle den Verband und seine Ziele in der Klasse vor.
5. Erläutere: Was versteht man unter „Lobby-Arbeit" (Text, M4)?
6. Begründe den Satz: „Eine gerechte Wirtschaft braucht starke Interessenverbände."

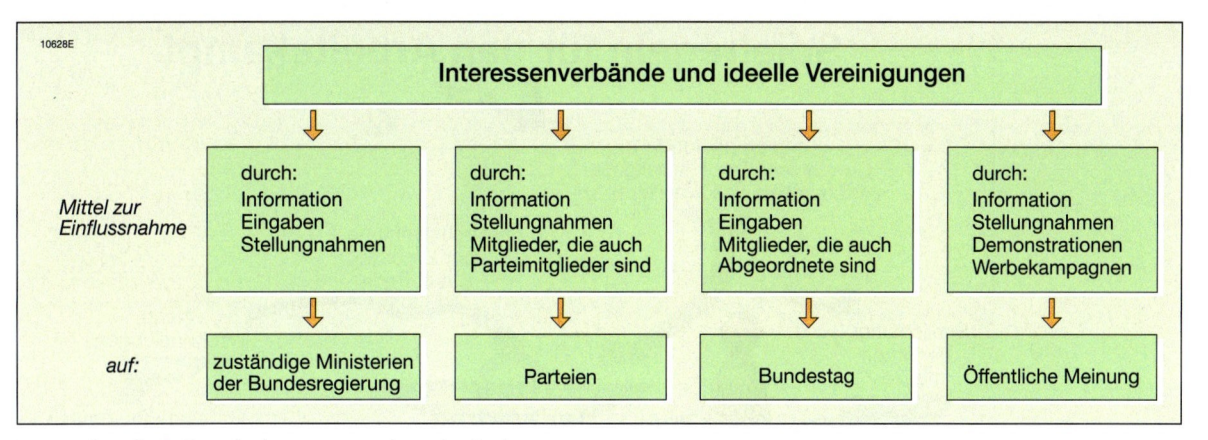

Interessenverbände und ideelle Vereinigungen

Mittel zur Einflussnahme	durch: Information, Eingaben, Stellungnahmen	durch: Information, Stellungnahmen, Mitglieder, die auch Parteimitglieder sind	durch: Information, Eingaben, Mitglieder, die auch Abgeordnete sind	durch: Information, Stellungnahmen, Demonstrationen, Werbekampagnen
auf:	zuständige Ministerien der Bundesregierung	Parteien	Bundestag	Öffentliche Meinung

M5 Verbandseinfluss (Adressaten und Methoden)

Lobbyarbeit: alles demokratisch?

Ein Lobbyist der Apothekerschaft soll sich jahrelang geheime Unterlagen aus dem Gesundheitsministerium beschafft haben. Dabei habe er nach Medienberichten mit einem Mitarbeiter einer für das Ministerium tätigen EDV-Firma zusammengearbeitet und für die Übermittlung von E-Mails, Gesetzesentwürfen etc. Geld bezahlt. ...
Der Fall beleuchtet die Wichtigkeit von Insiderinformationen für Lobbyisten. In diesem konkreten Fall ist nach bisherigem Informationsstand tatsächlich kriminell vorgegangen worden. Aber darüber hinaus gibt es einen großen Graubereich, wie Lobbyisten an Insiderinformationen kommen. Hier wird nicht gegen geltendes Recht verstoßen, aber (es) handelt ... sich dennoch um problematische Praktiken: wenn etwa ehemalige Politiker als Lobbyisten angeworben werden oder wenn Ministerien das Schreiben von Gesetzen an Anwaltskanzleien delegieren, die selbst wiederum Rechtsberatung oder Lobbydienste für Unternehmen anbieten.

M6 Ein Text von der Internetseite der Organisation „Lobbycontrol" (13. Dezember 2012)

M7 Eine Aktion von „Lobbycontol" und „Campact" vor dem Reichstag gegen die Verschleierung von Politiker-Nebeneinkünften (2011)

---

[7] → Beschreibe die Grafik M5. Erläutere dabei, welche Formen von Einflussnahme durch Interessenverbände es gibt.

[8] → Recherchiere im Internet zu den beiden Organisationen „Lobbycontrol" und „Campact" und präsentiere die Ergebnisse der Klasse.   Aufgabe 2 → www

[9] → Erläutere, wann man von „Grauzonen der Lobbyarbeit" spricht. Belege deine Ausführungen mit Beispielen.

Spielregeln für den Arbeitskampf

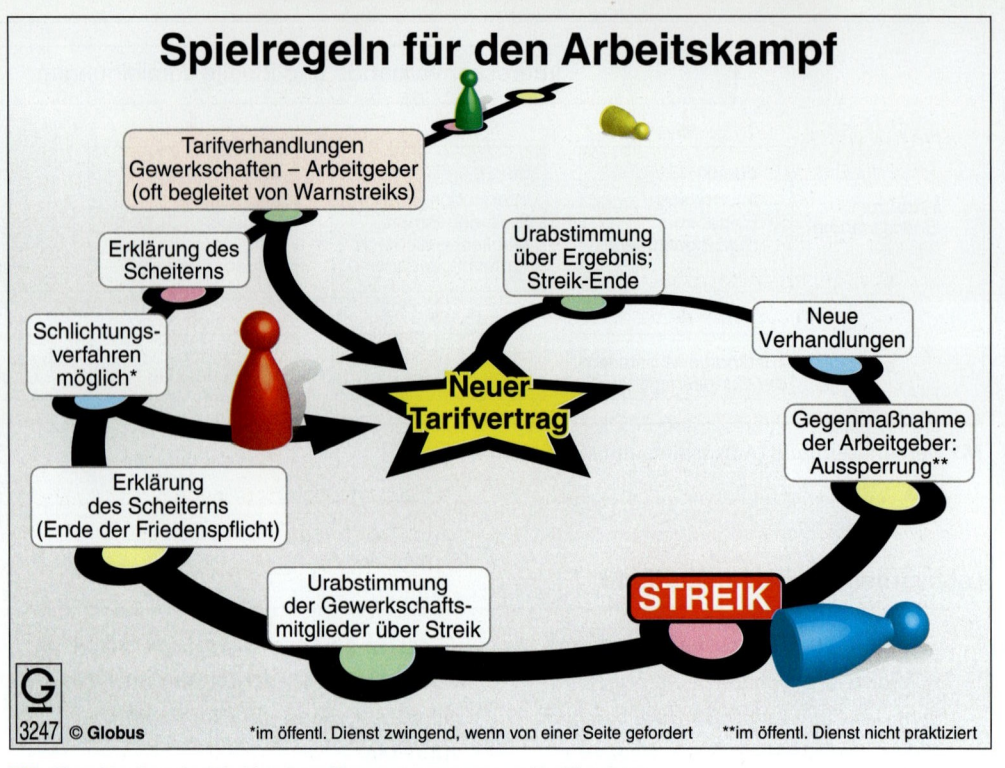

- Tarifverhandlungen Gewerkschaften – Arbeitgeber (oft begleitet von Warnstreiks)
- Erklärung des Scheiterns
- Schlichtungsverfahren möglich*
- Erklärung des Scheiterns (Ende der Friedenspflicht)
- Urabstimmung der Gewerkschaftsmitglieder über Streik
- STREIK
- Gegenmaßnahme der Arbeitgeber: Aussperrung**
- Neue Verhandlungen
- Urabstimmung über Ergebnis; Streik-Ende
- Neuer Tarifvertrag

*im öffentl. Dienst zwingend, wenn von einer Seite gefordert   **im öffentl. Dienst nicht praktiziert

M1 Vom Beginn der Tarifverhandlungen zum neuen Tarifvertrag

Arbeitgeberverbände und Gewerkschaften

Erste Gewerkschaften entstanden mit Beginn der Industrialisierung. Sie forderten für die Arbeiterinnen und Arbeiter bessere Arbeitsbedingungen, gerechte Löhne und Mitbestimmung. Heute gibt es in Deutschland acht Einzelgewerkschaften, die im Deutschen Gewerkschaftsbund (DGB) zusammengefasst sind. Arbeitgeberverbände vertreten die Interessen der Wirtschaft gegenüber den Arbeitnehmern. Sie wollen z. B. die Kosten in ihren Unternehmen möglichst gering halten.

Gewerkschaften und Arbeitgeber führen in regelmäßigen Abständen Verhandlungen zum Abschluss neuer Tarife, in denen der Lohn, die Anzahl der Urlaubstage usw. geregelt werden. Dabei darf die Regierung sich nicht einmischen, denn die Tarifautonomie ist im Grundgesetz festgeschrieben.

Ein umstrittenes Thema zwischen Gewerkschaften und Arbeitgeberverbänden ist z. B. auch die Leiharbeit. Leiharbeiter sind bei Zeitarbeitsfirmen angestellt und werden von diesen an Unternehmen ausgeliehen, die zusätzliche Arbeitskräfte benötigen. Die Leiharbeiter verdienen meistens deutlich weniger als die fest in den Unternehmen angestellten Mitarbeiterinnen und Mitarbeiter.

Gewerkschaften
Der DGB ist der mitgliederstärkste gewerkschaftliche Dachverband in Deutschland. Daneben gibt es z. B. noch die christlichen Gewerkschaften, sowie einige Spartengewerkschaften, wie z. B. die Vereinigung Cockpit der Piloten.
→ Seite 90

Tarifautonomie
Das Recht von Arbeitgebern und Gewerkschaften, neue Tarife eigenständig auszuhandeln

> **Was bedeutet Leiharbeit?**
> Leiharbeiter werden vorübergehend an Firmen ausgeliehen. Sie dürfen also nur eine Zeit lang für die Firmen arbeiten. Andere Arbeitskräfte dagegen werden direkt von Firmen angestellt und dürfen außerdem unbegrenzt arbeiten. Diese Arbeitskräfte bekommen auch meist mehr Lohn als Leiharbeiter. Das finden viele Leiharbeiter aber sehr ungerecht! Sie fordern mehr Lohn und dass ein Mindestlohn eingeführt wird.

M2 Eine Nachricht der Sendung „Logo" (2011)

1 Gib in Stichworten wieder, welche Interessen Gewerkschaften und welche Interessen Arbeitgeberverbände verfolgen.

2 Recherchiere im Internet, welche Veränderungen Streiks bewirken können und berichte der Klasse.

Frage: „Frau T., wie kamen Sie auf die Idee, Betriebsrätin zu werden?"

Frau T.: „Ich bin gefragt worden, ob ich mich zur Wahl aufstelle. Denn bei Betriebsversammlungen hatte ich immer den Finger oben und habe auch mal unangenehme Fragen gestellt."

Frage: „War das der einzige Grund?"

Frau T.: „Nein, ich wollte schon immer alles genau wissen – wie das mit den Arbeits- und Personalgesetzen und der Betriebswirtschaft funktioniert und so. Außerdem bin ich ziemlich selbstbewusst (lacht), das merken auch die Chefs bei uns."

Frage: „Wo haben Sie gelernt, sich für andere einzusetzen?"

Frau T.: „Als Schülerin war ich schon Schülersprecherin, als Mutter habe ich mich im Elternrat engagiert – da war klar, dass mir meine eigentliche Arbeit als arbeitsmedizinische Assistentin irgendwann nicht reichen würde."

Frage: „Welche Aufgaben bearbeiten Sie denn als Betriebsrätin?"

Frau T.: „Wir haben regelmäßige Betriebsratssitzungen. Da muss ich dann von Hannover nach Berlin oder Köln reisen. Ich habe eine Telefonsprechstunde, bei der Arbeitnehmer mich anrufen und um Rat fragen. Wir verhandeln mit anderen Gruppen z. B. über Arbeitszeiten, günstige Dienstpläne, Urlaubszeiten, Weiterbildungsmöglichkeiten und so."

Frage: „Wie viel ihrer Arbeitszeit verbringen Sie als Betriebsrätin?"

Frau T.: „Mittlerweile sind es gut 60 % – das ist einerseits gut, weil ich dadurch viel Abwechslung habe, andererseits muss ich mich auch immer auf neue Dinge, neue Gesetze und arbeitsrechtliche Bestimmungen einstellen und viel lernen."

Frage: „Womit müssen Sie sich besonders gut auskennen?"

Frau T.: „ Ich kenne mittlerweile gut das Betriebsverfassungs- und das Arbeitszeitgesetz, unsere Betriebsvereinbarungen habe ich mit verhandelt, und auch auf Gleichstellungsfragen, z. B. wenn ein Vater in Erziehungsurlaub gehen will, kenne ich mich gut aus. Ich habe viel mit Menschen zu tun, muss gut zuhören und argumentieren können. Aber gerade das Sprechen macht mir ja so viel Spaß! (lacht)."

M3 Interview mit der Betriebsrätin Frau T. (2012)

Betriebsrat
Betriebsräte sind Menschen, die in Unternehmen die Interessen der Arbeitnehmer vertreten und diese beraten. Betriebsräte bemühen sich z. B. vor Ort in Verhandlungen mit dem Arbeitgeber um die Verbesserung der Arbeitsbedingungen. Ihre Aufgaben und Rechte sind im Betriebsverfassungsgesetz festgelegt.

M4 Frau T. an ihrem Arbeitsplatz

3 Beurteile den Einsatz von Leiharbeitern aus Gewerkschaftssicht und aus Sicht der Arbeitgeber. Stelle Vor- und Nachteile aus deiner Sicht in einer Tabelle gegenüber.

4 Berichte, was Frau T. dazu brachte, Betriebsratsarbeit zu übernehmen (M3).

5 Liste auf, welche Aufgaben sie als Betriebsrätin erledigt.

6 Erkläre, welche Vorkenntnisse und Kenntnisse Betriebsräte mitbringen oder erwerben müssen.

7 Recherchiere im Internet, worum es im Betriebsverfassungsgesetz geht. Berichte.

8 Begründe, warum du gern Betriebsratsarbeit machen würdest oder was für dich dagegen spricht.

Jugendliche und Medien

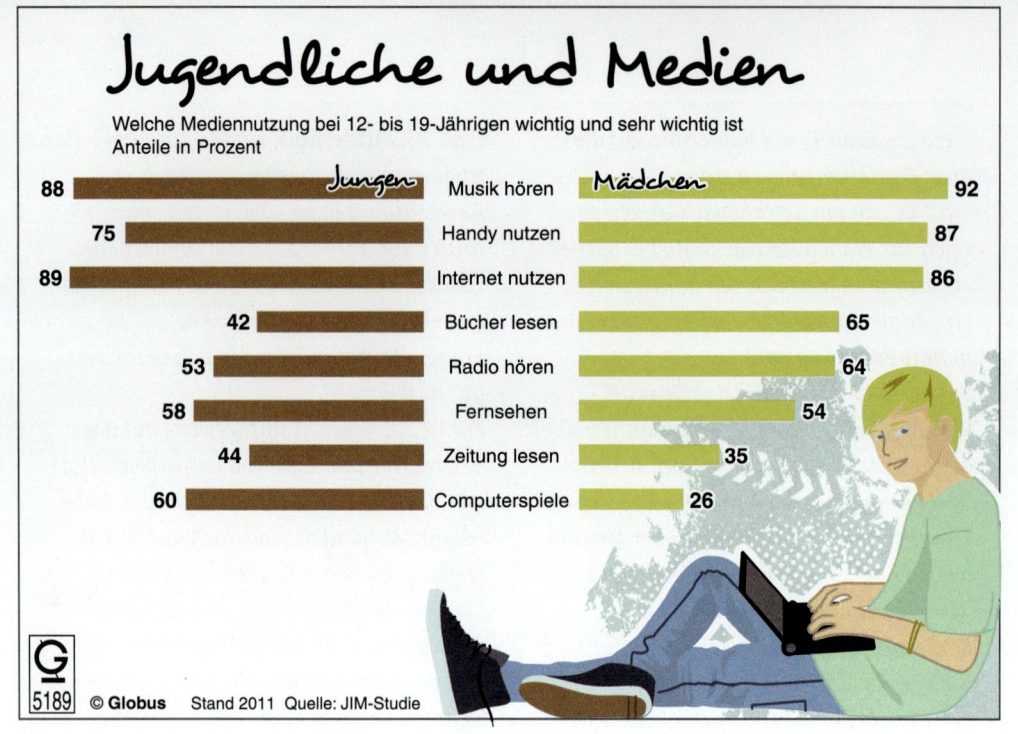

Welche Mediennutzung bei 12- bis 19-Jährigen wichtig und sehr wichtig ist
Anteile in Prozent

Jungen		Mädchen
88	Musik hören	92
75	Handy nutzen	87
89	Internet nutzen	86
42	Bücher lesen	65
53	Radio hören	64
58	Fernsehen	54
44	Zeitung lesen	35
60	Computerspiele	26

© Globus   Stand 2011   Quelle: JIM-Studie

M1 Befragung von Jungen und Mädchen zur Wichtigkeit der Medien

Medien beeinflussen uns

Massenmedien im Alltag

Unter Massenmedien versteht man die Printmedien (Zeitungen, Zeitschriften, Plakate, Flugblätter), den Rundfunk (Radio und Fernsehen) und seit den 1990er-Jahren die digitalen Medien (Internet, Social Networks usw.). Wir sind jeden Tag von diesen Medien umgeben, und sie beeinflussen uns darin, wie wir unsere Umwelt wahrnehmen. Denn die meisten Erfahrungen machen wir nicht mehr direkt (indem wir z. B. an einem Ereignis teilnehmen), sondern indirekt (indem wir über das Ereignis etwas hören, sehen oder lesen). Deshalb ist es wichtig, die Fähigkeit zu erlernen, Medien den eigenen Bedürfnissen und den eigenen Zwecken entsprechend zu nutzen und mit ihnen verantwortungsvoll umzugehen. Das nennt man „Medienkompetenz". Medien haben in der Gesellschaft bestimmte Aufgaben.

Information	Herstellen von Öffentlichkeit	Unterhaltung	Kritik und Kontrolle
Die Medien vermitteln Wissen und Erfahrungen. Dabei handelt es sich um Erfahrung „aus zweiter Hand", d. h., man macht die Erfahrung nicht persönlich. Durch die Information tragen die Medien dazu bei, dass soziale, wirtschaftliche und politische Zusammenhänge besser verstanden werden und eine aktive Beteiligung daran möglich wird.	Informationen werden für alle zugänglich gemacht. Alle am politischen Prozess Beteiligten müssen die Möglichkeit haben, zu Wort zu kommen. So kommt es zum Austausch von Meinungen, und die Medien tragen zur politischen Bildung bei.	Medien erfüllen den Bedarf nach Zerstreuung und Ablenkung für den Einzelnen. Von der Arbeit abschalten, sich zu erholen, trägt dazu bei, Probleme zu bewältigen und sein Leben zu meistern.	Durch Recherche und Kommentare in den Medien gibt es die Möglichkeit, die Machtträger in einer Demokratie zu kritisieren und politische Prozesse zu kontrollieren. Man spricht bei den Medien deshalb auch von der „vierten Gewalt im Staat".

M2 Aufgaben der Massenmedien

Waldschule richtet erste elternfinanzierte iPad-Klasse in Niedersachsen ein

SANDKRUG Im Jahr 2010 richtete die Schule die erste Notebook-Klasse ein. Die Eltern schafften die Geräte für ihre Kinder an, Klassenräume wurden mit modernster Technik ausgestattet. ... Für den Lehrer Andreas Hofmann ist diese erste iPad-Klasse auch ein Versuchsprojekt, das von einer genauen Dokumentation der Ergebnisse begleitet werden soll. Dabei will Hofmann erfassen, ob die Geräte wirklich den Anforderungen standhalten. Geklärt werden soll aber auch, wo der Einsatz der Tablets im Unterricht einen echten Mehrwert bringt und wo die Erwartungen an die moderne Technik vielleicht auch zu hoch gegriffen waren. Die Spannung an der Schule steigt, in vier Wochen sollen die Geräte geliefert werden.

M3 Auszug aus der NWZ Online vom 26. Januar 2012

Therapiestation in Hannover nimmt Computersüchtige auf.

Hannover: Im Kinderkrankenhaus auf der Bult werden Süchtige auf der Therapiestation „Teen Spirit Island" behandelt. Die jungen Patienten haben mit Drogen-, Internet- oder Computersucht zu kämpfen. Raus aus dem Unterricht und ran an den Computer: Lange Zeit hat die Spielkonsole den Alltag des 18-Jährigen aus Hannover bestimmt. „Glücksgefühle und Erfolgserlebnisse kamen dann immer bei mir auf." Jede freie Minute verbrachte der junge Mann, der seinen Namen nicht nennen will, zum Schluss am Bildschirm. Erst sind es ein bis zwei Stunden, dann hängt er bis sechs Uhr früh im Netz. Die Folgen: „Ich habe nicht mehr so viel gegessen. Mein ganzer Tagesrhythmus hat sich verändert." Fünf Jahre lang ändert sich daran nichts. Seit einigen Monaten lässt er sich nun im Kinderkrankenhaus auf der Bult in Hannover in der Therapiestation „Teen Spirit Island" behandeln. Diagnose: Computersucht.

M4 Auszug aus der Hannoverschen Allgemeinen Zeitung vom 1. Februar 2010

M5 Oberarzt Ch. Möller im Gespräch mit einem Patienten

1. a) Beschreibe, welche Medien für Jungen und Mädchen am wichtigsten sind (M1).
   b) Liste für dich die Medien in der Reihenfolge ihrer Wichtigkeit auf und vergleiche.
2. Erkläre, was man unter Massenmedien versteht (Text).
3. Erkläre den Begriff der Medienkompetenz (Text).
4. a) Übertrage die Tabelle M2 auf ein Blatt. Ergänze sie, indem du Beispiele von Medienbeiträgen findest (Zeitungsartikel, Radio- oder Fernsehsendungen), die die jeweilige Aufgabe erfüllen.
   b) Vergleiche mit den Medien, die du selber nutzt. Nutzt du alle Funktionen der Medien?
5. Vergleiche die Mediennutzung an der Schule in Sandkrug mit der an deiner Schule. Erstelle eine Tabelle, in der du Vorteile und Nachteile der Nutzung von Computern im Unterricht auflistest.
6. Kommentiere die Aussage: „Eine iPad-Klasse ergibt noch keine Medienkompetenz."
7. Mit Einführung der digitalen Medien steigt auch die Gefahr der Computersucht (M4). Diskutiert: Wann kann man Jugendliche als computersüchtig bezeichnen?

M1 Inhalte und Darstellungsformen einer Tageszeitung

M2 Interessen der Zeitungsleser (Auswahl)

Das lese ich im Allgemeinen in der Tageszeitung:

Kategorie	Prozent
Lokale Berichte hier aus dem Ort und der Umgebung	85
Politische Meldungen und Berichte aus dem Inland (Innenpolitik)	71
Politische Meldungen und Berichte aus dem Ausland (Außenpolitik)	56
Leitartikel	51
Anzeigen	45
Sportberichte/Sportnachrichten	45
Leserbriefe	43
Tatsachenberichte aus dem Alltag	43
Kulturelles Leben (Film, Theater, Bücher, Musik, Malerei)	40
Wirtschaftsanteil, Wirtschaftsnachrichten	38

Befragt wurden im Jahr 2010 Personen ab 16 Jahren, die mindestens gelegentlich eine Tageszeitung lesen.
Quelle: BDZV

Die Tageszeitung

Jeden Tag gibt es eine Flut von neuen Nachrichten. Viel zu viele, um in eine einzelne Zeitung zu passen. Die Zeitungsredaktionen wählen aus dieser Fülle von Nachrichten diejenigen aus, die besonders wichtig oder besonders spektakulär sind und die zu ihren Lesern passen. Denn eine Tageszeitung erscheint in einer bestimmten Region. Und damit haben die Nachrichten aus der Region eine besondere Bedeutung.

Natürlich müssen auch Nachrichten aus aller Welt in die Zeitung. Weil sie aber keine eigenen Mitarbeiter auf der ganzen Welt hat, werden diese Artikel von sogenannten Nachrichtenagenturen gekauft. In jeder Zeitung gibt es ganz verschiedene Themen – von Politik bis Sport. Die Hannoversche Allgemeine Zeitung hat sogar eine eigene Seite von Jugendlichen für Jugendliche.

In jeder Zeitung finden sich verschiedene Darstellungsformen von Texten: Es gibt Nachrichten, die möglichst objektiv sein sollen. Es gibt aber auch Texte, die die persönliche Meinung des Redakteurs widerspiegeln. Diese persönlichen Stellungnahmen findet man zum Beispiel in Kommentaren.

Von den meisten Zeitungen gibt es mittlerweile auch Online-Ausgaben.

ⓘ Redaktion

In der Redaktion einer Zeitung werden von den Redakteurinnen und Redakteuren die Beiträge erstellt. Sie müssen die Tatsachen, über die sie berichten wollen, sorgfältig recherchieren, auf ihre Richtigkeit überprüfen und dann in Schrift und Bild exakt darstellen.

ⓘ Nachrichtenagenturen

Nachrichtenagenturen erhalten von Redakteurinnen und Redakteuren in aller Welt täglich Meldungen und übermitteln sie an Zeitungen und Verlage weiter. Es gibt zum Beispiel die Deutsche Presseagentur (dpa), die Associated Press aus den USA (ap) und Reuters aus Großbritannien (rtr). Die Kürzel sind den Artikeln vorangestellt und weisen auf deren Herkunft hin.

---

1 ↝ Besorgt euch alle jeweils ein Exemplar der Tageszeitung aus eurer Region vom selben Tag.
   a) Listet die Themen (Rubriken) auf, die in der Zeitung zu finden sind (M1).
   b) Ordnet den Rubriken passende Artikel zu.
   c) Vergleicht drei verschiedene Artikel zu einem Thema. Sind alle gleich? Wenn ja, könnte es sich um eine Agenturnachricht handeln? Wenn nein, worin unterscheiden sie sich?
   d) Findet Beispiele für die verschiedenen Darstellungsformen von Texten (M1).

2 a) Beschreibe M2.
   b) Vergleiche die Ergebnisse in M2 mit deinen eigenen Interessen.
   ↪ c) Versuche Begründungen für die Reihenfolge der Interessen der Leser in M2 zu finden.

3 → Erkläre, was eine Nachrichtenagentur ist (Info-Text).

M3 ZiSH-Seite vom 23.12.2008

M4 Ein Ausschnitt aus der ZiSH-Seite

ZiSH – die Jugendseite in der Hannoverschen Allgemeinen Zeitung

Jeden Dienstag und Freitag kann man in der HAZ eine besondere Seite finden: ZiSH. Eine Seite von Jugendlichen für Jugendliche. Da geht es um Themen wie die erste Fahrstunde, den ersten Tag an der Uni, Mobbing im Internet und viele andere. Die Autoren testen Kneipen und Speeddatings, inszenieren Foto-Lovestorys und porträtieren Bands.

Frage: Wie läuft eine wöchentliche ZiSH-Konferenz ab?
KR: Sie beginnt, wie die meisten Konferenzen bei Tageszeitungen: mit einer kurzen Blattkritik. Bei ZiSH sagt aber nicht die Chefredaktion, was ihr an der letzten Seite besonders gefallen hat und was nicht, sondern die Autoren selbst. Anschließend kommen die Manuskripte für die nächste Seite auf den Tisch: Die Autoren lesen ihre Texte für die nächste Ausgabe vor. Dann gibt es Lob und konstruktive Kritik: Hat der Text alle Fragen geklärt, oder hat er neue aufgeworfen? Fehlt ein wichtiger Aspekt? Ist der Ton dem Thema angemessen?
Frage: Aber es ist doch bestimmt nicht leicht, sich der Kritik zu stellen?
KR: Gerade am Anfang ist das ein komisches Gefühl, das stimmt. Über den Text hat man sich ja schließlich viele Gedanken gemacht und die Zeilen mit Herzblut geschrieben. Dennoch: Etwas zu verbessern gibt es fast immer, sowohl bei der Sprache als auch beim Inhalt. Sich der Kritik zu stellen, zu lernen, seine Texte zu verteidigen, aber auch Ratschläge anzunehmen, ohne sofort beleidigt zu sein, ist eine ganz wichtige Eigenschaft für einen guten Journalisten.
Frage: Und wie geht es weiter, wenn die Autoren Feedback auf ihre Manuskripte bekommen haben?
KR: Die ZiSH-Mitarbeiter schicken uns ihre überarbeiteten Manuskripte per E-Mail in die Redaktion. Dort werden sie von mehreren Redakteuren gegengelesen, ehe sie auf die ZiSH-Seite kommen und dann in der Zeitung und im Internet erscheinen.

M5 Interview mit dem Redaktionsleiter von ZiSH, Karsten Röhrbein (KR)

4. Besorgt euch mehrere Ausgaben der HAZ mit einer ZiSH-Seite und überlegt gemeinsam, wie sich diese Seiten von anderen Seiten der Zeitung unterscheiden. Achtet dabei auf die Themen, die Sprache und die Aufmachung.
5. a) Beschreibe den Ablauf der wöchentlichen ZiSH-Konferenz (M5).
   b) Beschreibe den Umgang mit Kritik und warum das wichtig ist (M5).
6. Gestaltet eine eigene Konferenz. Überlegt euch ein Thema, schreibt Artikel und stellt sie euch gegenseitig vor. Wählt gemeinsam die Artikel für eine Seite aus.
7. In M4 geht es um eine Foto-Lovestory. Schreibe ein Ende für die Geschichte.

Wo die Presse frei ist und wo nicht

Rating der Pressefreiheit mit Indexwert*
ausgewählte Länder

frei		teils frei		nicht frei	
Rang	Index	Rang	Index	Rang	Index
1 Finnland	10	70 Südkorea	32	138 Mexiko	62
2 Norwegen	11	72 Südafrika	33	173 Russland	81
Schweden	11	75 Italien	34	184 China	85
4 Belgien	12	77 Indien	35	188 Iran	91
Island	12	90 Brasilien	44	191 Birma	94
Luxemburg	12	112 Türkei	54	Libyen	94
7 Andorra	13			Eritrea	94
Dänemark	13			Usbekistan	94
Schweiz	13			195 Turkmenist.	96
10 Liechtenstein	14			196 Nordkorea	97
Niederlande	14				
Palau	14				
17 Deutschland	17				
USA	17				
26 Großbrit.	19				
40 Frankreich	23				

*Je höher, desto weniger Freiheit. Kriterien sind das legale Umfeld, in welchem die Medien arbeiten, politische Einflüsse auf die Berichterstattung und der wirtschaftliche Druck, der auf Inhalte und Verbreitung ausgeübt wird.

Quelle: Freedom House (2011) © Globus 4723

M1 Pressefreiheit weltweit im Vergleich

Artikel 5

(1) Jeder hat das Recht, seine Meinung in Wort, Schrift und Bild frei zu äußern und zu verbreiten und sich aus allgemein zugänglichen Quellen ungehindert zu unterrichten. Die Pressefreiheit und die Freiheit der Berichterstattung durch Rundfunk und Film werden gewährleistet. Eine Zensur findet nicht statt.

(2) Diese Rechte finden ihre Schranken in den Vorschriften der allgemeinen Gesetze, den gesetzlichen Bestimmungen zum Schutze der Jugend und in dem Recht der persönlichen Ehre.

(3) Kunst und Wissenschaft, Forschung und Lehre sind frei. Die Freiheit der Lehre entbindet nicht von der Treue zur Verfassung.

M2 Grundgesetz (Auszug)

Zwischen Meinungsfreiheit und Manipulation

Die Medien werden häufig als „vierte Gewalt" im Staat bezeichnet. Damit ist gemeint, dass die Medien im Staat eine unabhängige Kontrolle ausüben sollen, indem sie z. B. Missstände oder Korruption aufdecken. Um diese Aufgabe erfüllen zu können, müssen die Medien frei und ohne Zensur über alles berichten können. Das ist im Grundgesetz in Artikel 5 so festgeschrieben.

Die Medien müssen dafür zur Politik und zu Politikern eine kritische Distanz bewahren. Auf der anderen Seite brauchen Journalisten einen möglichst guten Kontakt zu Politikern, um als Erste an die Informationen zu kommen. Das ist ein Konflikt. Und auch die Politik stellt sich auf die Macht der Medien ein und versucht, sie für sich zu nutzen. Politiker haben eigene Medienberater, treten in Talkshows auf und setzen sich und ihre Themen medienwirksam in Szene. Bei der Fülle der politischen Talkshows wird sogar der Vorwurf laut, dass Politiker öfter in Talkshows als in Sitzungen des Bundestages seien. Und noch etwas muss man im kritischen Umgang mit den Medien beachten: Was in den Medien dargestellt wird, muss nicht immer objektiv sein. Bilder zeigen bestimmte Ausschnitte oder können sogar manipuliert sein. Auch durch Texte lassen sich Leser und Zuschauer in die eine oder andere Richtung beeinflussen. Um sich möglichst objektiv zu informieren, sollte man immer mehrere Quellen nutzen: zum Beispiel verschiedene Fernsehsender sehen und auch verschiedene Zeitungen lesen.

Wir Bürger haben die Politiker in den Bundestag gewählt, nicht aber in die Talkshows. Ihre Aufgaben liegen im Parlament, diese heißen Gesetzgebung und Kontrolle der Bundesregierung. ...
Unser Staat ist als parlamentarische Demokratie verfasst. Es sind vor allen anderen leider die Politiker selbst, die entgegen dem Geist des Grundgesetzes unseren Staat zu einer Fernseh-Demokratie umfunktionieren.

M3 Helmut Schmidt und Rainer Barzel (Politiker), 11. Mai 2005 in der Frankfurter Allgemeinen Zeitung (FAZ)

Ein gefangen genommener irakischer Soldat: Das farbige Originalbild in der Mitte zeigt einen irakischen Soldaten, umgeben von US-Soldaten während des Irak-Kriegs 2003. Dieses Foto wurde seinerzeit so nicht veröffentlicht. In der Presse waren sowohl der linke als auch der rechte Bildausschnitt zu sehen. Die Gegenüberstellung der drei Versionen verdeutlicht die unterschiedlichen Wirkungen, die durch das Beschneiden eines Fotos erzielt werden können. Auch dies ist eine Form von Bildmanipulation.

M4 Ein Foto und seine Geschichte

M5 Karikatur von Gerhard Mester

1. a) Beschreibe die Abbildung M1.
   b) Begründe die Aussage: „In Deutschland herrscht Pressefreiheit" mithilfe von M1, M2 und dem Text.
   c) Erläutere die Situation der Pressefreiheit in anderen Ländern.
2. Erkläre, was mit der „vierten Gewalt im Staat" gemeint ist (Text).
3. Erläutere, warum eine kritische Distanz zwischen Politikern und Journalisten schwierig ist (Text).
4. a) Beschreibe, was Helmut Schmidt und Rainer Barzel kritisieren (M3, Text).
   b) Erkläre die Karikatur M5. Nimm M3 zu Hilfe.
   c) Recherchiere mithilfe des Internets, welche politischen Talkshows im Fernsehen es gibt und stelle einen Wochenplan her.
   d) Finde Gründe dafür, warum politische Talkshows sinnvoll sind und begründe deine Meinung.
5. a) Beschreibe die unterschiedliche Wirkung der Schwarz-Weiß-Aufnahmen und des Farbbildes (M4).
   b) Erkläre, in welcher Weise der Zuschauer hier manipuliert wird.

Pressefreiheit →
→ Seite 254

M1 Lichtenhagen/Rostock (August 1992): Brandanschlag auf ein Asylbewerberheim; Rostocker Bürger applaudieren.

M2 Mehmet Kubasik, ermordet in seinem Kiosk am 4. April 2006, vermutlich von Tätern des Nationalsozialistischen Untergrunds

M3 11. September 2001: Islamistische Terroristen fliegen zwei entführte Flugzeuge in das World Trade Center in New York.

M4 2. November 2010: Viele S-Bahnen stehen still nach einem Brandanschlag von Linksterroristen in Berlin.

Gefahren für die Demokratie

Extremisten bedrohen unsere demokratische Ordnung

Medien berichten fast täglich von Gewalttaten. Einige dieser Taten haben einen politischen Hintergrund.

So finden wir z. B. Bilder und Nachrichten von Selbstmordattentätern und Tätern aus aller Welt, die aus politischen oder religiösen Gründen sich und andere töten. Die Ausdrucksformen des politischen Extremismus reichen von Drohungen, Schmierereien oder öffentlichen Anfeindungen z. B. gegen Ausländer, Asylsuchende oder jüdische Mitbürger bis hin zu Bombenanschlägen auf Menschen und Sachgegenstände.

Extremistische Vereinigungen sind gegen die Demokratie und Meinungsfreiheit.

Linksextreme Täter stören beispielsweise bei politischen Veranstaltungen, oder sie bedrohen Politiker. Rechtsextreme Vereinigungen werben vor allem um Jugendliche und Menschen, die sich benachteiligt fühlen. Häufig wird im Internet durch scheinbar lustige Bilder und Karikaturen oder auch mit kostenloser aggressiver Musik geworben, für die Jugendliche sehr empfänglich sind. Sogar vor Schulen verteilen Rechtsextreme manchmal hasserfüllte, ausländerfeindliche Musik.

ⓘ Extremismus

(extrem = lat.: äußerst, übersteigert) Extremismus ist eine Sammelbezeichnung für Auffassungen, die ein Leben nach den Regeln des Grundgesetzes ablehnen und die Demokratie bekämpfen. Es wird zwischen Rechts- und Linksextremisten unterschieden. Daneben gibt es z. B. religiös begründeten Extremismus.

Ob er Jude sei, wurde ein 53 Jahre alter Rabbiner am Dienstagabend in Berlin gefragt. Als der Mann, der mit seiner sechsjährigen Tochter unterwegs war, die Frage bejahte, prügelten vier junge Männer auf ihn ein. Einer soll noch gerufen haben: „Ich bringe deine Tochter um." Der Rabbiner wurde im Gesicht verletzt und kam ins Krankenhaus. Der Vorfall schockiert, die brutale Gewalt ist kaum zu fassen.

M5 Bericht von einem antisemitischen Vorfall in Berlin am 30. August 2012

Rechtsextremismus

Wer extremistisch ist, will keine Toleranz und Offenheit gegenüber Menschen, die anderer Meinung sind. Rechtsextremisten wollen den Staat mit Gewalt verändern. Sie treten meistens in kleinen Gruppen auf, sind sehr oft gewalttätig, tragen Kleidung und Frisuren, die nach Stärke und Macht aussehen sollen (Glatzen, Springerstiefel) und schreien ausländerfeindliche Parolen. Manchmal verstellen sich diese Menschen auch. Sie sprechen zwar davon, dass sie Recht und Ordnung achten, aber in Wirklichkeit unterdrücken sie andere Menschen, die nicht ihrer Meinung sind. Vorbilder für diese menschenverachtende Einstellung sind häufig der Nationalsozialismus und der Faschismus. Daher spricht man bei rechtsextremistischen Gruppen heute oft von Neonazis (neuen Nationalsozialisten).

M6 Artikel aus einem Lexikon für Kinder und Jugendliche

Linksextremismus

Die Grundeinstellung von Linksextremisten gegenüber dem Staat ist – wie bei den Rechtsextremisten – von starker Ablehnung bestimmt. Es soll eine andere politische Ordnung errichtet werden, die nicht demokratisch ist. Anders als beim Rechtsextremismus ist der Linksextremismus nicht gegen Ausländer gerichtet und hat auch nicht den Faschismus und Nationalsozialismus zum Vorbild. Gemeinsam ist beiden Einstellungen, dass sie nichts dagegen haben, wenn in der politischen Auseinandersetzung Gewalt gegen Personen und Sachen angewendet wird. Das aber ist in Deutschland verboten.

M7 Lexikonartikel zum Stichwort „Linksextremismus"

Islamismus

Grundlage des Islamismus ist die Vorstellung, dass der Islam die Lösung aller vorhandenen Probleme ist und eine islamische Ordnung die universelle und einzig richtige Gesellschaftsform ist. ... Um ihre Ziele durchzusetzen, sehen sich militante Anhänger des Islamismus zum Dschihad (Heiliger Krieg) verpflichtet. Dieser wird in der islamistischen Interpretation als Konfrontation oder dauernder Kampf gegen die Feinde des Islams definiert. ... Islamistischer Terrorismus ist eine extreme Form des Islamismus und wird nur von einem kleinen Teil der Islamisten unterstützt, gilt aber heute als weltweit größte terroristische Bedrohung.

M8 Aus einem Lexikon der Bundeszentrale für politische Bildung

1. Beschreibe M1 bis M5 und erkläre, welche Gewalttaten Extremisten ausüben.
2. Liste Gemeinsamkeiten und Unterschiede von links- und rechtsextremen sowie islamistischen Gewalttätern auf, indem du sie aufschreibst (Text, M6–M8).
3. Recherchiere im Internet nach aktuellen links- oder rechtsextremen bzw. religiös motivierten Gewalttaten und berichte in der Klasse darüber (M5).

Extremisten keine Chance geben

Viele Menschen in Deutschland haben erkannt, dass Extremisten eine Gefahr für die Freiheit in unserem Land sind. Das Ansehen Deutschlands in der Welt wird durch extremistische Taten beschädigt. Wenn z. B. Meldungen über rechtsextreme Gewalttaten in den Medien um die Welt gehen, kann das unter anderem negativen Einfluss auf Wirtschaftsbeziehungen zu anderen Ländern haben.

Mutige Menschen – auch viele Jugendliche – haben sich in Initiativen zusammengefunden, um sich für Toleranz, ein gelingendes Zusammenleben mit ausländischen Mitbürgern und gegen Gewalt und Ausländerhass einzusetzen. Jeder kann in seinem persönlichen Umfeld für Toleranz und die Einhaltung demokratischer Spielregeln sorgen.

Zivilcourage
Man könnte das Wort mit „Bürgermut" übersetzen. Jemand, der Zivilcourage zeigt, lässt sich nicht einschüchtern, verteidigt seine Meinung mit demokratischen Mitteln und schützt andere vor Angriffen, indem er eingreift oder Hilfe organisiert.

M2 Schüler der Landshuter Gymnasien demonstrieren gegen rechts (2011).

Weiße Rose
Studentische Widerstandsgruppe um die Geschwister Scholl, die während des Nationalsozialismus unter anderem Flugblätter gegen das Hitlerregime verteilte. Mitglieder der Weißen Rose wurden gefasst, für ihre „Taten" verurteilt und hingerichtet.

1 **bpb:** Was ist das Vermächtnis der „Weißen Rose"?
Frau Hamm-Brücher: Dass es immer mehr Menschen geben muss, die sich dafür mitverantwortlich fühlen, dass unsere Freiheit nie wieder gefährdet wird. Das ist die Botschaft, die diese jungen Menschen hinterlassen haben. Und sie sollen Vorbild sein, auch in alltäglichen Situationen: Seht nicht weg, wenn Ausländer angegriffen werden! Kämpft gegen Rechtsextremismus! Habt Zivilcourage!
bpb: Das hört sicher einfacher an, als es vermutlich oft ist.
15 **Frau Hamm-Brücher:** Ich glaube, dass man Zivilcourage üben kann. Die Gespräche, die wir damals führten, haben mir bewusst gemacht, dass ich nicht allein war.

M1 Aus einem Interview der Bundeszentrale für politische Bildung (bpb) mit der Politikerin Hildegard Hamm-Brücher (2005)

1. Bereite dich vor. Stelle dir vor, wie du in einer bedrohlichen Situation reagierst.
2. Überwinde deine Angst. Reagiere immer und sofort, warte nicht, dass ein anderer zuerst hilft.
3. Hole Hilfe. Alarmiere im Bus den Fahrer, schreie auf der Straße „Feuer". Rufe mit deinem Handy die Polizei.
4. Suche Solidarität. Sprich andere Zuschauer direkt an und beziehe sie ein.
5. Sprich laut. Das gibt Selbstvertrauen, überzeugt andere und verunsichert den Täter.
6. Halte zum Opfer. Nimm Blickkontakt zum Opfer auf und sprich es an: „Ich helfe Ihnen!"
7. Wende keine Gewalt an. Benutze keine Waffe, fasse den Täter nicht an, er kann aggressiv werden, bleibe ruhig!
8. Provoziere nicht. Kritisiere das Verhalten, aber werte den Täter nicht persönlich ab.
9. Informiere die Polizei. Merke dir Gesichter, Kleidung sowie Fluchtweg der Täter und erstatte Anzeige!

M3 Tipps für Verhalten in Gefahrensituationen

1. → Nenne Situationen in deinem Alltag, in denen du Zivilcourage zeigen könntest (M1, M2).
2. „Extremistische Taten schaden Deutschlands Ansehen im Ausland." – Nimm Stellung.
3. Trainiert Zivilcourage, indem ihr in einem Rollenspiel die Tipps aus M3 einübt.
4. ↪ a) Erkläre, warum es vielen Menschen schwerfällt, Zivilcourage zu zeigen.
    b) Nenne Frau Hamm-Brüchers Argumente dafür, warum man Zivilcourage lernen kann (M1).

Ein Standbild bauen

Ein Standbild nachbauen kann hilfreich sein, um sich in Personen und Ereignisse hineinzuversetzen. Es ist möglich, verschiedene Sichtweisen wahrzunehmen und bewusst zu verändern.

Schritt 1 ●
Aufbau
→ Eine Schülerin/ein Schüler ist als Regisseur bestimmt. Alle anderen sind Beobachter und erhalten Beobachtungsaufträge.
→ Der Regisseur wählt für sein Standbild passend zur Aufgabe Schüler aus. Dabei verhalten sich alle anderen Personen passiv und stumm.
→ Der Standbildbauer platziert die Personen, wie er es für richtig hält: Körperausdruck, Mimik usw. bestimmt er.
→ Wenn das Standbild fertig ist, erstarren alle für 30 Sekunden (Freeze) – gut wäre jetzt ein Foto des Standbildes.

Schritt 2 ●●
Auswertung
→ Die Beobachter beschreiben ihre Beobachtungen.
→ Die Mitspieler sagen, wie sie sich in ihrer Position fühlen, z. B. indem sie einen typischen Satz sprechen.
→ Der Regisseur erklärt, was er mit seinem Standbild ausdrücken will und ob es ihm gelungen ist.
→ Die Spieler lösen sich von ihrer Rolle.

Schritt 3 ●●●
Änderung
→ Jemand legt einer Person des Bildes die Hand auf die Schulter und spricht aus, was die Person denkt oder fühlt.

M4 Ein Standbild wird gebaut.

M5 Protestveranstaltung von Schülern gegen einen Aufmarsch von Neonazis in Magdeburg (2012)

M6 Aktion bei einem Freundschaftsspiel zwischen Österreich und der Elfenbeinküste (2012)

Politik in der Demokratie

1 Wahlplakate untersuchen

Erstelle eine Tabelle mit sechs Spalten zur Untersuchung der Plakate (M1). Trage oben in die Kopfzeile folgende Texte in die Spalten ein:

Partei (vollständiger Name)
Thema des Plakats
Slogan (sachlich/emotional)
Zielgruppe
Gestaltung
(Motiv/Blickführung/Schrift)
Wirkung
Fülle dann die Tabelle für die fünf Plakate aus.

2 Ein Schaubild auswerten

Beschreibe den Weg, wie in Deutschland Gesetze erlassen und ausgeführt werden.

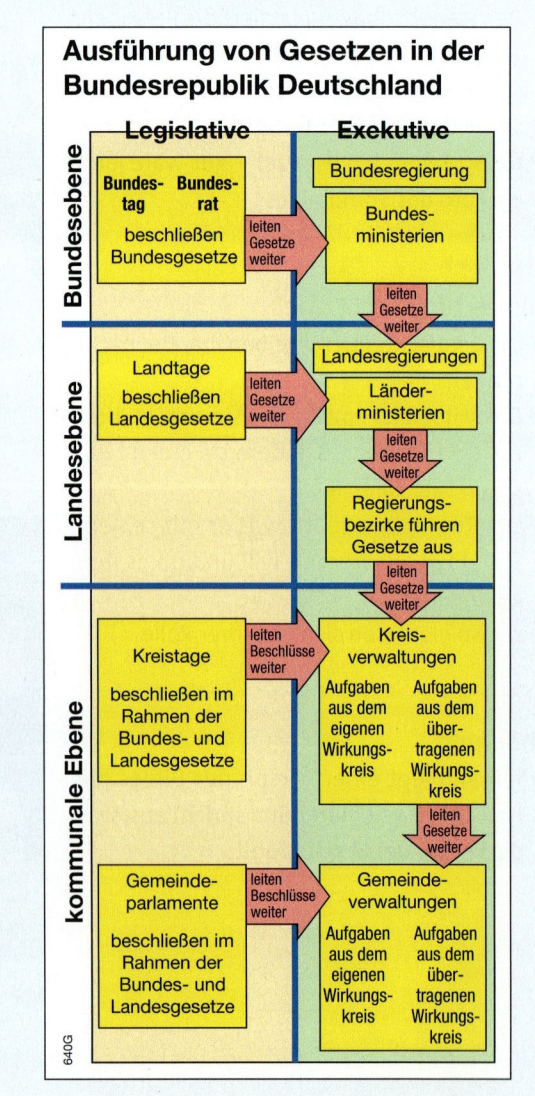

M1 Wahlplakate zur Bundestagswahl 2009

3 Begriffe klären

Ordne auf dem Arbeitsblatt oder in deinem Heft die folgenden Begriffe den drei Gewalten „Legislative", „Exekutive" und „Judikative" zu.

Bundeskanzler – Bundesverfassungsgericht – Bundesminister – Bundestagsabgeordneter – Bundesrat – Amtsgericht – Landtag – Ministerpräsident

Legislative	Exekutive	Judikative

4 Kennst du die Parteien im Bundestag?

Im Bundestag sind zurzeit sechs Parteien vertreten. Nenne ihre Namen mithilfe der folgenden Begriffe oder Wörter.

Christlich – Christlich – Die – Die – Demokratische – Demokratische – Deutschlands – Freie – Grünen – Linke – Partei – Partei – Bündnis 90 – Soziale – Sozialdemokratische – Union – Union

5 Rätsel

Trage die Lösungswörter mit Großbuchstaben in die Kästchen ein (ä, ö, ü = ein Buchstabe). Verwende dazu das Arbeitsblatt oder eine Kopie dieser Seite.

1. Verfassung der Bundesrepublik Deutschland
2. Einrichtung der Legislative
3. Mitglied der Bundesregierung
4. Bündnis von Parteien, um die Regierung zu bilden
5. Gruppe von Abgeordneten einer Partei
6. System, bei dem die Macht im Staat von mehreren Orten ausgeübt wird
7. Gesetzgebende Gewalt
8. Prinzip, nach dem in einem Staat die Macht von mehreren ausgeübt wird
9. Richterliche Gewalt
10. Zusammenschluss von Bürgerinnen und Bürgern, um ein politisches Ziel zu erreichen

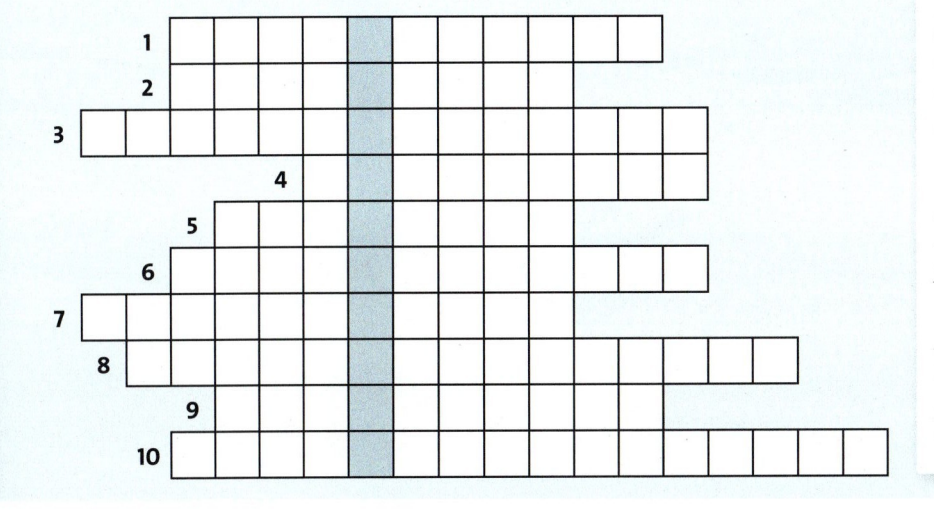

Grundbegriffe:

Bundesrat
Bundestag
Bürgerinitiative
Exekutive
Föderalismus
Fraktion
Gewaltenteilung
Gewerkschaft
Grundgesetz
Judikative
Koalition
Legislative
Mehrheitswahl
Mehrparteiensystem
Opposition
politische Parteien
Regierung
Streik
Tarifverhandlung
Verhältniswahl
Wahlrecht

Umweltpolitik als Herausforderung

Umweltpolitik als Herausforderung

M2 Braunkohlekraftwerk Niederaußem (2012)

M3 Ölverseuchte Küste nach dem Untergang der „Prestige" vor der Küste Nordspaniens (2003)

→ Was ist eigentlich Umweltpolitik?
→ Welche Ziele verfolgt Umweltpolitik?
→ Wirken sich umweltpolitische Entscheidungen auf meinen Alltag aus?
→ Kann ich selbst etwas tun, um eine intakte Umwelt zu bewahren?

M1 Ein solarthermisches Kraftwerk in der Nähe von Sevilla, Südspanien

M1 Die brennende Ölplattform „Deepwater Horizon" im Golf von Mexiko (2010)

M2 Aktivisten von Greenpeace machen auf die Bedrohung des Great Barrier Reefs aufmerksam (2008).

Umwelt in Gefahr

Eingriffe des Menschen in die Umwelt

Es gibt Umweltkatastrophen wie z. B. Schiffs-, Giftgas- oder Atomunfälle, deren unmittelbare und schwere Folgen für jedermann sofort sichtbar sind. Tiere, Pflanzen und oft auch Menschen sterben, ganze Landstriche werden verschmutzt, Giftstoffe verunreinigen das Wasser oder belasten die Luft. Derartigen Ereignissen wird meist mehr Beachtung geschenkt als der schleichenden Umweltverschmutzung, die die Menschen im täglichen Leben verursachen. Doch die Folgen für die Umwelt sind dieselben.

Ökosystem
Eine natürliche Einheit, die aus allen Lebewesen eines Raumes sowie deren unbelebter Umwelt besteht. Diese bilden durch ihre Wechselwirkungen aufeinander ein gleichbleibendes System (z. B. See, Wald).

> Es dauerte 88 Tage, bis die Ölquelle in der Tiefe verschlossen werden konnte. Rund 780 Millionen Liter Öl strömten derweil aus, auf mehr als 1000 Kilometern Küste mussten Helfer gegen die Folgen der Katastrophe kämpfen. Unzählige Tiere starben – Fische, Pelikane, Schildkröten. Fischer durften ihrer Arbeit monatelang nicht nachgehen.
> US-Präsident Barack Obama sprach von der „schlimmsten ökologischen Katastrophe", mit der es Amerika je zu tun gehabt habe. Jetzt werden ... weitere Umweltfolgen bekannt: Expeditionen ... belegten, dass die Korallen ... von einer flockigen Schicht aus ölhaltigem Material überzogen sind. Die Untersuchung ... ergab, dass das darin enthaltene Öl ... aus der „Deepwater Horizon"-Bohrung stammt.

M3 Bericht über die Spätfolgen der „Deepwater Horizon"-Katastrophe (2012)

> Das Riff erstreckt sich vor der Küste ... im Nordosten Australiens über 345 000 Quadratkilometer. Es gilt als der größte lebende Organismus der Welt. Die UNESCO macht sich ernsthafte Sorgen um die weltberühmten Korallen am Great Barrier Reef. Der Kohle- und Gasboom an der Küste von Queensland und der Tourismus könnten das Riff auf die Liste der bedrohten Welterbestätten bringen. Das sensible Ökosystem wird bereits durch den Klimawandel und Abwässer aus der Landwirtschaft bedroht. Erst Mitte Mai war das Great Barrier Reef nur knapp einer Umweltkatastrophe entgangen, als ein chinesischer Kohlefrachter nach einem Motorschaden darauf zutrieb. Ein Schleppkahn konnte das Schiff erst in letzter Minute in tiefere Gewässer ziehen.

M4 Bericht über das bedrohte Great Barrier Reef (2012)

Umweltpolitik in einer globalisierten Welt

Wir kaufen Gemüse aus Spanien, Obst aus Afrika, Spielzeug aus China und in Bangladesch gefertigte Kleidung. Produziert werden die Waren in Ländern, wo dies günstig ist. Daher haben viele Güter bereits eine lange Reise hinter sich, bevor sie in unseren Auslagen landen. Diese immer weiter fortschreitende weltwirtschaftliche Vernetzung nennt man Globalisierung.

Die Auswirkungen der Globalisierung beschränken sich aber nicht auf die Wirtschaft, sondern betreffen auch Bereiche wie die Umwelt. Das gestiegene Verkehrsaufkommen durch den weltweiten Gütertransport verschmutzt die gesamte Atmosphäre. Giftige Abwässer oder ausgelaufenes Öl, die in die Weltmeere gelangen, machen vor Ländergrenzen keinen Halt.

Die Umwelt zu schützen, ist das Aufgabenfeld der Umweltpolitik. Unter dem Begriff Umweltpolitik werden sämtliche politischen Anstrengungen zusammengefasst, die dem Erhalt und der Verbesserung unserer natürlichen Lebensgrundlagen wie Luft, Wasser und Boden dienen.

Die bestehenden Umweltprobleme können in unserer globalisierten Welt nur unter Mitwirkung möglichst vieler Staaten gelöst werden.

M5 Globalisierung

> Globalisierung baut auf Freihandel auf. Sie strebt den Vorrang der Wirtschaft vor Politik, sozialen Aspekten ... und Umwelt an. Die Erhaltung der Umwelt für die folgenden Generationen wird der wirtschaftlichen Entwicklung untergeordnet. Die Folgen sind: Kahlschlag in den letzten Urwäldern der Erde, Leerfischen der Meere, Veödung von Landschaften, globale Klimaerwärmung durch hemmungsloses Verbrennen fossiler Energieträger ..., Freisetzung gentechnisch veränderter Organismen, ungeachtet schädlicher Folgen. ...
> Diese Entwicklung muss korrigiert, eine direkte Kontrolle im Rahmen der Vereinten Nationen sichergestellt werden. Außerdem müssen die wichtigsten Akteure der Globalisierung – ... Konzerne und Firmennetze, die rund um den Globus aktiv sind – von der Politik zu umwelt- und sozialverträglichem Handeln verpflichtet werden.

M6 Die Umweltschutzorganisation „Greenpeace" über die Auswirkungen der Globalisierung

15 **Vereinte Nationen**
Die Vereinten Nationen (kurz: UNO, UN) sind ein Staatenbündnis mit über 190 Mitgliedern. Ihr oberstes Ziel ist die Sicherung des Weltfriedens, aber sie arbeiten auch beispielsweise beim Umweltschutz, den Menschenrechten, der Bildung oder der Gesundheit zusammen.

1 a) Berichte über die Ereignisse und Folgen der „Deepwater Horizon"-Katastrophe (M1, M3).
b) Berichte über die Gefährdungen am Great Barrier Reef (M2, M4).
c) Erkläre, inwiefern der Mensch seine Umwelt gefährdet (Text, M1–M4).

2 a) Erkläre anhand von Beispielen, was man unter Globalisierung versteht (Text, M5).
b) Nimm Stellung zu der Aussage: „Jedes Land ist ganz alleine für die Lösung seiner Umweltprobleme verantwortlich."
c) Erkläre den Begriff Umweltpolitik (Text).
d) Finde Beispiele für umweltpolitische Aktivitäten aus deinem Erfahrungsbereich und berichte.

3 Gib die in M6 formulierten Forderungen an eine umwelt- und sozialverträgliche Globalisierung in eigenen Worten wieder. Beurteile sie anschließend.

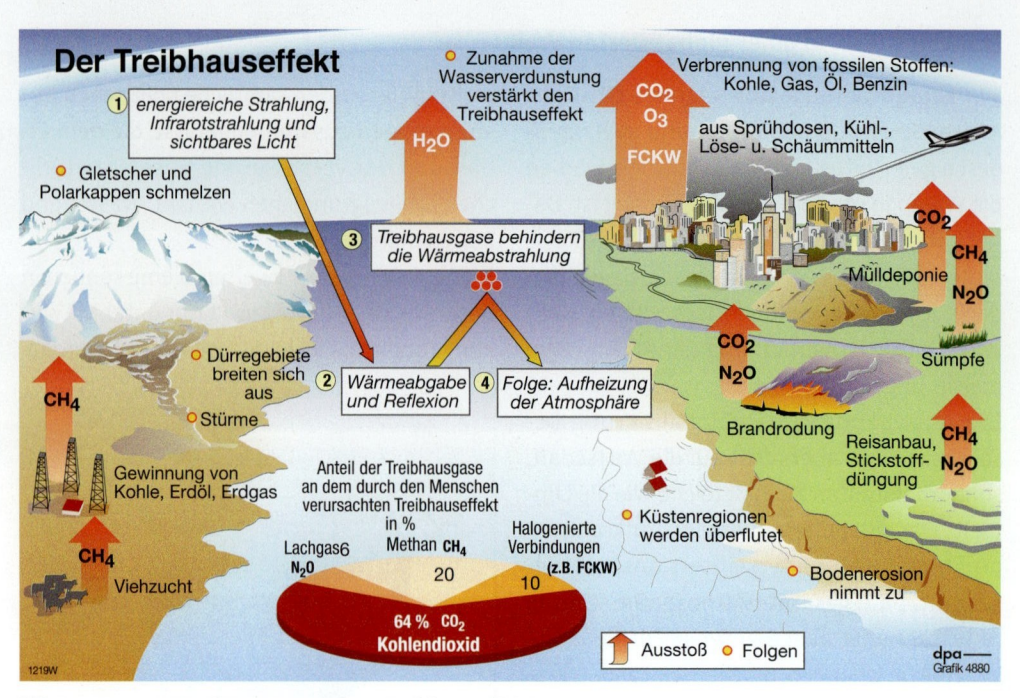

M1 Der vom Menschen verursachte Treibhauseffekt

Klimawandel und Klimaschutz

Globale Erderwärmung – der Treibhauseffekt

Die fortschreitende Erderwärmung ist die wohl größte umweltpolitische Herausforderung unserer Zeit. Die Durchschnittstemperaturen auf der Erde steigen. Wissenschaftler sagen teils dramatische Veränderungen unseres Klimas voraus. Verursacht wird der Treibhauseffekt von den Menschen selbst. Durch sein Handeln gelangen große Mengen sogenannter Treibhausgase wie Kohlendioxid (CO_2), Lachgas (N_2O), Methan (CH_4) oder FCKW (Fluorchlorkohlenwasserstoff) in die Atmosphäre.

Folgen der Erderwärmung → [www]

Die globale Erderwärmung ist nicht mehr einfach aufzuhalten. Selbst wenn die Emission von Treibhausgasen sofort gestoppt werden könnte, würde die Temperatur auf der Erde noch ein paar Jahrzehnte steigen. Der Grund dafür ist, dass die Treibhausgase sehr lange in der Atmosphäre bleiben. Die Verweildauer von Kohlendioxid beträgt ungefähr 120 Jahre. Das von vielen Politikern international angestrebte Ziel ist, den Ausstoß von Kohlendioxid so weit zu reduzieren, dass der Temperaturanstieg unter 2°C bleibt. Nach Meinung der Wissenschaftler könnte man die schlimmsten Folgen des Klimawandels damit noch verhindern.

> **ⓘ Emission**
>
> Dieser Begriff bezeichnet das Ausströmen oder Aussenden von Schadstoffen, wie beispielsweise Geräusche oder Strahlungen, an die Umwelt. In der Umweltpolitik wird dieser Begriff zumeist für Luftverunreinigungen (z. B. das Treibhausgas CO_2) verwendet, die in die Atmosphäre gelangen.

1. → a) Finde in M1 die Erklärung dafür, warum Treibhausgase ein Problem sind.
   → b) Liste auf, durch welche Aktivitäten des Menschen Treibhausgase in die Atmosphäre gelangen (Text, M1).
2. → Beschreibe den Treibhauseffekt und dessen Folgen (M1).
3. → Erkläre, warum die globale Mitteltemperatur nicht um mehr als 2°C steigen sollte (Text).

Staaten im Klima-Check

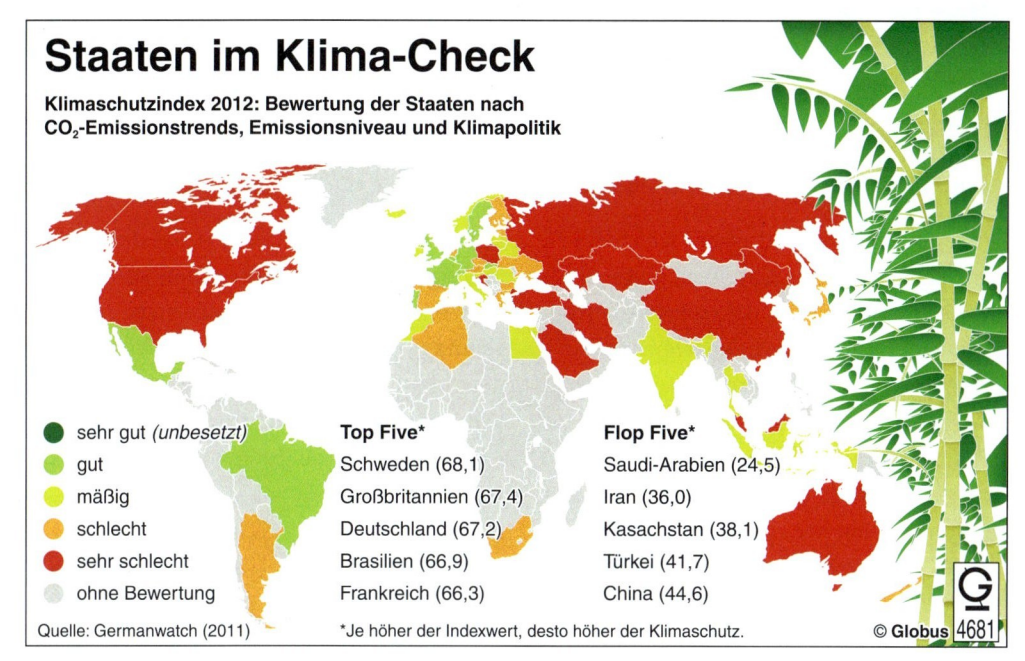

Klimaschutzindex 2012: Bewertung der Staaten nach CO_2-Emissionstrends, Emissionsniveau und Klimapolitik

- sehr gut *(unbesetzt)*
- gut
- mäßig
- schlecht
- sehr schlecht
- ohne Bewertung

Top Five*
- Schweden (68,1)
- Großbritannien (67,4)
- Deutschland (67,2)
- Brasilien (66,9)
- Frankreich (66,3)

Flop Five*
- Saudi-Arabien (24,5)
- Iran (36,0)
- Kasachstan (38,1)
- Türkei (41,7)
- China (44,6)

Quelle: Germanwatch (2011)   *Je höher der Indexwert, desto höher der Klimaschutz.   © Globus 4681

M2 Der Kampf gegen den Klimawandel

Internationale Zusammenarbeit für den Klimaschutz

Im Dezember 1997 wurde in der japanischen Stadt Kyoto erstmals ein internationales Abkommen zum Klimaschutz geschlossen. Im Kyoto-Protokoll wurden erstmalig verbindliche Vereinbarungen zum Klimaschutz getroffen. Es wurde festgelegt, dass die Industriestaaten ihren Ausstoß von Treibhausgasen bis zum Jahr 2012 so weit verringern, dass er 5,2 Prozent unter dem Niveau von 1990 liegt. Viele Entwicklungs- und Schwellenländer unterzeichneten das Abkommen, aber für sie wurden keine Werte festgelegt. Die USA haben sich diesem Abkommen nie angeschlossen, Kanada ist als bislang einziges Land Ende 2011 ausgestiegen. Seit Jahren wird über eine neue Regelung verhandelt.

> Nach einer langen Hängepartie ist auf der UN-Klimakonferenz ein Kompromiss erreicht worden. Die Delegierten beschlossen – wenn auch in einem umstrittenen Abstimmungsverfahren – eine Verlängerung des eigentlich zum Jahreswechsel auslaufenden Kyoto-Protokolls bis 2020. Mit dieser „Kyoto II"-Regelung verpflichten sich 37 Industriestaaten, ihren Ausstoß von Treibhausgasen weiter zu reduzieren. Gemeinsam sind diese Staaten für rund 15 Prozent des weltweiten Treibhausgasausstoßes verantwortlich. Darunter sind neben den 27 EU-Staaten zehn weitere Länder vertreten. Die USA und China – die Staaten mit dem höchsten CO_2-Ausstoß – hatten bereits das ursprüngliche Protokoll nicht ratifiziert. Japan und Kanada fehlen nun bei „Kyoto II".

M3 Das Ergebnis des Klimagipfels in Doha (Dezember 2012)

4 a) Fasse den Inhalt des Kyoto-Protokolls zusammen (Text).
   b) Finde Gründe, warum Kritiker die Wirksamkeit des Kyoto-Protokolls bezweifeln (Text).
5 a) Vergleiche, wie stark der Kampf gegen den Klimawandel auf den einzelnen Kontinenten betrieben wird (M2).
   b) Beurteile, wie es um den weltweiten Kampf gegen den Klimawandel bestellt ist (M2).
6 a) Fasse die Ergebnisse des Klimagipfels in Doha zusammen (M3).
   b) Begründe, warum die Vereinbarungen über den Kyoto-Folgevertrag oft als große Niederlage bezeichnet werden.

Nachhaltig handeln für die Zukunft

Nachhaltigkeit – Wunsch und Wirklichkeit

Der Begriff der „Nachhaltigkeit" ist in der Politik noch nicht lange in Gebrauch. Unter Nachhaltigkeit versteht man, dass wir so leben und wirtschaften sollen, wie es unseren Bedürfnissen entspricht, ohne dabei die zukünftigen Generationen zu gefährden. Diese Forderung lässt sich auf viele Bereiche übertragen.

Auf der UN-Konferenz für Umwelt und Entwicklung im Jahr 1992 in Rio de Janeiro wurde mit der Agenda 21 ein Aktionsprogramm beschlossen, das die Nachhaltigkeit zum weltweit anerkannten politischen Leitbild erhoben hat.

Die Realität sieht aber oft anders aus. Die Weltbevölkerung wächst. Die Menschen in den Industriestaaten tragen mit ihrem Lebensstil dazu bei, dass beispielsweise die Belastung der Atmosphäre mit dem klimaschädlichen CO_2 weiter zunimmt. Die Menschen in Entwicklungs- und Schwellenländern orientieren sich an diesem Lebensstil. Mittlerweile ist China der Staat, der weltweit die größte Menge an CO_2 in die Atmosphäre ausstößt. Die Luftverschmutzung in den großen Städten dort ist teilweise extrem hoch.

Aber die aufstrebenden Schwellenländer wie China, Brasilien und Indien wollen sich einen höheren Verbrauch natürlicher Ressourcen nicht verbieten lassen. Dies könne das Wirtschaftswachstum gefährden, das die Lebensbedingungen vieler Menschen verbessere. Dies wirft die Frage auf, wie sich Umweltschutz und Wirtschaftswachstum miteinander vereinbaren lassen. Und es macht deutlich, dass Nachhaltigkeit nur mit großen gemeinsamen Anstrengungen weltweit erreicht werden kann.

Agenda
Das Wort Agenda bedeutet „was zu tun ist". In der Politik bezeichnet dieser Begriff meist einen Ablaufplan von Aufgaben, die es längerfristig abzuarbeiten gilt.

> Seinen Ursprung hat der Begriff (Nachhaltigkeit) allerdings bereits im 18. Jahrhundert: Damals entwickelte sich in der Forstwirtschaft die Einsicht, dass der Wald auf Dauer nur erhalten werden kann, wenn nicht mehr Holz gefällt wird, als durch die Wiederaufforstung nachwächst.

M1 Aus einem Artikel über Nachhaltigkeit (2008)

> Was wird passieren, wenn weitere zwei oder drei Milliarden Verbraucher nach mehr Big Macs, Audis und Kreuzfahrten in der Karibik verlangen? Falls das Wachstum der globalen Mittelschicht dem gleichen, für die Umwelt zerstörerischen Pfad folgt, den schon die Industrieländer gehen, besteht in der Tat Anlass zur Sorge.

M2 Aus einem Artikel über Schwellenländer (2012)

M3 Karikatur von Klaus Stuttmann (2012)

M4 Karikatur von Jupp Wolter (1978)

M5 Formen erneuerbarer Energien

Nachhaltigkeit: das Beispiel Energie

Unseren Energiebedarf decken bislang zumeist fossile Brennstoffe, deren Nutzung zahlreiche Nachteile mit sich bringt. Um eine nachhaltige Energieversorgung zu erreichen, wird verstärkt auf die sogenannten erneuerbaren Energien gesetzt. Zu ihnen gehören Windkraft, Erdwärme, Sonnenenergie, Wasserkraft und Biomasse wie Gülle oder Raps. Diese Energiequellen stehen dauerhaft zur Verfügung und können nahezu uneingeschränkt genutzt werden. Sie sind ökologisch sinnvoll, da ihre Nutzung jährlich mehrere Millionen Tonnen des klimaschädlichen CO_2 einspart. Dies leistet einen wichtigen Beitrag zum Umwelt- und Klimaschutz.

Zudem erweist sich der Bereich der erneuerbaren Energien als wahrer Jobmotor. Im Jahr 2011 waren ungefähr 380 000 Menschen in dieser Branche tätig. Bis 2020 sollen es eine halbe Million Beschäftigte sein. Die Nutzung erneuerbarer Energien ist somit auch ökonomisch sinnvoll.

ⓘ Fossile Brennstoffe

Dazu gehören zum Beispiel Kohle, Erdöl oder Erdgas. Um Energie (Wärme, Strom) aus ihnen zu gewinnen, werden sie verbrannt. Dies setzt klimaschädliches CO_2 frei. Förderung, Transport und Verarbeitung dieser Rohstoffe belasten die Umwelt zusätzlich.
Das Vorkommen der fossilen Brennstoffe ist nicht unendlich. Sie werden irgendwann aufgebraucht sein. Die knapper werdenden Rohstoffe führen zu stetig steigenden Energiepreisen. Rohstoffarme Länder wie Deutschland müssen diese Energieträger im Ausland kaufen.

1 a) Erkläre anhand eines Beispiels, was man unter Nachhaltigkeit versteht (Text, M1).
   b) Stelle dar, vor welchen Problemen „Nachhaltigkeit" in der Realität steht (Text).
   c) Wähle eine der Karikaturen und werte sie aus (M3, M4).
   d) Arbeite aus M2 eine Forderung heraus, die sich an die Schwellenländer richtet.
2 a) Benenne die in M5 dargestellten Energiequellen mithilfe des Textes.
   b) Nenne die Vorteile erneuerbarer Energien (Text, Info-Text).
   c) Überprüfe folgende Aussage: „Erneuerbare Energien sind sowohl ökologisch als auch ökonomisch sinnvoll" (Text).
3 Erkläre, warum erneuerbare Energien dem Leitbild der Nachhaltigkeit entsprechen.

Energiepolitik in Deutschland

Energieverbrauch im Alltag

Wir drehen die Heizung an, schauen fern, nutzen eine Waschmaschine und fahren Auto. Es gibt zahlreiche technische Hilfsmittel, die uns den Alltag erleichtern und verschönern. Um diese nutzen zu können, verbrauchen wir viel Energie, die durch die Verbrennung von Gas, Öl oder Kohle gewonnen wird. Dabei entsteht Kohlendioxid. Ein großer Anteil der Emissionen von CO_2 kommt von den privaten Haushalten. Sie tragen also durch ihren täglichen Energieverbrauch zur globalen Erderwärmung bei. Ein hoher Energieverbrauch schadet aber nicht nur der Umwelt, sondern auch dem eigenen Geldbeutel, denn alles wird nach Menge bezahlt. Wer viel verbraucht, zahlt auch viel. Die steigenden Energiekosten sind ein immer wiederkehrendes Thema in der Öffentlichkeit.

Jahr	Ertrag
2000	40,66
2001	41,76
2002	46,99
2003	50,14
2004	52,38
2005	54,43
2006	56,76
2007	60,20
2008	63,15
2009	67,70
2010	69,10
2011	73,59
2012	75,08

M1 Durchschnittliche Stromkosten pro Monat in einem Drei-Personen-Haushalt mit einem Jahresverbrauch von 3500 kWh

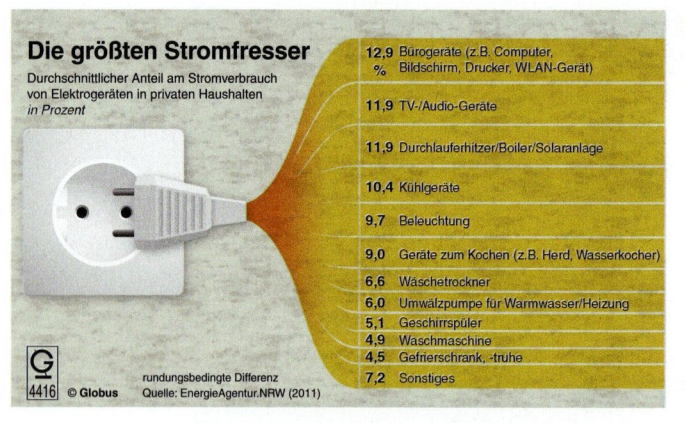

Die größten Stromfresser

Durchschnittlicher Anteil am Stromverbrauch von Elektrogeräten in privaten Haushalten in Prozent

- 12,9 % Bürogeräte (z.B. Computer, Bildschirm, Drucker, WLAN-Gerät)
- 11,9 TV-/Audio-Geräte
- 11,9 Durchlauferhitzer/Boiler/Solaranlage
- 10,4 Kühlgeräte
- 9,7 Beleuchtung
- 9,0 Geräte zum Kochen (z.B. Herd, Wasserkocher)
- 6,6 Wäschetrockner
- 6,0 Umwälzpumpe für Warmwasser/Heizung
- 5,1 Geschirrspüler
- 4,9 Waschmaschine
- 4,5 Gefrierschrank, -truhe
- 7,2 Sonstiges

rundungsbedingte Differenz
Quelle: EnergieAgentur.NRW (2011)

M2 Die größten Stromverbraucher in Privathaushalten

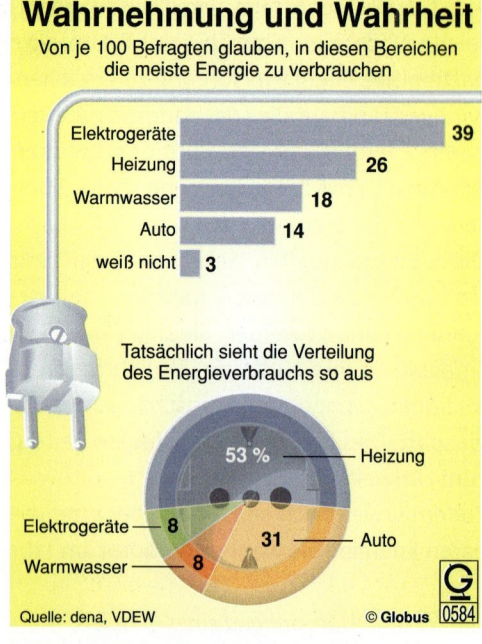

Wahrnehmung und Wahrheit

Von je 100 Befragten glauben, in diesen Bereichen die meiste Energie zu verbrauchen

- Elektrogeräte 39
- Heizung 26
- Warmwasser 18
- Auto 14
- weiß nicht 3

Tatsächlich sieht die Verteilung des Energieverbrauchs so aus

- Heizung 53 %
- Auto 31
- Elektrogeräte 8
- Warmwasser 8

Quelle: dena, VDEW

M3 Energieverbrauch in Privathaushalten

> *Ein Spielecomputer ... kann bei vier Stunden Betrieb am Tag bis zu 767 Kilowattstunden pro Jahr benötigen. Das ist vergleichbar mit dem Stromverbrauch von sieben modernen Kühlschränken! Oft laufen Computer und Drucker Tag und Nacht, obwohl sie nicht immer benötigt werden. Allein das gezielte Ausschalten spart etwa 40 Euro Strom im Jahr. Das Internet ist inzwischen zu einem Stromschlucker geworden. So verbraucht eine einzige Suchanfrage etwa vier Watt – so viel wie eine LED-Energiesparlampe in einer Stunde.*

M4 Computer und das Internet verbrauchen Energie

Neben den sofort erkennbaren Formen des Energieverbrauchs (Heizung, Auto) in den Privathaushalten gibt es auch noch den sogenannten versteckten Energieverbrauch. Dieser wird durch unseren Konsum verursacht und macht einen erheblichen Anteil unseres CO_2-Ausstoßes aus.

Für alle Waren, die wir im Supermarkt kaufen können, wurde bereits Energie verbraucht und somit CO_2 produziert. Obst und Gemüse aus südlichen Ländern wurde in der Wachstumsphase über ein Bewässerungssystem mit Wasser und Nährstoffen versorgt. Die Pumpen, mit denen das Wasser zu den Pflanzen transportiert wurde, haben Strom verbraucht. Für die Herstellung oder Zubereitung anderer Waren haben die Produktionsmaschinen in den Unternehmen Strom verbraucht. Anschließend wurden die Waren verpackt und per Flugzeug, Schiff, Bahn oder Lkw zum Händler transportiert. Auch dazu wurde Energie benötigt. Vielen Menschen ist gar nicht bewusst, dass sie schon durch den Kauf von Waren CO_2-Ausstoß mitverursachen.

Durch ein verändertes und bewusstes Konsumverhalten in den verschiedenen Lebensbereichen kann jeder Einzelne nachhaltig handeln und somit zum Klimaschutz beitragen.

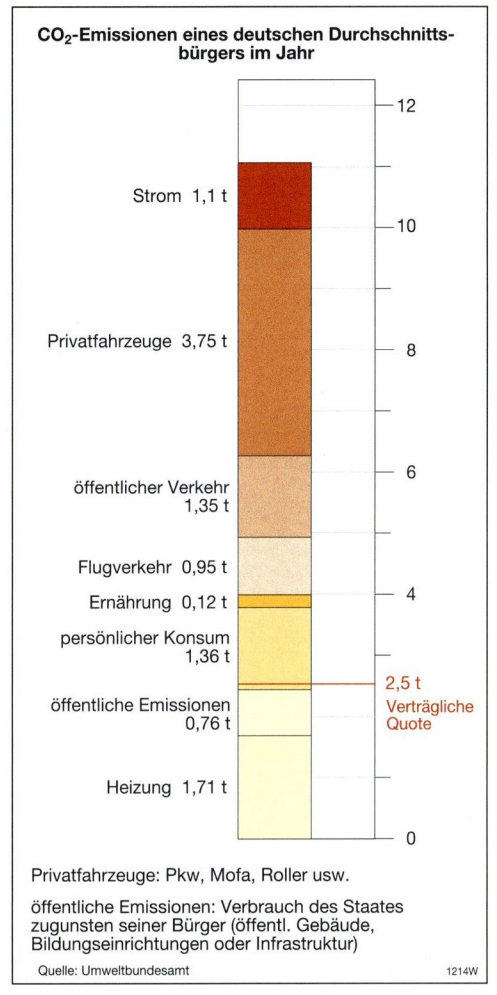

M5 Klimabilanz eines Durchschnitts-Deutschen (umgerechnet in Tonnen CO_2)

CO_2-Emissionen eines deutschen Durchschnittsbürgers im Jahr

- Strom 1,1 t
- Privatfahrzeuge 3,75 t
- öffentlicher Verkehr 1,35 t
- Flugverkehr 0,95 t
- Ernährung 0,12 t
- persönlicher Konsum 1,36 t
- öffentliche Emissionen 0,76 t
- Heizung 1,71 t

2,5 t Verträgliche Quote

Privatfahrzeuge: Pkw, Mofa, Roller usw.
öffentliche Emissionen: Verbrauch des Staates zugunsten seiner Bürger (öffentl. Gebäude, Bildungseinrichtungen oder Infrastruktur)
Quelle: Umweltbundesamt

---

1 a) Zähle 15 Anlässe auf, bei denen du täglich Energie nutzt (Text, M2, M3, M4).
b) Erkläre, warum der tägliche Energieverbrauch ein Umweltproblem ist (Text).
c) Fertige zu M1 ein Kurvendiagramm an und werte es aus.

2 a) Formuliere für den oberen und den unteren Teil von M3 jeweils eine Hauptaussage.
b) Vergleiche die Werte zur Wahrnehmung und Wirklichkeit miteinander (M3).
c) Suche nach möglichen Erklärungen.

Ein Diagramm erstellen → Seite 81

3 a) Nenne die drei Bereiche der Klimabilanz des Durchschnitts-Deutschen, die den größten CO_2-Ausstoß verursachen (M5).
b) Ordne die einzelnen Punkte aus M5 den folgenden übergeordneten Lebensbereichen zu: (1) öffentlicher Konsum, (2) Wohnen, (3) Mobilität, (4) Ernährung, (5) persönlicher Konsum. Berechne anschließend den gesamten CO_2-Ausstoß dieser Bereiche.
c) Erkläre den Begriff „versteckter Energieverbrauch" an einem Beispiel (Text).
d) Benenne die Bereiche aus M5, die dem versteckten Energieverbrauch zugeordnet werden können.

Aufgabe 3 → www

4 Recherchiert und entwickelt in Gruppen Ideen, wie jeder Einzelne Energie sparen kann. Fertigt dazu Plakate an und stellt sie in der Klasse vor.

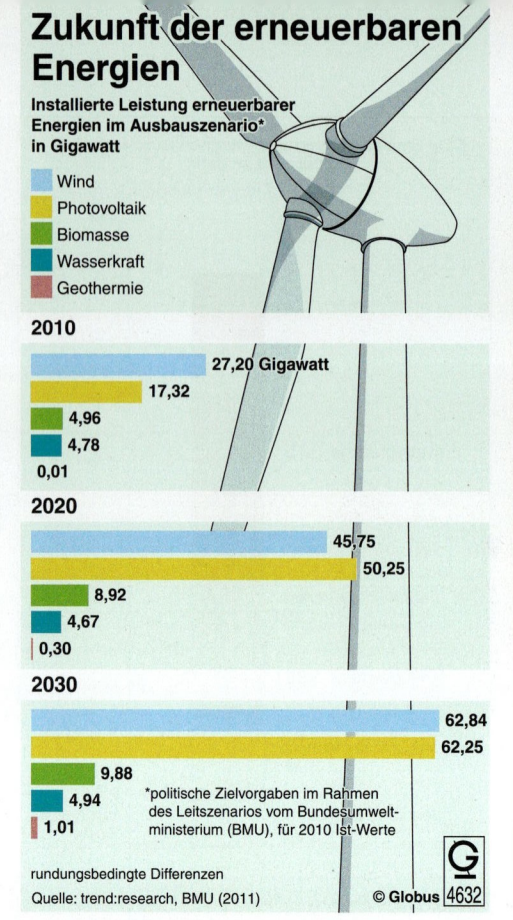

M1 Planungen für den Einsatz erneuerbarer Energien in Deutschland

M2 Ein Energieausweis (MFH = Mehrfamilienhaus, EFH = Einfamilienhaus)

Ziele der deutschen Energiepolitik: Sparen und erneuerbare Energien

Die deutsche Energiepolitik verfolgt mehrere Wege, die zu einer sicheren und umweltfreundlichen Energieversorgung führen sollen.

Die Einsparung von Energie ist einer der Wege. Denn die umweltfreundlichste Energie ist die, die nicht hergestellt werden muss. Hauseigentümern bietet der Staat Anreize durch Zuschüsse (Subventionen), um aufwendige und kostenintensive Modernisierungsmaßnahmen am Haus durchführen zu können. Eine weitere Möglichkeit zur Energieeinsparung ist die Effizienzsteigerung. Alte, stromfressende Geräte sollten durch sparsamere Geräte ersetzt werden.

Der Staat schafft aber auch Gesetze, die die Bürger zwingen, sparsam mit Energie umzugehen. So müssen zum Beispiel bei Neubauten strenge Wärmeschutzverordnungen durch die Dämmung von Wänden oder den Einbau von Wärmeschutzglas bei Fenstern eingehalten werden. Seit 2009 müssen Hausbesitzer, die ihr Haus verkaufen oder vermieten wollen, den Interessenten einen Energieausweis vorlegen. Mieter und Käufer sollen abschätzen können, welche Nebenkosten auf sie zukommen.

Eine besonders große und unverzichtbare Rolle spielen die erneuerbaren Energien. Sie sollen zur wichtigsten Säule der Energieversorgung werden.

1. a) Nenne das Hauptziel der deutschen Energiepolitik (Text).
   b) Zähle Möglichkeiten und Maßnahmen auf, die auf eine umweltfreundlichere Nutzung von Energie ausgerichtet sind (Text, M1, M2).
2. Beschreibe die voraussichtliche Entwicklung der erneuerbaren Energien (M1).
3. Setze dich mit der Frage auseinander, ob der vorgeschriebene Energieausweis für Hausbesitzer einen Anreiz zur Sanierung von älteren Gebäuden darstellt (M2). Begründe deine Einschätzung.

Wettstreit um Energie

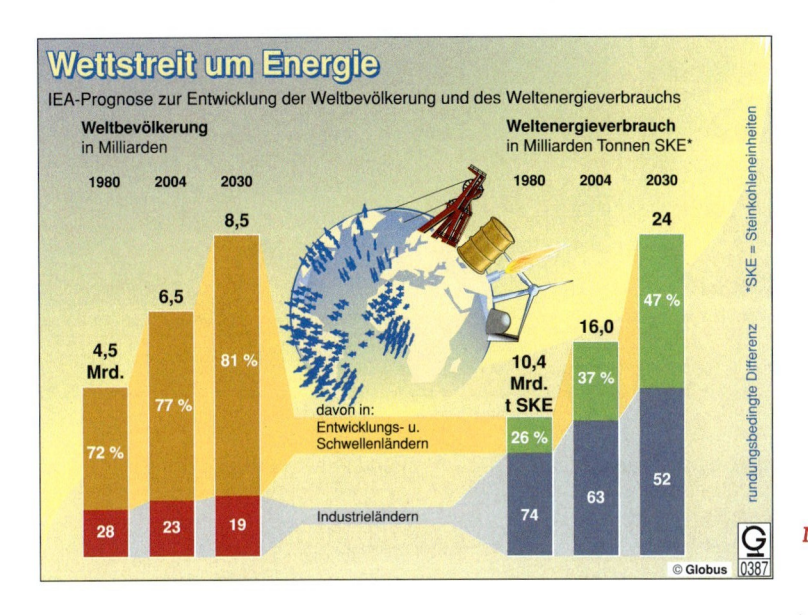

IEA-Prognose zur Entwicklung der Weltbevölkerung und des Weltenergieverbrauchs

Weltbevölkerung in Milliarden: 1980: 4,5 Mrd. (72% / 28); 2004: 6,5 (77% / 23); 2030: 8,5 (81% / 19)

Weltenergieverbrauch in Milliarden Tonnen SKE*: 1980: 10,4 Mrd. t SKE (26% / 74); 2004: 16,0 (37% / 63); 2030: 24 (47% / 52)

davon in: Entwicklungs- u. Schwellenländern / Industrieländern

*SKE = Steinkohleneinheiten

M3 Zukunftsprognosen

IEA (International Energy Agency)
Die Internationale Energieagentur ist eine internationale Plattform, die sich um die Zusammenarbeit bei der Erforschung, Entwicklung, Markteinführung und Anwendung von Energietechnologien bemüht.

Der weltweite Energiehunger

Während der Energieverbrauch in der Europäischen Union und besonders in Deutschland rückläufig ist, nimmt der Energiehunger weltweit gesehen zu. Vor allem Schwellenländer wie Indien, Brasilien und China brauchen für ihre aufstrebenden Wirtschaften und ihre Bevölkerung immer mehr Energie. Sie befinden sich auf dem Sprung zu hoch entwickelten Industriestaaten. Eine ernsthafte Klimaschutzpolitik wird in den großen Schwellenländern nur sehr zögerlich vorangetrieben. Aber auch hoch entwickelte Länder wie zum Beispiel die USA versperren sich einer klimafreundlichen Energiepolitik und zählen zu den größten Energieverbrauchern.

> Die „BP Statistical Review of World Energy 2012" ... gilt als wichtige Datenbasis für Wissenschaftler, Unternehmen und politische Entscheidungsträger weltweit. Den Zahlen zufolge ist die weltweite Energienachfrage im vergangenen Jahr erneut weiter gestiegen. Mit einem Plus von 2,5 Prozent blieb der Nachfrageanstieg allerdings weit hinter dem Wert des Jahres 2010 zurück, in dem der Bedarf an Kohle, Erdöl und Erdgas noch um 5,2 Prozent gewachsen war. Die gesamte zusätzliche Nachfrage 2011 stammt aus Schwellenländern, allen voran China, das allein für 71 Prozent des Nachfrageanstiegs verantwortlich war.
> Der Energiebedarf der Staaten in der ... Industrieländerorganisation OECD ... war dagegen mit minus 0,8 Prozent zum dritten Mal in Folge rückläufig.
> Der Bericht stellt fest, dass fossile Brennstoffe mit einem Anteil von 87 Prozent noch immer ... dominieren. Erneuerbare Energien seien zwar stark gewachsen, kämen aber weltweit erst auf einen Anteil von zwei Prozent.

M4 Aus dem Weltenergiebericht

4 a) Erläutere den Zusammenhang zwischen dem Anstieg der Weltbevölkerung und dem wachsenden Energiebedarf (Text, M3, M4).
b) Fasse zusammen, welche Probleme durch diese Entwicklung entstehen.

5 Ein deutscher Umweltschützer und ein chinesischer Unternehmer diskutieren über den stark wachsenden Energiebedarf der Unternehmen in China. Finde für jede Seite drei Argumente.

Umweltpolitik als Herausforderung

M1 Aus der VW-Fahrzeugflotte: Polo Blue Motion (87 g CO_2/km) und Phaeton V10 TDI (308 g CO_2/km)

Spannungsfeld Umweltschutz und Wirtschaft

Das Beispiel Automobilindustrie

Die meisten Autos in Deutschland fahren mit Benzin oder Diesel. Bei deren Verbrennung im Motor entsteht das Treibhausgas CO_2. Je höher der Kraftstoffverbrauch eines Autos ist, desto mehr CO_2 wird produziert.

Im Jahre 2009 hat die Europäische Union eine Verordnung erlassen, die die Automobilhersteller dazu zwingen soll, ihre Autos sparsamer zu machen. Bis zum Jahr 2015 sollen Neuwagen im Schnitt nur noch 130 g CO_2 pro Kilometer ausstoßen. Ursprünglich sollte dieser Wert schon im Jahr 2012 erreicht worden sein. Doch heftiger Protest seitens der Automobilindustrie führte zu einer Aufschiebung dieses Vorhabens.

Bis 2020 soll der Wert sogar auf 95 g CO_2 reduziert werden. Das entspricht in etwa einem Verbrauch von 3,9 Litern Benzin pro 100 Kilometer. Diese Vorgaben beziehen sich aber nicht auf jeden einzelnen Wagen, sondern auf die gesamte Fahrzeugflotte des Herstellers. Diese Regelung soll die Autohersteller unter anderem dazu bewegen, die Entwicklung emissionsfreier Elektroautos voranzutreiben.

CO_2-Ranking		Zulassungen 2011	Durchschnittlicher CO_2-Ausstoß 2011	2010	Verbesserung von 2010 zu 2011 Ranking		in %
1	Fiat	844 791	119,4	125,8	1	Fiat	-5,1%
2	Toyota	531 116	126,8	129,6	2	Daimler	-4,6%
3	Peugeot-Citroën	1 609 102	127,4	131,1	3	Volkswagen	-3,9%
4	Renault	1 239 444	131,4	135,8	4	Suzuki	-3,7%
5	Suzuki	177 248	131,6	136,6	5	Volvo	-3,5%
6	Ford	1 035 594	132,2	136,5	6	Renault	-3,3%
7	Hyundai	641 631	134,2	137,9	7	Ford	-3,2%
8	General Motors	1 134 845	135,4	139,0	8	Peugeot-Citroën	-2,9%
9	Volkswagen	2 987 113	137,3	142,9	9	Nissan	-2,9%
10	Nissan	441 461	142,9	147,1	10	Hyundai	-2,7%
11	BMW	755 988	144,8	147,5	11	General Motors	-2,6%
12	Honda	139 681	144,9	146,8	12	Toyota	-2,2%
13	Mazda	125 241	146,6	149,4	13	BMW	-1,9%
14	Volvo	224 534	151,4	156,8	14	Mazda	-1,8%
15	Daimler	626 182	153,5	160,9	15	Honda	-1,4%
	Alle Hersteller	12 793 903	135,8	140,4		Alle Hersteller	-3,3%

M2 Durchschnittlicher CO_2-Ausstoß von Fahrzeugflotten in Europa (Daten: © 2012 T&E)

M3 Karikaturen zu den Verhandlungen über die CO_2-Grenzwerte

Unterschiedliche Interessen

Als in der Europäischen Union erstmals über Grenzwerte für den CO_2-Ausstoß von Neuwagen diskutiert wurde, meldeten sich umgehend verschiedene Interessengemeinschaften zu Wort, wie zum Beispiel Vertreter der Automobilindustrie, Gewerkschaften und Umweltschutzorganisationen. Gerungen wurde darum, wie viel Gramm CO_2 ein Neuwagen zukünftig pro Kilometer ausstoßen darf.

Die deutschen Automobilhersteller setzen sich für einen möglichst hohen Wert ein, um Wettbewerbsnachteile und damit Verluste zu vermeiden. Sie verfolgen ökonomische Interessen, denn sie wollen auch zukünftig mit ihren schweren, PS-starken Autos der Oberklasse Geld verdienen. Gewerkschaften geben Einschätzungen ab, welche Folgen die Veränderungen für die Beschäftigten in der Automobilbranche haben. Umweltschutzverbände wie beispielsweise „Greenpeace" verfolgen ökologische Ziele. Sie wollen einen möglichst niedrigen Grenzwert für CO_2.

> *Ab 2015 dürfen Neuwagen in der EU nur noch ... 120 Gramm CO_2 pro gefahrenem Kilometer ausstoßen. 2015? War das nicht mal anders geplant? Richtig, eigentlich sollte dieses Ziel bereits 2012 erreicht sein. Den Regierungen der EU-Länder lagen die Interessen der Industrie wieder einmal näher als der Klimaschutz.*

M4 Aus der Stellungnahme einer Organisation über CO_2-Grenzwerte (2012)

> *Die Ziele der Europäischen Kommission zur Reduzierung des CO_2-Ausstoßes könnten Autos deutlich teurer werden lassen. „Wir müssen nach dem heutigen Stand der Technik davon ausgehen, dass sich unsere Fahrzeuge in den Herstellungskosten um 30 bis 40 Prozent verteuern."*

M5 Aus einem Zeitungsartikel über CO_2-Grenzwerte (2012)

1. a) Fasse den Inhalt der EU-Verordnung über die CO_2-Grenzwerte zusammen (Text).
   b) Vergleiche die Anforderungen an die CO_2-Werte für das Jahr 2020 mit den Werten aus M2.
2. a) Zähle auf, welche Interessengemeinschaften (Lobbys) sich in die Verhandlungen um den CO_2-Grenzwert eingeschaltet haben (Text).
   b) Beschreibe die Arbeitsweise von Lobbyisten (Text).
   c) Lies M4 und M5 und entscheide, welche Lobby die jeweilige Aussage getätigt hat. Begründe deine Einschätzung.
3. Wähle eine der Karikaturen und werte sie aus (M3).

Lobby → Seite 250

Eine Pro- und Kontra-Diskussion führen

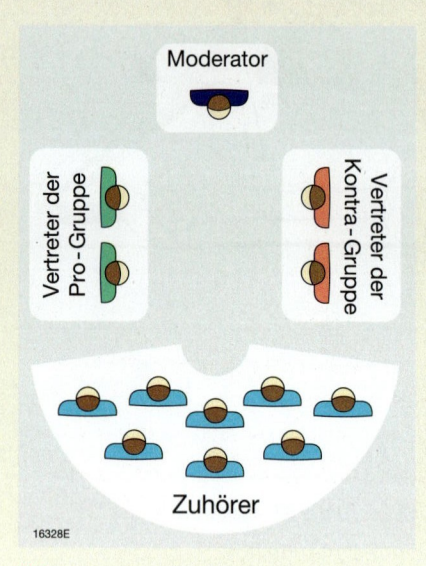

M1 Sitzordnung während der Diskussion

In einer Pro- und Kontra-Diskussion versucht man, den Gegner bzw. die Zuhörer mit Tatsachen und Argumenten von der eigenen Position zu überzeugen. Solche Diskussionen finden in verschiedenen Bereichen statt: in Unternehmen, in Vereinen, in der Schule, in Gemeinderatssitzungen und natürlich auch im Bundestag oder im Europäischen Parlament.

An einer Pro- und Kontra-Diskussion nehmen Einzelredner oder Vertreter einer Gruppe teil, die ihren Standpunkt zu einer Streitfrage vertreten.

So geht ihr vor:

Schritt 1 •

Wahl eines Themas

Geeignet sind politische Entscheidungsfragen, zu denen es unterschiedliche Einstellungen und Positionen gibt. Wichtig ist, dass die Bedeutung des Themas allen Beteiligten klar ist. Mögliche Beispiele sind:
→ Ist die Einführung der neuen Wertstofftonne sinnvoll?
→ Soll der Führerschein mit 16 eingeführt werden?

Schritt 2 ••

Vorbereitung und Informationsbeschaffung

Teilt eure Klasse in vier bis sechs Kleingruppen. Die Hälfte der Gruppen übernimmt die Pro-Position, die andere die Kontra-Position. Recherchiert nun zu dem gewählten Thema. Nutzt dazu zum Beispiel Unterrichtsmaterialien, die Bibliothek, Zeitungen oder auch das Internet.
Schreibt alle Tatsachen und Argumente, die für eure Position wichtig sind, auf. Überlegt euch auch, wie der Gegner argumentieren könnte und sucht Gegenargumente dafür.

Schritt 3 •••

Aufbau und Organisation

Jede Kleingruppe entsendet ein bis zwei Redner. Stellt die Tische und Stühle so um, dass sich die Pro- und die Kontra-Gruppe gegenübersitzen. Bestimmt einen Moderator. Dieser leitet die Diskussion und erteilt den Rednern das Wort. Die anderen sind die Zuhörer und setzen sich in einen Halbkreis.

Schritt 4 ••••

Die Diskussion führen

Der Moderator eröffnet die Diskussion und gibt einen Zeitrahmen vor. Nacheinander legen die ersten Redner der Gruppen knapp den Standpunkt ihrer jeweiligen Gruppe dar. Im Anschluss daran beginnt die offene Diskussion. Versucht, die Argumente der Gegner zu widerlegen. Der Moderator sorgt dafür, dass die Gesprächsregeln eingehalten werden.
Die Zuhörer achten auf die Argumente. In einer zweiten Runde ist es möglich, die Zuhörer mit einzubeziehen.
Am Ende der Diskussion führt der Moderator eine Abstimmung durch.

Schritt 5 •••••

Auswertung

Wertet die Diskussion aus:
→ Welchen Eindruck hat die Diskussion auf euch gemacht?
→ Wurde fair diskutiert?
→ Wurde alles Wichtige angesprochen?
→ Welche Gruppe konnte überzeugen?
→ Was kann beim nächsten Mal verbessert werden?

Begrenzung des CO_2-Ausstoßes – Gefahr für die deutsche Automobilindustrie?

> Das Autodesign, die Automarke und die Motorleistung sind den Autokäufern nicht so wichtig. Dazu kommt ein Trend zu kleinen Neuwagen. Das ergab eine repräsentative Umfrage.
>
> **Die Top 5 der Kriterien beim Autokauf im Detail:**
> Kraftstoffverbrauch: 95 % der Befragten
> Anschaffungspreis: 93 % der Befragten
> CO_2-Ausstoß: 83 % der Befragten
> Höhe der KFZ-Steuer: 72 % der Befragten
> Größe des Autos: 69 % der Befragten

M2 Fakten zum Thema Autokauf

Ein geringerer CO_2-Ausstoß ist nur durch eine verbesserte technische Ausrüstung der Autos zu erreichen. Die EU-Kommission geht von Zusatzkosten pro Fahrzeug, etwa für Start-Stopp-Systeme oder Leichtbaumaterialien, von bis zu 1100 Euro aus.

Auf die Lebenszeit eines Pkw (13 Jahre) hochgerechnet, könnten die ab 2020 geltenden Normen den Autobesitzern durch den sinkenden Kraftstoffverbrauch geschätzt zwischen 2900 und 3800 Euro sparen helfen.

Der Widerstand der deutschen Autoindustrie ist nicht nachvollziehbar. Es hat sich nämlich herausgestellt, dass die Kosten zur Verbesserung der Effizienz der Autos viel niedriger sind, als vor Jahren befürchtet. Die Warnung, dass die Preise für Neuwagen in die Höhe schießen würden, hat sich als falsch herausgestellt.

Andere Länder haben auch strenge CO_2-Grenzwerte! Die Automobilindustrie droht im Rennen um die sparsamen und sauberen Autos der Zukunft das Nachsehen zu haben, wenn sie sich weiter gegen Veränderungen sträubt.

Die deutschen Autohersteller verdienen ihr Geld vor allem mit schweren Mittel- und Oberklassemodellen sowie SUVs. Die Pläne der Europäischen Union zur CO_2-Begrenzung führen zu Schwierigkeiten und sind geschäftsschädigend.

Die Entscheidung der EU geht doch im Endeffekt zulasten der Bürger. Die neu entwickelten und dann vermutlich wieder teureren Autos können sich doch nur reiche Menschen leisten. Weniger verkaufte Autos führen zur Streichung von Arbeitsplätzen.

Die Reduzierung des CO_2-Ausstoßes ist zwingend notwendig, wenn wir die Erderwärmung in den Griff bekommen wollen. Das Problem der Arbeitsplätze ist dann nicht so wichtig.

1 *Führt eine Pro- und Kontra-Diskussion zu der Frage „Gefährden die Regelungen zur Begrenzung des CO_2-Ausstoßes die deutsche Automobilindustrie?". Nutzt dabei M2 und die Aussagen auf dieser Seite für eure Diskussion.*

M1 Glascontainer

M2 Behälter zur Mülltrennung

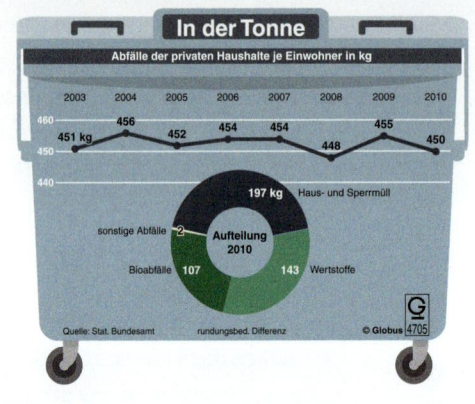

M3 Abfälle der privaten Haushalte

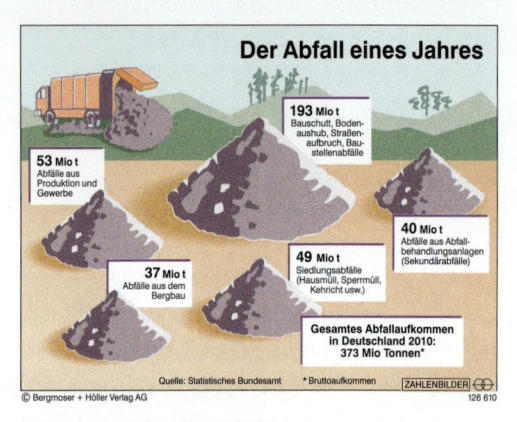

M4 Deutschlands Abfallberg

Abfallpolitik in Deutschland

Wohin mit dem Abfall?

Der Staubsaugerbeutel ist voll. Ab damit in den Müll. Und was passiert dann? – In unserer Gesellschaft entstehen große Mengen Abfall oder Müll. So bezeichnet man alle nicht mehr benötigten Stoffe aus menschlichen Siedlungen und Produktionsstätten, von denen sich die Besitzer entledigen wollen.

Bis Mitte der 80er-Jahre des letzten Jahrhunderts kam der gesamte Abfall aus Privathaushalten in eine einzige Tonne und wurde nach der Abholung auf eine Mülldeponie gekippt, egal, wie gefährlich oder wie wertvoll der Abfall war. Zu dieser Zeit gab es in Deutschland über 50 000 Mülldeponien, auf denen der Müll einfach planiert und mit einer Erdschicht abgedeckt wurde. Diese Art der Abfallbeseitigung belastet die Umwelt, da Schadstoffe über das Sickerwasser in den Boden und ins Grundwasser gelangen. Zudem entsteht bei der Verrottung der Abfälle Deponiegas, das klimaschädliches Methangas enthält.

Die Politik erkannte die Problematik und schafft seitdem immer strengere Auflagen und neue Gesetze für die Müllbeseitigung. Abfälle müssen zum Schutz der Umwelt möglichst wiederverwertet werden. Die nicht mehr verwendbaren Bestandteile werden umweltschonend beseitigt. Um dies zu ermöglichen, wird der Müll in deutschen Haushalten getrennt gesammelt.

> **ⓘ Siedlungsabfall**
>
> Siedlungsabfall ist ein Oberbegriff für bestimmte Abfälle. Dazu zählen Haushaltsabfälle, Sperrmüll, Wertstoffe, Bauabfälle, Abfälle von öffentlichen Flächen wie Straßenkehricht usw. Nicht dazu gehören Abfälle, die bei Produktionsprozessen (zum Beispiel in der Industrie) entstehen.

Im Jahr 1991 wurde in Deutschland die Verpackungsverordnung erlassen. Das war eine Trendwende, denn damit wurde die Wirtschaft erstmals verpflichtet, Verpackungen nach Gebrauch zurückzunehmen und bei deren Entsorgung mitzuwirken. Diese Verordnung ist im Laufe der Jahre immer wieder überarbeitet und verbessert worden, um sie den zeitlichen Gegebenheiten anzupassen. Heutzutage kennt jeder den Grünen Punkt, der Verpackungen kennzeichnet und darauf hinweist, dass der Hersteller für diese Verpackung die Pflichten der Verpackungsordnung übernommen hat. Diese Aufgabe übernimmt das Duale System Deutschland. Dieses privatwirtschaftliche Unternehmen organisiert die Sammlung, Sortierung und Verwertung von gebrauchten Verkaufsverpackungen.

Recycling: Neues aus Altem

Altpapier und gebrauchte Kartons	Pressen und Zerkleinern	Faserbrei in Papier-/Kartonmaschinen	Zeitungen, Kartons, Rohpapiersorten etc.
Aluminiumverpackungen	Zerkleinern und Schmelzen	Alu-Barren	Aludosen, -folien, -schalen
Getränkekartons	Zerreißen und Trennen	aus den Resten von Polyethylen und Aluminium	Zement, Aluminiumbarren
		Faserbrei	Hygienepapier, Wellpappe
Altglas	Sortieren, Zerkleinern, Sieben und Schmelzen	geschmolzenes Glas	neue Flaschen
PET-Flaschen	Zerkleinern, Waschen und Trennen	Granulat	neue PET-Flaschen, Vlieskleidung, Becher etc.
Kunststoffe (sortiert, z.B. Flaschen)	Zerkleinern, Waschen, Trennen und Umschmelzen	Granulat	Blumenkästen, Rohre, Folien etc.

Quelle: Der Grüne Punkt

M5 Neue Produkte aus alten Materialien

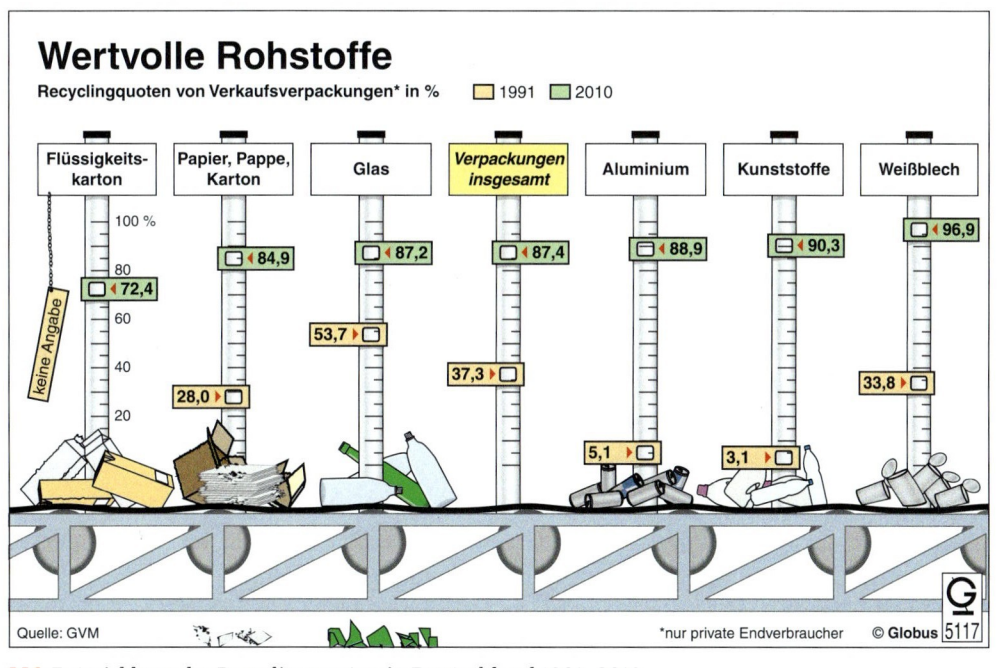

Wertvolle Rohstoffe

Recyclingquoten von Verkaufsverpackungen* in % — 1991, 2010

- Flüssigkeitskarton: keine Angabe / 72,4
- Papier, Pappe, Karton: 28,0 / 84,9
- Glas: 53,7 / 87,2
- Verpackungen insgesamt: 37,3 / 87,4
- Aluminium: 5,1 / 88,9
- Kunststoffe: 3,1 / 90,3
- Weißblech: 33,8 / 96,9

*nur private Endverbraucher

Quelle: GVM © Globus 5117

M6 Entwicklung der Recyclingquoten in Deutschland 1991–2010

Recycling
engl.: Rückführung; benutzte Materialien werden wiederverwertet und wiederaufbereitet, um neue Produkte herzustellen. Recycling bezeichnet also die stoffliche Verwertung von Abfällen. Durch Recycling sollen die immer knapper werdenden Rohstoffe geschont werden.

1. a) Erkläre, warum Müll nicht mehr einfach auf Deponien gekippt werden darf (Text).
   b) Beschreibe die Zusammensetzung des jährlich entstehenden Müllberges (M3, M4).
   c) Recherchiere, wie die Mülltrennung in deiner Gemeinde organisiert ist (M1, M2). Berichte der Klasse.
2. a) Beschreibe, welche Produkte sich durch Recycling aus Abfällen herstellen lassen (M5).
   b) Erkläre, was der Grüne Punkt auf Verpackungen bedeutet (Text, M7).
3. Erörtere die Entwicklung der Recyclingquoten einzelner Wertstoffe in Deutschland (M6).

M7 Der Grüne Punkt des Dualen Systems Deutschland

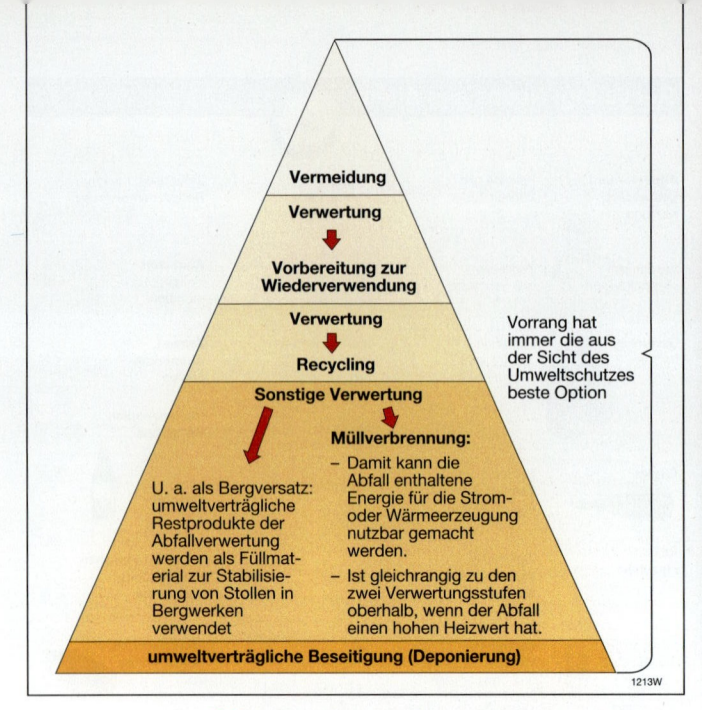

M1 Fünfstufige Abfallhierarchie: Vermeiden, Verwerten, umweltfreundlich beseitigen

M2 Die neue „Wertstofftonne" soll bald vor jeder Haustür stehen.

Das neue Kreislaufwirtschaftsgesetz

Seit Mitte 2012 gilt das neue Kreislaufwirtschaftsgesetz, mit dem das deutsche Abfallrecht modernisiert wurde. Dieses Gesetz sieht die Einführung einer sogenannten Wertstofftonne bis zum Jahr 2015 vor.

Ziel dieses Gesetzes ist eine nachhaltige Verbesserung des Umwelt- und Klimaschutzes. Erreicht werden soll dies durch Abfallvermeidung, Stärkung des Recyclings und vor allem eine effizientere Nutzung von Rohstoffen in der Abfallwirtschaft. Das Motto lautet: „Abfall nutzen – Ressourcen schonen".

Wie auch schon in der Vergangenheit, entscheiden die Kommunen darüber, was mit dem Abfall passiert. Sie können die Wertstoffe der Haushalte durch die kommunalen Entsorgungsbetriebe selbst erfassen und verwerten. Wenn sie dies nicht leisten können oder wollen, können sie diese Aufgaben in die Hände privater Abfallunternehmen geben.

Die technische Entwicklung von Elektro- und Elektronikgeräten verläuft rasant, und die Hersteller bieten uns regelmäßig neue und leistungsfähigere Geräte an. In den letzten Jahren sind in der Folge immer mehr ausgediente Videorekorder, Kühlschränke und zahlreiche andere Elektrogeräte auf den Müll gewandert. Wertvolle Ressourcen werden so verschwendet, und gesundheitsschädliche Stoffe gelangen in die Umwelt.

Verbraucher können seit dem 24. März 2006 ihre Altgeräte kostenlos bei kommunalen Sammelstellen abgeben. Die Hersteller sind verpflichtet, die dort gesammelten Geräte zurückzunehmen und nach dem Stand der Technik sicher zu entsorgen. Seit dem 1. Juli 2006 dürfen auch bestimmte gefährliche Stoffe bei der Produktion neuer Geräte nicht mehr verwendet werden. Das ist eine gute Nachricht für Umwelt und Gesundheit: So werden Rohstoffe geschont und Belastungen mit Schadstoffen vermieden.

M3 Das Elektro- und Elektronikgerätegesetz

Abfall – Rohstoffquelle der Zukunft?

Seltene Metalle wie Gold, Silber, Platin oder die sogenannten „Seltenen Erden" werden immer knapper und damit auf dem Weltmarkt immer teurer. Die Industrie benötigt diese aber im Hightech- und Elektronikbereich, um beispielsweise Handys, Motoren oder medizinische Geräte herzustellen. Um nicht allein von der Einfuhr dieser teuren Rohstoffe abhängig zu sein, versucht man diese Metalle aus Elektroschrott zurückzugewinnen.

> *Das neue Abfallrecht ist ein bedeutsamer Schritt auf dem Weg zu einer echten Kreislaufwirtschaft. … Die Kreislaufwirtschaft wird damit zu einem wichtigen Baustein für die konsequente Verbindung von Ökonomie und Ökologie. Die Zukunft gehört einer Wirtschaft, die Ressourcen nicht verschwendet, sondern intelligenter produziert – mit einer Ökonomie, die Abfall noch viel stärker als echten Wertstoff nutzt.*

M4 Aus einer Pressemitteilung des Bundesumweltministeriums (2011)

> *Als China vor einigen Jahren die Lieferung bestimmter Seltener Erden einschränkte, musste in manchen Werken in Deutschland zeitweise die Produktion gedrosselt werden. Wenn das so weitergeht, könnte Deutschland das Material ausgehen. Eines wird aber vernachlässigt: Diese Rohstoffe gibt es längst bei uns. Sie liegen vor unserer Haustür, lagern in unseren Schubladen, sind verschüttet in unseren Abfällen.*
>
> *In einer Tonne Elektronikplatinen, wie sie sich in Computern, Handys oder LCD-Bildschirmen finden, stecken unter anderem 200 g Gold, 300 g Silber und 150 kg Kupfer. Dies zurückzugewinnen ist viel wirtschaftlicher, als in einer herkömmlichen Mine zu schürfen. Beispiel Kupfer: Um eine Tonne davon aus der Erde zu holen, müssten tausend Tonnen Gestein bewegt, aber nur etwa sieben Tonnen Platinen recycelt werden.*
>
> *Wenn der gesamte Elektroschrott in Deutschland recycelt würde, könnte man den Rohstoffbedarf der Industrie etwa zur Hälfte decken, momentan sind es nur 14%. Würden alle werthaltigen Rohstoffe recycelt, könnte Deutschland 90 Milliarden Euro pro Jahr an Rohstoffimporten einsparen. Aber ausgerechnet in Deutschland kommt ein Großteil des wertvollen Elektroschrotts niemals bei den entsprechenden Recyclinganlagen an.*

M5 Der verlorene Schatz – Auszug aus einem Artikel in „Die Zeit" (2012)

1 a) Beschreibe in vollständigen Sätzen, was mit unseren Abfällen geschehen soll (Text, M1).
b) Nenne die übergeordneten Ziele der Kreislaufwirtschaft (Text, M1).
c) Begründe, inwiefern das Motto: „Abfall nutzen – Ressourcen schonen" mit M1 übereinstimmt.

2 a) Recherchiere, welche Abfälle zukünftig über die neue Wertstofftonne entsorgt werden sollen (M2).
b) Informiere dich über den aktuellen Stand zur Einführung der Wertstofftonne.

3 a) Beschreibe die Entwicklung, die zur Schaffung eines Elektro- und Elektronikgerätegesetzes geführt hat (M3).
b) Gib den Inhalt des Elektro- und Elektronikgerätegesetzes wieder (M3).

4 Erkläre, warum Abfall als Rohstoffquelle der Zukunft bezeichnet wird (Text, M4, M5).

5 Formuliere für jeden der drei Absätze von M5 eine Hauptaussage.

6 Erörtere, inwiefern Ökonomie und Ökologie in der Kreislaufwirtschaft miteinander verbunden sind (Text, M1–M5).

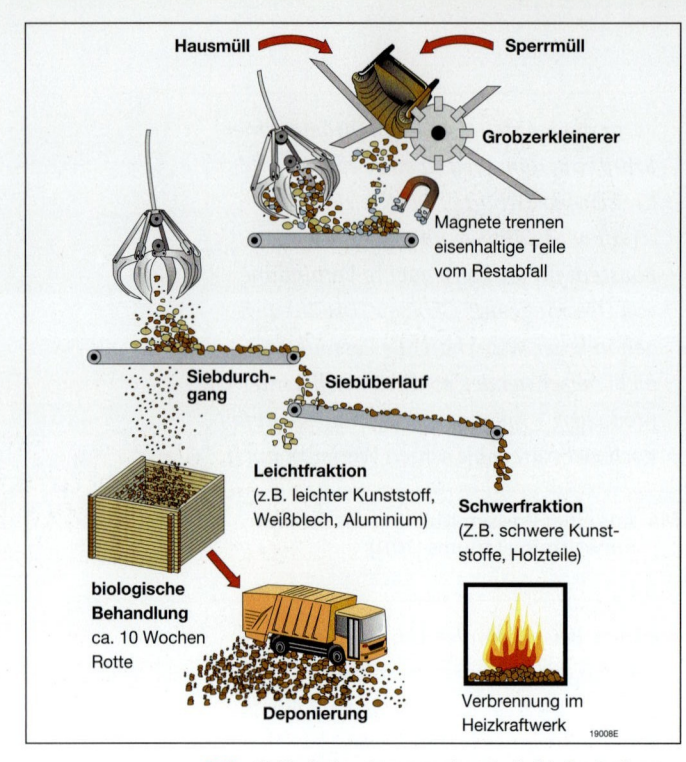

M1 Abläufe in einer mechanisch-biologischen Abfallbehandlungsanlage (MBA)

Dioxine
Bezeichnung für chemische Verbindungen, die bei der Herstellung von Produkten mit Chlor oder bei Verbrennungen entstehen. Sie gehören zu den giftigsten Stoffen überhaupt.

Was am Ende übrig bleibt: Restmüll

Der Abfall, der nach Ausschöpfung aller Möglichkeiten zur Abfallverwertung übrig bleibt, ist der Restmüll. Dazu gehören zum Beispiel verschmutztes Papier, alte Stifte, Kinderspielzeug, Windeln oder zerbrochenes Porzellan. Um auch den Restmüll so weit wie möglich zu nutzen, gibt es zwei Wege.

Ein Teil wird direkt in Müllverbrennungsanlagen (MVA) gebracht. Dort wird der Müll aber nicht einfach verbrannt. Durch die Verbrennung wird Energie gewonnen. Diese wird zur Stromerzeugung oder als Fernwärme genutzt. Nach der Verbrennung bleiben Schlacken und aus dem Abgas ausgefilterte Schadstoffe als Restprodukte übrig. Diese werden auf Deponien gelagert.

Lange Zeit galten Müllverbrennungsanlagen als Vergifter der Umwelt, weil sich in den Abgasen Dioxine fanden. Die heutigen Anlagen sind allerdings mit neuen Brenntechniken und Filteranlagen ausgestattet. So ist der Dioxinausstoß einer MVA heute niedriger als der von Kaminen aus Privathaushalten.

Der Energiewert des dort verbrannten Mülls ist genauso hoch wie der von Braunkohle. Mithilfe der Brennwärme wird Wasser erhitzt. Der dabei entstehende Wasserdampf treibt eine Turbine an, die Strom erzeugt.

Der Weg des größeren Teils des Restmülls führt in mechanisch-biologische Abfallbehandlungsanlagen (MBA). Dort wird der Müll in mehreren Arbeitsschritten sortiert, zerkleinert und – wenn möglich – verwertet. Auch hier bleiben Reste übrig, die auf Deponien abgelagert werden.

> *Recycling ist ein mühevolles Geschäft, das nur dann Sinn macht, wenn man nicht mehr Energie reinsteckt, als man hinterher an Energie gewinnen kann. Auch die Verbrennung kann nicht alles: Ihre Aufgabe ist es, organische Schadstoffe zu zerstören und anorganische Schadstoffe für die Deponie zu verdichten. Recycling und Verbrennung gehören – bis wir etwas Besseres gefunden haben – zusammen.*

M2 Auszug einer Rede auf einer Fachtagung zum Thema Abfallwirtschaft (2012)

---

1. a) Fasse zusammen, welche zwei Wege unser Restmüll nimmt (Text).
   b) Beschreibe, was mit dem Müll in einer mechanisch-biologischen Abfallbehandlungsanlage passiert (M1).
2. a) Begründe die Aussage: „Moderne Müllverbrennungsanlagen sind umweltverträglich" (Text).
   b) Lies M2 und wähle aus den folgenden drei Sätzen die Aussage heraus, die den Inhalt am besten wiedergibt. Begründe deine Entscheidung.
      – Alle Bestandteile unseres Mülls müssen um jeden Preis recycelt werden.
      – Momentan braucht die deutsche Abfallwirtschaft MVA und MBA im Doppelpack.
      – Die Abfallverbrennung ist dem Recycling vorzuziehen.

Umweltpolitik vor Ort

Die Lokale Agenda 21

Die 1992 verabschiedete Agenda 21 nimmt alle Staaten und ihre Bürger in die Pflicht, etwas für die nachhaltige Entwicklung zu tun. Unter dem Motto „Global denken – lokal handeln" haben viele Kommunen eigene Lokale Agenda 21-Programme entwickelt.

In Zusammenarbeit mit interessierten Bürgern, örtlichen Vereinen, Betrieben oder auch Schulen werden konkrete Vorschläge für einen nachhaltigen Lebensstil entwickelt. Diese beschränken sich aber nicht nur auf ökologische Aspekte, sondern umfassten auch den sozialen und den wirtschaftlichen Bereich.

Oft werden Arbeitsgruppen zu verschiedenen Themen, wie beispielsweise Stadtentwicklung, Verkehr oder Energie, gebildet. Diese sammeln Ideen und formulieren Aufgaben und konkrete Maßnahmen, die erledigt werden müssen, um dem Ziel einer nachhaltigen Entwicklung näher zu kommen. Diese Vorschläge lassen sich nicht immer sofort in die Tat umsetzen. Die Umsetzung einiger Vorhaben ist auf Jahre angelegt.

Persönlicher Beitrag zum Umweltschutz (Mehrfachnennungen möglich)	
– sorgsamer Umgang mit Müll	65%
– sparsamer Umgang mit Energie	26%
– sparsames, umweltbewusstes Autofahren	24%
– umweltfreundliches Verkehrsverhalten	20%
– umweltfreundliches Konsumverhalten	13%
– sparsamer Umgang mit Trinkwasser	9%
– umweltfreundliches Bauen und Renovieren	4%

M4 Umweltschutz im Alltag (Umweltstudie 2006)

M3 Beispiel für Gruppen zur Lokalen Agenda 21 in Niedersachsen

- Gezielte Entsiegelung von Verkehrsinseln und öffentlichen Plätzen
- Stärkere Förderung ökologischen Bauens und Sanierens
- Förderung von Mitfahrgelegenheiten, Fahrgemeinschaften, Carsharing
- Bei Sonderaktionen (an ausgewählten Tagen) Halbierung der Bus- und Straßenbahnpreise
- Autofreie Sonntage
- Verzicht auf Spritzmittel bei der Pflege von Sportanlagen
- Natur-AGs an Grundschulen
- Umsetzung des Wassersparkonzepts
- Errichtung einer Kinder- und Jugendfarm mit Tierhaltung

M5 Auswahl von Handlungsempfehlungen der Lokalen Agenda 21 der Stadt Mainz

Agenda 21
Ein Aktionsprogramm für das 21. Jahrhundert in Form eines Leitpapiers zur nachhaltigen Entwicklung, beschlossen von 172 Staaten auf der Konferenz für Umwelt und Entwicklung der Vereinten Nationen (UNCED) in Rio de Janeiro (1992)

Lokal
hier: auf die eigene Gemeinde bezogen

---

3 a) Beschreibe, was Lokale Agenda 21-Programme sind (Text, M5).
   b) Ermittle für fünf Handlungsempfehlungen das jeweils verfolgte Ziel mit Hinblick auf eine nachhaltige Entwicklung (M5).
   c) Erkundigt euch, ob es in eurer Gemeinde bzw. Stadt eine Lokale Agenda 21 gibt. Ladet einen Vertreter ein, der über seine Arbeit berichtet.

4 Nenne Beispiele, wie man im Alltag nachhaltiger handeln kann (M4, M5).

Wir entwickeln eine Schulagenda

Um umweltpolitisch aktiv zu werden und einen Beitrag zur nachhaltigen Entwicklung zu leisten, kann jede Schule selbst eine Agenda mit Handlungsempfehlungen entwerfen. Tragt eure Ideen der Schülervertretung, dem Hausmeister, dem Schulvorstand, dem Schulträger oder Fachleuten vor. Umweltschutzideen finden leicht Unterstützer. Für Schulen gibt es im Rahmen des Projekts „Umweltschule" überdies die Möglichkeit, die Auszeichnung „Umweltschule in Europa" zu erlangen.
So geht ihr vor:

M1 Logo Umweltschule in Europa

Schritt 1 ●

Beobachtungen sammeln
Bestimmt sind euch an eurer Schule oder auf dem Schulgelände im Alltag schon Dinge aufgefallen, die im Sinne einer nachhaltigen Entwicklung verbessert werden können: Klassenräume, in denen stets zu hohe Temperaturen herrschen, hell erleuchtete Räume, in denen sich niemand aufhält, oder der komplett versiegelte Schulhof. Erkundet das Gebäude und das Schulgelände. Notiert alle eure Beobachtungen.

Schritt 2 ●●

Beobachtungen in Themenfelder einteilen
Ordnet eure Beobachtungen verschiedenen Themenbereichen wie beispielsweise Energie, Müll, Verkehr oder Schulhof zu. Sucht euch zunächst zwei oder drei Themen aus, zu denen ihr Arbeitsgruppen bildet und die ihr in eure Agenda aufnehmen wollt.

Schritt 3 ●●●

Agenda erstellen
→ Formuliert die aufgelisteten Missstände oder Mängel in positive Ziele um.
→ Ergänzt in eurer Agenda anschließend weitere Ideen.

M2 Schülerinnen und Schüler suchen in ihrer Schule nach Missständen.

Missstände
- *Viele Räume werden überheizt.*
- *Die Schüler verursachen zu viel Müll.*
- *Das Wasser an den Waschbecken läuft oft unnötig, weil einige Schüler den Wasserhahn nicht abdrehen.*
- *Im Umfeld der Schule liegt sehr viel Müll herum.*

Unabhängig von ihrer Ausgangssituation und ihrer Schulform können alle Schulen die begehrte Auszeichnung ... erhalten, wenn sie innerhalb der zweijährigen Projektzeit ein selbst entwickeltes Konzept zur Verbesserung ihrer Umweltverträglichkeit erfolgreich umsetzen konnten. ... Eine Vielzahl von Themen und Inhalten eignen sich dafür, im „Umweltschule"-Projekt bearbeitet zu werden:
- *Abfall, Recycling, Vermeiden und Vermindern von Müll,*
- *sparsamer Umgang mit Energie, alternative Energienutzung,*
- *Artenvielfalt auf dem Schulgelände oder im regionalen Umfeld,*
- *sparsamer Umgang mit Wasser, Wasser als kostbares Gut.*

M3 Das Projekt „Umweltschule in Europa"

Unsere Ziele
- *Wir wollen sinnvoller heizen.*
- *Wir wollen den Müllberg verkleinern.*
- *Wir wollen sparsamer mit Wasser umgehen.*
- *Wir wollen ein sauberes Schulumfeld.*

Schritt 4

Maßnahmen planen

Mithilfe eurer formulierten Ziele könnt ihr nun Maßnahmen zur Lösung der bestehenden Probleme entwickeln. Recherchiert dazu im Internet. Viele Schulen engagieren sich bereits in diesem Bereich und haben konkrete Handlungsprogramme entwickelt.

Einige Vorschläge werden sich ganz einfach umsetzen lassen, wie beispielsweise das Einrichten von Energiesparteams oder das Anbringen von Hinweisschildern, die daran erinnern, beim Verlassen des Raumes das Licht auszuschalten. Aufwendigere Vorhaben brauchen mehr Zeit und verlangen mehr Vorbereitung.

Richtig lüften, gesund wohnen

- Richtiges Lüften vermeidet Feuchtigkeitsschäden in Wohnräumen
- Falls Fenster auf der Innenseite anlaufen, sofort kräftig lüften
- Auch in wenig benutzten Räumen die Radiatoren nicht abstellen
- Intensiv lüften nach jedem Duschen, Baden oder Kochen mit geschlossener Türe
- Luftzirkulation von Heizkörpern nicht behindern
- Keine Wäsche in der Wohnung trocknen
- Möbel nicht an Aussenwände stellen

Stosslüftung
Korrektes, effizientes Lüften
Zeit: 5–10 Minuten
3-mal täglich

Querlüftung
Korrektes, effizientes Lüften
Zeit: 5–10 Minuten
3-mal täglich

Dauerlüftung
Geringe Wirkung (Fenster in Kippstellung)
Sehr hoher Energieverlust
Schimmelbildung an der Decke möglich
3-mal täglich

M5 So könnte ein Plakat für den Klassenraum aussehen.

---

www.umweltschule-niedersachsen.de
www.umweltschulen.de
www.greenpeace.de
www.wwf.de
www.bund.net
www.nabu.de

M4 Hilfreiche Internetseiten zum Thema

Schritt 5

Maßnahmen umsetzen

Legt namentlich fest, wer für die Ausführung der einzelnen Maßnahmen verantwortlich ist und bis wann sie umgesetzt sein sollen. Verbindliche Absprachen sind notwendig, damit die Umsetzung der Agenda an eurer Schule ein Erfolg wird.

M6 Angeschaffte Behälter zur Mülltrennung

Beispiele für Maßnahmen:	verantwortlich	kurzfristig umsetzbar	langfristig umsetzbar
1) Anschaffung von Behältern zur Mülltrennung	Lara		X
2) Bildung von Energiesparteams in allen Klassen	Tim	X	
3) Gestaltung von „Richtig Lüften"-Plakaten für alle Klassen	Deniz	X	
4) Ausstellung „umweltfreundliche Schultasche" organisieren	Eda		X
5) Umstellung auf energiesparende Leuchtmittel im Gebäude	Marie		X

Umweltpolitik als Herausforderung

1 Begriffepuzzle

① Globalisierung ...

② Agenda ...

③ Ökologie ...

④ Nachhaltigkeit ...

⑤ Lobby ...

⑥ Der Energieausweis ...

⑦ Schwellenländer ...

⑧ Ökonomie ...

ⓐ ... sind Länder, die sich mit Hinblick auf ihren Entwicklungsstand auf dem Sprung zu einem Industrieland befinden.

ⓑ ... gibt Auskunft über den Energiebedarf eines Gebäudes.

ⓒ ... beschreibt die Veränderung der Weltwirtschaft, die über alle Ländergrenzen hinweg führt. Sie findet aber auch im kulturellen Bereich statt.

ⓓ ... ist die Wissenschaft von den Wechselbeziehungen zwischen den Lebewesen und ihrer Umwelt. Gleichzeitig bezeichnet der Ausdruck den ungestörten Haushalt der Natur.

ⓔ ... kann übersetzt werden mit Wirtschaftlichkeit.

ⓕ ... ist ein anderes Wort für eine politisch agierende Interessengruppe.

ⓖ ... gilt als Leitbild für eine zukunftsfähige Entwicklung. Diese befriedigt die Bedürfnisse der heutigen Generationen, ohne zu riskieren, dass künftige Generationen ihre Bedürfnisse nicht befriedigen können.

ⓗ ... heißt „was zu tun ist". Der Begriff bezeichnet eine Aufstellung von Gesprächspunkten oder Maßnahmen, die es abzuarbeiten gilt.

2 ↪ Das Energie-Domino

Setze die passenden Dominokarten zusammen und schreibe den Text in dein Heft.

| START | Um Energie zu gewinnen verwenden wir hauptsächlich ... |

| ... wie Sonne, Wind oder Biomasse genutzt, um die Menschen mit Strom und Wärme zu versorgen. | ENDE |

| ... dass bei deren Verbrennung das Treibhausgas Kohlendioxid freigesetzt wird. | Die Atmosphäre heizt sich auf, sodass ... |

| ... Millionen Jahren aus Abbauprodukten von toten Pflanzen. | Die Nutzung der fossilen Energien hat Nachteile. Das Hauptproblem ist, ... |

| ... Rohstoffe aus der Natur wie Kohle, Erdgas oder Erdöl. | Dies sind sogenannte fossile Brennstoffe. Sie entstanden vor ... |

| ... das Klima immer wärmer wird. | Zum Schutz der Umwelt werden zunehmend erneuerbare Energiequellen |

3 Aktiv werden für die Umwelt

Du bist über ein Wochenende bei Familie Verschwendung zu Besuch und beobachtest verschiedene Verhaltensweisen, die dich den Kopf schütteln lassen. Notiere, was du den einzelnen Personen sagen würdest.

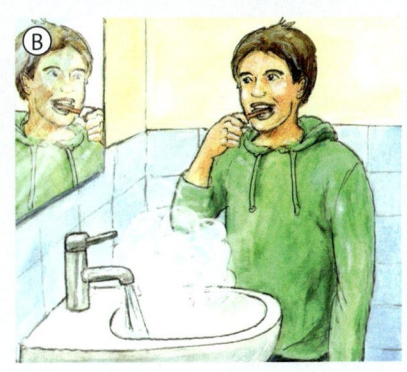

4 Deine Meinung ist gefragt!

Ist doch egal, was ich mache! Was kann ich alleine schon tun …

Diesen oder ähnliche Sätze hört man oft, wenn es um den Schutz der Umwelt geht. Finde vier Argumente, die man gegen diese Aussage stellen kann.

5 Karikaturen auswerten

Wähle eine der beiden Karikaturen und werte sie aus.

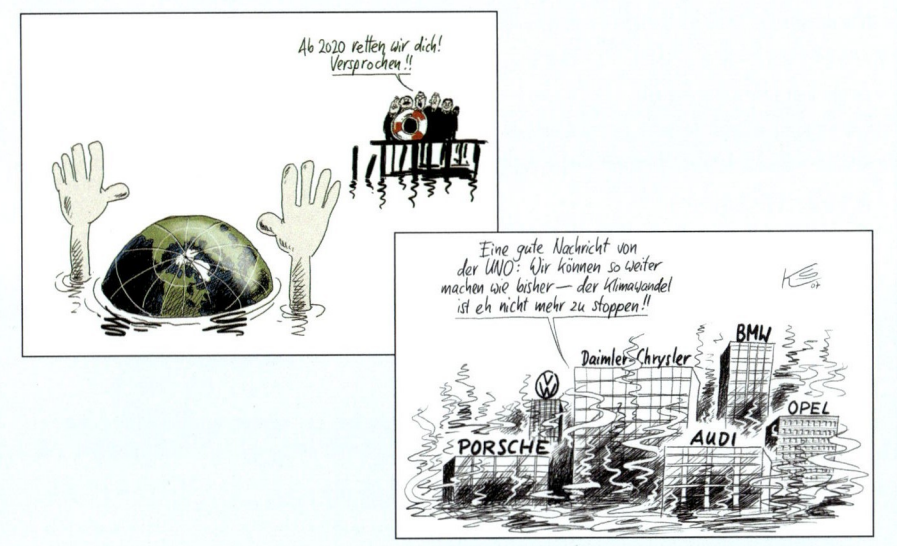

Ab 2020 retten wir dich! Versprochen!!

Eine gute Nachricht von der UNO: Wir können so weiter machen wie bisher — der Klimawandel ist eh nicht mehr zu stoppen!!

Grundbegriffe:

**Agenda 21
Emission
Energiepass
Entwicklungs-/
Schwellen-/
Industrieländer
erneuerbare Energien
fossile Brennstoffe
globale Erderwärmung
Globalisierung
Kreislaufwirtschaft
Lobby
nachhaltige
Entwicklung
Ökologie
Ökonomie
Recycling
Ressourcen**

Wissen und Können

Minilexikon

A

Adressat
Empfänger

akzeptieren
annehmen, billigen

Allgemeinwohl
Bezeichnung für den Zustand aller Menschen in einem Staat

Alliierter
Verbündeter

alternativ
wahlweise; Wahlmöglichkeiten zwischen mindestens zwei Wegen

Anglikanische Kirche
Religionsgemeinschaft in Großbritannien

Andreher
Arbeiter an einer Spinnmaschine

Anilin
chemisches Produkt, das u. a. zur Herstellung von Kunststoffen und Farben verwendet wird

antisemitisch
judenfeindlich

Arbeiterrat
politischer Zusammenschluss von Arbeitern, die am Ende des Ersten Weltkrieges in Deutschland die Macht übernehmen wollten

Asyl
Zufluchtsstätte für Verfolgte

Auflage
Anzahl gedruckter Bücher oder Zeitungen

Azteken
mexikanischer Indianerstamm – durch die Spanier ausgerottet

Aggression
Angriff, Angriffsverhalten oder feindlich – angreifende Äußerungen

Arbeiterbewegung
Organisation von Arbeitern in Gewerkschaften, Arbeiterparteien und anderen Verbänden

Arbeiterwohlfahrt
Wohlfahrtsverband, der sozial schlechter gestellte Menschen unterstützt; ursprünglich von Arbeitern gegründet

Armutsrisikoquote
Wahrscheinlichkeit, wie schnell man arm werden kann

B

Ballungsgebiet
dicht besiedeltes Gebiet mit hoher Dichte an Wohngebäuden, Betrieben und Verkehrswegen

Banner
Fahne

Begnadigung
Erlass einer Strafe

Bildungswesen
Schulen, Hochschulen, Universitäten

Bürgeramt
Amt in der Gemeinde- oder Stadtverwaltung für die Einreichung und Bearbeitung von Anträgen

Bürgerliches Gesetzbuch (BGB)
die wichtigste Quelle des deutschen Privatrechtes; trat am 1.1.1900 in Kraft

C

Carein
andere Bezeichnung für Ablass

Caritas
katholische Wohlfahrtsorganisation

Clique
Gruppe von Freunden

Contergan
In den Jahren 1957 bis 1961 verkauftes Schlaf- und Beruhigungsmittel. Es führte bei Einnahme in den ersten Monaten der Schwangerschaft zu schweren Missbildungen der Kinder im Mutterleib.

D

DDR
neben der Bundesrepublik bis zur Wiedervereinigung (3.10.1990) der zweite Teilstaat Deutschlands. Die DDR wurde am 7.10.1949 als Antwort auf die Gründung der Bundesrepublik auf dem Gebiet der sowjetischen Besatzungszone gegründet.

definieren
einen Begriff bestimmen

Deckung
Sicherheit, die bei einem Kredit gestellt wird

Dekolonisation
Dieser Vorgang meint die friedliche oder gewaltsame Durchsetzung der Unabhängigkeit und Selbstständigkeit von Kolonien und die Auflösung der europäischen Kolonialreiche seit 1945.

Delegierter
Abgeordneter

Deutscher Bund
loser Zusammenschluss von unabhängigen deutschen Einzelstaaten und freien Reichsstädten; wurde auf dem Wiener Kongress 1815 ins Leben gerufen und bestand bis zum Krieg zwischen Österreich und Preußen 1866

Deutsches Reich
bestand von 1871 bis 1918 als konstitutionelle Monarchie; nach dem Zusammenbruch durch den Ersten Weltkrieg wurde die Weimarer Republik gegründet. Diese endete 1933.

Dienstleistungen
Leistungen in den Bereichen Handel und Verkehr, private Dienstleistungen wie Banken, Versicherungen, Wissenschaft, Kunst, Gesundheitswesen, Sport und öffentliche Verwaltung

diplomatisch
geschickt im Verhandeln

Dividende
Gewinnausschüttung

Domprobstei
früher: Land und Dörfer, die ein Domprobst (Geistlicher) verwaltete

Dosierung
hier: Menge einzunehmender Medikamente

Dragoner
berittener Soldat

Dreifelderwirtschaft
bis zum 18. Jahrhundert übliches Anbausystem; es wurde abwechselnd Sommer- und Wintergetreide angebaut. Ein Drittel der Anbaufläche wurde, um den Boden zu schonen, ungenutzt liegen gelassen.

Dreiklassenwahlrecht
Von 1849 bis 1918 wurden in Preußen alle wahlberechtigten Männer jedes Wahlkreises in drei Klassen eingeteilt, die jeweils ein Drittel des Steueraufkommens aufbrachten. Somit hatten die wenigen Menschen, die die höchsten Steuern zahlten, wesentlich mehr Einfluss auf das Wahlergebnis als die Masse.

Dynamo
Maschine zur Stromerzeugung

E

Edikt
Erlass, Verordnung

Effizienz
Verhältnis zwischen einem definierten Nutzen und dem Aufwand, der zu dessen Erreichung notwendig ist

Engagement
intensiver Einsatz für eine Sache

Erster Konsul
in Frankreich: höchster Beamter während der Revolution

Erwerbsunfähigkeit
gesundheitlicher Zustand, in dem man seinen Beruf nicht ausüben kann

F

faschistisch
Bezeichnung von rechtsradikalen Diktaturen

Feudalismus
Bezeichnung für das im Mittelalter entstandene und bis ins 19. Jahrhundert gültige Wirtschafts- und Gesellschaftssystem. Grundlage war das Lehnswesen, bei dem Land vom Lehnsherr an den adligen Lehnsmann (Vasall) verliehen wurde.

Flachs
Faser- und Nahrungspflanze (Leinöl)

Flugblatt
Blatt, das eine Mitteilung oder Meinung transportiert und verbreitet

freies Geleit
gerichtliche Zusicherung an einen Beschuldigten, ihn vor einem Urteil nicht zu verhaften

Frondienst
zwangsweise erbrachte und nicht bezahlte Dienstleistung, z. B. von Bauern für ihren Grundherrn

Fruchtwechselwirtschaft
Seit dem 18. Jh. gingen die Bauern dazu über, die Felder abwechselnd mit Getreide, Klee und Kartoffeln zu bebauen, damit der Boden möglichst optimal genutzt wird.

Führungsposition
leitende Stellung in einem Unternehmen, z. B. Chef eines Betriebes

Fürsten
Adel, der an der Herrschaft des Reiches beteiligt war. Unter ihnen gab es Grafen, Markgrafen und Herzöge sowie Bischöfe und Erzbischöfe.

G

Geburtenrate
Anzahl der Geburten pro Familie

gemeinnützig
Tätigkeit für die Allgemeinheit, meist unentgeltlich

Gendarm
Polizist

Generalstände
Versammlung von gewählten Vertretern der Stände (Geistlichkeit, Adel, Bürger und Bauern) in Frankreich

Giftgas
Waffe, die zum ersten Mal im Ersten Weltkrieg eingesetzt wurde

Gravitationszentrum
Mittelpunkt des Feldes der Schwerkraft

Großindustrieller
Inhaber großer Fabriken und Werke

Gutsuntertänigkeit
Abhängigkeit der Bauern von ihrem Gutsherrn

H

Hambacher Fest
Massenkundgebung, an der 30 000 Menschen teilnahmen; sie fand im Mai 1832 auf dem Hambacher Schloss bei Neustadt an der Weinstraße statt. Die Teilnehmer forderten u. a. die Einheit Deutschlands.

Hand- und Spanndienste
Früher zwangen Gutsherren ihre Bauern zu unentgeltlicher Ernte und Jagdhilfe sowie zu Ackerbestellung und Baufuhren.

Hartz IV
andere Bezeichnung für Arbeitslosengeld II

Haufen
Heere von Bauern während des Bauernkrieges 1524/25

Heiliges Römisches Reich Deutscher Nation
Herrschaftsbereich der römisch-deutschen Kaiser vom Mittelalter bis 1806

Hochofen
Industrieanlage zur Gewinnung von Eisen

Hochverrat
Straftat mit der Absicht, den Bestand der Bundesrepublik Deutschland zu beeinträchtigen oder die verfassungsmäßige Ordnung zu ändern

Hörige
Bauern liehen sich vom Grundherrn Land. Dafür mussten sie Abgaben und Dienste leisten. Der Hörige bearbeitete den Boden selbstständig, war aber an ihn gebunden.

Hugenotten
seit 1560 Bezeichnung für französische Protestanten

humanitär
menschlich

Hungerlohn
Vergütung, deren Höhe in einem auffälligen Missverhältnis zur erbrachten Arbeitsleistung steht

I

Immobilien
z. B. Häuser, Grundstücke

Imperialismus
Politik eines Staates mit dem Ziel, seine Herrschaft auf andere Staaten auszudehnen. Von 1880–1914 kolonisierten viele europäische Staaten gewaltsam Gebiete in Afrika und Asien. Befreiungsversuche der Einheimischen wurden blutig niedergeschlagen.

Industrierevier
Gebiet mit vielen Industriebetrieben (z. B. Ruhrgebiet)

Innere Mission
evangelische Wohlfahrtsorganisation

Internationale
internationale Vereinigung der sozialistischen Parteien

Inspektion
Überprüfung

Instruktion
Belehrung

Intoleranz
Menschen dulden andere Meinungen, Vorstellungen und Werte, die von ihrer eigenen oder der herrschenden Meinung abweichen, nicht.

J

Jüngstes Gericht
Nach jüdischem, christlichem und islamischem Glauben findet am Ende der Welt ein abschließendes göttliches Gericht über alle Lebenden und Toten statt.

Jugendgerichtsgesetz
Für Jugendliche gelten im Strafverfahren andere Bestimmungen als für Erwachsene. Die Gerichtsverhandlungen sind nicht öffentlich. Zudem können Erziehungsmaßnahmen, die nicht als Strafe gelten, verhängt werden. Der Jugendliche gilt dann nicht als vorbestraft.

Kadett
Zögling einer militärischen Erziehungsanstalt zur Vorbereitung auf eine militärische Karriere, z. B. als Offizier; noch im 19. Jahrhundert kamen schon Kinder in Kadettenanstalten.

K

Kaiser
Die deutschen Könige zogen im Mittelalter nach Rom, um sich vom Papst zum Kaiser krönen zu lassen. Sie erhielten somit den höchsten weltlichen Titel.

Kampagne
in der Werbung: zeitlich befristete Aktion

Ketzer
Männer oder Frauen, die eine vom katholischen Glauben abweichende Meinung oder Lehre vertraten. Sie wurden deshalb von der Kirche verfolgt, oft angeklagt

Minilexikon

und zum Tode verurteilt oder zwangsbekehrt.

Klerus
Geistlichkeit

Knappschaft
Krankenkasse für Bergleute

Kolonialismus
europäische Länder dehnten seit dem 15. Jh. ihre Macht auf außereuropäische Länder aus, vor allem um sie wirtschaftlich auszubeutenr

Kommunismus, kommunistisch
politische Idee von einer Gesellschaft, in der alle Menschen in Freiheit und Gleichheit leben, denen alles gemeinsam gehört

Konfession
Zugehörigkeit zu einer Religionsgemeinschaft

Kopten
Christen der koptischen Kirche

konstitutionelle Monarchie
Regierungsform, in der die Gewalt des Herrschers (Monarch) an eine Verfassung (Konstitution) gebunden ist. Gewaltenteilung und Mitwirkung der Volksvertretung bei der Gesetzgebung ist vorgesehen.

Konsul
Vertreter eines Staates im Ausland

konstituieren
errichten, gründen

Konvent
Versammlung von Abgeordneten → Nationalkonvent

Konzil
Versammlung hoher katholischer Geistlicher

Kredit
geliehenes Geld

Kreuzer
1) Kriegsschiff
2) Name einer Münze, die heute nicht mehr gültig ist

L

Lebenserwartung
durchschnittliche Lebenszeit

legitim
gesetzmäßig

Lehenswesen → Feudalismus

Leibeigene
unfreie Bauern, die von einem Leibherrn persönlich und rechtlich abhängig waren. Sie mussten für ihn arbeiten und Abgaben leisten. Ohne seine Zustimmung durften sie nicht wegziehen und nicht heiraten. Die Leibeigenschaft ging von den Eltern auf die Kinder über.

Logik
Lehre vom vernünftigen Schlussfolgern

Lotse
In der Seefahrt ein erfahrener Kapitän mit mehrjähriger Erfahrung, der bestimmte Gewässer so gut kennt, dass er die Führer von Schiffen sicher durch Untiefen und an Hindernissen vorbei geleiten kann.

M

Mandat
politischer Vertretungsauftrag

Mangelkrankheit
durch einseitige oder geringe Ernährung verursachte Krankheit

Manufaktur
Handwerksbetrieb mit Arbeitsteilung

Medien/Massenmedien
Vermittler von Informationen, Unterhaltung und Werbung: Printmedien wie Zeitungen, Zeitschriften, Bücher sowie die elektronischen Medien Rundfunk, Fernsehen, Video, Internet usw.

Metropolit
Oberbischof in der katholischen und orthodoxen Kirche

Mine
1) unterirdischer Stollen, der von Soldaten unter gegnerische Stellungen gegraben wurde. Der Stollen wurde mit Sprengstoff gefüllt und zur Explosion gebracht.
2) (von lat. Mina = Erzader) Bergwerk

Missionar
Angehöriger einer Religion, der – oft in einem fremden Land – seinen Glauben verbreiten will

Mobilmachung
das Militär einsatzbereit machen

Monopol
Wer als einziger ein Produkt herstellt, hat ein Monopol.

Müßiggang
Freizeit oder Nichtstun

N

Nachrichtenagentur
Unternehmen, das Nachrichten sammelt und an Zeitungen, Zeitschriften und Rundfunkanstalten liefert

Nation
Gebiet mit gemeinsamer Sprache, Zusammengehö-

rigkeitsgefühl, gleicher Abstammung der Menschen, Sitten und Bräuchen

Nationalismus
politische Auffassung, die grundsätzlich die Interessen des eigenen Landes in den Vordergrund stellt

Nationalkonvent
Nationalversammlung in Frankreich seit 1792, nachdem das Land Republik geworden war.

Nationalversammlung – deutsche
Während der Revolution von 1848/49 wurden in den Ländern des Deutschen Bundes Volksvertreter gewählt, die sich in der Frankfurter Paulskirche trafen, um eine Verfassung auszuarbeiten.

Nationalversammlung – französische
Die 1789 gewählten Abgeordneten des Dritten Standes erklärten sich zur alleinigen Volksvertretung.

Neue Welt
So nannten die Europäer den neu entdeckten und bislang unbekannten Kontinent Amerika. Zur Alten Welt gehörten die bereits bekannten Erdteile Asien, Afrika und Europa.

Nobelpreis
bedeutender Preis, der jedes Jahr für Leistungen in verschiedenen Wissenschaften vergeben wird

Notverordnung
§ 48 in der Weimarer Verfassung räumte dem Reichspräsidenten die Möglichkeit ein, ohne Zustimmung des Parlaments zu regieren.

Notwehr
Wenn ein Mensch sich bei einem rechtswidrigen Angriff gegen einen Angreifer verteidigt und sich schützt, handelt er in Notwehr (§ 32 StGB, § 227 BGB).

O

Obleute
Bezeichnung für Vorsitzende, Präsidenten oder Anführer einer Fraktion

ökologisch
die Wechselbeziehungen zwischen den Lebewesen und ihrer Umwelt betreffend

offene demokratische Gesellschaft
Bezeichnung für den Zustand einer Gesellschaft, in der alle Gruppen, auch Minderheiten, Mitspracherecht haben.

Offizierskasino
Speise- und Aufenthaltsräume für Offiziere

P

Paix
französisch: Friede

Papst
Oberhaupt der gesamten katholischen Christenheit; gilt als unfehlbar in Glaubens- und Sittenfragen.

Philosoph
Ein Mensch, der danach strebt, durch Nachdenken Antworten auf die Fragen der Philosophie zu finden.

Pension
Altersversorgung von Beamten

Plenum
im Bundestag: Vollversammlung der Abgeordneten

Pressefreiheit
Das Grundgesetz sichert das Recht, dass die Medien freie Meinungsäußerung haben. Es umfasst die Freiheit der Berichterstattung sowie das Recht auf Äußerung und Verbreitung von Nachrichten. Medien müssen sich an allgemeine Gesetze und gesetzliche Bestimmungen zum Schutze der Jugend und an das Recht der persönlichen Ehre halten und dürfen diese nicht verletzen.

Proletarier
Nach Karl Marx sind dies Menschen, die nur durch den Verkauf ihrer Arbeitskraft ihren Lebensunterhalt erzielen können.

Propaganda
Werbung für politische Ideen

Produktionsmittel
Arbeits und Betriebsmittel, die zur Produktion von Gütern erforderlich sind

Publizist
Schriftsteller

R

Rabbiner
von einer jüdischen Gemeinde angestellter Geistlicher mit den Aufgaben eines Predigers und Seelsorgers

radikal
eine Sache kompromisslos vertreten

Rädelsführer
Anführer beim Begehen einer Straftat

rational
vernünftig

Räterepublik
direkte Demokratie – die gewählten Vertreter haben ausschließlich den Auftrag der Wähler auszuführen

rechtsradikal
antidemokratische Einstellung z. B. der Nationalsozialisten oder von Neonazis

Reformierte
Diese Christen bekennen sich zur Lehre der Schweizer Reformatoren Calvin (1509–1564) und Zwingli (1484–1531), die beide die Lehre Luthers kritisierten. Alles, was nicht von der Bibel abgeleitet werden konnte, wurde abgeschafft: Heiligenbilder, Gemeindegesang, Orgelspiel.

Rehabilitation
Wiederherstellung der Gesundheit

Reichsacht
vom Kaiser ausgesprochene Ausstoßung aus der Gesellschaft

Reichswehr
Name der deutschen Streitkräfte von 1921–1935

Reißbrett
rechtwinkliges Brett, das als Unterlage zur Herstellung von Zeichnungen dient, z. B. für Grundrisse

Reparation
Entschädigung für Zerstörungen im Krieg

Residenz
Regierungssitz

Rheinbund
1806 Zusammenschluss von 16 west- und süddeutschen Fürsten unter dem Druck und Schutz Frankreichs. Sie sagten sich vom Heiligen Römischen Reich Deutscher Nation los. Zahlreiche weitere deutsche Staaten traten ihm bei, als Napoleon (1769 bis 1821) Preußen besiegte.

Rotte
kleine Gruppe von Soldaten

S

Sabbat
in der jüdischen Religion der siebte Wochentag, der Ruhetag

Scherge
Handlanger, Vollstrecker von Befehlen

Schlafbursche
Person, die in der Zeit der Industrialisierung gegen ein geringes Entgelt ein Bett nur für einige Stunden am Tag mietete

Schwerindustrie
Sammelbegriff für Bergbau, Eisen- und Stahlindustrie

Sittengesetz
Regeln zu Verhaltensweisen, z. B. bei Todesfällen

Sklaverei
völlige persönliche Abhängigkeit von einem Herrn; Sklaven sind ohne Rechte.

Soldatenrat
direkt gewählte Vertreter von Soldaten mit einem bestimmten Auftrag

Solidarität
Zusammengehörigkeitsgefühl mit gegenseitiger Hilfe und Unterstützung

Sozialhilfe
gesetzlich geregelte finanzielle Absicherung für in Not Geratene

Sozialistengesetz
Gesetz gegen die Sozialdemokraten, denen der Reichskanzler Bismarck (1815–1898) die Attentate auf den Kaiser anlastete. Mit Ausnahme der sozialdemokratischen Reichstagsfraktion wurden sozialdemokratische, sozialistische und kommunistische Vereine, Parteien, Versammlungen, Demonstrationen und Druckschriften von 1878–1890 verboten.

Sperrklausel
verhindert bei einer Verhältniswahl, dass kleinere Parteien in das Parlament einziehen

Spinnerei
Betrieb zur Herstellung von Garnen

Staatsorgane
Einrichtungen des Staates

Stand
gesellschaftliche Gruppe in der Ständegesellschaft, die durch Herkunft, Beruf, Bildung und eigene Rechte abgegrenzt ist

Strafgesetzbuch (StGB)
Es regelt die Kernpunkte des Strafrechts. Das heute geltende StGB wurde bereits 1871 entwickelt.

SUV
Abkürzung von Sport Utility Vehicle = Geländelimousine

Symbol
Merkmal, Zeichen

T

Talg
gelblich weiße Fettmasse

Technologie
anderes Wort für Technik

Terror
gesetzlose Gewaltherrschaft

Theologe
Religionswissenschaftler

Torpedo
Lenkwaffe

Tyrann
Gewaltherrscher

Minilexikon

U

Unmündigkeit
Zustand, bei der man nicht die volle rechtliche Handlungsfähigkeit und Verantwortlichkeit besitzt

V

Varieté
Theater für Musik, Tanz und Akrobatik

Verfassung
Rechtsdokument, in dem alle wesentlichen Grundlagen eines Staates festgeschrieben sind

Vermittlungsausschuss
Gremium, das bei Uneinigkeiten im Gesetzgebungsverfahren zwischen Bundestag und Bundesrat vermittelt

Versailler Diktat
von national denkenden Gruppen in der Weimarer Republik verwendete Bezeichnung für den Friedensvertrag von Versailles

vogelfrei
im Mittelalter Aberkennung aller Rechte – man war geächtet

Vormärz
Epoche zwischen dem Wiener Kongress 1815 und den revolutionären Ereignissen im März 1848

Vorparlament
vorbereitende Versammlung der Nationalversammlung 1848

W

Währungsreform
Neuordnung des Geldwesens durch ein Gesetz

willkürlich
Handeln, das Gleiches ungleich behandelt

Wirtschaftskrise
Störung der Wirtschaft, z. B. bei einem Missverhältnis zwischen Angebot und Nachfrage

Wohlfahrtsausschuss
Regierungsbehörde mit unbeschränkten Vollmachten; sie wurde vom französischen Nationalkonvent gegründet und bestand von 1793 bis 1795.

Z

Zehnt
die wichtigste und einträglichste der Abgaben, die ein abhängiger Bauer pro Jahr ursprünglich an die Kirche, im Lauf der Zeit aber auch an den weltlichen Grundherrn zu zahlen hatte. Es war in der Regel ein Zehntel seiner Getreideernte oder seines Viehbestandes.

Zentralismus
Bei diesem Aufbau eines Staates ist die Macht auf eine zentrale, oberste Instanz konzentriert. Ein Beispiel für Zentralismus ist Frankreich: In Paris als Hauptstadt ist die Verwaltung für das ganze Land gebündelt.

Textquellen

12 M2 Zit. nach: Bucher, Adolf (Hg.): Reformation und katholische Reform 1500–1712, Sauerländer Verlag, Aarau 1958, 3.
M3 Kühner, Hans: Das Imperium der Päpste, Fischer Taschenbuch Verlag, Frankfurt/M. 1980, 250 ff.

14 M2 Zusammenstellung des Verfassers.

15 M4 Köpf, Ulrich (Hg.): Deutsche Geschichte in Quellen und Darstellung, Bd. 3, Reformationszeit, Reclam Verlag, Stuttgart 2001, 101–111.

17 M4 Steck, Karl Gerhard: Ausgewählte Schriften Martin Luthers, Fischer Taschenbuch Verlag, Frankfurt/M. 1995, 101.
M5 Lautemann, Wolfgang: Geschichte in Quellen, Bd. 3, Renaissance, Glaubenskämpfe, Absolutismus, Bayer. Schulbuchverlag, München 1966, 127.

19 M4 Menius, J.: Oeconomia Christiana. Mit Vorrede Luthers, 1529.

21 M5 Simon, Edith: Ketzer, Bauern, Jesuiten. Reformation und Gegenreformation, Rowohlt Taschenbuchverlag, Reinbek bei Hamburg 1973, 114 f.
M6 Zusammenstellung des Verfassers.

22 M2 Brandt, Otto Hermann: Der große Bauernkrieg, Verlag Eugen Diederichs, Jena 1925, 190 ff.

23 M3 Laube A./Seifert, H. W. (Hg.): Flugschriften der Bauernkriegszeit, Akademie-Verlag, Berlin 1975, 218, 221.
M4 Laube A., Seifert/ H. W. (Hg.): Flugschriften der Bauernkriegszeit, Akademie-Verlag, Berlin 1975, 328, 329.

25 M6 Venohr, Wolfgang/ Kabermann, Friedrich: Brennpunkte deutscher Geschichte 1450–1850, Athenäum Verlag, Kronberg/Taunus 1978, 47.

26 M2 Historischer Verein für Niedersachsen (Hg.): Quellen und Darstellungen zur Geschichte Niedersachsens, Bd. 35, Rainer Cords, Hildesheim u. a. 1927, 24.

27 M4 Behringer, Wolfgang: Hexen und Hexenprozesse in Deutschland, Deutscher Taschenbuchverlag, München 1988, 302.
M5 Behringer, Wolfgang: Hexen und Hexenprozesse in Deutschland, Deutscher Taschenbuchverlag, München 1988, 302.
M6 GG, Art. 2, (2) Grundgesetz für die Bundesrepublik Deutschland, 53. Auflage, Beck Verlag, München 1996, 27.

28 M2 Zusammenstellung des Verfassers.

29 M4 Röhrig, Tilman: In dreihundert Jahren vielleicht, Arena Verlag, Würzburg 1983, 14 u. 134 ff.

32 M2 GG, Art. 3, (3) und 4, (1) und (2), Grundgesetz für die Bundesrepublik Deutschland, 53. Auflage, Beck Verlag, München 1996, 27.

33 M3 Süddeutsche Zeitung, 7. 7. 2012.

38 M3 Ludwig XIV.: Memoiren, hrsg. von J. Longnon, Übersetzung L. Steinfeld, Kompass-Verlag, Basel/ Leipzig 1931, 137.

39 M7 Lautemann, Wolfgang/ Schlenke, Manfred (Hg.): Geschichte in Quellen, Bd. 3, Bayerischer Schulbuchverlag, München 1975, 448.

43 M5 Petersen, Susanne: Marktweiber und Amazonen, PapyRossa-Verlag, Köln 1991, 24.
M6 nach: de Vauban, Sébastien de Prestre: Projet, Paris 1698, 20 ff. (vereinfacht).
M7 Zusammenstellung des Verfassers.

44 M2 Kant, Immanuel: Was ist Aufklärung? Reclam, Stuttgart 1992.
Rousseau, J. J.: Politische Schriften, Bd. 1, Schöningh, Paderborn 1977, 61.
Montesqieu: Vom Geist der Gesetze, Buch XI., Kap. 3–4, Reclam, Stuttgart 1965, 210 f.

45 M4 Friedrich Eberhard von Rochows sämtliche pädagogische Schriften, hrsg. von Fritz Jonas und Friedrich Wienecke, Bd. 1, Berlin 1907, S. 160 f. (sprachlich vereinfacht).

49 M3 Zit. nach: Markov, Walter: Revolution im Zeugenstand, Bd. 2, Fischer Taschenbuch Verlag, Frankfurt 1987, 71.
M4 Zit. nach: Lautemann, Wolfgang/ Schlenke, Manfred (Hg.): Geschichte in Quellen, Bd. 3, Bayerischer Schulbuchverlag, München 1975, 163.

50 M3 Paschold, Chris: Die Französische Revolution, Reclam, Stuttgart 1989, 71.

51 M5 Zusammenstellung des Verfassers.

52 M3 http://archiv.jura.uni-saarland.de/BIJUS/constitution58/decl1789.htm (19.12.2012).

53 M5 Zusammenstellung des Verfassers.

54 M2 Zit. nach der Fernsehsendung „Freiheit, Gleichheit, Brüderlichkeit" des Bayerischen Rundfunks vom 18.12.1999.

57 M3 nach: Grab, Walter: Die Französische Revolution, Nymphenburger Verlagshandlung, München 1973, 94–96.
M4 Zit. nach: Markov, Walter: Revolution im Zeugenstand, Bd. 2, Fischer Taschenbuch Verlag, Frankfurt 1987, 260 ff.

58 M3 Dillier, Monika (u.a.): Olympe de Gouges, Schriften, Roter Stern, Frankfurt/M. 1980, 41 ff.

59 M4 www.elysee.fr/la-presidence/la-marseillaise-de-rouget-de-lisle/ (19.12.2012); Übersetzung des Verfassers.

60 M2 Schulin, Ernst: Die Französische Revolution, Beck, München 1988, 200.

61 M4 Paschold, Chris: Die Französische Revolution, Reclam, Stuttgart 1989, 262.

62 M2 Markov, Walter: Revolution im Zeugenstand, Fischer-Taschenbuch-Verlag, Bd. 2, Frankfurt 1987, 450.

63 M4 Maximilien Robespierre: Ausgewählte Texte, übers. von Manfred Unruh, Merlin, Hamburg 1971, 587 f., 594 f.

64 M2 Kircheisen, Friedrich: Napoleon I., Bd. 1, Berlin 1927, 128.
M3 Zit. nach: Markov, Walter: Revolution im Zeugenstand, Bd. 2, Fischer Taschenbuch Verlag, Frankfurt/M. 1987, 698.

65 M4 Code Napoléon / Napoleons Gesetzbuch, Édition seule officielle pour le Grand-Duché de Berg / Einzig officielle Ausgabe für das Großherzogthum Berg, Düsseldorf 1810 (deutsch und französisch) in der Digitalen Bibliothek des Max-Planck-Instituts für europäische Rechtsgeschichte.

71 M6 Treue, Wilhelm/ Pönicke, Herbert/ Manegold, Karl-Heinz: Quellen zur Geschichte der industriellen Revolution, Musterschmidt-Verlag, Göttingen 1966, 55.

73 M6 Riemann, Gottfried (Hg.): Karl Friedrich Schinkel, Reise nach England, Henschelverlag, München 1986, 244 u. 252.

74 M4 Bitter, Carl Hermann: Bericht über das Spinnerelend in der Senne bei Bielefeld, in: Engel, Gustav (Hg.): Jahresbericht des Historischen Vereins für die Grafschaft Ravensberg, Bielefeld 1964/65, 11 f.
M5 Lütgert, Will (Hg.): Bei Bauern und Leinewebern, Metzler Verlag, Stuttgart 1984, 252.

80 M2 Müller, Bernhard u. a. (Hg.): Wir machen Geschichte 3. Vom Absolutismus bis zum Imperialismus, Diesterweg Verlag, Frankfurt/M. 2000, 46.
M3 Wieber, Franz: Der Arbeiterschutz in der gesundheitsschädlichen und schweren Industrie, o. O. 1909, 58.

81 M6 Zusammenstellung des Verfassers.
M2 Thomas Backhaus, Klaus Fesche (Hrsg.): Eisen, Dampf und Samt, Geschichtswerkstatt. Hannover 1991, 8.

83 M5 Thomas Backhaus, Klaus Fesche (Hrsg.): Eisen, Dampf und Samt, Geschichtswerkstatt. Hannover 1991, 9.
M7 Wachowiak, Stanislaus: Die Polen in Rheinland-Westphalen, Dissertationsschrift, München 1916, 11 ff.

84 M3 Deuerlein, Ernst: Gesellschaft im Industriezeitalter, Hamburg 1970, 55 f.

85 M5 Tennstädt, Florian: Vom Proleten zum Industriearbeiter, Bund Verlag, Köln 1983, 32.
M6 Jürgen Kuczynski, Geschichte des Alltags des Deutschen Volkes 1810–1870, Bd. 3, Pahl-Rugenstein-Verlag, Köln 1982, 361f.

86 M2 Budde, Heinz: Christentum und soziale Bewegung, Paulus Verlag, Aschaffenburg 1961, 16.
M3 Zusammenstellung des Verfassers nach dem preußischen „Regulativ über die Beschäftigung jugendlicher Arbeiter in Fabriken" vom 9. März 1839.
M4 Kuczynski, Jürgen: Geschichte des Alltags des deutschen Volkes, Bd. 3, PapyRossa Verlag, Köln 1981, 258.

87 M7 Plößl, Elisabeth: Augsburg auf dem Weg ins Industriezeitalter, Verlag Haus der Bayer. Geschichte, München 1985, 67.
M8 Baader, Ottilie: Ein steiniger Weg. Lebenserinnerungen einer Sozialistin, Dietz Verlag, Bonn 1979, 23.

89 M5 Pietzcker, Frank (Hg.): Deutsches Bürgertum im 19. Jahrhundert, Diesterweg Verlag, Frankfurt 1978, 39ff.
M6 Alberti, Conrad: Maschinen, Leipzig 1895.

90 M2 Pönicke, Herbert: Die sozialen Theorien im 19. Jahrhundert in Deutschland, Schöningh, Paderborn o. J., 86f.

91 M4 Treue, Wolfgang: Deutsche Parteiprogramme, Musterschmidt Verlag, Göttingen 1956, 67.

92 M3 Berg, Rudolf: Grundkurs Deutsche Geschichte, Bd. 1, Cornelsen Verlag, Frankfurt/M. 1997, 189.

93 M4 Pönicke, Herbert: Die sozialen Theorien im 19. Jahrhundert in Deutschland, Schöningh, Paderborn o. J., 86f.
M5 Engels, Friedrich: Die Lage der arbeitenden Klasse in England, dtv, München 1973, 302.

94 M3 Landshut, Siegfried (Hg.): Karl Marx, Die Frühschriften, Kröner, Stuttgart 1971, 547.

95 M6 Petersdorf, Herrmann von (Hg.): Otto von Bismarck, Gesammelte Werke, Bd. 3, Politische Schriften, Frankfurt/O. 1925, 319f.
M7 Bismarck, Otto von: Gesammelte Werke, Bd. 12, Verlag für Politik und Wirtschaft, Berlin 1924, 319f. (vereinfacht).

97 M6 SWR2 AULA vom 4.1.2009; Moderne Maschinenstürmer – Wie funktioniert Technikkritik? Von Professor Ulrich Teusch.

104 M2 Wetter, Rainer; Bräker, Ulrich: Der arme Mann in Tockenburg, Reclam, München 1965, 101.

105 M5 Lautemann, Wolfgang/Schlenke, Manfred (Hg.) und Dickmann, Fritz (Bearbeiter): Geschichte in Quellen, Bd. III, Bayerischer Schulbuchverlag, München 1966, Nr. 302.
M6 Gesammelte Werke Friedrichs des Großen in Prosa: Ausgabe in einem Bande, hrsg. und übersetzt von Isaak Markus Jost, von Lewent, Berlin 1837, 788, Brief 211.

106 M3 Stadelmann, Rudolph: Preussens Könige in ihrer Thätigkeit für die Landescultur, Teil 2: Friedrich der Große, Hirzel, Leipzig 1882, 333.

107 M5 Ritter, Albert (Hg.): Die Werke Friedrichs des Großen, Bd. 2, Borngräber, Berlin 1915, 342–344.
M6 Steinitz, W.: Deutsche Volkslieder demokratischen Charakters aus 6 Jahrhunderten, Zweitausendeins, Frankfurt/M. 1979, 422.

108 M2 Lautemann, Wolfgang/Schlenke, Manfred (Hg.): Geschichte in Quellen, Bd. 4, Bayerischer Schulbuchverlag, München 1981, 589f.

109 M4 Trog, Walter: Napoleon und der Aufstand Europas, Diesterweg, Frankfurt/M. 1967, 54.
M5 Fährmann, Willi: Der lange Weg des Lukas B., Arena, Würzburg 1987, 165f.

110 M2 Schulz, Violet: In Berlin in Stellung, Edition Hentrich, Berlin 1989, 20f.
M3 Conze, Werner: Die preußische Reform unter Stein und Hardenberg. Bauernbefreiung und Städteordnung, Klett, Stuttgart 1974, 20ff.

111 M5 Theodor Körners Briefwechsel mit den Seinen, hrsg. von Augusta von Weldler-Steinberg, Quelle & Meyer, Leipzig 1910, Brief vom 10.3.1813.
M6 nach: Arndt, Ernst Moritz: Ausgewählte Gedichte, hrsg. von Gustav Erdmann, Union, Berlin 1969, 66f.

113 M2 Wentzcke, Paul/Klötzer, Wolfgang (Hg.): Deutscher Liberalismus im Vormärz. Heinrich von Gagern, Briefe und Reden 1815–1848, Musterschmidt, Göttingen 1959, 60.
M4 Schönbrunn, Günther: Bürgerliches Zeitalter 1815–1914, Bayerischer Schulbuchverlag, München 1980, 86f.

115 M3 Victor von Scheffel, in: Fliegende Blätter, München 1848.

116 M2 Zit. nach: Valentin, Veit: Das Hambacher Nationalfest, Büchergilde Gutenberg, Frankfurt 1982, 162f.

117 M3 Schildt, Gerhard: Aufbruch aus der Behaglichkeit, Westermann, Braunschweig 1989, 33f.
M5 Obermann, Karl (Hg.): Flugblätter der Revolution: eine Flugblattsammlung zur Geschichte der Revolution von 1848/49 in Deutschland, dtv, München 1972, 35.

118 M1 Zit. nach: Schurz, Carl: Lebenserinnerungen, Bd. 1: Bis zum Jahre 1852, G. Reimer, Berlin 1906, 123f.

119 M4 Auswahl aus: Bundesarchiv Außenstelle Rastatt, Erinnerungsstätte für die Freiheitsbewegungen in der deutschen Geschichte, Katalog der ständigen Ausstellung, Koblenz 1984, 249.

120 M2 Bismarck, Otto v.: Die gesammelten Werke, Stollberg, Berlin 1924, Bd. 14/1, 441.
M3 Spitzemberg, Hildegard: Deutsche Geschichtsquellen des 19. und 20. Jahrhunderts, Vandenhoeck & Ruprecht, Göttingen 1960, 121.

121 M5 Aschoff, Hans-Georg: Ludwig Windthorst. Briefe 1834–1880, Schöningh, Paderborn 1995, 295.

125 M3 Kehr, Carl: Die Praxis der Volksschule, Thienemann, Gotha 1877, 4511.
M5 Brandes, George: Berlin als deutsche Reichshauptstadt, Colloquium Verlag, Berlin 1989, 442ff.

126 M2 Theweleit, Klaus: Der Umbau des Leibes in der Kadettenanstalt. In: G. Völger und K. von Welck (Hg.), Männerbünde, Bd. 2, Rautenstrauch-Joest-Museum, Köln 1990, 399f.
M3 Bickel, Wolfgang (Hg.): Rheinhessen. Zeugnisse seiner Geschichte, Diesterweg, Frankfurt a.M. 1994, 122ff.

127 M5 Zweig, Stefan: Die Welt von gestern, Erinnerungen eines Europäers, Suhrkamp, Frankfurt a.M. 1947, 53f.
M6 Wyneken, Gustav: Der Gedankenkreis der freien Schulgemeinde, Matthes, Leipzig 1914, 14.

132 M3 Brunschwig, Henri: Vom Kolonialimperialismus zur Kolonialpolitik der Gegenwart, Steiner Verlag, Wiesbaden 1957, 54.

133 M5 Grundgesetz für die Bundesrepublik Deutschland, Art. 3, 53. neubearb. Aufl., Beck, München 1996, 27.
M6 Stead, William (Hg.): The Last Will and Testament of Cecil J. Rhodes, Verlag Review of Reviews, London 1902, 58, 98; Übers. des Verfassers.

135 M4 Zit. nach Hug, Wolfgang: Materialien zum Verständnis der Entwicklungsländer, Neckar Verlag, Villingen 1971, 29f.
M5 Clement, Catherine: Ghandi – Der gewaltlose Widerstand, Maier Verlag, Ravensburg 1991, 14–17.

136 M3 Behnen, Michael: Quellen zur deutschen Außenpolitik im Zeitalter des Imperialismus 1890–1911, Wiss. Buchgesellschaft, Darmstadt 1977, 166.

137 M5 nach: Patemann, Helgard: Lernbuch Namibia, Hammer, Wuppertal 1984, 103ff.
M6 nach: Drechsler, Horst: Südwestafrika unter deutscher Kolonialherrschaft,

2. Aufl., Akademie, Berlin 1985, 160.
138 M1 ARD-Magazin Monitor vom 13.9.2007 (oben) und Corbis News 42-26805546 (unten).
M2 www.fairtrade-deutschland.de/produzenten/kakao/ (Zugriff: 21.12.12)
139 M4 Kakao: Süße Versuchung und bittere Realität für Millionen Kleinbauern, SÜDWIND Für eine gerechte Weltwirtschaft!, 2012.
140 M2 Görtemaker, Manfred: Deutschland im 19. Jahrhundert, Leske Verlag, Opladen 1994, 301.
142 M3 Schneider, Karl-Ludwig: Georg Heym, Dichtung und Schriften, Bd. 3, Ellermann, Hamburg 1960, 139.
145 M4 Lautemann, Wolfgang (Hg.): Geschichte in Quellen, Bd. 5, Bayerischer Schulbuchverlag, München 1961, 14.
146 M3 Zit. nach: Witkopp, Philipp (Hg.): Kriegsbriefe gefallener Studenten, Langen & Müller, München 1928, 165, 264 ff.
148 M2 Zusammenstellung des Verfassers.
149 M4 Generalmajor Albrecht von Thaer: Generalstabsdienst an der Front und in der O.H.L. Aus Briefen und Tagebuchaufzeichnungen 1915-1919, Siegfried A. Kaehler (Hg.), Vandenhoeck & Ruprecht, Göttingen 1958, S. 234 f.
151 M4 Kästner, Erich: Gesang zwischen den Stühlen, DVA, Berlin/Stuttgart 1932, 91 f.
154 M2 Extra-Blatt der SPD-Zeitung „Vorwärts" vom 9.11.1918.
155 M5 Zit. nach: Pollmann, Bernhard (Hg.): Lesebuch zur deutschen Geschichte, Bd. III, Chronik-Verlag, Dortmund 1984, 111 f.
157 M4 www.dhm.de/lemo/html/dokumente/verfassung/index.html (Zugriff: 21.12.12).
158 M2 Interview des Autors M. Lücke mit Erna Arntz, Hildesheim 1995.
159 M5 www.schulportal-thueringen.de/web/guest/media/detail?tspi=1875 (Zugriff: 21.12.12).
161 M5 Interview des Autors M. Lücke mit Erna Arntz, Hildesheim 1995.
164 M1 Rönnefarth, H.K.G./Euler, H.: Vertrags-Ploetz, Konferenzen und Verträge, Ploetz, Würzburg 1959, 73.
M2 Rönnefarth, H.K.G./Euler, H.: Vertrags-Ploetz, Konferenzen und Verträge, Ploetz, Würzburg 1959, 96.
165 M5 Hürten, Heinz: Zwischenkriegszeit und Zweiter Weltkrieg, Klett-Cotta, Stuttgart 1982, 123.
M6 nach: Schmidt, Paul: Statist auf diplomatischer Bühne 1923–1945, Athenäum-Verlag, Bonn 1954, 115 ff.
166 M2 New York Times vom 24. Oktober 1929; Übers. des Verfassers.
167 M5 „Der Tag" vom 22.9.1932, in: Bergmann, K./Hufnagel, G. u.a.: Erinnern und urteilen, Bd. 4, Klett, Stuttgart 1981, 62, 30a, 30b.
168 M2 Hentschel, Volker: So kam Hitler. Schicksalsjahre 1932–1933, Bild/Text-Reportage, Droste, Düsseldorf 1980, 58.
169 M6 Tenbrock, R.-H./Kluxen, K. (Hg.): Zeiten und Menschen, Band B4, Paderborn 1980, 71.
170 M2 Maschmann, Melitta: Fazit: kein Rechtfertigungsversuch, DVA, Stuttgart 1963, 17 f.
172 2 nach: Hürten, Heinz: Zwischenkriegszeit und Zweiter Weltkrieg, Klett-Cotta, Stuttgart 1982, 123.
177 M4 Auszug aus der Schulordnung der Theodor-Heuss-Realschule in Hameln.
182 M3 www.schure.de/nschg/nschg/nschg.htm (Zugriff: 21.12.12).
184 M2 www.schure.de/20300/nkomvg.htm (Zugriff: 21.12.12).
M3 Beitrag der Autorin.
187 M6 http://www.fwfhr.de/pdf/bbmuster.pdf (Zugriff: 21.12.12).
188 M1 Sophie-Marie Brennenstuhl in : „SCHULE", OMNIBUS, Hattingen, 2011.
M2 www.bundestag.de/bundestag/aufgaben/rechtsgrundlagen/grundgesetz/gg_02.html (Zugriff 21.12.12).
189 M3 Zusammenstellung der Autorin.
M4 www.aktion-volksabstimmung.de (Zugriff: 21.12.12).
190 M2 http://bundesrecht.juris.de/juschg/ (Zugriff: 21.12.12).
191 M4 http://bundesrecht.juris.de/bgb/ (Zugriff: 21.12.12).
194 M1 http://bundesrecht.juris.de/gg/ (Zugriff: 21.12.12).
196 M4 Aus einem Artikel von Tina Groll bei ZEIT online: www.zeit.de/karriere/beruf/2012-10/global-gender-pay-gap (Zugriff: 21.12.12).
203 M6 Artikel von Elisabeth Raffauf: www.ksta.de/ratgeber/pubertaet-jugendliche-und-die-macht-der-marken,15189524,12795472.html (Zugriff: 21.12.12).
204 M2 Beitrag des Autors.
205 M4 Beitrag des Autors.
206 M3 Beitrag des Autors.
207 M6 Rede Angela Merkels am 12.6.2008 anlässlich der Festveranstaltung „60 Jahre Soziale Marktwirtschaft": www.bmi.bund.de/SharedDocs/Reden/FuE/bk_marktwirtschaft.html?nn=731682 (Zugriff: 21.12.12).
208 M3 www.geroweb.de/krankenpflege/geschichte-der-pflege.html (Zugriff: 18.10.2012).
209 M6 www.helpster.de/was-bedeutet-sozial-definition_110190 (Zugriff: 18.10.2012).
M7 www.geroweb.de/krankenpflege/geschichte-der-pflege.html (Zugriff: 18.10.2012).
210 M2 www.tagesschau.de/inland/armut162.html (Zugriff: 20.9.2012).
M3 www.tafel.de/die-tafeln/tafel-idee/armut-in-deutschland.html (Zugriff: 20.9.2012).
211 M5 www.badische-zeitung.de/neues-fuer-schueler/der-mann-ohne-zukunft--40572243.html (Zugriff: 21.12.2012).
212 M3 http://bundesrecht.juris.de/gg/ (Zugriff 21.12.2012).
213 M4 Beitrag des Autors.
214 M3 Beitrag des Autors.
215 M6 Beitrag des Autors.
217 M4 www.hanisauland.de/lexikon/d/demographie.html (Zugriff: 21.12.2012).
218 M4 Beitrag des Autors.
219 M6 Zusammenstellung des Autors.
220 M2 Politik Aktuell Nr. 22/2004, 10.
221 M3 www.hanisauland.de/lexikon/e/ein-euro-job.html (Zugriff: 21.12.2012).
M6 Fachhochschule des Bundes für öffentliche Verwaltung, Fachbereich Arbeitsverwaltung (Hg.): Aktive Arbeitsförderung der BA, Teil 1: Grundlagen, Mannheim 2000, 33 (gekürzt).
222 M3 Beitrag des Autors.
M4 Beitrag des Autors.
223 M7 Beitrag des Autors.
224 M1 www.n-tv.de/politik/Immer-mehr-US-Senioren-müssen-arbeiten-article1942936.html (Zugriff: 21.12.2012).
M3 http://usa.usembassy.de/gesellschaft-socialsecurity.htm (Zugriff: 21.12.2012).
M4 www.americandream.de/assets/pdf/der-amerikanische-traum-kapitel-03.pdf (Zugriff: 21.12.2012).
225 M6 www.faz.net/aktuell/gesellschaft/seniorengemeinde-zum-sterben-hat-man-in-sun-city-keine-zeit-1488824.html (Zugriff: 25.9.2012).
226 M2 Zusammenstellung des Autors.
232 M3 Zusammenstellung der Autorin.
234 M2 www.bundestag.de/bundestag/aufgaben/rechtsgrundlagen/pg_pdf.pdf (Zugriff: 21.12.2012).
236 M2 www.machs-ab-16.de/deine-meinung (Zugriff: 21.12.2012).
237 M3 http://bundesrecht.juris.de/gg/ (Zugriff: 21.12.12).
239 M3 www.hanisauland.de/lexikon/m/mehrheitswahlrecht.html (Zugriff: 21.12.12).
M4 www.bundestag.de/bundestag/wahlen/index.html (Zugriff: 13.12.12).
241 M2 Von der Autorin zusammengestellt nach Angaben von Caren Marks.

244 M2 http://bundesrecht.juris.de/gg/ (Zugriff: 21.12.12).
245 M3 Zusammenstellung der Autorin.
M4 Beitrag der Autorin.
M5 Beitrag der Autorin.
246 M2 www.hanisauland.de/lexikon/b/bundeslaender.html (Zugriff: 21.12.12).
247 M4 www.spiegel.de/politik/deutschland/grundgesetzaenderung-bundesrat-beschliesst-schuldenbremse-a-630084.html (Zugriff: 21.12.12).
248 M2 www.bundespraesident.de/SharedDocs/Reden/DE/Horst-Koehler/Reden/2005/07/20050721_Rede.html (Zugriff: 21.12.12).
249 M3 www.haz.de/Nachrichten/Politik/Deutschland-Welt/Karlsruhe-genehmigt-Euro-Rettungsschirm-mit-Vorbehalten (Zugriff: 21.12.12).
250 M3 Thurich, Eckart: pocket politik. Demokratie in Deutschland, 4. Auflage, Bundeszentrale für politische Bildung, Bonn 2011, 28.
M4 www.hanisauland.de/lexikon/i/interessenverbaende.html (Zugriff: 15.12.12).
251 M6 www.lobbycontrol.de/blog/index.php/2012/12/lobby-spionage-im-gesundheitsministerium/ (Zugriff: 15.12.12).
252 M2 www.tivi.de/fernsehen/logo/artikel/35320/index.html (Zugriff: 15.12.12).
253 M3 Interview der Autorin mit Frau T., Betriebsrätin beim TÜV, geführt am 27.7.2012.
255 M3 Auszug aus http://www.nwzonline.de/schule/hatter-schule-setzt-auf-mini-computer_a_1,0,542865462.html (Zugriff: 8.1.13)
M4 Auszug aus www.haz.de/Hannover/Aus-der-Stadt/Uebersicht/Therapiestation-in-Hannover-nimmt-Computersuechtige-auf (Zugriff: 8.1.13).

257 M5 Interview der Autorin mit dem Redaktionsleiter von ZiSH Karsten Röhrbein.
258 M2 Auszug aus dem Grundgesetz http://dejure.org/gesetze/GG/5.html (Zugriff: 8.1.13).
M3 www.faz.net/aktuell/politik/mediendemokratie-miese-stimmung-die-talkshow-politiker-sind-mitschuldig-1227561.html (Zugriff: 8.1.13).
259 M4 http://einestages.spiegel.de/external/ShowTopicAlbumBackgroundXXL/a2344/l2/l0/F.html#featured Entry (Zugriff: 4.3.2014)
261 M5 www.amadeu-antonio-stiftung.de (Zugriff: 30. August 2012)
M6 www.hanisauland.de/lexipopup/rechtsextremismus.html (Zugriff: 15.12.12).
M7 www.hanisauland.de/lexipopup/linksextremismus.html (Zugriff: 15.12.12).
M8 www.bpb.de/politik/innenpolitik/76672/glossar (Zugriff: 15.12.12).
262 M2 www.bpb.de/geschichte/nationalsozialismus/weisse-rose/61035/zeitzeugin (Zugriff: 8.1.2013).
268 M3 nach: www.spiegel.de/wissenschaft/natur/umweltfolgen-deepwater-horizon-schaedigt-korallen-im-golf-von-mexiko-a-824013.html (Zugriff: 8.1.2013).
M4 www.focus.de/wissen/natur/weltnaturerbe-in-australien-great-barrier-reef-droht-langsames-sterben_aid_761595.html (Zugriff: 8.1.2013).
269 M6 www.greenpeace.de/themen/umwelt_wirtschaft/globalisierung/artikel/globalisierung/ (Zugriff: 8.1.2013).
271 M3 www.sueddeutsche.de/wissen/un-konferenz-in-durban-gipfel-beschliesst-fahrplan-fuer-neues-klimaabkommen-1.1231492 (Zugriff: 8.1.2013).

272 M1 www.fr-online.de/wirtschaft/club-of-rome-jahr-2052--wissenschaftler-veroeffentlichen-zukunftsprognose,1472780,15194620.html (Zugriff: 8.1.2013).
M2 www.zeit.de/wirtschaft/2012-03/globale-mittelschicht/seite-2 (Absatz 2) (Zugriff: 8.1.2013).
274 M1 http://de.statista.com/statistik/daten/studie/5670/umfrage/durchschnittliche-monatliche-stromrechnung-seit-1998/ (Zugriff: 8.1.2013).
M4 www.daserste.de/information/wissenkultur/wissen-vor-acht-ranga-yogeshwar/sendung-ranga-yogeshwar/2011/wie-viel-energie-verbraucht-ein-computer-folge-481-100.html (Zugriff: 8.1.2013).
277 M5 www.welt.de/wirtschaft/energie/article106568237/Kohle-bleibt-gefragt-der-Klimaschutz-verliert.html (Zugriff: 8.1.2013)
279 M4 gruppen.greenpeace.de/heilbronn/content/co2_grenzwerte_autos.pdf (Zugriff: 8.1.2013).
M5 www.spiegel.de/auto/aktuell/co2-ziel-bmw-warnt-vor-teureren-autos-a-862379.html (Zugriff: 8.1.2013).
281 M2 http://blog.meinauto.de/neuwagen-blog/2069/top-5-kriterien-beim-autokauf-trend-zum-umwelt-auto (Zugriff: 8.1.2013).
284 M1 www.bmu.de/files/pdfs/allgemein/application/pdf/broschuere_kreislaufwirtschaft_bf.pdf (Seite 10) (Zugriff: 8.1.2013).
M3 http://landkreis-northeim.de/staticsite/staticsite.php?menuid=185&topmenu=18 (Zugriff: 8.1.2013).
285 M4 www.umwelthauptstadt.de/nachhaltigkeit/bundestag-beschliesst-kreislaufwirtschaftsgesetz (Zugriff: 8.1.2013).

M5 www.zeit.de/2012/20/Rohstoffe-Recycling/seite-2 (Zugriff: 8.1.2013).
286 M2 www.recyclingportal.eu/artikel/28219.shtml (Zugriff: 8.1.2013).
287 M4 Forschungsprojekt Repräsentativumfrage zu Umweltbewusstsein und Umweltverhalten im Jahr 2006, Umweltforschungsplan des Bundesministeriums für Umwelt, Naturschutz und Reaktorsicherheit, Förderkennzeichen 205 17 102, Udo Kuckartz, Stefan Rädiker, Anke Rheingans-Heintze, Marburg 2006; www.umweltdaten.de/publikationen/fpdf-l/3113.pdf (Seite 64) (Zugriff: 8.1.2013).
M5 www.mainz.de/C1256D6E003D3E93/files/teil_02_handlungsprogramm_2001.pdf/%24FILE/teil_02_handlungsprogramm_2001.pdf (Zugriff am 8.1.13).
288 M3 www.umweltschule-niedersachsen.de/index.php?seite=projekte_informationen (Zugriff: 8.1.2013).

Bildquellen

Adam Opel AG, Rüsselsheim: 69 M3.
adpic Bildagentur, Köln: Baumann, M. 229 3.1; K. Neudert 229 3.2; Leitner, B. 229 3.4; M. Lavrenov 229 3.3; T. Lammeyer 229 3.5.
akg-images GmbH, Berlin: 4, 4, 13 M6, 14 M1, 16 M2, 17 M3, 21 M4, 24 M3, 27 27 M3, 29 M3, 31 M2, 36 Mi. + 36/37 M1, 38 M1, 42 M3, 44 M1 re., 49 M2, 51 M4, 52 M1, 52 M2, 57 M5, 60 M1 re., 61 M3, 63 M3, 68 4 u. + 68/69 M1, 74 M1, 76 M1, 83 M8, 87 M5, 89 M3, 91 M3, 92 M1, 92 M2, 93 M7, 94 M1, 96 M1, 105 M7, 107 M4, 111 M4, 115 M2, 116 M1, 117 M4, 124, 125 M4, 133 M4, 136 M2, 144 M1, 146 M1, 148 M1, 155 M4 2. v.li., 155 M4 re., 163 M4, 165 M4, 170 M1; E. Lessing 38 M3 + 66 o.re., 41 M4, 42 M3, 56 M1, 209 M5; Erich Lessing 35, 41 M3, 44 M1 Mi., 66; historic-maps 87 M6; Imagno/Austrian Archives 28 M1; J.-C. Varga 37 M2; Lessing, Erich 64 M1 + 66 o.li., 80 M1; Paul Almasy 97 M5; Rabatti-Domingie 208 M1; Science Photo Library 86 M1; VG Bild-Kunst, Bonn 2014/The Heartfield Community of Heirs 168 M1; Walter Ballhause 173 u..
alamy images, Abingdon/Oxfordshire: Coyote-Photography.co.uk 179 M2 o.; Philip Wolmuth 216 M3.
amnesty international - Sektion der Bundesrepublik Deutschland e.V., Berlin: 250 M2.
Appenzeller, Holger, Stuttgart: 231 M3.
Archiv der sozialen Demokratie, Bonn: 69 M2.
Archiv des Fürsten von Waldburg zu Zeil, Leutkirch im Allgäu: 23 M5.
AWO Bundesverband e.V., Berlin: 250 M2.

Baaske Cartoons, Müllheim: G. Mester 195 M4, 259 M5; Thomas Plassmann 229 .4.
Bergmoser + Höller Verlag AG, Aachen: 207 M4, 211 M4, 211 M6, 212 M2, 214 M2, 215 M5, 218 M1, 221 M4, 223 M6, 246 M1, 247 M3, 248 M1, 282 M4.
Bibliothèque nationale de France - Département de la reproduction, Paris Cedex 13: 58 M1, 65 M5.
Bildagentur Geduldig, Maulbronn: 273 M1 o.re..
Bildagentur Schapowalow, Hamburg: Weisser 273 M1 u.li..
Bismarck-Museum, Friedrichsruh: 120 120 M1 + 129 u., 129.
bpk-Bildagentur, Berlin: 13 M4, 18 M2, 19 M3, 24 M2, 26 M1, 43 M4, 44 M1 li. + 66 o.Mi., 48 M1, 50 M1, 71 M4, 74 M2, 101 M2, 113 113 M3 + 129 Mi., 118 M2 + 129 o., 129, 129, 131 M2, 132 M2, 142 M1, 154 M3, 155 M4 li., 167 M6, 168 M2, 208 M2; D. Katz 119 M3; Dietmar Katz 66; H. Buresch 103 M2; H. Noack 155 M4 2. v.re.; Heinrich Lichte 84 M1; L. Braun 13 M7; Lutz Braun 72 M1; Petersen, Knud 5, 100 o. + 100/101 M1; RMN/H. Lewandowski 66; SMB/Kunstbibliothek/K. Petersen 162 M2; SMB/Kupferstichkabinett 45 M3; SMB/Kupferstichkabinett/J.P. Anders 20 M1; W. Schulz, Simplicissimus vom 26.02.1912 150 o..
Bredol, Martin Heinrich, Marburg: 175 M3, 203 M6.
Bridgeman Images, Berlin: 50 M2, 53 M4, 62 M1; Germanisches Nationalmuseum, Nürnberg 2, 70 M1; Giraudon 60 M1 li.; Musee de la Ville de Paris, Musee Carnavalet/Giraudon 42 M1; © Imperial War Museum (Art.IWM ART 1146) 5, 130 u. + 130/131 M1.
Bundesministerium der Finanzen/Referat Postwertzeichen, Berlin: 143 M5.
BÜNDNIS 90/DIE GRÜNEN, Berlin: 235 M3.
CDU Deutschlands, Berlin: 235 M3.

Dägling, Andreas, Wardenburg: 242 M1 li., 242 M1 re..
Das Bundesarchiv, Koblenz: Bild 102-00016/G. Pahl 158 M3; Bild 102-09901/G. Pahl 158 M4; Plak 002-004-029 153 M2.
Deiseroth, Dieter, Niederaula: 264 M1 (5).
Der Grüne Punkt - Duales System Deutschland GmbH, Köln: 283.
Deutscher Bundestag, Berlin: A. Melde 241 M3; Marc-Steffen Unger 240 M1.
Deutsches Historisches Museum, Berlin: 88 M2, 90 M1, 141 M4, 156 M2; A. Psille 88 M1.
DGB Bundesvorstand, Berlin: 250 M2.
DIE LINKE, Berlin: 235 M3.
Druwe & Polastri, Cremlingen/Weddel: 205 M1.5, 288 ((Ausschnitt)).

Eling, Stefan, Köln: Das junge Politik-Lekikon, Bundeszentrale für politische Bildung.www.HanisauLand.de 250 M1.
epd-bild, Frankfurt/M.: G. Alàbiso 11 M3; N. Neetz 11 M2; R. Schulten 175 M2; version 181 M3 u.re.

Fabian, Michael, Hannover: 179 M2 2. v.o., 179 M2 Mi., 181 M3 o.re., 198 .1, 234 M1 li., 234 M1 re.
fotolia.com, New York: djama 282 M1; Marco Klaue 276 M2; © Yuri Arcurs 203 M4.

Germanisches Nationalmuseum, Nürnberg: 114 M1.
Getty Images, München: AFP/G. Wood 268 M2; Atlantide Phototravel/M. Borchi 7, 230 7 o. + 230/231 M1; Bettmann 273 M1 u. re.; Bloomberg 138 M1 u. VII/J. Dimmock 138 M1 u.; ZUMA Press/W. Nell 33 M4.

Hannoversche Allgemeine Zeitung - HAZ, Hannover: zish@haz.de 257 M3 + M4.
Haus der Geschichte, Bonn: Peter Leger 196 M3; Wolter, Jupp 272 M4.
Heinemann Publishers, Portsmouth/New Hampshire: R. Stewart 71 M5.
Herzog August Bibliothek, Wolfenbüttel: 15 15 M3.
Historisches Archiv Krupp, Essen: 79 M3.
Hubbe, Philipp, Magdeburg: 232 M1.

Interfoto, München: Sammlung Rauch 79 M4.

Jochen Tack Fotografie, Essen: 253 M4.

JOKER: Fotojournalismus, Bonn: Haefele, Erich 273 M1 o.li.
Jung-Paarmann, H., Steinhagen: 158 M1.

Kesper, Ingrid, Salzkotten: 40 M1.
Keystone Pressedienst, Hamburg: 15 15 M5, 164 M3.
Kurowski, Walter, Oberhausen: 177 M3.

laif, Köln: Langrock/Zenit 7, 266 u. + 266/267 M1.
Landesarchiv Berlin, Berlin: F Rep. 290 Nr. 0058719 / Fotograf: k. A. 157 M3.
Landesbund für Vogelschutz in Bayern e.V., Hilpoltstein: 288 M1.
Landesmuseum für Technik und Arbeit, Mannheim: 96 M2.
Langner & Partner Werbeagentur GmbH, Hemmingen: 78 M1, 182 M1, 187 M7, 190 M1, 197 M5, 238 M1, 238 M2, 243 M2.
Leemage, Berlin: Titel.
LUFF (Rolf Henn), Hennweiler: 234 M1 Mi..
Lüthgen-Frieß, U., Hameln: 183 1, 183 2, 183 M4 (3), 186 1, 186 2, 186 3, 186 M1 - M4, 197 M6.

mediacolor's Fotoproduktion, Zürich: 178 M1.
medienlabor KG, Potsdam: 236 M1 li., 236 M1 re..
Minkus Images Fotodesignagentur, Isernhagen: 179 M2 2. v.u.
Museen für Kulturgeschichte Hannover, Hannover: 82 M1, 83 M6.

Oltmanns-Seebeck, Jürgen, Burhave: 123 M2.
Omnibus gGmbH, Hattingen: 189 M5.

Panorama Museum, Bad Frankenhausen: © VG Bild-Kunst, Bonn 24 90/91 M1.
photothek.net GbR, Radevormwald: T. Imo 218 M3.
Picture-Alliance GmbH, Frankfurt/M.: AFP/S. Mcallister 260 M3; allOver/K. Thomas 291 .4; AP/ITSUO INOUYE 259 M4, 259 M4; AUGENKLICK/Roth 223 M5.1; Berliner Zeitung/K. Herschelmann 181 M3 o.li.; Bildagentur Huber/A. Saffo 101 M3; CHROMORANGE/R. Märzinger 204 M1.3; CTK/P.

Mich 278 M1 li.; dpa 207 M5; dpa infografik 274 M3; dpa-infografik 203 M5, 204 M3, 213 M6, 216 M1, 216 M2, 217 M5, 217 M6, 219 M6, 221 M5, 222 M2, 252 M1, 254 M1, 258 M1, 270 M1, 271 M2, 274 M2, 276 M1, 277 M4, 282 M3, 283 M5, 283 M6; dpa/A. Warnecke 206 M2; dpa/Arne Dedert 223 M5.2; dpa/B. Prekopova 210 M1; dpa/Fredrik von Erichsen 193 M1 F; dpa/J. Lübke 255 M5; dpa/J. Williams 224 M2; dpa/N. Foltynowicz 260 M2; dpa/N. Neitzert 205 M1.4; dpa/Oliver Stratmann 204 M1.1; dpa/P. Grimm 237 M4; dpa/R. Jensen 198 .5; dpa/S. Klein 262 M2; dpa/S. Pilick 194 M2; dpa/S. Puchner 181 M3 u.li.; dpa/Sören Stache 251 M7; dpa/U. Anspach 193 M1 E; dpa/U. Bernhart 214 M1; dpa/U. Deck 249 M4; dpa/V. Bonn-Meuser 201 M2; dpa/W. Kumm 284 2; dpa/W. Steinberg 289 M6; dpa/ZPress 225 M5; düa/A. Dedert 231 M2; EPA/efe/Aldai 267 M3; JOKER/P. Steuer 226 M1; JOKER/R. Gerard 223 M5.3; K. Rose 222 M1; PIXSELL/G. Jelavic 255 M3; Pressefoto ULMER/B. Hake 204 M1.2; Pressefoto ULMER/C. Cremer 263 M6; Süddeutsche Zeitung Photo/A. Heddergott 202 M2; SVEN SIMON 97 M6; SVEN SIMON/F. Hoermann 179 M2 u.; ZB/A. Burgi 218 M2; ZB/J. Kalaene 176 M2; ZB/J. Woitas 220 M1, 263 M5; ZB/P. Pleul 198 .4, 205 M1.6; ZB/R. Hirschberger 198 .3; ZB/W. Grubitzsch 202 M1; ZUMA Press/mr7 268 M1.

Piratenpartei Deutschland, Berlin: 235 M3.

Presse- und Informationsamt der Bundesregierung - Bundesbildstelle, Berlin: B145 Bild-00250280/Jesco Denzel 244 M1.

Rasche Fotografie, Senftenberg: 212 M1.

Schiffmann, Günter, Brannenburg: 250 M2.

Schmidt, Roger - Karikatur-Cartoon.de, Brunsbüttel: 228.

Schöpper, Rudolf, Münster: 215 M4.

Schwarzbach, Hartmut /argus, Hamburg: 193 M1 G, 267 M2.

Spangenberg, Frithjof, Konstanz: 32 M1, 46 M1, 192 M1 A, 192 M1 B, 192 M1 C, 192 M1 D, 269 M5, 291 3 A, 291 3 B, 291 3 C, 291 3 D.

SPIEGEL-Verlag Rudolf Augstein GmbH & Co. KG, Hamburg: 232 M2.

Staatliche Kunstsammlung Dresden, Dresden: Kupferstichkabinett 103 M3.

Stadt Münster, Presseamt, Münster: 206 M1.

Stadt Osnabrück, Osnabrück: 6 6 Mi. + 174/175 M1, 174 6 Mi. + 174/175 M1; Referat für Stadtentwicklung und Bürgerbeteiligung 287.

Stadtarchiv München, München: Sammlung des Historischen Bildarchivs 169 M4.

Stadtverwaltung Lippstadt, Lippstadt: 239 M5.

Stehle, Karl, München: 136 M1.

Stiftung Deutsches Technikmuseum Berlin, Berlin: 162 M1.

Stuttmann, Klaus, Berlin: 196 M2, 245 M4, 272 M3, 279 M3 li., 279 M3 re., 291 5.1, 291 5.2.

Süddeutsche Zeitung - Photo, München: Scherl 126 M1, 127 M4, 154 M1.

swisswindows AG, St. Gallen: www.swisswindows.ch 289 M5.

Techniker Krankenkasse, Hamburg: 205 M5.

Tonn, Dieter, Bovenden-Lenglern: 34, 34 u., 66, 66, 66, 66, 98 u., 128, 150 u., 172, 172, 172, 172 u.

Übersee-Museum Bremen, Bremen: 132.

ullstein bild, Berlin: 6, 137 M7, 146 M2, 152 o. + 152/153 M1, 159 M7, 161 M2, 166 M1; Archiv Gerstenberg 76 M3, 110 M1; Becker & Bredel 131 M3; bpk/W. Römer 154 M2; CARO/C. Ulrich 201 M3; dpa 260 M1; Granger Collection 20 M2; histopics 4, 10 o. + 10/11 M1; INTRO/D. Ausserhofer 180 M2, 227 M3; Lambert 198 .2; Lammel 191 M5; MEDIUM 282 M2; Reuters/T. Peter 260 M4; Roger Viollet 21 M3, 209 M4; Roger-Viollet/A. Harlingue 135 M2; TopFoto 161 M3; W. Otto 6, 200 u. + 200/201 M1.

Verkehrsmuseum Nürnberg, Nürnberg: 77 M6.

Volkswagen AG, Wolfsburg: 278 M1 re.

Wallraf-Richatz-Museum & Fondation Corboud, Köln: Rheinisches Bildarchiv 12 M1.

Weiß, C., Langenhagen: 263 M4.

Maße, Gewichte und Währungen

Längenmaße:

früher:
- Ein Zoll: altes Längenmaß; entsprach in den verschiedenen deutschen Ländern zwischen 2,36 cm (Sachsen) und 3,7 cm (Preußen); wird heute noch in England und den USA benutzt (ein Inch = 2,54 cm).
- Eine Elle: altes Längenmaß; ursprünglich der Abstand zwischen Ellenbogen und Mittelfingerspitze; entsprach in den verschiedenen deutschen Ländern zwischen 50 cm und 69,5 cm.
- Eine Meile: schon in Rom gebräuchliches Längenmaß; entsprach in Rom 1000 Doppelschritten = ca. 1470–1490 m.

heute:
- 1 cm (Zentimeter) = 10 mm (Millimeter)
- 1 (Meter) = 10 dm (Dezimeter) 100 cm (Zentimeter) 1000 mm (Millimeter)
- 1 km (Kilometer) = 1000 m (Meter)
- 1 Meile (amerikanische/britische) = 1609 m (Meter)
- 1 sm (Seemeile) = 1852 m (Meter)

Flächenmaße:

früher:
- Eine Hufe: schon im Mittelalter benutztes Flächenmaß; ursprünglich die Ackerfläche, von der eine Familie leben konnte (ca. 10 ha).
- Ein Morgen: ursprünglich die Ackerfläche, die man mit einem Ochsen- oder Pferdepflug an einem Morgen beackern konnte; entsprach in den verschiedenen deutschen Ländern als Flächenmaß zwischen 2000 m² und 6500 m²; hatte ab 1869 in Deutschland 2500 m² = 0,25 ha.

heute:
- 1 m² (Quadratmeter) = 1 m · 1 m
- 1 ha (Hektar) = 100 m · 100 m = 10 000 m²
- 1 km² (Quadratkilometer) = 1 km · 1 km = 1000 m · 1000 m
- 1 km² (Quadratkilometer) = 100 ha

Raummaße (Hohlmaße):

früher:
- Ein Klafter: entsprach früher zwischen 2,8 und 3,5 m³ geschichtetem Holz.
- Ein Schoppen: entsprach ab 1869 in Deutschland 0,5 l.
- Ein Seidel: entsprach in Bayern 0,5 l.

heute:
- 1 l (Liter) = 1 dm³ (Kubikdezimeter) = 1 dm · 1 dm · 1 dm = 1000 cm³ (Kubikzentimeter)
- 1 m³ (Kubikmeter) = 1 m · 1 m · 1 m
- Ein Festmeter: entspricht 1 m³ fester Holzmasse.
- Ein Raummeter: entspricht 1 m³ lose geschichtetem Holz.